法|学|研|究|文|丛
——知识产权法学——

文化产业供给侧结构性改革与著作权治理创新

张祥志　魏建萍　张广弘◎著

知识产权出版社
全国百佳图书出版单位
——北京——

图书在版编目（CIP）数据

文化产业供给侧结构性改革与著作权治理创新／张祥志，魏建萍，张广弘著．—北京：知识产权出版社，2023.7

ISBN 978－7－5130－8633－2

Ⅰ.①文⋯　Ⅱ.①张⋯②魏⋯③张⋯　Ⅲ.①文化产业—改革—研究—中国②著作权法—研究—中国　Ⅳ.①G124②D923.414

中国国家版本馆 CIP 数据核字（2023）第 001863 号

责任编辑：王瑞璞　　　　　　　责任校对：王　岩

封面设计：智兴设计室　　　　　责任印制：刘译文

文化产业供给侧结构性改革与著作权治理创新

张祥志　魏建萍　张广弘　著

出版发行：**知识产权出版社**有限责任公司	网　　址：http：//www. ipph. cn
社　　址：北京市海淀区气象路 50 号院	邮　　编：100081
责编电话：010－82000860 转 8116	责编邮箱：wangruipu@ cnipr. com
发行电话：010－82000860 转 8101/8102	发行传真：010－82000893/82005070/82000270
印　　刷：天津嘉恒印务有限公司	经　　销：新华书店、各大网上书店及相关专业书店
开　　本：880mm×1230mm　1/32	印　　张：16
版　　次：2023 年 7 月第 1 版	印　　次：2023 年 7 月第 1 次印刷
字　　数：400 千字	定　　价：99. 00 元

ISBN 978－7－5130－8633－2

作者简介

张祥志　博士、教授，现任华东交通大学人文社会科学学院党委书记，人文社会科学学院（知识产权学院）法学系专任教师、知识产权法和民商法硕士研究生导师；国家知识产权培训（江西）基地主任。兼任中国科学学与科技政策研究会知识产权政策与管理专委会委员、中国法学  会法学期刊研究会理事、第十一届江西省青年联合会委员、江西省法学会常务理事、江西省法学会知识产权法学研究会副会长、江西省"八五"普法讲师团成员等职。曾获得江西省"双千计划"人才、全国专利信息实务人才、全国知识产权系统人才工作先进个人、江西省"七五"普法工作先进个人、江西省优秀志愿服务个人等称号或荣誉。

主持国家社科基金项目2项（青年项目和一般项目各1项），主持国家知识产权局专项，中国版权保护中心版权研究课题、江西省社科规划项目、科技计划项目、自然科学基金管理科学项目、专利转移转化专项等纵向课题10余项。受政府机关委托主持（协助编撰或完成）《世界知识产权组织（WIPO）版权保护优秀案例示范点建设（景德镇）》《全国版权示范城市创建（景德镇）》《关于加强知识产权强省建设的行动方案（2022—2035 年）》《南昌市知识产权"十四五"发展规划》《南昌市知识产权强市建设纲要（2021—2035 年）》《国家知识产权强市建设示范城市申报（南昌市）》《国家知识产权试点城市验收（抚州市）》等课题。参与《知识产权强国建设纲要（2021—2035 年）》制定子课题"知识产权文化建设研究"；出版《知识产权视阈下的文化产业创造力研究》《强企支撑强省——知识产权入园强企的理论架构与江西实践》等专著 3 部，发表学术论文近 30 篇（其中 CSSCI 期刊约 20 篇）。

指导学生团队获得第十七届"挑战杯"全国大学生课外学术科技作品竞赛全国特等奖、全国累进创新奖、全国二等奖，第十六届"挑战杯"全国大学生课外学术科技作品竞赛全国一等奖，第十二届"挑战杯"大学生创业计划大赛全国铜奖，第八届中国国际"互联网＋"大学生创新创业竞赛全国铜奖，第六届、第七届、第八届江西省"互联网＋"大学生创新创业大赛银奖。带领师生团队创建"知产童蒙"（IP SPARK）公益组织开展系列知识产权宣传普及教育公益活动，获得江西省优秀志愿服务重点扶持项目，并带领团队获得江西省首批（共计 10 个）"江西省普法依法治理创新案例"荣誉。

主要研究方向：版权法、专利管理、新闻传播法治。

魏建萍 硕士。现就职于华东交通大学马克思主义学院，任专职思政课（思想道德与法治教研室）教师。参与国家社科基金项目 2 项，参与江西省社会科学研究规划项目等省级项目 4 项。

研究方向：思想道德与法治。

张广弘 讲师、博士。现任华东交通大学人文社会科学学院法学系副主任，兼任江西省法学会知识产权法学研究会副秘书长。博士毕业于韩国成均馆大学知识产权法专业。

主持江西省社会科学研究规划项目 1 项、江西省高校人文社会科学重点研究基地项目 1 项，参与中国与韩国相关知识产权研究项目多项。带领学生团队获得省级创新创业比赛奖励 3 项。

研究方向：知识产权法、商业秘密保护法。

前　言

　　文化产业之创新关乎重大，一者文化产品蕴含的价值观念赋予了其弘扬传播文化、精神、理念之任务；二者文化产品富含的精神属性决定了其满足人民精神生活需求之要旨；再者文化产品涵摄的经济特性彰显了其在社会经济发展中之地位。洞察近年来我国文化产业发展态势，从国家顶层设计到产业运行实践再到市场真实数据，均指向"供给侧结构性改革"主题。质言之，创造性地保障新型供给，创新性地转化已有供给，继而牵引文化产业创造端、市场端、环境端链条的整体更迭创新，成为当务之急。

　　鉴于此，作为"经济基础"的文化产业的供给侧改革创新，势必投射至"上层建筑"的法制层面，困顿、调适、优化、鼎新甚至是重塑，成为法制在保障文化产业持续前行进程中的必然课题。这其中，著作权法的保障、激励、支撑效用尤为明显，几乎起到文化产业供给侧改革"母法"之作用。因此，著作权制度该如何应对文化产业的供给侧改革创新？著作权法的确权、授权和侵权救济制度该如何有效调适以顺应并助推产业的新需求和新趋势？我国于 2020 年 11 月完成的《著作权法》第三次修正在大幅优化的基础上是否仍有瑕疵和进步空间？产业迫切的"时代之问"亟待解决。

　　以《著作权法》核心要素之"权利"为基点，本书以前人丰硕的研究成果和当今的现实问题为源头，希冀通过对我国著作权确权、授权、侵权救济制度和机制的解与构形成逻辑串联，并辅之以《著作权法》第三次修正前后的重要规则剖析与修补，为文化产业供给侧改革"保驾护航"。

在著作权确权制度和机制上，本书选取了作品"独创性"裁判和"视听作品"权属制度两大主题进行了深度剖析。关于作品"独创性"裁判，其关乎文化产业供给侧改革之根本，新型供给及已有供给的新形式能否成为法律保护的客体，"独创性"判断乃其准入之"阀门"。通过对 225 件司法裁判的分析，我国现行的"独创性"司法裁判显现出"架空替代"和"标准混乱"之现象，前者具象为以"权利归属确认"、"作品类型判断"、"违法侵权判定"和"直接抛投认定"来代替、抛弃、罔顾、架空独创性裁判，后者则呈露为法官在创新价值说、个性选择说、区别说、美感说、原创性说、反面释义说等标准中摇摆不定。为此，构建一套以"工具主义"为价值导向、以"作品类型"为参考体系、以"创作空间"为判断方式的独创性裁判标准，谓可行之道。关于视听作品权属制度，其保障之视听产业的产值规模和网民体量凸显了研究的重大意义和典型价值。本书在梳整制度演绎历程的基础上，从形式和内容两个维度，对我国视听作品权属制度在《著作权法》第三次修正中的进步与不足进行了客观评析，找准制度瑕疵及其症结，并就《著作权法》和《著作权法实施条例》中的具体条文给出了优化意见。

在著作权授权制度和机制上，本书聚焦著作权交易市场遭逢的"互联网＋"和"突发公共卫生事件"大环境谈版权授权革新，并瞄准"著作权集体管理"和"法定许可"两项关键授权制度和机制展开阐释。一方面，"互联网＋"形态下著作权价值链在创造、传播和交易上呈现出"去职业化"、"去中心化"和"去单一化"的转型态势，而在新冠肺炎疫情"突发公共卫生事件下"市场主体间的版权利益因收益分配格局固化、权利限制制度瑕疵和版权许可机制梗塞出现失衡现象，施以构筑共赢版权传播生态、完善法定许可制度、优化集体管理模式等措施可实现版权利益的再平衡。另一方面，我们将著作权集体管理授权模式在中国绩效低下的原因归结为"信任机制"的严重缺失。进言之，这一缺失的缘由无外乎三点：著作权集体管理授权制度体系与内容上的缺陷导致信任基础不牢，著作权集体管理组织内部治理的缺位和外部监督的错位致使组织公信力不够，著作权集体管理授权中权利人权益保障的失衡和使用者交易便捷需求的失灵造成信任关系缺失。故之，本书建设性地就我国著作权集体管理的模式选择、上位法律完善、治理与监督规则优化、权利人与使用人利益保障规则改良，给出了校正和修订意见，并被我国《著作权法》认可得以在修正案中体现。再者，通过对教科书法定许可法律和部门规章的条分缕析，探寻出其存在条文表述失范、规则执行困难、制度实效成疑和网络适用有漏等问题，在修缮文本表达、更新付酬定价要素、补齐支付配套机制和重审网络适用规则等梯度提出了完备之策。

在著作权侵权救济制度和机制上，本书注目于著作权侵权判定的"实质性相似"要件、著作权侵权救济的行政保护、著作权侵权救济的"行刑衔接"等，在解构中建言献策。其一，"实质性相似"的判定作为著作权侵权判断的"基石"，关乎文化产业兴衰和作品保护虚实，依托对百余件司法案例的实证考察，总结出在我国司法实践中该要件判定仍存在判断方法不统一和判断路径不精确的瑕疵，继而提出综合运用"整体观察法＋抽象观察法"和依照不同作品类型遵循不同裁判方法的具体应对措施。其二，行政保护乃著作权侵权救济主要渠道之一，在《著作权法》第三次修正和《行政处罚法》第三次修订的处境下，其法理正当性和优化必要性再次凸显。基于历史叙述、现实注脚、远景诠释三个维度的论证，能够厘清著作权行政保护的正当性以回应学理质疑；对照行政处罚制度新增加的行政执法"三项制度"、柔性与人性化执法规则和延伸行政处罚权至乡镇街道等亮点，可窥探出我国著作权行政执法仍存在执法过程有待完善、处罚适用有待更新、管辖权限有待拓展等纰漏，从而提出增设著作权行政执法"三项制度"、吸纳"首违不罚"和"从旧兼从轻"制度、优化著作权行政执法管辖权限等构想。其三，"两法衔接"即"行刑衔接"，是著作权侵权救济"双轨"渠道相链接的集中体现，但现实中"不予移送""以行政处罚代替刑罚"等行为仍然经常发生。通过对全国著作权侵权案件和江西省"十三五"期间著作权侵权案件的实证考察，勾勒出两者衔接梗阻的主要表现并剖析其形成缘由。从实体法视角，价值定位错位、衔接依据效力层级不高、客体保护范围过窄、客观方面认定存疑、主体方面罪责单一、主观方面认证困难、刑罚规制欠妥、案由认定相异等构成"两法"衔接障碍的主要原因；从程序法视阈，案件移送标准不明、证据转化标准不清、利益机制诱导、信息共享不健全、监督机制不足等成为"两法"衔接障碍的另一重要缘由。故此，提出应在构建"大保护"治理格局的指引下，修正"两法"相关具体规则，构建"两法"双向互动反馈模式，以实现著作权行政保护与司法保护之间的顺畅高效联动，助推文化产业供给侧改革和高质量发展。

目 录

CONTENTS

第三篇　授权制度与机制 ‖ 213

第五章　"互联网＋"与"公共卫生事件"下版权市场变革与应对 ‖ 215

第一篇

文献与问题

第一章

文化产业供给侧改革与著作权体系创新的研究谱系

　　知识产权法作为产业之法和创新之法，凸显了知识产权制度与产业和产业创新之间的密切关联。从法理层面而言，知识产权法的演进或发展，包括"法律制度的变迁、法律精神的转换、法律体系的重构"❶ 等，其根本动力在于产业的增长、进步、发展或革新。作为知识产权制度的重要分支，著作权❷制度亦可谓"文化产业创新的母法"，其演进或发展的动力源于文化产业的持续革新。当下中国的社会经济发展，"供给侧结构性改革"无疑是最重要的发展主题和应对方法论，也构成文化产业发展最为迫切的现实图景。鉴于此，梳理文化产业供给侧改革的学理坐标，勾画文化产业与著作权制度之间的关联图景，借鉴著作权制度创新的已有成果，对于深化

---

❶　张文显. 法理学［M］. 3 版. 北京：高等教育出版社，2007。

❷　本书对著作权与版权不作区分。

"文化产业供给侧结构性改革下著作权保护制度与机制创新"研究具有重要的学理意义。

一、文化产业供给侧改革的学理坐标

（一）文化产业供给侧现状研探——洞察改革之缘由

文化产业在中国的发展，经历了从萌芽到繁荣、从"政策红利"到"政策理性"、从"总体生产匮乏"到"结构性生产过剩"的过程，随着资深投入、技术、政策的不断增加和催化，"供给侧结构性改革"成为我国文化产业发展面临的重大主题。

从整体的宏观维度来看，有学者认为"中国文化产业的既有资源出现严重错配，具体表现为：政策错配，政府产业政策选择不合理，扭曲了资源配置；资本错配，边际报酬原则失灵，资本难以在市场环境中自由配置；技术错配，技术供给严重不足，技术供给和资本供给难以匹配；劳动力错配，流动障碍和制度阻遏了劳动要素的适度、自由分配"❶。有学者直言，现阶段我国文化市场供给侧的问题主要表现为"文化精品缺乏和文化项目粗放式发展；文化市场存有大量低端供给，有效、有质量供给不足；受经济发展、消费水平、文化审美以及产业环境影响，全国文化产业的产业结构和区域分布失衡；文化政策'一刀切'、文化粗放式管理以及文化管理制度缺位是我国的文化产业亟需解决的问题"❷。也有学者从全球经济形势变化和国家经济动能交替的视角观察我国文化产业发展现状，认为"我国文化产业领域供给不足与过剩并存、需求下降与外移同在。在当前的文化产品和服务供给中，

---

❶ 顾江，车树林．资源错配、产业集聚与中国文化产业发展：基于供给侧改革视角[J]．福建论坛（人文社会科学版），2017（2）：15-21.

❷ 刘昂．供给侧改革与文化产业创新[J]．齐鲁学刊，2017（6）：90-95.

文化精品供给不足；相反，某些领域又存在低端供给过剩、无效供给库存严重的现象；我国文化产业领域的需求业已改变。但供给端未能同步调整，产业未完全适应消费需求的变化，导致需求外溢、消费能力严重外流且需求外移的速度不断增长"❶。

从产业结构的视阈来看，有学者认为"我国文化领域存在供给端日渐严重的结构性问题。从产品结构看，低端同质化文化产品存在过剩，中高端个性化产品相对匮乏；从产业结构看，传统类文化产业比重较大，新兴文化产业仍在培育；从区域结构看，东中西差距较大，发展不平衡、不协调矛盾突出；从要素投入结构看，偏重物力、人力，对制度、科技、管理等创新要素不够重视。此外，文化领域还面临着'国有、民营文化企业数量实力悬殊，政策待遇不平等'的所有制结构不平衡、'传统产业比重大，科技含量有待提升'的技术结构不平衡以及'发展不平衡、特色不明显'的区域结构不平衡问题"❷。有学者认为"我国文化产业增长趋缓、文化消费潜力不足"，呈现出"供给结构性产能过剩"，"尽管在数量上增势明显，但存在过于单一化、精品匮乏的突出性问题，即具有原创性、思想性的高端文化产品供给不足，而复制性、低档次的文化产品过剩严重。文化产业发展受阻，具体表现为产品结构不合理、产业结构不完善、供给与需求不适配、文化创新动能不足、增长呈下行趋势"❸。有学者将我国文化产业的结构性问题描述为四个维度，即"其一，高端产品供给不足，低端

❶ 齐骥．供给侧与需求侧协同视角下的文化产业发展研究［J］．深圳大学学报（人文社会科学版），2016（6）：35－41.

❷ 范周，周洁．正确理解文化领域供给侧结构性改革［J］．东岳论丛，2016（10）：5－14.

❸ 郑海江，陈建祥．从供给侧发力推动文化产业创新发展［J］．中国出版，2017（1）：6－10.

产品供给过剩,重复建设项目太多;其二,国内需求与国外消费呈反比,需求外移的速度不断扩张;其三,高端技术投入不足,产品缺乏国际竞争力;其四,行政权力介入不合理,导致供非所需、效能低下以及产品同质化、市场管理混乱、区域性贸易壁垒与地方保护政策等诸多阻碍文化资源流通的问题"❶。

从具体的微观角度来看,有学者从文化产业的下位概念文化产品和服务的角度给出了阐释,认为我国"文化产品和服务的同质供给、低俗供给、低端供给、过剩供给、僵尸供给、呆滞供给问题突出。尽管当前文化产业总体呈现快速发展的势态,但仍存在多维度扭曲失衡,主要表现为供给与需求失衡、文化产业的经济属性和社会属性失衡、文化影响力与经济影响力失衡、文化产业发展与关联产业发展失衡、区域失衡"❷。有学者从具体产业发展影响要素的角度,认为"我国文化产业资本供给不足且结构失衡、人才资源匮乏、技术创新乏力和知识积累不足。文化产业有效供给不足根本原因是其在资本、劳动力、技术等方面存在要素错配,各生产要素未能充分发挥作用,导致产品的供给与需求无法有效衔接,从而抑制了产业的生产效率、综合效益和可持续发展"❸。也有学者从发展动力、知识产权、成本、人力资本等视角,认为"我国文化产业领域不仅存在着供需错位、产能过剩等问题,而且面临着寻找经济增长新动力的难题。内生动力不足直接导致文化领域内容产业原创能力差、占比不高,企业自主知

---

❶ 陈奇佳,肖远. 论"IP +"产业的集群化:文化产业的供给侧结构性改革 [J]. 江苏行政学院学报,2017 (4):25 – 32.

❷ 周晓宏. 文化产业供给侧结构性改革:失衡与再平衡 [J]. 出版发行研究,2017 (12):24 – 27.

❸ 卞晓丹,钟廷勇. 空间集聚与文化产业供给侧改革:基于要素错配的视角 [J]. 江海学刊,2016 (4):86 – 91.

识产权拥有量较低。当前阻碍文化产业内生动力形成的主要原因是产值增加过多依赖初级产品、成本过高导致创新不足和人力资本信息不对称"❶。更有学者以文化产业中的科技期刊为考察对象，认为中国文化产业既有的供给体系"中低端产品过剩，高端产品供给不足"，存在"供需错配"现象。产生这一现象的缘由在于"学术影响力低下的中低端产品生产过剩，高质、高端的科技期刊供给严重不足，二者形成无人问津和需求广泛的鲜明对比。直接引发国内大量优秀研究流失境外以及创新价值不高的论文长期充斥国内科技期刊版面的问题，导致其陷入恶性循环的发展怪圈"❷。

（二）文化产业供给侧改革探求——摸索改革之方法

针对上述文化产业发展之现状，"改革"和"创新"成为必然，关乎文化产业的市场前景和高质量发展。资源错配、结构失衡、供给低效等问题，均指向文化产业的供给侧，进行产业的供给侧结构性改革意义重大，是文化产业发展的现实命题和必然要求。这一改革"具有时代意义和现实意义"，"是顺应时代发展新趋势和人民文化消费新需求、保障人民群众基本文化权益和推进文化民主的必然选择。文化领域的供给侧结构性改革关乎产业转型升级和提质增效，还能够配合、引领经济领域的供给侧结构性改革"❸。从顶层设计的维度观察，"推进文化领域供给侧改革具有

---

❶　宋朝丽. 供给侧改革视角下文化产业发展内生动力机制探究 ［J］. 东岳论丛，2016（10）：22－29.

❷　朱明，吴锋. 浅谈中国科技期刊的供给侧改革：以江南大学所属科技期刊改革为例 ［J］. 科技与出版，2016（12）：24－28.

❸　李康化. 文化产业供给侧结构性改革的战略选择 ［J］. 福建论坛（人文社会科学版），2017（8）：84－92.

现实意义和规划意义。其是顺应时代发展新趋势、人民消费新需求，推动文化健康可持续发展的必然选择；是立足党和国家事业的全局高度，落实中央总体战略部署、建设文化强国的重大举措"❶。更有学者着眼于少数民族文化发展，提醒"文化的供给侧问题直接阻碍了少数民族群众文化生活水平和文化素质的提高，文化产业供给侧改革关乎少数民族文化生产力的革新"❷。

文化产业供给侧改革，要抓住"牛鼻子"，找准改革创新的关键点。一方面是效率问题，即文化产业供给侧结构性改革的核心是提高"全要素生产效率"，"借助技术和制度创新，带动劳动力、资本、土地、技术、管理等生产要素的全面优化，构建创新驱动型经济增长的发展模式"❸。而且，"文化产业供给侧改革的根本任务是纠正资本、劳动力、技术等领域的要素错配，优化、提高资源配置效率和全要素生产率"❹。继而，"提高文化产业对需求的适应性和灵活性，占领舆论高地、宣传核心价值观，提高国民幸福指数，讲好中国故事，提高全要素生产率，是促进文化产业健康发展的关键"❺。另一方面是发展的动力问题，即"文化产业作为结构性改革和产业结构优化的重要组成部分，能否为供给侧改革提供积极力量，取决于其能否消除文化产业的发展阻碍，其中最主要的就是文化产业发展内生动力不足，即化解文化产业内部要

---

❶❸ 范周，周洁. 正确理解文化领域供给侧结构性改革 [J]. 东岳论丛，2016 (10)：5–14.

❷ 穆慧贤. "一带一路"沿线少数民族文化保护开发研究 [J]. 中南民族大学学报 (人文社会科学版)，2017 (4)：69–72.

❹ 卞晓丹，钟廷勇. 空间集聚与文化产业供给侧改革：基于要素错配的视角 [J]. 江海学刊，2016 (4)：86–91.

❺ 周晓宏. 文化产业供给侧结构性改革：失衡与再平衡 [J]. 出版发行研究，2017 (12)：24–27.

素不够活跃的难题"❶。针对"文化产业转型升级的要求",要"从供给侧发力,生产具有时代特点、富含精神内涵的文化产品,从而创造新的经济增长点,是推动文化产业供给侧改革、产业结构优化、持续健康发展的关键"❷。

文化产业供给侧结构性改革的路径之一,是协调好产业发展中的政府与市场关系。有学者指出,要"以新理念为指引,通过释放市场的决定性作用,发挥政府的主导作用,提升产业发展的内生动力,促进产业融合,实施双向开放实现文化产业的供给侧结构性改革。实现文化产业供给与需求、社会效益与经济效益、文化影响力与经济影响力、文化产业发展与关联产业发展以及区域布局的再平衡"❸。有学者直言,"文化产业的供给侧结构性改革必须走出'政府主导模式',把权力还给市场,遵循市场逻辑和尊重大众消费的多层次特点,着力发挥市场在资源配置中的决定性作用,以及消费对健全产业发展体系的促进作用,加强知识产权保护和激励创新创意,培育文化产业的内生动力机制"❹。有学者认为,"推动供给结构在文化企业和政府方面同时进行调整,是供给侧改革的重中之重。一是要增强企业的软硬实力,实现有效供给;二是要推崇市场的主导地位,提高资源配置效率。还需充分发挥政府职能,建立文化产业市场体系,将文化产业的经济效益和社会效益都纳入考虑范围内,树立可持续发展观并贯彻、发展

---

❶ 宋朝丽. 供给侧改革视角下文化产业发展内生动力机制探究 [J]. 东岳论丛,2016 (10): 22 – 29.

❷ 刘昂. 供给侧改革与文化产业创新 [J]. 齐鲁学刊,2017 (6): 90 – 95.

❸ 周晓宏. 文化产业供给侧结构性改革:失衡与再平衡 [J]. 出版发行研究,2017 (12): 24 – 27.

❹ 夏雨. 我国文化产业消费经济效益及改善策略 [J]. 商业经济研究,2020 (7): 178 – 181.

社会主义核心价值观"❶。

文化产业供给侧结构性改革的路径之二，是以产业发展的供给和需求为导向调整优化现有结构，以重塑产业发展动力。有学者论证，"文化产业供给侧结构性改革的主要任务是优化产品结构、产业结构和区域结构。这需要以要素供给来提升全要素生产率，由要素驱动向创新驱动转变，根据供需关系及其变化趋势解决'供需错配'问题"❷。有学者从产业的创造端出发，认为"提升文化产业供给质量和创造新型文化产业供给是文化产业供给侧改革过程中的两个重点。欲形成文化产业发展的新局面，必须充分激发文化产业的创造力。这不仅关乎文化产业的内容生产过程，也直接影响到文化产品的创造性"❸。有学者以产业的需求端为入口，提醒"当前我国文化产业的供给侧结构性改革应结合当前经济社会转型发展的需要和趋势，着眼于人民群众的文化需求，从供给侧发力，推动文化创新、减少无效供给、保证和扩大有效供给，保持文化产品供需的动态平衡，最终实现文化的繁荣发展。具言之，应遵循内容为王、供需相适、高效集约、创新驱动四个原则"❹。还有学者从具体的优化方法论视角，阐述"文化产业供给侧结构性改革既要做'减法'，即去落后产能、去产品库存、去金融泡沫、降低企业成本，也要做'加法'，即提升产品质量、改进市场营销方式、扩大影响力和市场辐射面；改革投融资体

❶ 范玉刚. 文化消费对健全文化产业发展体系的促进作用 [J]. 艺术百家，2016（3）：13–20.

❷ 李康化. 文化产业供给侧结构性改革的战略选择 [J]. 福建论坛（人文社会科学版），2017（8）：84–92.

❸ 张祥志，尹靓. 基于供给侧改革的文化产业创造力激励研究 [J]. 中国出版，2016（13）：15–19.

❹ 郑海江，陈建祥. 从供给侧发力推动文化产业创新发展 [J]. 中国出版，2017（1）：6–10.

制，支持中小企业成长；鼓励科技创新，推动新业态成长；加快数字化进程，促进产业提档转型；改善政策环境，保障产业发展；以创意驱动传统产业升级改造；继续加大财政对公共文化服务的投入"❶。

　　文化产业供给侧结构性改革的路径之三，是通过创新的方式健全产业资源配置、形成产业要素创新、增强发展内外动力，促进产业整体质量的跃升。有学者认为，"当下文化产业供给侧改革的主旨是以推动创新、创意为核心，实现内容生产、科学技术、发展模式、治理模式的要素创新，在促进文化产业供给结构转型升级的同时驱动经济整体跃升。改革中需要优秀的内容生产、先进的科学技术、科学的发展模式、良好的制度机制来提高文化产业的生产效率"❷。有学者解读，"文化产业供给侧改革旨在激发市场要素、竞争活力、文化创新的协同发展，以实现经济社会的持续发展。在供给侧着力于产业要素端和生产端的优化，尤其是发展方式的优化配置和行进序列的创新升级；在需求侧着力于加强投资、消费、出口，通过有益财政政策和货币政策的组合，以经济形势变化为导向，扶持文化产业发展"❸。有学者从创新质量的维度，认为"文化产业供给侧结构性改革以满足文化消费需求为最终目标，以文化产品高质量供给为主攻方向。科技创新和文化消费分别是文化产业供给端、需求端改革的契机"❹。有学者从产

❶　李向民．文化产业供给侧结构性改革问题初探［J］．福建论坛（人文社会科学版），2017（2）：22−28．

❷　刘昂．供给侧改革与文化产业创新［J］．齐鲁学刊，2017（6）：90−95．

❸　齐骥．供给侧与需求侧协同视角下的文化产业发展研究［J］．深圳大学学报（人文社会科学版），2016（6）：35−41．

❹　王明明，孟程程．科技创新与文化消费的互动机制及对文化产业转型升级的影响：基于供给侧改革视域的分析［J］．税务与经济，2019（2）：50−55．

业内外部动力机制创新的视域，阐述"文化产业供给侧结构性改革的基本路径是内生动力（内容创新、技术创新、人力资本、商业模式、品牌塑造、业态创新）的激活和外部条件（市场体系、金融创新、制度创新、服务平台）的协同优化，由此创造最优的供给侧生态结构"❶。有学者从资源配置的创新视角，认为"应当从供给侧优化文化产业的资源配置，进而完善文化产业的竞争机制。即去产能、提升资源利用率，转向对'质'的追求；鼓励优质企业兼并重组弱势企业，优化供给结构、提高行业效益；以市场和消费者需求为导向，确保价格机制发挥正向作用，减少盲目开发、重复制作造成的资源损耗"❷。有学者从产业创新中的 IP 要素论证，认为"'IP＋'产业集群化发展是落实供给侧结构性改革的可行路径。其是文化产业发展过程中完善自身体系的必然结果，也是文化产业供给侧改革的方向。在此过程中，需要大城市政府发挥领航作用，优先考虑 IP 运营过程中的法制建设问题；建立 IP 行业的规范及标准；重视 IP 产业与传统行业的叠加效应，以及其向移动端转流的发展趋向"❸。

二、文化产业与著作权体系的关联图景

（一）域外：最优、次优、阻碍梯度下的关联

著作权与文化产业之间的链接，在域外学者看来，无疑是一个较为"古老"的话题。梳理总结国外学者的相关论点，不难察

---

❶ 秦宗财，方影. 我国文化产业供给侧动力要素与结构性改革路径［J］. 江西社会科学，2017（9）：75－83.

❷ 黄先蓉，冯婷. 我国文化产业竞争机制创新研究［J］. 出版广角，2017（7）：19－22.

❸ 陈奇佳，肖远. 论"IP＋"产业的集群化：文化产业的供给侧结构性改革［J］. 江苏行政学院学报，2017（4）：25－32.

觉，最优解决方案、次优解决方案、阻碍产业发展三个梯度鲜明的关联图景，构成了国外学者论证著作权/版权对文化产业发展作用的核心观点。括而言之，在版权是最优解决方案的梯度，促进、激励、助力、增进、满足文化产业及其相关要素是学者们对版权的主要态度；在版权是次优解决方案的梯度，存在缺陷、有待完善、急需调适、应对困境是学者们对待版权作用的主要倾向，而且专门针对版权与其他手段的结合以及版权在应对文化跨境流通中遭遇的困境等作了详细阐释；在版权阻碍文化产业发展的梯度，减少文化多样性、降低效率、阻碍文化创新步伐则是学者们从不同的视角对版权的价值取向。

　　在第一梯度，绝大部分学者认为著作权/版权是文化产业赖以生存的最优解决方案，著作权/版权对文化产业的发展，尤其是对文化市场产生的效用是积极和正面的。有学者认为文化产业提供了广泛的就业岗位，提升了国家凝聚力和社会内涵。❶ 而且，版权为增进人民福祉、推进人类文明繁荣方面发挥了至关重要的作用。❷ 针对版权在文化产业发展中的具体作用，有学者论证了中国著作权法为作者的非经济利益提供了支撑，通过对精神权利的狭隘解释，使商业自由受到法律的保护。❸ 更重要的是，版权有助于培养和造就一批专业的创作者，其次版权使创作者能够将收入来源货币化，可使市场支持的创意产业独立于政府的慷

---

❶　SINGH J P, VOON T. Cultural Products and the World Trade Organization ［J］. Journal of Cultural Economics, 2009, 33（2）: 161-165.

❷　SAMPATH R. From Goods to a Good Life: Intellectual Property and Global Justice ［J］. Law & Society Review, 2013, 47（2）: 7-11.

❸　LIANG Z. Between Freedom of Commerce and Protection of Moral Rights: The Chinese Experience and a Comparative Analysis ［J］. Journal of the Copyright Society of the USA, 2009, 57: 107-148.

慨解囊。❶ 从市场层面看,版权不仅能满足市场需求,还提供了广泛的艺术自由;而盗版往往影响创作的时间、投资及质量;版权能保证艺术家有足够的收入来支付生产成本以实现创意过程中自主性最大化。❷ 更有学者直言,针对版权观念日益强化的今天,减少盗版,转向合法高效的商业模式,会激发文化产业发展的希望。❸

在第二梯度,学者们普遍认为文化产业相关问题的解决没有最优方案。著作权/版权是解决文化产业问题的次优方案,或强调现行著作权/版权制度的困境与缺陷,或论述个别区域版权的瑕疵,或提出版权加其他因素相结合等观点。有学者认为版权法的平衡岌岌可危:如果版权范围过窄,作者可能没有足够的动力,或者过度依赖国家、赞助者的支持;如果版权范围太广,版权所有者将能够对作品实施控制,从而抑制言论自由和文化发展。❹ 有学者建议对于文化产业欠发达国家或地区来说,通过机会主义滥用版权法来获取国外先进作品在初期是一种有效的手段。对于非洲来说,推动创意产业的繁荣,法律和市场必须是额外支持性的,稳定的环境、有利的政治承诺、有效的补救措施、培训法官、建立行业协会都至关重要。❺ 有学者在对尼日利亚、印度和中国的研

❶ PRIEST E. Copyright Extremophiles: Do Creative Industries Thrive or Just Survive in China's High – Piracy Environment [J]. Harvard Journal of Law & Technology, 2013, 27: 467 – 541.

❷ LIU J. Copyright for Blockheads: An Empirical Study of Market Incentive and Intrinsic Motivation [J]. The Columbia Journal of Law & the Arts, 2015, 38: 467 – 577.

❸ PRIEST, ERIC. Meet the New Media, Same as the Old Media: Real Lessons from China's Digital Copyright Industries [J]. The George Mason Law Review, 2015, 23: 1079 – 1103.

❹ NETANEL N W. Copyright and a Democratic Civil Society [J]. The Yale Law Journal, 1996, 106 (2): 283 – 387.

❺ AREWA O B. Creativity, Improvisation, and Risk: Copyright and Musical Innovation [J]. Notre Dame Law Review, 2011, 86: 1829 – 1846.

究中提出，在版权缺席时可以形成的行业突破是有限的，但版权
规范仅涉及管理行业运营的某些方面，过严的版权执法有时不利
于当地企业扩张影响力。❶ 也有学者在研究电影行业的法律问题时
提到，版权的变革力量是有限的，版权法强化了中国电影的审查
制度，在表达作品周围设置了重重法律障碍。❷ 还有学者论述不公
平的权利设置也极易造成文化产业冲突，例如美国版权法制定的
权利没有延伸到包含传统知识的原住民作品，使得发扬传统音乐
变得步履维艰。❸

在第三梯度，学者们更多关注著作权/版权对文化产业发展带
来的负面效应和消极作用，持著作权/版权制度会阻碍文化市场化
与文化繁荣的基本态度。有学者认为，版权法对生产者的非侵权
创作也有一种压制性的影响，不断扩张的版权给知识共享建立了
围墙。扩大的版权制度会以更具侵犯性的方式，通过诱导企业、
媒体对同类产品之间肆意竞争进一步减少文化多样性。❹ 有学者提
出，版权增加了创作成本，进而使得效率低下。多年来人们骄傲
于版权法对创新的激励，但几乎没有人知晓其增加创造力的程度，
版权机制甚至可能对创新造成重大风险，因为立法者可能没有充
分认识到现有作品对创新的重要性。❺ 有学者在研读美国版权法时

❶ PAGER S A. The Role of Copyright in Creative Industry Development ［J］. Law and Development Review, 2017, 10 （2）: 521 – 576.

❷ PRIEST E. Copyright and Free Expression in China's Film Industry ［J］. Fordham Intellectual Property, Media and Entertainment Law Journal, 2015, 26 （1）: 3 – 69.

❸ BACHNER B. Facing the Music: Traditional Knowledge and Copyright ［J］. Human Rights Brief, 2005, 12 （3）: 8 – 12.

❹ PESSACH G. Copyright Law as a Silencing Restriction on Noninfringing Materials: Unveiling the Scope of Copyright's Diversity Externalities ［J］. Southern California Law Review, 2003, 76: 1067 – 1437.

❺ AREWA O B. Creativity, Improvisation, and Risk: Copyright and Musical Innovation ［J］. Notre Dame Law Review, 2011, 86: 1829 – 1846.

提出，当前版权期限过长，限制创作自由和对历史资料的获取，并导致孤儿作品的流行，显著阻碍文化遗产的数字化存档，减少了文化教育和学习的机会。❶ 有学者在研究版权的非中介化时提出，其可能会破坏文化多样性、造成权力下放、降低作者福利等，版权保护的增减与内容流和分销渠道的扩散没有直接的联系。❷

（二）国内：关系、作用、制度维度下的关联

基于著作权制度的基本价值和文化产业生产消费的基本属性，国内有关著作权与文化产业关联的研究较为丰富，为后续研探和本课题的研究提供极为多元的素材。综观之，国内有关文化产业与著作权体系关联的相关研究，大致从两者的关系、两者的互相作用（影响）、著作权制度的效用三个维度展开。

一方面，著作权/版权（保护、贸易、产业）与文化产业之间的定量化和定性化关系，是国内学者较为关注的论题。有学者在全面分析版权保护强度影响因子的基础上，测度了我国 2000—2015 年的版权保护强度系数，运用线性回归模型得出，"文化产业发展与版权保护强度呈'U'形关系，拐点出现在 2003 至 2004 年，该节点的保护强度为 2.945。另外，文化产业的就业人数、人文发展指数与产业发展成正相关，互联网普及率对产业增加值的影响不显著"❸。有学者认为，"在价值链增值过程中，文化产业的核心内容分别围绕创意、创作阶段，复制、生产阶段，传播、销售阶段，使用、体验阶段展开。版权保护强度与版权贸易水平的

❶ KHANNA D. Guarding Against Abuse：The Costs of Excessively Long Copyright Terms ［J］. CommLaw Conspectus，2014，23：52 – 125.

❷ PESSACH G. Deconstructing Disintermediation：A Skeptical Copyright Perspective ［J］. Cardozo Arts & Entertainment Law Journal，2013，31：833 – 873.

❸ 郭壬癸，乔永忠. 版权保护强度影响文化产业发展绩效实证研究 ［J］. 科学学研究，2019（7）：1174 – 1182.

关系呈'倒 U'形。对此，应在文化产业价值链的不同阶段采取不同的版权保护策略"❶。有学者以出版服务业为切入点，通过多元线性回归模型分析版权司法保护对文化产业的影响，以发案率（全国法院一审版权侵权案件量与前一期全国版权登记量之比）和原告胜诉率（当年版权侵权一审判决全部或部分支持原告诉讼请求判决数与当年版权侵权一审总判决数之比）之乘积为衡量司法保护强度的测度。研究结果显示，"版权司法保护与文化产业发展水平呈 U 形关系，2010 年为二者呈正相关的起点；但由于司法资源、国家政策等因素的影响，版权司法保护对文化产业发展的促进作用不显著，也不具有决定性"❷。有学者论证，"1999 至 2008年，版权保护与文化产业创新能力各指标之间具有显著的关联性。关联度由高至低依次是版权引进数、费用总支出额、产业增加值、版权合同登记量、从业人数、机构数、收缴盗版品数量、版权输出量、全国地方法院审结版权一审案件数"❸。有学者阐述，"版权产业与文化产业既有联系又有区别。二者的联系体现在：版权产业是文化产业的核心，版权产业属于文化产业中的核心层。二者均以相同或相似的无形财产为客体，且均适用版权法。而二者的区别主要有两点：版权产业与文化产业所强调的价值不同；版权产业与文化产业的内容不同"❹。有学者基于 1991—2013 年的数据，认为"版权贸易与文化产业发展之间的关系非常紧密，版权

❶　彭辉，姚颉靖. 版权保护与文化产业：理论与实证研究——基于价值链分析为视角 [J]. 科学学研究，2012（3）：359 – 365.

❷　谢巧生，周克放. 版权司法保护对文化产业发展影响研究 [J]. 中国出版，2021（14）：66 – 70.

❸　姚颉靖，彭辉. 版权保护与文化产业创新能力的灰色关联分析 [J]. 首都经济贸易大学学报，2011（2）：31 – 37.

❹　康建辉，郭雅明. 我国版权产业发展中的版权保护问题研究 [J]. 科技管理研究，2012（4）：123 – 126.

进出口与文化产业供需之间存在直接关系，版权贸易直接影响国内文化产品的生产和供应"❶。有学者阐述，"版权保护对文化产业的发展存在双向作用。一方面，版权制度推动文化产业的发展；另一方面，版权制度制约文化产业的发展"❷。

另一方面，著作权/版权体系，尤其是著作权/版权保护对文化产业发展产生的积极作用和影响，是大多数学者阐述文化产业与著作权关系的又一重要视角，此方面的研究成果彰显了著作权/版权在现代文化产业发展中的核心作用，也为本书的进一步研探奠定了扎实的基础。有学者断言，"拥有版权、加强版权保护是发展文化产业的根本，只有不断加强和完善版权保护，才能促进文化产业的长足发展。原因是，文化产业提供精神产品的生产和服务，其核心是版权产业。因此，作为文化产业核心和精髓的版权，是文化产业'又好又快'发展的必要条件。同时，文化产业与版权保护在'激励创新'上具有目标一致性"❸。有学者从国家文化软实力的方位展开论证，认为"对于文化产业而言，不加强自主创新就无法实现可持续发展。保护版权将会从根本上鼓励更多的人投身文化产业，从而激发人们的创造热情。基于此，版权保护才是文化产业核心竞争力的牢固根基"❹。有学者以文化产业的价值链为阐释依托，阐释了版权在文化产业发展各个链端的效用，继而强调"版权保护贯穿于文化产业发展的始终，包括了文化产

❶ 王丽. 版权贸易与文化产业发展之间的关系研究：基于中美两国的经验数据考察 [J]. 价格月刊, 2019 (9): 53 - 60.

❷ 姚林青, 池建宇. 版权制度与文化产业关系的辩证分析 [J]. 现代出版, 2011 (4): 42 - 45.

❸ 罗爱静, 张莉. 文化产业发展中版权保护的检视与建言：湖南为例 [J]. 求索, 2010 (11): 106 - 107.

❹ 姚喆. 文化产业国际竞争力视野下的版权研究 [J]. 中国出版, 2013 (8): 36 - 38.

业从选题、开发到产品推向市场、版权交易、版权权利管理等合法权益受损而急需维权的全过程。保护版权是文化产业发展的基础制度和重要保障，其程度和水平将直接决定一国文化产业的兴衰"❶。有学者阐明了创新创意下的版权对文化产业发展的作用，直言"版权是文化产业重要的生产要素和核心的发展要素。文化产业作为低消耗、无污染、立足于创新创意的高端产业，以'创意'为核心要素、产业起点和产业精髓，贯穿于任何文化产品的创作、制作、销售、服务。而文化创意只有在版权的参与下，才能成为创富行为。版权的创造、运用、保护、管理是将零散文化创意产业化，并转化成为现代生产力的重要手段"❷。有学者论证，"著作权对于文化产品的保护和贸易至关重要，其核心功能即保护思想和观念的表达形式、保护作品及衍生品的制作与传播，与文化软实力的核心与载体不谋而合，能够为提升国家文化软实力保驾护航。振兴文化产业、提升文化软实力必须坚持文化创新，运用著作权法加强对作品的保护和传播"❸。有学者以我国动漫产业的发展为实例，论述了"版权价值以及版权交易产生的版权贸易及其衍生价值在促进文化产业发展和推动国民经济增长中具有重要作用"，认为"促进动漫产业发展，须进一步加大对版权保护、版权运营的宣传和保护力度，为动漫文化产业发展提供必要的基础保障"❹。有学者以综合的视角阐发了版权的重要意义，认为

❶　彭辉，姚颉靖. 基于文献计量的我国文化产业版权保护研究进展分析［J］. 理论月刊，2015（11）：50－58.

❷　蔡尚伟，钟勤. 论文化产业发展中的版权评估问题［J］. 西南民族大学学报（人文社会科学版），2012（1）：139－143.

❸　孙益武. 论文化产品的著作权保护与文化软实力［J］. 中国出版，2011（22）：7－13.

❹　陈能军. 版权贸易促进动漫文化产业发展研究：理论阐释与案例分析［J］. 财经问题研究，2016（S1）：14－17.

"加强文化产品的版权保护、规制文化产业的竞争行为、创造和谐有序的竞争秩序,是我国文化产业持续健康发展的重要推力与积极保障"❶。

再者,单独将著作权/版权体系中的著作权/版权制度拎出来,重点论说著作权/版权制度对文化产业发展的关键作用,是学者们集中阐述的另外一个主题。有学者从积极和困境两个层面阐释"版权制度是文化产业发展的核心要素,也是文化产业价值提升的基础",从积极的维度看,"版权制度赋予文化产业主体法定的财产权利,以保护无形知识财产的方式确保作者有持续创作的热情和动力,版权制度保全了文化产品的经济属性,有利于产品的生产、流通、交换和推进产业市场化进程",但同时也要注意到"版权制度也加剧了媒介垄断、制约了本土的发展。版权制度为传播人利用数字技术垄断文化产品创造了契机,对产业原创力造成冲击;缺少对反映社会主义精神文明、物质文明建设的作品的额外嘉奖,背离了立法的价值目标"❷。同样地,也有学者从版权制度对文化产业发展可能带来的正反两个方面的影响进行了诠释,在论证"版权制度是文化产业发展的基础"的前提下,一方面对于文化产业而言"必须明确产权,确保知识所有者对知识产品的剩余索取权,建立产权交易制度,才能有效激励创新生产、提高产品供给,最终实现资源的合理配置;版权制度和文化产业相互促进发展;版权作为一种垄断权,能使知识在更大范围内传播、产生最大的公共福利",但另一方面"过于严格的版权制度会使作者

❶ 卢海君,邢文静. 文化产品的版权保护、竞争规制与文化产业的发展:"《人在囧途》诉《人再囧途之泰囧》案"引发的思考 [J]. 中国出版,2013 (15):36–39.
❷ 石丹. 文化产业创新发展中的版权制度和政府资助研究 [J]. 科技管理研究,2019 (3):187–193.

获得超过合理水平的报酬，削弱创新者继续创新的意愿，不利于社会资源的合理配置和经济发展"❶。有学者从两个梯度阐释了版权制度对传统文化产业创新具有的正面效应，一是"版权制度保护传统文化产业中的创造性智力劳动，此种产权化保护能够促进创新元素的不断产生，进而推动传统文化产业的发展"，二是"版权制度将保护范围限定在表达上，将思想留在公共领域，使得传统文化中的民族性与特色性元素保留在公共领域而不被私人占有，保护了社会公众的创新机会、保留了产业的创新来源、契合了产业的发展需求"❷。也有学者从版权制度天然且应然具有的私权属性出发，给出保障文化产业发展的版权战略应对策略，认为"版权战略立足于文化产业，应遵循文化产业内在的市场逻辑规则，即坚持私权本位的根本属性，而且在我国版权制度的推进中，版权战略应坚持版权经济的私权本质，强调市场规律的优先性；只有在市场失灵或公共利益确有必要的情况下，政府才可以通过公共政策予以调整，以公共政策反映、促进国家利益"❸。亦有学者从版权制度和国际版权制度的视域，探讨版权制度对文化产品出口贸易的作用，认为"在经济贸易全球化的形势下，国际版权制度是文化产品跨境交易的基础和保证，作品的传播、转让、许可使用离不开版权制度的规范，尤其是双边自贸协定中的版权条款，对规范文化版权市场秩序、促进版权作品的许可使用及转让、扩大我国文化产业出口贸易及解决版权贸易纠纷具有现实意义，有

❶　郑直. 加强版权管理 促进产业发展：版权制度与文化产业发展关系研究 ［J］. 中国广播电视学刊，2012（4）：91 – 93.

❷　林秀芹，黄钱欣. 陕西传统文化产业发展中的版权保护研究 ［J］. 西北大学学报（哲学社会科学版），2017（1）：58 – 62.

❸　徐小奔. 论版权战略的私权属性与公共政策目标：以文化产业与文化事业二元管理模式为视角 ［J］. 国家行政学院学报，2014（2）：89 – 93.

利于促进以广播电视电影、互联网信息服务、文化艺术服务等中国文化产业的发展"❶。

三、著作权之制度创新的理论格局

（一）关注著作权制度的新面向、新趋势

知识产权法作为产业之法和创新之法，能否实现保障支撑产业发展之目的和激励保护创新创造之宗旨，"不仅要考量制度选择所涉及的规范理念、规范内容以及规范形式的先进性、合理性和科学性，更要顾及制度存在的经济技术状况、社会环境、文化条件等与相关规范的一致性、协调性以及相适应性"❷，即知识产权制度现代化、国际化和本土化的问题。经过近百年的研探和摸索，我国知识产权制度实现了例如司法层面的"最高人民法院知识产权法庭的建立是我国知识产权司法体系建设的点睛之笔"❸ 等系列进步，"我国著作权法总体上既实现了全面与世界接轨，又进行了本国制度特色的探索和实践，为我国版权产业的迅猛发展和文化大发展大繁荣发挥了至关重要的作用"❹。在新的发展阶段和时代背景之下，"完善中国特色知识产权学科体系、学术体系、话语体系"❺，"在立法论层面上回归概念原意和统一价值立场，在解释论层面扬弃译介式研究的弊病"❻，实现"在继受法本体上纳入中国

---

❶ 何荣华. 双边自由贸易协定中的版权条款对我国文化产业的影响 [J]. 政法论丛, 2016 (5)：42－50.

❷ 吴汉东. 试论知识产权制度建设的法治观和发展观 [J]. 知识产权, 2019 (6)：3－15.

❸ 刘春田. 知识产权司法的大国重器 [J]. 法律适用, 2019 (3)：17－27.

❹ 丛立先. 我国著作权法总体趋向与优化进路 [J]. 中国出版, 2020 (21)：12－16.

❺ 马一德. 完善中国特色知识产权学科体系、学术体系、话语体系 [J]. 知识产权, 2020 (12)：20－26.

❻ 熊琦. 中国著作权法立法论与解释论 [J]. 知识产权, 2019 (4)：3－18.

特色的新内容，在高新技术发展的背景下保持著作权立法的开放性、前瞻性，同时提高著作权国际话语权"❶ 等目标，是新时代提升我国著作权制度现代化、国际化和本土化水平的新面向和新趋势。

《民法典》无疑是当下我国著作权制度最重要的新面向之一，也成为知识产权学界知名学者们重点关注的主题之一。在我国《民法典》正式颁布之前，诸多学者提出了"知识产权独立成编"❷ 的论点并进行了充分论证，但最终因为"知识产权制度本身的多变性与法典要求的稳定性之间的矛盾"❸，以及基于体系定位的角度得出的"知识产权法独立的历史变革路径和特殊的概念归纳方法都无法以科学的方式在民法典中得到体现"❹ 等诸多原因未能成行。正如学者所言，"尽管《民法典》未将知识产权独立成编，但其'基本规定''一般规定'的诸多条款涉及知识产权，而'专门规定'的链接条款更是直接适用于知识产权"❺。鉴于此，著作权制度在《民法典》这一新面向之下该如何变革创新，也成为我们必须妥善解决的理论和实践话题，甚至引发"《著作权法》第

❶ 马治国，刘桢. 现代化、国际化、本土化：我国著作权法治发展的回顾与展望 [J]. 西北大学学报（哲学社会科学版），2020（5）：73–81.

❷ 吴汉东. 民法法典化运动中的知识产权法 [J]. 中国法学，2016（4）：24–39；刘春田. 我国《民法典》设立知识产权编的合理性 [J]. 知识产权，2018（9）：81–92；李琛. 从知识产权司法需求论我国民法典的编纂 [J]. 法律适用，2016（12）：12–18.

❸ 曹新明. 知识产权与民法典连接模式之选择：以《知识产权法典》的编纂为视角 [J]. 法商研究，2005（1）：26–34；李雨峰. 知识产权法典化论证质评 [J]. 现代法学，2005（6）：152–157；胡开忠. 知识产权法典化的现实与我国未来的立法选择 [J]. 法学，2003（2）：55–59.

❹ 熊琦. 知识产权法与民法的体系定位 [J]. 武汉大学学报（哲学社会科学版），2019（2）：128–138.

❺ 吴汉东. 试论"民法典时代"的中国知识产权基本法 [J]. 知识产权，2021（4）：3–16.

3 条规定的作品之外的类型有无可能纳入著作权法的保护范围"❶的深度思索和奇思妙想。从宏观抽象层面而言,知识产权基本法的构想应运而生,被认为是"知识产权'去法典化'后基础性法律的立法选择,也是寻求各知识产权单行法共同价值及规范的制度安排"❷;同样地,在著作权法的微观具体视角,针对著作权相关制度和规则该何去何从,有学者给出了"《民法典》是著作权法修订的理论指南和法律依托,著作权法律修改应当把握著作权的私权属性,以私权为基础确定法律行为的规范和限制,并彰显《民法典》的精神和价值"❸的答案。

国际化和全球化亦是著作权制度创新的新面向之一,在中国国际地位不断提升的大背景之下,文化的"走出去"是必然趋势,因此中国著作权制度的革新不应仅限于追随或同步于全球制度,超越甚至引领全球著作权制度推陈出新以适应发展需求已然成为我们的历史使命。在《著作权法》修正进程中,有学者直言"《著作权法修正案》中存在与我国加入的国际条约或协定不符之处,其中一些条款与国际条约或协定的规定存在差异,还有一些国际条约或协定的规定尚未通过转化为国内法得到实施"❹,并以此提出了诸多修订建言。有学者以域外法规为比较,认为应当充分借鉴"欧盟《数字化单一市场版权指令》新增的'版权过滤''链接税''文本与数据挖掘例外'条款"❺等最新立法成果,

❶ 李雨峰. 知识产权制度设计的省思:以保护对象的属性和利用方式为逻辑起点 [J]. 当代法学, 2020 (5): 60 – 71.
❷ 吴汉东.《民法典》知识产权制度的学理阐释与规范适用 [J]. 法律科学(西北政法大学学报), 2022 (1): 18 – 32.
❸ 刘春田.《民法典》与著作权法的修改 [J]. 知识产权, 2020 (8): 3 – 7.
❹ 王迁.《著作权法》修改与国际条约和协定 [J]. 电子知识产权, 2020 (11): 4 – 12.
❺ 张今, 田小军. 欧盟著作权法改革与中国借鉴 [J]. 中国出版, 2019 (6): 61 – 64.

以及"美国法院'长臂管辖'、欧洲'确定重点国家'、日本'海外市场管理'"❶等有益经验。有学者提醒我国《著作权法》的修改应当"与国际规则相衔接，坚持多边主义，积极参与国际规则的制定"❷。有学者论证到，"随着经济社会的持续发展，我国日益成为经济全球化进程中的重要力量，面对经济全球化的国际环境，著作权法的制度设计也必然会发生变化"❸。更有学者认为"我国《著作权法》的修改过程也是我国著作权制度国际化的过程"❹。

现代化和本土化虽属不同的概念且拥有相异的属性，但在著作权制度范畴内可以统称为我国著作权制度对社会经济发展需求的回应性，这一主题也是我国著作权制度的关键新面向之一。在顶层设计维度，中国走出了"一条中国特色知识产权发展之路"，"知识产权发展历经了具有强烈内生性的'从无到有''从有到大''从大到强'三大战略转换"，而且"新时代全面强化知识产权保护要求的提出，从本质上说还是由内生需求所决定的"❺。在此背景下，包括著作权法在内的知识产权制度面临着深刻的本土化和现代化任务，即"中国知识产权制度成长，起因于'舶来品'的法律移植，但当下则是一场制度创新的社会实践"❻。此一面向映射至著作权制度领域，至少涵盖了三个方面：一是著作权制度

❶ 管荣齐 . 新时代中国知识产权保护国际化对策 [J]. 学术论坛，2019（4）：36－44.

❷ 阎晓宏 . 我国著作权法第三次修订需关注的几个问题 [J]. 现代出版，2020（4）：5－10.

❸ 吴汉东，刘鑫 . 我国《著作权法》第三次修订之评析 [J]. 东岳论丛，2020（1）：164－171.

❹ 杨利华 . 我国著作权制度的最新进展及其司法适用与完善 [J]. 中州学刊，2021（7）：56－66.

❺ 易继明 . 新时代中国特色知识产权发展之路 [J]. 政法论丛，2022（1）：3－18.

❻ 吴汉东 . 新时代中国知识产权制度建设的思想纲领和行动指南：试论习近平关于知识产权的重要论述 [J]. 法律科学（西北政法大学学报），2019（4）：31－39.

面向基于信息技术催生的生态环境的巨大变革，"随着信息网络技术的发达，著作权法赖以存在的生态环境已经发生剧烈改变"❶；二是著作权制度面临着诸多新型技术带来的巨大冲击和挑战，"互联网、人工智能的进一步发展亦对知识产权保护提出了新的挑战"❷，"移动互联网给著作权领域带来的影响，直接表现为作品创作、传播和使用全部以数字化方式在线完成，使得利用互联网的相关各方对著作权法传播效率的要求日益提高"❸；三是著作权制度面向产业迭代更新创新的现实需求，"以科技创新和产业发展为集中表现的产业利益，正在越来越多地融入著作权法，在塑造著作权制度中发挥愈加重要的作用，使著作权法日益加强顺应产业发展的制度建构"❹。

除了上述新面向和新趋势外，从历史中汲取经验、在回望中寻求展望、通过制度回顾找准未来趋势，也是诸多知识产权学者秉持的研究视角。探寻法律发展和演进的历史，不仅仅是在"回音"中倾听过往的瑕疵与美妙，更是在摸索后一曲的"前奏"与"谱迹"。有学者从中国知识产权 70 年的制度回顾和理论思考的基础上，总结出"在知识产权制度的建立和发展、完善及其服务于我国经济建设、科技和文化创新，促进经济社会发展方面取得了显著成就；而且我国知识产权制度将在强国知识产权战略中发挥更加独特而不可替代的作用"❺。有学者以中国知识产权治理 40 年

---

❶ 吕炳斌. 著作权法的理论前提：从"经济人假设"到"社会人假设" [J]. 当代法学，2020（6）：109 – 119.

❷ 李雨峰，马玄. 互联网领域知识产权治理的构造与路径 [J]. 知识产权，2021（11）：18 – 30.

❸ 熊琦. 移动互联网时代的著作权问题 [J]. 法治研究，2020（1）：57 – 64.

❹ 孔祥俊. 著作权立法与司法的产业利益之维 [J]. 社会科学辑刊，2021（6）：78 – 91.

❺ 冯晓青. 中国 70 年知识产权制度回顾及理论思考 [J]. 社会科学战线，2019（6）：25 – 37.

的经验为素材，归纳出"中国探索出了一条具有中国特色的知识产权治理之路，而且中国知识产权治理具有自身的优势、坚实的基础和强大的创新力"❶。同样地，在著作权制度方面，有学者基于中国共产党的百年版权法治实践，推断"中国特色社会主义版权法治道路将继续推动我国从版权大国向版权强国迈进"❷。有学者以中国《著作权法》30 年的成就和经验为蓝本，提出"应坚持理性的现代观念，不断解放思想、持续启蒙、深化改革、扩大开放"❸ 的期许。有学者以中国网络版权保护 20 年的经验为基准，提议"继续细化完善现有网络版权保护规则，利用现有规则解决实践中的问题，是未来一段时间内我国网络版权保护工作的核心"❹。也有学者从立法与司法的互动为视角回顾《著作权法》30 年的变迁，建议未来"著作权制度史应当反映这种变化，不能只关注立法史或割裂立法史与司法保护史"❺。

（二）聚焦新技术、新业态的著作权应对

著作权制度作为上层建筑范畴必然被经济基础所决定。具言之，新技术、新业态的产生和频繁更迭给著作权制度带来了众多挑战，这也成为知识产权和著作权法学界近年来研究最为集中的领域之一。综述有关新技术、新业态的著作权应对研究，可将其主要概括为人工智能、区块链、短视频、网络直播、自媒体"洗稿"等五个方面。

第一，人工智能的著作权问题研究。有关人工智能的著作权

---

❶　马一德. 中国知识产权治理四十年 [J]. 法学评论, 2019 (6)：10 - 19.

❷　丛立先, 杨天娲. 中国共产党的百年版权法治实践 [J]. 出版发行研究, 2021 (7)：19 - 29.

❸　刘春田. 中国著作权法三十年（1990—2020）[J]. 知识产权, 2021 (3)：3 - 26.

❹　王迁, 闻天吉. 中国网络版权保护 20 年 [J]. 中国出版, 2020 (23)：52 - 57.

❺　李琛. 文本与诠释的互动：回顾《著作权法》三十年的新视角 [J]. 知识产权, 2020 (8)：8 - 20.

问题研究，无疑是近 5 年国内知识产权学术界热点中的热点，相关研究成果可谓汗牛充栋，我们选取了其中最具代表性和被引用率最高的观点进行梳理总结。有关人工智能著作权问题，聚焦在其可版权性和版权归属两个方面，前者具象为"人工智能能否作为人而成为法律主体和人工智能能否作为非人被拟制为法律主体"❶两个问题。针对这一难题，有学者认为"人工智能虽然具有某些超越人类能力的强大工具，但是为其拟制一个法律主体并无实益，不可赋予其类似法人的法律主体地位，其只能是法律关系客体而非主体"❷。有学者认为"传统知识产权制度以人类的创新成果为保护对象，这是人工智能创造物受知识产权保护面临的障碍。但是，知识产权法律理念从保护人类创造转向以人类受众为中心，并不需要法律制度发生根本性变革"❸。亦有学者持否定态度，认为"迄今为止这些内容都是应用算法、规则和模板的结果，不能体现创作者独特的个性，并不能被认定为作品"❹。针对人工智能创作物的权利归属，学者们也给出了诸多不同的路径和模式，包括"鉴于人工智能生成成果的保护价值与邻接权制度的价值相契合，可将人工智能生成成果作为广义上的邻接权之客体"❺，"它实际上是一种人工智能对设计版权的演绎作品"❻，"将人工智能的所

❶ 李琛. 论人工智能的法学分析方法：以著作权为例 [J]. 知识产权，2019 (7)：14 – 22.
❷ 刘洪华. 论人工智能的法律地位 [J]. 政治与法律，2019 (1)：11 – 21.
❸ 梁志文. 论人工智能创造物的法律保护 [J]. 法律科学（西北政法大学学报），2017 (5)：156 – 165.
❹ 王迁. 论人工智能生成的内容在著作权法中的定性 [J]. 法律科学（西北政法大学学报），2017 (5)：148 – 155.
❺ 陶乾. 论著作权法对人工智能生成成果的保护：作为邻接权的数据处理者权之证立 [J]. 法学，2018 (4)：3 – 15.
❻ 易继明. 人工智能创作物是作品吗？[J]. 法律科学（西北政法大学学报），2017 (5)：137 – 147.

有者视为著作权人"❶，以及通过"将人工智能生成物类型化为来自于人类的生成物（第一类生成物）和非来自于人类的生成物（第二类生成物）"❷ 区分不同种类作品归属，此外还建言了"构建以'人工智能使用者说'为基础，并类推适用职务作品的相关规定的人工智能生成物著作权归属制度"❸，"以'孤儿作品'制度、'视为作者'原则安排人工智能作品的著作权的归属"❹，"以孳息来解释人工智能和其生成作品的关系"❺ 等路径。

第二，区块链技术对著作权的影响研究。区块链作为信息技术领域的新创造，基于自身的技术特征和天然优势，从产生之初便成为各界关注的焦点。著作权作为区块链运用的最早领域之一，有关区块链技术对著作权确权、保护、运用、交易等全链条的作用研究，成为学者们重点关注的话题。有学者认为，"针对数字版权领域存在授权许可难、侵权盗版多和维权成本高等问题，区块链技术提供了可行的技术治理方案"❻。有学者就知识产权领域中的"确权困扰"和"侵权认定模糊性"问题，认为"区块链技术可以提供有力的帮助"❼。有学者从全链条的角度阐述，"在著作权确权、数字资产存储、著作权交易与维权运用上具有较强优势，

❶　熊琦. 人工智能生成内容的著作权认定 [J]. 知识产权，2017 (3)：3 - 8.

❷　刘影. 人工智能生成物的著作权法保护初探 [J]. 知识产权，2017 (9)：44 - 50.

❸　朱梦云. 人工智能生成物的著作权归属制度设计 [J]. 山东大学学报（哲学社会科学版），2019 (1)：118 - 126.

❹　李伟民. 人工智能智力成果在著作权法的正确定性：与王迁教授商榷 [J]. 东方法学，2018 (3)：149 - 160.

❺　黄玉烨，司马航. 孳息视角下人工智能生成作品的权利归属 [J]. 河南师范大学学报（哲学社会科学版），2018 (4)：23 - 29.

❻　石丹. 论区块链技术对于数字版权治理的价值与风险 [J]. 科技与出版，2019 (6)：111 - 120.

❼　黄武双，邱思宇. 论区块链技术在知识产权保护中的作用 [J]. 南昌大学学报（人文社会科学版），2020 (2)：67 - 76.

可实现著作人身权的保护，也可促成著作财产权的实现与保护"❶。当然，也有学者持相反的态度，直言"区块链难以从根本上改变目前著作权领域中心化交易模式"❷。此外，针对著作权具体的分支领域，学者们也给出了较为详细的论证，一是区块链技术对著作权/版权登记的效用方面，"具有去中心化、可信赖、匿名性等特征的区块链技术有利于著作权登记制度克服弊端"❸，而且区块链技术的应用可以"降低登记成本、统一登记标准、提高登记的证明效力、弥补了既有版权登记制度缺陷"❹；二是区块链技术对著作权集体管理这一交易模式的作用方面，"不仅可以通过消解监管成本，构建对集体管理组织的信任机制，还可以通过消弭执行合约的成本，使集体管理组织发挥降低版权交易成本的职能"❺；三是区块链技术对图书馆版权保护方面，"区块链适用于著作权保护的技术特性，在图书馆著作权保护中能够产生具体作用"❻。

第三，短视频的著作权问题研究。随着互联网尤其是移动互联网在中国的不断普及，以短视频为主要内容的网络平台中的著作权相关问题，成为业界关注的实践焦点，也给短视频著作权法

---

❶ 王清，陈潇婷. 区块链技术在数字著作权保护中的运用与法律规制 [J]. 湖北大学学报（哲学社会科学版），2019（3）：150 – 157.

❷ 臧志彭，崔煜. 嵌入社会网络的技术：区块链在著作权交易中的应用再检讨 [J]. 同济大学学报（社会科学版），2019（1）：52 – 60.

❸ 张颖. 区块链技术驱动下的著作权登记制度变革 [J]. 图书馆论坛，2019（12）：84 – 89.

❹ 黄保勇，施一正. 区块链技术在版权登记中的创新应用 [J]. 重庆大学学报（社会科学版），2020（6）：117 – 126.

❺ 舒晓庆. 区块链技术在著作权集体管理制度中的应用 [J]. 知识产权，2020（8）：68 – 76.

❻ 汪琼，陈伟. 区块链在图书馆著作权保护中的效用研究 [J]. 数字图书馆论坛，2019（3）：69 – 72.

规制带来了许多新问题，成为学术研究的热点论题。综观已有研究，有关短视频著作权问题的研究主要围绕短视频的可版权性、作品类型、权利归属、权利内容、侵权规制和司法裁判等主题展开。就短视频本身是否符合"独创性"的要求，能否成为作品得到著作权法的保护，有学者认为"短视频尽管短，但其同样是作者创作行为的产物，是作者思想与情感的外在表现，在满足原创性的前提条件之下应受版权法保护"❶。具体在短视频独创性认定的操作层面，有学者建议"通过'整体观感法''抽象分离法'从素材选择、拍摄素材方式方法、画面剪辑、编排三方面综合判断其独创性有无及程度高低"❷。同时，在短视频的作品类型界定上，有学者阐述"根据独创性的高低与有无，以及短视频制作者的主体身份，我们可以分别将短视频归类为视听作品、录像制品和不受保护的对象"❸。就短视频的权利内容，有学者论述"'类电作品'短视频享有著作人身权和著作财产权，录像制品短视频只享有少量的财产性权利"❹。针对短视频的版权权利归属，有学者认为"要根据《著作权法》对于著作权主体和权利归属的规定，认可著作权权属约定优先，在没有约定的情况下，一般由短视频的创作者享有著作权，在构成法人作品的情况下，著作权归属于法人组织或非法人组织"❺。在短视频的网络实践中，引用、剪辑甚至是抄袭他人作品内容的行为较为泛滥，如何有效规制侵权行为、形成良性行业生态也是关系其有序发展的重大问题。有学者建议"对著作权合理使用中的'适当引用'准确定位，以缓和信息独占与资

❶ 卢海君. 短视频的《著作权法》地位 [J]. 中国出版，2019（5）：9－12.
❷ 周灿. 短视频作品独创性判断标准论 [J]. 中国出版，2019（24）：61－64.
❸ 孙山. 短视频的独创性与著作权法保护的路径 [J]. 知识产权，2019（4）：44－49.
❹ 刘佳. 网络短视频的著作权保护问题初探 [J]. 出版广角，2019（3）：70－72.
❺ 丛立先. 论短视频作品的权属与利用 [J]. 出版发行研究，2019（4）：9－12.

源共享之间的矛盾,从而实现利益平衡的价值目标"❶。有学者建议引入"'以平台为核心、权利人配合、社会公众监督'的短视频版权社会治理模式"❷,以破解短视频行业在治理上的困境。更有学者就司法实践中的裁判提出"以诚实信用原则为指导适用'通知–删除'规则,平衡个案中双方的利益"❸以化解多方法律主体的纠纷。

第四,网络直播行为中的著作权保护研究。互联网技术的不断进化,也催生出了网络直播这一网络"爆点",在网络直播中产生的系列知识产权问题尤其是著作权问题成为亟待解决的难题。有关网络直播行为中的著作权保护研究,主要分布在网络游戏直播行为的著作权问题和体育赛事直播行为的著作权问题两块。对于网络游戏直播,就网络游戏直播画面的界权和确权,有学者认为"应区分游戏直播画面与游戏运行画面,只有在游戏为玩家提供了个性表达空间并且玩家实际从事了创作行为的情形下,游戏玩家才有可能享有游戏运行画面的著作权"❹,有学者认为"网络游戏直播画面作品可视为类电影作品,未来可归于视听作品"❺,也有学者认为"网络游戏整体画面属于电影作品"❻;就网络游戏

---

❶ 李佳妮. 论著作权合理使用中的"适当引用":以谷阿莫二次创作短视频为例 [J]. 东南大学学报(哲学社会科学版),2019(S1):53–57.

❷ 冯晓青,许耀乘. 破解短视频版权治理困境:社会治理模式的引入与构建 [J]. 新闻与传播研究,2020(10):56–76.

❸ 张雯,朱阁. 侵害短视频著作权案件的审理思路和主要问题:以"抖音短视频"诉"伙拍小视频"侵害作品信息网络传播权纠纷一案为例 [J]. 法律适用,2019(6):3–14.

❹ 焦和平. 类型化视角下网络游戏直播画面的著作权归属 [J]. 法学评论,2019(5):95–104.

❺ 丛立先. 网络游戏直播画面的可版权性与版权归属 [J]. 法学杂志,2020(6):11–19.

❻ 吴真文,杜牧真. 网络游戏直播平台相关行为的合法性分析 [J]. 电子知识产权,2019(3):30–41.

直播中的各种使用行为，有学者断定"网络游戏直播不属于合理使用"❶，但也有学者论证"直播游戏类型的区分是判断直播行为是否构成合理使用的关键"❷，更有学者从产业发展的视角建议"在著作权法中增设有关游戏直播及'点播'的法定许可规定"❸。对于体育赛事直播产生的直播画面的著作权保护问题，知名学者王迁教授结合司法实践中的案例进行了详细分析，认为"将体育赛事现场直播时产生的连续画面认定为电影和类电作品，将架空此次修改《著作权法》的重要成果之一——以技术中立的方式规定广播组织权中的转播权，使其可以规制通过互联网进行的转播行为"❹，因此"现场直播的连续画面在我国并不符合'已固定'的要求，无法作为电影作品受到《著作权法》的保护"❺，由此可以得出"通过扩张解释和完善广播组织者权来保护体育赛事直播画面是更为合理的路径选择"❻。

第五，自媒体"洗稿"行为的著作权规制研究。随着信息技术的持续创新衍化，以自媒体为代表的新型传播媒介成为消费者日常生活的主要信息来源渠道之一，同样，在巨大的流量经济利益的驱使下，"洗稿"行为似乎演变成一种泛滥的新型传播行为，知识产权法学和新闻传播学界学者对这一行为的著作权规制进行了大量的研

❶ 焦和平. 网络游戏在线直播的著作权合理使用研究 [J]. 法律科学（西北政法大学学报），2019（5）：71 – 81.

❷ 蒋一可. 网络游戏直播著作权问题研究：以主播法律身份与直播行为之合理性为对象 [J]. 法学杂志，2019（7）：129 – 140.

❸ 张志伟. 论网络游戏直播的法律属性及其利益平衡 [J]. 甘肃政法学院学报，2019（2）：97 – 107.

❹ 王迁. 体育赛事现场直播画面著作权保护若干问题 – 评"凤凰网赛事转播案"再审判决 [J]. 知识产权，2020（11）：30 – 49.

❺ 王迁. 论现场直播的"固定" [J]. 华东政法大学学报，2019（3）：42 – 54.

❻ 游凯杰. 著作权法体系下体育赛事直播画面的权利保护 [J]. 武汉体育学院学报，2019（2）：55 – 59.

探。有学者就"洗稿"行为本身及其危害性进行了解读,认为"在当前环境下,自媒体'洗稿'行为野蛮生长,损害了原创的积极性"❶,而且"其对原创作品中独创性表达或者思想的抄袭,侵犯的是权利人的著作财产权,而非著作人身权"❷。当然,也有学者从该行为的正反两方面解释"主流新闻媒体所指责的'洗稿'行为并不必然地侵害版权,而所谓的'洗稿'争议则更本质地体现为自媒体与主流新闻媒体的利益纠纷"❸。就"洗稿"行为的著作权规制而言,还存在"侵权主体难以认定、权利人举证成本太高、'实质相似认定'在司法实践中存在主观判断局限"❹等诸多困境。如何规制"洗稿"行为,继而保障权利人的合法权益、维护新闻传播领域的正常秩序,有学者建议在司法实践中"应排除法定的合理使用情形,明确'接触+实质性相似-合理使用'的侵权认定标准"❺,也有学者认为"应尽力从提升侵权成本和降低维权成本两方面降低侵权风险"❻,更有学者从整个媒体业发展的视角提醒"不能一味追求经济利益而丧失基本的道德法律底线,唯有优质的原创内容才能在自媒体行业屹立不倒,自媒体领域需要规范和引导"❼。

---

❶ 王雅芬,韦俞村. 自媒体"洗稿"的著作权法规制 [J]. 出版广角,2019 (18):68–70.

❷ 余为青,桂林. 自媒体洗稿行为的司法认定规则及其治理 [J]. 科技与出版,2019 (3):86–89.

❸ 彭桂兵,陈煜帆. 新闻作品"洗稿"行为的审视与规范:以"《甘柴劣火》事件"为例 [J]. 新闻记者,2019 (8):46–54.

❹ 范海潮,顾理平. 自媒体平台"洗稿"行为的法律困境与版权保护 [J]. 出版发行研究,2018 (11):5–8.

❺ 官正艳. 论司法实践中洗稿侵犯著作权的认定标准 [J]. 电子知识产权,2018 (11):78–83.

❻ 张文德,叶娜芬. 网络信息资源著作权侵权风险分析:以微信公众平台自媒体"洗稿"事件为例 [J]. 数字图书馆论坛,2017 (2):48–51.

❼ 赵泓,陈因. 自媒体洗稿的成因、界定及防范 [J]. 现代传播 (中国传媒大学学报),2019 (2):33–38.

（三）围绕第三次修法的新规则、新问题

无论是著作权制度的新面向、新趋势，还是新技术、新业态的著作权应对，最终的"落脚"在"法的制定"——《著作权法》第三次修改上，通过修法来更新旧的不适应新发展要求的规则，确立顺应和助推发展的新规则，以直面和解决发展中的新问题。我国《著作权法》第三次修改，无疑是近年我国知识产权界最为重要的法律实践活动和理论研究方向，从 2011 年启动到 2020 年完成，历经 10 年的修法进程，凸显了著作权规则在新面向、新趋势、新技术、新业态下的谨慎与徘徊。虽然我国《著作权法》第三次修改"有些可谓众望所归，有些则引起了较大争议"❶，但从整体评价上看，此次修法"紧跟时代潮流，立足本土国情，为我国著作权产业的发展提供助力，为我国著作权市场的繁荣提供保障"❷，而且"蕴含的科学、民主、自由、公平、正义和私权精神，归根结底是进步的现代观念"❸。以权利体系为视角，大致可以将国内现有关于《著作权法》修改的研究归置为权利客体、权利内容、权利归属、权利的交易与保护等方面。

在权利客体规则修订的讨论中，学者们大多着眼于著作权客体之作品的定义、作品类型的开放化、视听作品和新闻作品等新作品的增设或修正等主题，从学理、规则、适用、国际比较、再完善等各个角度给出了独到的见解。较多学者就我国《著作权法》第三次修改明确作品定义，将作品类型的兜底条款进行更新

---

❶　王迁.《著作权法》修改：关键条款的解读与分析（上）［J］. 知识产权, 2021 (1)：20 – 35.

❷　吴汉东，刘鑫. 我国《著作权法》第三次修订之评析［J］. 东岳论丛, 2020 (1)：164 – 171.

❸　刘春田. 中国著作权法三十年（1990—2020）［J］. 知识产权, 2021 (3)：3 – 26.

的做法发表了论述，认为"明确了作品的定义，贯彻了'著作权保护表达，不保护思想'的基本原则"❶，而且"新法第3条第9项是真正意义上的作品类型兜底条款，代表着作品类型从封闭到开放的实质性转变"❷，这一修正也成为"本次修法的一大特点"❸。针对这一修改，亦有学者持理性或反对的态度，认为"新法第3条兜底项也将影响公共领域范围的变化"❹，并抛出了"新法突破著作权客体法定模式是一个严重的错误"❺的观点。此外，针对视听作品和新闻作品，学者们也作出了详实的解析，认为"视听作品的内涵和外延均大于电影作品及类电作品，能够涵盖各类新型作品"❻，而且"新的表述回应了文化娱乐产业的呼吁，符合国际条约的规定"❼；针对新闻作品的修改，学者们普遍认为"将'单纯事实消息'排除在作品之外加强了对时事新闻作品的保护"❽。

在有关权利内容规则的研讨上，学者们大多将眼光集中于广

---

❶ 石宏.《著作权法》第三次修改的重要内容及价值考量 [J]. 知识产权，2021 (2)：3 - 17.

❷ 卢纯昕. 法定作品类型外新型创作物的著作权认定研究 [J]. 政治与法律，2021 (5)：150 - 160.

❸ 孙山.《著作权法》中作品类型兜底条款的适用机理 [J]. 知识产权，2020 (12)：53 - 66.

❹ 杨利华. 公共领域视野下著作权法价值构造研究 [J]. 法学评论，2021 (4)：117 - 129.

❺ 王清. 读法笔记：新修正《著作权法》的两个思考、一个建议 [J]. 出版科学，2021 (1)：21 - 29.

❻ 蔡斐，王啸洋. 新《著作权法》对短视频作品版权的保护 [J]. 青年记者，2021 (11)：86 - 88.

❼ 刘承韪. 论著作权法的重要修改与积极影响 [J]. 电子知识产权，2021 (1)：4 - 13.

❽ 袁锋. 论《著作权法》修改对新闻出版从业者的影响 [J]. 中国出版，2021 (7)：62 - 66.

播权和广播组织者权方面，结合实践的最新动向针砭时弊并给出完善对策。针对广播权，有学者认为"新法扩大了广播权的范围，将所有非交互式远距离传播作品的行为统一纳入该项权利是立法上的进步"❶，"使其能够涵盖所有无线传播和直接传播作品的有线传播"❷，"新法重新定义广播权，具有使广播权涵盖各类非交互式传播的积极意义"，但从整体来看"必须修改相关表述以构建内部关系清晰且覆盖所有传播行为的传播权体系，消除适用兜底权利的不确定性"❸。针对广播组织者权的修改，有学者认为"新法在广播组织权中增加了信息网络传播权和权利行使的限制条款，适当扩大了广播组织权的内涵、保留了广播组织权的禁止效力、平衡了广播组织与其他相关权利人的利益关系"❹。但也有学者认为"赋予广播组织信息网络传播权有重复保护之嫌"❺，意即"新法第 47 条实为多余，其只是意见交锋背景下立法机关对反对或担忧广播组织权利扩张人士的安抚"❻。

在有关权利归属规则方面，学者们对《著作权法》在第三次修改过程中以及修改完成后所确立的归属规则进行了深入探究，也对笔者产生了极大的启发。有学者认为，"新增的'传播录音制

❶ 张伟君. 论著作权法第三次修改后"转播权"内涵的变化 [J]. 知识产权，2021 (3)：27 – 33.

❷ 石宏.《著作权法》第三次修改的重要内容及价值考量 [J]. 知识产权，2021 (2)：3 – 17.

❸ 王迁. 著作权法中传播权的体系 [J]. 法学研究，2021 (2)：55 – 75.

❹ 管育鹰. 我国著作权法中广播组织权内容的综合解读 [J]. 知识产权，2021 (9)：3 – 16.

❺ 陈绍玲. 论广播组织信息网络传播权的适用空间 [J]. 苏州大学学报（哲学社会科学版），2021 (3)：65 – 74.

❻ 张伟君. 论邻接权与著作权的关系：兼谈《著作权法》第 47 条（广播组织权）的解释论问题 [J]. 苏州大学学报（法学版），2021 (3)：87 – 99.

品获酬权'，是对录音制品保护水平的重要提升，有利于增加主体收入、促进产业发展"❶。有学者概括性地总结了《著作权法》第三次修改中的权属规则，阐述"确立署名推定原则和职务表演权属规则、保留汇编作品的相关规定、合理确定视听作品的权利行使规则，使主体及其权利配置制度更为合理"❷。有学者针对我国《著作权法》第三次修改中的权利归属进行了科学评价，认为"新法完善了著作权归属与利用制度"❸。但也有学者对此提出了不同的看法，认为"对视听作品权属制度的修改建立在'视听作品的范围大于电影作品和以类似摄制电影的方法创作的作品'的错误认知之上"❹，这一规则"有悖于作者享有著作权的原则，难以彰显著作权作者本位的基本理念"❺。

在有关权利的交易与保护规则方面，学者们的阐释主要集中在权利流转过程中的合理使用规则以及著作权的保护力度、保护方式、侵权损害赔偿等规则的评价上。有学者认为，"新法以增加'其他情形'的方式扩展了封闭式的法定豁免制度，并以'三步检验法'进一步增强了合理使用的制度弹性"❻。有学者对我国《著作权法》第三次修改中的"引入'三步检验法'、优化合理使用具

---

❶ 王迁. 传播录音制品获酬权条款研究 [J]. 苏州大学学报（哲学社会科学版），2021（3）：44 – 55.

❷ 刘铁光. 著作权主体的二元结构及其权利配置：兼评 2020 年《著作权法》修正的主体制度 [J]. 知识产权，2021（8）：75 – 85.

❸ 杨利华. 我国著作权制度的最新进展及其司法适用与完善 [J]. 中州学刊，2021（7）：56 – 66.

❹ 王迁. 论视听作品的范围及权利归属 [J]. 中外法学，2021，33（3）：664 – 683.

❺ 陈虎. 论视听作品著作权归属制度：以新修《著作权法》第 17 条为中心 [J]. 苏州大学学报（哲学社会科学版），2021（3）：56 – 64.

❻ 姚叶. 数字技术背景下合理使用制度立法失范问题探究：兼评我国《著作权法》第二十四条 [J]. 科技与出版，2021（3）：140 – 145.

体类型、增加合理使用制度兜底性规定"❶ 进行了肯定性的评价。在著作权的保护和侵权救济规则的修订上，学者们普遍认为《著作权法》修正案"强化对著作权的保护"❷，而且"强化了著作权侵权损害赔偿制度"❸。

---

❶ 杨利华. 我国著作权制度的最新进展及其司法适用与完善 [J]. 中州学刊，2021（7）：56 - 66.

❷ 石宏. 《著作权法》第三次修改的重要内容及价值考量 [J]. 知识产权，2021（2）：3 - 17；杨利华. 我国著作权制度的最新进展及其司法适用与完善 [J]. 中州学刊，2021（7）：56 - 66.

❸ 刘承韪. 论著作权法的重要修改与积极影响 [J]. 电子知识产权，2021（1）：4 - 13.

第二章

文化产业供给侧改革视阈下著作权制度检视

　　文化产业供给侧改革作为产业的最新动向和生动实践，在文化市场上具象为新的作品形式不断涌现、商业交易模式持续变更或革新、市场主体对保护的需求愈发增强等，诸如此类社会关系之变化给著作权制度提出了巨大的挑战。以产业发展的真实需求为基准，检视现行著作权制度存在的瑕疵和缺漏，是对"以问题为导向"基本研究思路的遵从，也是"文化产业供给侧结构性改革下著作权保护制度与机制研究"的基础所在。

一、检视基础之逻辑关联

（一）文化产业供给侧改革的内涵

　　供给侧结构性改革，即从提高供给质量出发，用改革的办法推进结构调整，矫正要素配置扭曲，扩大有效供给，提高供给结构对需求变化的适应性和灵活性，提高全要素生产率，更好满足广大人民群众的需要，促进经济社会持续健康发展。❶ 推动供给侧结构性调整是供给侧结构性改革的关键，文化产业供给侧改革的关键是平衡文化产业发展的供给侧结构。推进供给侧改革需把握三个基本要求：其一，提高供给质量是改革的主方向；其二，最终目的是满足需求；其三，根本途径是深化改革。与之相应，文化产业供给侧改革以提高文化作品供给质量为重点，以满足文化市场发展需求为导向，以深化文化产业供给侧改革为根本途径。

　　文化产业供给侧改革的重点是提高供给文化作品质量。我国文化产业发展目前存在国内、国际市场需求增大，但优质文化产品供给不足、文化精品缺乏等问题。我国文化产业发展的主要方向只集中于"舞台艺术""图书出版""电影、电视动画片"等几个方面。❷ 详析发现我国文化产业发展面临几个问题：首先是文化产业结构较为单一。人民和市场需要越来越丰富的文化作品，而我国的文化产业仅这几个方面蓬勃发展显然不能满足人民群众对文化作品的精神需求，也不能满足市场发展的社会需要，打造"文化＋"产业供给体系以提供丰富多彩的优质文化产品。其次是精品文化供给不足。习近平总书记指出，我国文化供给已经不是缺不缺、够不够的问题，而是好不好、精不精的问题。❸ 目前我国文化产业发展存在低端供给过剩和中高端供给不足并存的问题，

---

❶ 如何准确把握供给侧结构性改革的深刻内涵《习近平新时代中国特色社会主义思想基本问题》·连载（17）［EB/OL］．（2021－02－25）［2022－03－02］．https：//www．ccps．gov．cn/zl/xsxjbwt/202102/t20210225_147570．shtml．

❷ 国务院关于文化产业发展工作情况的报告［R/OL］．（2019－06－26）［2022－03－02］．http：//www．npc．gov．cn/npc/c30834/201906/d6205ca4de0b49c6994b7427880b143b．shtml．

❸ 提升内容创新能力 优化文化产品供给 助力文化产业高质量发展［EB/OL］．（2018－12－06）［2022－03－02］．https：//news．gmw．cn/2018－12/06/content_32113123．htm．

社会效益和经济效益难以平衡，更甚者有的企业迎合"流量市场"，制造低俗文化产品。而文化产业是内容产业，其创作生产的文化产品应当具有极高的精神价值，传递优秀的价值观，实现良好的社会效益。所以应当完善文化产业供给侧改革的产业结构，着重扩大有效供给，挖掘、鼓励创作从而实现文化创新，将文化资源和文化创意以符合时代特征的方式展示出来，满足人民群众的精神和审美需求。❶ 可见文化产业发展亟须从法律和宏观政策上为高质量文化供给提供指引和支持，不断优化供给结构。

　　文化产业供给侧改革的最终目的是满足市场交易需求。我国文化产业市场交易机制尚不成熟，交易端的市场化程度不深，发展结构不平衡，无法实现文化产业发展的最终目的。一方面，与韩国、美国等文化产业发展大国相比，我国文化产业发展严重失衡，区域发展不平衡问题突出，西部省、市、县文化产值占 GDP 的比重低于全国平均水平。同时，我国文化产业由于兴起较晚，且发展的市场环境较为波动，长久以来政策推动是文化产业的发展常态，例如出台相应的文化企业奖励资助政策等作为文化企业创新的驱动力，市场在文化产业发展中的自主积极作用甚微。另一方面，我国文化企业实力偏弱。近年来，虽然文化市场出现了一批知名文化企业，例如哇唧唧哇娱乐公司在专注"潮流偶像"打造方面取得较好成绩，但更多专注于"流量变现"的经济模式，更重要的是全国范围内没有与之水平相当的同种类型企业，可见我国文化企业整体呈现弱小的局面。文化企业在社会效益上需要承担更多的社会责任和重担，文化企业大多是轻资产企业，普遍

---

❶　秦宗财，方影. 我国文化产业供给侧动力要素与结构性改革路径 [J]. 江西社会科学，2017（9）：75 – 83.

面临盈利模式不稳定、生命周期短、可持续发展难度大等突出问题。❶ 文化产业发展的最终目的是实现文化作品的经济效益，因此增强文化企业的市场竞争实力，通过发挥政府的宏观调控作用，推动文化企业的市场化转型，了解市场的现实需求，挖掘市场的潜在需求，解决好文化产品交易难题，建立市场主导的文化产业交易机制，繁荣文化交易市场。

　　文化产业供给侧改革的根本途径是深化文化产业改革。文化产业改革不是单一内容整改，而是涉及文化、政策、市场、法律等多方面综合改革。目前我国文化产业发展面临"高质量文化供给不足""产业发展不平衡""文化企业实力偏弱""创新驱动能力不足"和"国际市场竞争力不强"等多重阻碍，要在贯彻新发展理念、"转方式、调结构"的背景下深化改革，丰富供给内容，提高供给质量，平衡市场与政府之间的关系。有学者认为，文化产业供给侧结构性改革的基本路径是内生动力的激活和外部条件的协同优化，通过内外兼施，创造最优化的供给侧生态结构。❷ 具言之，一是内容为王。继承创新中华优秀传统文化，增加精品文化供给，挖掘优秀传统文化的思想精髓，发挥其经济价值。二是发挥政府宏观调控作用，发挥财税政策的积极作用，形成鼓励市场竞争的财税政策体系。三是构建规范有序的文化市场。充分发挥市场的主导作用，促进文化产品和其他要素的融合与流动。深化文化市场综合执法改革，提升技术监管水平。纠正扰乱市场秩序的行为，维护文化市场秩序。四是以法治优化营商环境。通过

---

❶　国务院关于文化产业发展工作情况的报告［R/OL］．（2019－06－26）［2022－03－02］．http://www.npc.gov.cn/npc/c30834/201906/d6205ca4de0b49c6994b7427880b143b.shtml.

❷　秦宗财，方影．我国文化产业供给侧动力要素与结构性改革路径［J］．江西社会科学，2017（9）：75－83.

不断完善法治体系，做好文化产业法的制定和实施工作，营造有利于文化产业发展的法治环境。建立文化市场诚信体系，构建守信激励和失信惩戒机制。

（二）著作权制度与文化产业关系

按知识生产和转化的一般逻辑，文化产业链可以细分为相互连接的创意端、确权端和商业端三个链端。❶ 创意端是文化产业发展的初始阶段，是创意作品的创造，通过法律保障维护营造良好的创意环境，从而激励作者创造文化作品，即通过良好的社会环境、文化环境和营商环境激励创造；确权端是指通过法律确认创意向作品转化的成果，确认作品的著作权价值；商业端是将文化作品放置在市场中进行流转，该流转是以市场为主导、以法律保障侵权救济，从而营造健康营商环境的价值转化过程。当作品通过流转获得经济效益的市场反馈后，可验证出文化产业的营商环境优点和有待完善的瑕疵，在原有基础上打造更符合文化产业发展的营商环境，再以此激励下一轮的文化创意，继而开始新一轮的确权和运营，形成良性循环经济产业发展模式。

依据供给侧改革的内涵、文化市场经济发展的现实需要和文化强国的建设纲要，将文化产业供给侧改革分为文化产品的高质量文化创造、信任化市场秩序维护和健康营商环境三个方面。首先，文化产业供给侧改革需要关注文化产业的供给与需求两个方面，尤其是供给，提升文化产品供给即优质作品供给，供给的核心要素是创新和改革。因此，解决文化产业不平衡不充分的问题应当从"高质量文化创造"供给入手，形成文化产业高质量创造

---

❶ 刘华，张祥志. 政府在文化产业链创意端的角色与职能研究 [J]. 出版发行研究，2014（2）：36－39.

机制。其次，文化产业运营的基础是市场主导的社会主义现代化文化运营模式。文化产业供给侧要求遵循文化产业发展市场逻辑，政府不过多干预市场交易行为。但市场有自身发展的局限性，市场交易失信行为屡见不鲜。因此，文化产业的发展需要法律帮助文化市场建立规范有序、充满活力的信任化市场运营机制，例如提高文化产品的资产评估、交易、托管、投融资等增值服务。最后，文化产业供给侧改革的背后也是制度要素供给改革。文化产业发展实现文化的经济价值，文化产品内容经济化的过程实质上是知识产权经济化的转化。中共中央、国务院印发的《知识产权强国建设纲要（2021—2035 年）》❶ 指出"建设支撑国际一流营商环境的知识产权保护体系"，通过从健全司法保护体制、审判机制改革，到健全知识产权信用监管体系，再到完善著作权集体管理制度等，最后建立完善知识产权仲裁、调解、公证、鉴定和维权援助体系等系列供给侧制度改革，健全协同保护格局以实现优化文化产业营商环境的目标。

　　文化产业的发展需要以著作权制度保障为基础，根据文化产业链的运转规律，文化产业链大致要经历创造培育、内容确权、市场运营和环境营造四个阶段。❷ 知识产权创造、保护、运用和文化建设分别对文化产业链的创造培育、内容确权、市场运营和环境营造起到保障作用。❸ 质言之，以著作权确权制度激励文化产业

❶ 国家版权局. 中共中央 国务院印发《知识产权强国建设纲要（2021—2035 年）》［EB/OL］.（2021 – 09 – 23）［2022 – 03 – 02］. https://www.cnipa.gov.cn/art/2021/9/23/art_2742_170305.html.

❷ 刘华，张祥志. 政府在文化产业链创意端的角色与职能研究［J］. 出版发行研究，2014（2）：36 – 39.

❸ 张祥志，宋婷. 知识产权制度体系保障文化产业发展的理论证成［J］. 出版发行研究，2017（6）：18 – 20.

创造培育、确保文化内容确权，以著作权授权制度维护文化产业运营的市场秩序，以侵权救济制度保障文化产业发展的健康营商环境建设。因此，从著作权法律保障文化产业发展的角度而言，可以将文化产业链分为：创造端（通过法律鼓励创作、确权）、交易端（通过法律推动运营，维护市场秩序）和保护端（通过法律保障实现侵权救济，营造健康营商环境）。本书从文化产业发展目标和文化产业供给侧改革的发展趋势角度出发，评述著作权制度的修订历程，探究《著作权法》（2020 年修正）确权、授权和侵权救济制度是否符合文化产业供给侧改革的三个发展趋势，提出完善著作权制度的建议，推动文化产业供给侧改革进程。

二、检视对象之制度概貌

（一）确权制度在《著作权法》第三次修改中的变迁

从我国《著作权法》（2010 年修正）到现行有效版本的修改历程中，确权制度的修改主要集中在第 11 条至第 21 条，包含了从确权制度基本原则到著作权继受问题。主要修改的内容如下：一是"公民""自然人""法人和其他组织""法人和非法人组织"之间的表述更改问题；二是修正案第二稿和现行有效版本将原来第 11 条移到第 12 条，并作了更改；三是演绎作品、合作作品归属制度在 8 个版本中也作了不同的更改，而汇编作品在原法条不断修改之后修正案二次审议稿和现行版本中都新增了第 16 条汇编作者的获酬权；四是将电影作品和类电作品归属修改为"视听作品"归属，是《著作权法》修正的突出亮点之一；五是对于职务作品归属 8 个版本作了较多不同的变更，是修法中争议较大的问题；六是修改了委托作品和美术作品归属，并且完善了美术作品和摄影作品的展览权使用规则；七是关于著作权继受问题，在 4 个《修改草案》中，在原有基础上新增了著作权继受的相关规定，但在两个《修正案（草案）》和现行版本中未作新增规定。通过比对 8 个版本的修改条文，分析出著作权确权制度的修改既有微调，也有大改动，既完善了相关著作权归属制度，也仍然存在一些问题，具体参见表 2 - 1。

表 2 - 1　著作权确权制度修改前后对比表

具体条文 （按照 2010 版本排序）	2020 年版本修改的主要内容
第 11 条	1. 作品权利归属主体修改为"自然人" 2. 将"法人或者其他组织"修改为与《民法典》相适应的"法人或者非法人组织"，明确"视为作者"规则 3. 新增第 12 条明确权利归属，作品登记制度首次纳入法律
第 12 条	未作明确修改
第 13 条	新增第 14 条第 2 款，规定合作作品使用规则
第 14 条	新增第 16 条，规定使用汇编作品著作权规则
第 15 条	1. 将原来第 15 条"电影作品和类似摄制电影的方法的创作作品"修改为"视听作品"，是此次《著作权法》修改的一大亮点之一 2. 修改后第 17 条规定了视听作品的归属和使用制度
第 16 条	除对"公民""法人或者其他组织"之类的名词进行相应修改外，新增第 2 款第 2 项，规定报社、期刊社、通讯社、广播电台、电视台的工作人员创作的作品属于职务作品
第 17 条	未作明确修改

具体条文 （按照 2010 版本排序）	2020 年版本修改的主要内容
第 18 条	重新规定"美术作品、摄影作品"的权利归属及其展览权的使用与保护
第 19 条	除有关"公民""自然人"等法律专业术语修改外，未作明显修改

（二）授权制度在《著作权法》第三次修改中的变迁

参见表 2-2 至表 2-4，著作权授权规范的修改主要涉及三个方面：首先是许可使用合同的有关规定，同时还包括合理使用的法定授权规则是授权体系中基础性规范；其次是著作权授权体系的法律规范结构调整问题；最后是实现海量授权所需要的著作权集体管理组织制度的法律规范。具体变动如下：其一，"著作权许可使用合同"条款中，《修改草案》第一至第三稿都新增规定著作权许可使用合同的范围限于"财产权"，其他版本均无此特别申明；在《修改草案》中增加了专有许可合同、图书出版合同等特殊合同的相关规定，后被删除，这为未来完善《著作权法》提供参考方向；著作权转让合同的有关规定未作修改；还修缮了"著作权许可使用和转让合同中未明确的权利"、著作权的出质、著作权使用费的支付和使用他人权利的限制等有关条文。其二，不同修改版本均对著作权"合理使用"制度进行了修改，最终新增了兜底性条款。其三，对著作权授权规范结构进行修改时，有的学者提出应当遵循先权利、再使用的立法原则，在《修改草案》4 个版本中都将授权立法结构调整成了"第四章 权利的限制→第五章 权利的行使 第一节 著作权和相关权合同→第二节 著作权集体管理"这样的顺序，但最终修法遵循的立法结构模式仍是

"总则（著作权集体管理组织）→权利的限制→著作权许可使用和转让合同"。其四，完善了著作权集体管理组织的相关规定，在《修改草案》中作出了较大调整，不仅将其作为单独一节，而且完善了著作权集体管理制度的相关细节规定。虽最终修法未按照《修改草案》修改，但明确了著作权集体管理组织是非营利法人，规范管理，信息公开。只有通过不断完善著作权授权制度，才能最终实现文化产业化发展，打造文化产业交易的信任化市场。

表 2 - 2　著作权授权制度修改前后对比表

具体条文 （按 2010 年版本排序）	2020 年版本修改的主要内容
第 22 条	1. 修改、新增限制合理使用的要求，增强对著作权的保护 2. 将"时事"修改为"新闻" 3. 扩大了为学校课堂教学或者科学研究而合理使用作品的方式，即新增"改编、汇编、播放" 4. 新增"文化馆"为保存本馆作品的需要而复制作品 5. 新增免费表演合理使用应当"不以营利为目的"的要求 6. 新增第 12 项合理使用情形：对阅读障碍者的关怀 7. 新增第 13 项开放式合理使用范围的规定 8. 其他法律用语修改
第 24 条	未作修改
第 26 条	明确出质的对象是著作权的"财产权"，删去相关部门将登记制度修改为"依法办理出质登记"
第 27 条	无修改

续表

具体条文 （按 2010 年版本排序）	2020 年版本修改的主要内容
第 28 条	将"国务院著作权行政管理部门"修改为"国家著作权主管部门"
第 29 条	无修改

表 2 - 3　著作权授权规范结构对比表

	2010 年版	2020 年版
著作权授权法律规范结构	第一章总则（著作权集体管理组织）→第二章第四节"权利的限制"→第三章"著作权许可使用和转让合同"	第一章总则（著作权集体管理组织）→第二章第四节"权利的限制"→第三章"著作权许可使用和转让合同"

表 2 - 4　著作权集体管理组织修改前后对比表

具体条文 （按 2010 年版本排序）	2020 年版本修改的主要内容
第 8 条	1. 明确著作权集体管理组织的性质是"非营利法人" 2. 新增"调解"职能 3. 新增第 8 条第 2 款和第 3 款，加强了对著作权集体管理组织的监管

（三）侵权救济制度在《著作权法》第三次修改中的变迁

著作权侵权救济规则是《著作权法》的核心内容，权利的确认、授权规范的完善都是为了在保护著作权人权利的基础上平衡各方利益，当前面两个步骤出现漏洞时，需要侵权保护制度予以救济。参见表2-5，此次修法过程中，对著作权侵权救济规则作了较多修改：其一，关于技术保护措施和信息保护制度问题，不同修改版本上均作了变化。其二，关于侵权责任的民事责任问题，《修改草案》中删除了具体承担民事责任的侵权行为种类的列举，最终修订的版本是在原有基础上更改了表述，未进行大刀阔斧的修改。其三，在《修改草案》中明确增加了网络侵权保护的规定，符合市场发展的需求。其四，《修改草案》中新增了行政救济制度；完善诉前保全制度。在《修改草案》中提出设立专门"调解委员会"解决著作权纠纷，建立多元化纠纷解决机制，但最后修改的法律中未加入该部分内容。其五，关于著作权侵权责任承担中行政责任和刑事责任的法条，增加了"予以警告"的相关规定。多样化行政责任承担方式，增强行政机关在著作权保护中的作用，我国侵权的保护体系主要是"行政＋司法"双轨并行保护模式。但长期以来行政保护的作用一直没有得到有效发挥，丰富行政保护的相关举措，有利于更好地保护著作权。对于行政保护手段，增加了"惩罚性罚款"的相关内容，取消了"情节严重"的惩罚加重情节，最终修法中以行政手段进行限制，构成犯罪的直接由《刑法》规制，无须再在行政管理部门的行政行为上进行复杂的区分。另外，在《修改草案》中还增加了"出租"的著作权侵权行为。其六，著作权侵权损害赔偿制度是此次修法的突出亮点，权利人可以选择最有利于保护自身权益的方式要求赔偿。2010版、《修改草案》意见稿和《修改草案》第一稿中，在实际损失难以估计的情形下，才采用侵权人违法所得的赔偿方式；在侵权损失和违法所得均无法估计的情况下，《修改草案》认为"参照通常权利交易费用的合理倍数"；最后采用的是"参照该权利使用费给予赔偿"的方式。采用通常权利交易费用合理倍数的方式实际上是带有惩罚性赔偿的性质，而最终确定的参展权利使用费的方式不具有惩罚性质，更多强调的是维护市场秩序，保障权利人的权益。但针对侵权人对著作权交易市场的破坏行为未作出相应规定，惩罚性更有利于优化文化产业营商环境。有的修改版本中没有采取限额赔偿制度，直接以倍数作为惩罚方式，有的针对任意一次的赔偿时采取一到五倍的赔偿制度，最终采取了最低限额和最高限额的区间额度惩罚方式。

表 2 - 5　著作权侵权救济制度修改前后对比表

具体条文 （按 2010 年版本排序）	2020 年版本修改的主要内容
技术保护措施 （2010 年版本无此规定）	新增第 49 条规定"技术保护措施"的有关内容
新增避开技术措施的 法定许可使用与合理使用 （2010 年版本无此规定）	新增第 50 条规定技术保护措施的合理使用规则，一共有五种情形和一个兜底性条款。包括学校课堂教学和科学研究、国家机关执行公务、反向工程研究或加密研究等五个方面，且规定此条款适用于邻接权
禁止侵害著作权人 的相关权利 （2010 年版本无此规定）	新增第 51 条，列举禁止性行为的种类，保障权利人利益
第 47 条	1. 将该条修改集中在第 52 条第 1 款第 8 项，主要是将侵害著作邻接权的行为加入该条款中 2. 对法律用语进行修改，例如"权益"变为"权利"

续表

具体条文 （按 2010 年版本排序）	2020 年版本修改的主要内容
第 49 条	修改侵权损害赔偿的计算标准排序、新增惩罚性赔偿、加重对侵权行为的惩罚、设置侵权赔偿最高额 500 万元等多项惩罚规定。属于此次修法的重要一环和突出亮点
行政监管著作权侵权行为 （2010 年版本无此规定）	新增第 55 条规定"主管著作权的部门"对侵害著作权的行为可以依法采取"查封、扣押""查阅、复制资料"等多种措施，增强著作权的行政保护
第 50 条、第 51 条	完善了著作权侵权的诉前保全制度
第 54 条	已删除
第 55 条	无修改
第 56 条	已删除

三、检视标准之产业需求

（一）产业创造端："内容为王"与"供给革新"

习近平总书记指出，文化产业的属性包括市场属性和意识形态属性，后者是其本质属性，且文化产业的发展要坚持守正创新，牢牢把握正确导向，从而确保文化产业持续健康发展。❶ 所谓文化产业的意识形态属性是"守"以人民为中心的中国特色社会主义优秀文化价值，而市场属性是"创"以市场为导向的文化供给侧

---

❶ 习近平讲故事：文化产业是一个朝阳产业［EB/OL］.（2020 – 12 – 17）［2022 – 03 – 02］. https://baijiahao. baidu. com/s? id = 1686312657359917431&wfr = spider &for = pc.

结构性改革下的文化内容和形式创新。文化产业供给侧改革的基点是提高文化产品的供给质量和效率❶，以满足人民群众日益增长的精神文化生活需要；通过高质量和多元化的"创意产品"创造新的文化市场增长要素，激活文化产业活力，实现文化产业可持续发展。高质量文化创造是实施"十四五"文化产业发展战略的着力点，笔者立足文化产业供给侧改革的历史背景，结合近年来文化产业发展状况，从作品内容原创、继承创新和科技融合革新三个方面探索高质量文化创造的新要求。

1."内容为王"：创作精良的原创独立著作权作品

深化供给侧结构性改革，要坚持创意为王，内容为王，走原创和创新道路,❷ 创造高价值的精良作品。在社会经济文化高速增长向高质量转化的过程中，文化产业呈现出中高端文化作品供给不足和大量低端廉价文化作品冲击文化市场的现象。换言之，作品同质化严重、原创内容缺乏、作品抄袭现象频发、作品流量化等现象充斥着文化产业。低端文化作品的肆虐导致文化市场愈加混乱，文化作品供给数量在不断上升的同时供给质量总体在下降，这就造成了文化产业满足人民群众精神文化需求的发展目标与大量低端文化作品无法实现社会效益的现实之间的矛盾，因此文化产业要实现高质量创造亟待解决文化作品内容低端问题。文化产业供给侧改革要求作品创作应当坚守原创，即追求独立原创高价值的精品力作，并坚持以内容为核心，其内容应具有时代感，符合市场要求，体现文化涵养，满足人民精神文化需

---

❶ 柳杰，熊海峰．文化领域供给侧结构性改革之路［N］．中国社会科学报，2017 – 07 – 10.

❷ 李培峰．新时代文化产业高质量发展：内涵、动力、效用和路径研究［J］．重庆社会科学，2019（12）：113 – 123.

求，才能真正实现文化产业的社会效益和经济效益相统一，打造出可持续发展的文化产业市场。譬如，《眷思量》是一部纯原创故事的国漫，其注重以影视化叙事手法来铺陈剧情，并作出了长线的 IP 规划，加以高精的细节描绘和画质获得高度评价。如此"良心之作"，第一季的播放量已超 4.5 亿，在微博的相关话题阅读量已破 11 亿，同时以高质量、高审美斩获了豆瓣开分 8.7 的成绩。

2. "传承为轮"：创新发掘作品再创造的新价值

充分挖掘非物质文化遗产、乡村文化等优秀传统文化，开发其著作权价值，提炼经典文化元素，并将其与文化消费需求和现代审美创新融合，实现传统文化价值的价值再创造，满足文化作品受众对精神价值的追求。文化市场供给的目的是满足市场文化消费需求，文化消费的目的在于缓解压力、满足精神需求。而当前文化作品市场更迭迅速，重复多样且无文化内涵的"快餐式"文化作品涌现，导致人们审美疲劳，不能从文化消费中获得优质的精神享受，从而产生厌倦感和空虚感。传统文化资源的产业化开发，是文化产业高质量发展的重要支撑。❶ 文化产业供给侧改革下将优秀传统文化精神融合现代市场的其他要素，才能创作出经久不衰的优质文化作品，满足人民对精神文化的价值追求。相比较于内涵空洞、价值空虚的低端文化，以传统文化作为支撑的优质作品不仅能发挥良好的社会效益，而且还会带来持续的经济效益。近年来，突出的优质文化作品大都以传统文化作为支撑，李子柒展现中国乡村文化，《鬓边不是海棠红》传播京剧文化，《知

---

❶ 李培峰. 新时代文化产业高质量发展：内涵、动力、效用和路径研究 [J]. 重庆社会科学，2019（12）：113 – 123.

否知否，应是绿肥红瘦》展示香道和茶道文化，《清平乐》带领观众领略中华传统节庆文化等。这些成功的文化作品都始终坚守内容为王，传承中华优秀传统文化，最终才赢得了市场和观众的高度认可。

3. "科技为翼"：创兴融合文化与科技的新文化产业

深化"文化+"产业领域融合创新，发展数字文化产业，创兴打造新文化IP产业链，将文化与科技融合革新高质量文化作品形式。文化产业供给侧改革是将作品混融化、数字化、知识产权化的新发展方式。"十三五"期间，从顶层设计到具体实践，文化产业与其他产业深度融合。❶ 文化与技术融合重点在"创意"，突破固有的文化作品形式，运用创意思维推动"文化+旅游+科技""文化+农业+科技""文化+体育+科技"等多产业间的融合。这种产业间的融合典型就是"文旅体验新方式"，例如高清畅游敦煌莫高窟的文化旅游虚拟沉浸式体验。另一高质量文化创造的新形式是数字文化。高质量数字文化创造是指，通过数字文化为传统文化资源注入生命活力，让非遗、文物"活起来"；借助动漫游戏、网络文学、网络音乐、网络视频、数字艺术、创意设计等数字文化产业形态，推动文化IP的开发与转化。❷ 随着数字文化的涌现，公众号等各个领域出现了大量多元形式的微版权作品，但版权维权难度较高，原创氛围受到破坏，优质创新内容生产困难重重。❸ 文化产业始终要求以内容为王，技术创新将不断倒逼内容

❶ 范周. 推动"十四五"文化产业新发展 [J]. 红旗文稿，2020 (21)：31-34.
❷ 徐梦周，胡青. 数字赋能文化产业高质量发展 [EB/OL]. (2021-07-12) [2022-03-02]. https://www.chinathinktanks. org. cn/content/detail/id/oyi81x55.
❸ 谭雪芳. 基于区块链的IP产业新议程：版权管理、粉丝价值和生态重构 [J]. 福建论坛 (人文社会科学版)，2018 (12)：74-82.

革新，❶ 但不论是对优质文化内容的保护还是融合技术打造新文化 IP 都需要《著作权法》的保驾护航。

（二）产业市场端："交易便捷"与"海量授权"

近年来，我国文化市场化规模逐渐扩大，优质文化作品的著作权作为市场新要素进入社会主义市场经济，持续创造出经济价值。参见表 2-6，2021 年前三季度，全国 6.4 万家规模以上文化及相关产业企业共实现营业收入 84205 亿元，同比增长率为 21.8%；两年平均增长了 10.0%。❷ 可见，文化产业已成为社会主义市场经济的新兴产业。推动经济实现新增长需要继续注力于挖掘文化产品价值，在发展原有实物商品经济的同时，大力发展文化作品无形商品交易市场。文化产业供给侧改革需要政府宏观调控，更需要遵循市场内在运行逻辑，即基于信任市场规则与市场交易主体积极开展文化产品交易活动。发展文化产业市场交易有别于传统商品经济，是无形资产的有形化交易。随着科技发展与文化不断融合创新，文化产业信任化市场发展呈现出新趋势。文化产业供给侧改革实现文化创造后，第二要义是建立文化产业信任化市场，文化产业信任化市场发展的新趋势表现为便捷且稳定的文化权利交易通道畅通、市场能满足文化产业海量授权许可的市场交易需求和多重复杂市场主体加入文化产权运营交易市场中。

---

❶ 范周，周洁. 正确理解文化领域供给侧结构性改革［J］. 东岳论丛，2016（10）：5-14.

❷ 国家统计局. 2021 年前三季度全国规模以上文化及相关产业企业营业收入增长 21.8%，两年平均增长 10.0%［EB/OL］.（2021-10-29）［2022-03-02］. http://www.stats.gov.cn/tjsj/zxfb/202110/t20211029_1823978.html.

表 2 – 6 **2021 年前三季度全国规模以上文化及相关产业企业营业收入情况**

文化产业分类	营业收入/亿元	比上年同期增长/%	比 2019 年前三季度增长/%	两年平均增长/%
分业态				
16 个行业小类❶	28322	26.1		24.0
分产业形态				
文化制造业	30950	17.7	13.2	6.4
文化批发和零售业	13561	26	13.5	6.5
文化服务业	39693	23.7	31.1	14.5
分领域❷				
文化核心领域	51911	22.9	24.7	11.7
文化相关领域	32294	20.0	15.5	7.5
总计	84205	21.8	21.0	10.0

1. 编织便捷且稳定的文化权利交易链

近年来，我国经济正处于经济结构优化的关键期。2020 年由于新冠肺炎疫情影响，第一季度我国 GDP 同比下降 6.8%，传统的第三产业商品和服务市场已趋于饱和，但我国坚持正确的经济发展方向，不断深入实践供给侧结构改革，成为 2020 年在全球经

---

❶ 新业态特征明显的 16 个行业小类是：广播电视集成播控，互联网搜索服务，互联网其他信息服务，数字出版，其他文化艺术业，动漫、游戏数字内容服务，互联网游戏服务，多媒体、游戏动漫和数字出版软件开发，增值电信文化服务，其他文化数字内容服务，互联网广告服务，互联网文化娱乐平台，版权和文化软件服务，娱乐用智能无人飞行器制造，可穿戴智能文化设备制造，其他智能文化消费设备制造。

❷ 文化核心领域包括新闻信息服务、内容创作生产、创意设计服务、文化传播渠道、文化投资运营、文化娱乐休闲服务 6 个行业，文化相关领域包括文化辅助生产和中介服务、文化装备生产、文化消费终端生产 3 个行业。

济体中唯一实现正数增长的经济体。在全球疫情发酵影响经济发展的背景下，我国文化产业作为新的市场要素在寻找经济新的增长点上发挥了突出作用。文化产业要素与传统商品服务属性不同，很多文化作品的权利具有"人身属性"，如艺术家创作的作品、民间艺人展示的文化艺术表演、非物质文化遗产传承人创作的作品等，在不同的文化产品"实物"载体上都承载着相应"版权"价值。文化产业要素市场化发展不再只是"实物"交易，而是"实物＋版权"交易，因此，市场交易主体更希望有完善的市场机制保障文化产业交易的繁荣。而文化产业的发展需要法律和信誉两个基本机制共同维持市场秩序，且一个没有信誉机制的社会是不可能有真正的市场经济的。❶ 信誉机制的建立需要法律维护，通过法律维持交易秩序，再结合市场需求建立方便快捷的交易渠道。例如，深圳文化产权交易所为打造完善文化艺术要素交易市场，联合专家委员会成立"数字创意创新发展中心（文化艺术品版权区块链应用基地）"，该中心打造了集登记、托管、评估、鉴定、数字化改造、版权资产化、第三方金融衍生服务等全链条版权交易服务为一体文化艺术要素生态体系。通过该体系，文化市场主体可以享受畅通且高效便捷的"一揽子"文化产业交易链服务。

2. 满足文化产业海量授权许可的市场交易需求

通过不断完善信任市场制度化建设，文化产业信任市场制度成为文化市场主体自觉思想共识的制度，从而满足市场对海量授权许可的需求。市场主体基于信任化市场机制，放心甚至积极与其他文化产业参与者进行交易，而随着消费者对文化作品精神需求的增加，"一对一"或"单个文化产品交易"已经无法满足现在

---

❶ 张维迎. 产权、政府与信誉［M］. 北京：生活·读书·新知三联书店，2001.

文化交易主体和消费市场需求，且文化产品交易不同于传统的商品移转，更多的是权利的移转和授权许可而不是实物交接，反过来，信任化市场发展的基本目标是满足文化产业海量授权许可的市场需求。因此文化产业供给侧改革亟须建立文化市场交易的信任模式。一般而言，制度信任模式包含两个不同层次和两种不同的社会功能：一是即刻用于控制的制度信任（如契约合同），直接发挥保障市场交换双方利益的实用功能；二是经过制度安排或制度化过程而成为自觉思想共识的制度信任。❶ 我国文化市场交易正处在第一种模式下，文化产业供给侧改革的目标是实现市场跨越到第二种模式的目标。现行文化产业发展下音乐、小说、短视频、网络直播等众多文化产品成为文化产品传播的重要形式，一般而言，经营短视频和直播平台的公司就是依靠上述作品聚拢大量用户从而获得收入；大型视频网站会通过海量签约获得视听作品播放权，北京晓明筑梦数据服务有限公司（南瓜电影运营主体）于 2021 年与腾讯科技订立合作协议，旗下子公司南瓜电影将与腾讯视频深度合作，南瓜电影将获得腾讯独家版权的海量影视作品授权。可见，文化产业交易海量授权已经是文化交易市场不可逆转的发展趋势。文化产业发展不仅有视听作品海量授权，还有大量音乐作品海量授权的实践经验，例如 2020 年网易云音乐与环球音乐达成全新战略合作协议，获海量曲库授权。综上，随着文化产业供给侧改革的推进，文化产业交易将从以简单授权合约为市场交易信任基础的模式，逐步形成制度化、自觉遵守的信任市场模式。

---

❶ 周怡. 信任模式与市场经济秩序：制度主义的解释路径 [J]. 社会科学，2013 (6)：58–69.

3. 多重复杂市场主体加入文化产业交易市场

随着文化产业繁荣发展，市场主体不再局限于权利人与授权许可使用人双方，还包括知识产权服务机构、自媒体创作人、提供质押融资的银行、版权价值评估机构等多方主体。《中共中央 国务院关于构建更加完善的要素市场化配置体制机制的意见》指出，"鼓励商业银行采用知识产权质押、预期收益质押等融资方式，为促进技术转移转化提供更多金融产品服务"。可见，文化产业繁荣发展的必然结果是多主体参与到文化产业交易活动中，这要求文化产业交易制度更加透明化，只有在交易中实现各主体之间信息对等，才能建立起公平有序的信任化交易市场秩序。当然，信任化交易市场秩序不仅具有完全透明的信息，而且是市场运作到一定程度之后自发形成规则秩序。当越来越多的市场主体参与到文化产业交易中后，将会大大提升文化交易市场活跃性，但文化版权交易市场的复杂性也随之增加。文化产业供给侧改革不仅迎来便捷交易和海量授权的繁荣景象，还会面对复杂的未来发展趋势，因此要通过完善《著作权法》授权许可使用制度，提升文化产业版权交易市场制度的完备性和稳定性，平衡各方主体利益，应对复杂多变的文化产业交易法律关系。

（三）产业环境端："严、大、快、同"保护需求

文化产业的高质量发展离不开知识产权法治建设的完善，❶ 通过完善著作权制度以优化文化产业发展的营商环境。现今文化产业繁荣发展的同时文化作品侵权现象频发，张某未获权利人高某松授权翻唱《默》，华数传媒未经独占许可使用人天瑞传媒的同意擅自播放电视剧《壮丁也是兵》，杭州大头儿子文化发展有限公司

---

❶ 范周. 推动"十四五"文化产业新发展［J］. 红旗文稿，2020（21）：31－34.

擅自授权他人使用"大头儿子"的形象生产、销售形象玩偶等商品被央视索赔 40 万，这些侵权行为无疑会阻碍文化产业的良性发展，也暴露出了我国文化产业发展的营商环境尚待优化。文化产业发展的健康营商环境需要加大法律对文化产业市场的保护力度，加强惩戒扰乱营商环境的行为，建立行刑衔接紧密的法律保障体系，打造救济合法权利的维权通道，平等对待产业市场主体并构建文化产业国内国外市场双循环。

1. "加大惩戒"——推动文化产业市场秩序"严保护"

通过法律加大对破坏文化产业交易市场行为的惩戒力度。2021 年国务院新闻办公室发布的《全面建成小康社会：中国人权事业发展的光辉篇章》白皮书指出，公共文化服务水平不断提高，文化事业和文化产业蓬勃发展。但文化产业市场也面临着众多破坏市场秩序的问题，通过加大对违法行为的打击力度，提高实施违法行为的成本。政府致力于制定规则和优化环境，把市场能解决的交给市场。❶ 就文化产业发展现状而言，需要政府通过法治化方式，打击破坏文化产业市场秩序的行为，主要涉及以下几个方面：一是加强文化产业交易市场主体信用监管体系建设。建立健全文化市场主体信用记录、修复和异议申诉机制，建立巨额侵权赔偿制度，提高违法成本。二是加强行政执法体系建设。优化文化交易市场监管人员的行政执法方式，深化综合行政执法制度改革，降低企业合规成本。三是依法开展专项整治行动。例如，2020 年开展文化领域知识产权行政执法保护专项活动，梳理排查网络表演 APP 1623 款次，依法查处 42 家违规网络表演平台、7 家网络音乐网站，发现并清理下架违规歌曲 940 首，协调有关单位关闭 7 家

❶ 郑继汤. 习近平关于构建法治化营商环境重要论述的逻辑理路 [J]. 中共福建省委党校学报，2019（6）：25－30.

非法网络动漫网站，严厉打击了扰乱文化产业交易市场的违法行为。文化产业的发展主要是文化作品权利的流通，通过法律加大对侵犯文化作品著作权行为的惩罚力度，大幅提高市场主体违法成本，使其不能、不敢实施侵害行为，形成事前威慑、事后惩戒的保护方式。

2. "行刑衔接"——实现文化产业交易安全"大保护"

深化文化产业行政执法和刑事司法的衔接，拓展多种维权渠道，构建文化交易市场多元纠纷解决机制。文化产业的核心是文化作品的版权流转，通过许可、授权、转让、质押融资、证券化等市场交易行为，充分挖掘文化作品的经济价值。因此，健康的文化市场营商环境可以理解成健康的文化作品版权交易市场。首先，从政策指导思想来看，习近平总书记在《全面加强知识产权保护工作 激发创新活力推动构建新发展格局》文章中强调"要加大行政执法力度"；[1] 从理论发展程度而言，我国理论界已经将版权行政保护的研究视角从"存与废"的争论推向"弊端与优化"的讨论。[2] 可见加强文化市场行政执法是优化营商环境的重要一环。但由于文化市场的发展中会出现严重破坏市场发展秩序、损害公共利益的侵权行为，行政执法不足以解决复杂的侵害现象，故需要加强行政执法与刑事司法的衔接。例如"人人影视字幕组"侵权案，"人人影视字幕组"创始人梁某平被判处有期徒刑 3 年 6 个月。该案解决了我国文化作品保护相对薄弱环境下"字幕组"侵害他人著作权的情况，通过行政主管部门行政执法查处，并结

---

[1] 习近平. 全面加强知识产权保护工作 激发创新活力推动构建新发展格局 ［J］. 实践（党的教育版），2021（2）：4－7.

[2] 张祥志，徐以恒. 著作权法第三次修改中的版权行政保护及其正当性论证 ［J］. 中国出版，2021（12）：50－54.

合刑事司法审判高压打击侵权盗版行为，展现了打击文化产业侵权犯罪行为"零容忍"的趋势。其次，优化文化产业营商环境需要拓展仲裁、调解和诉讼等多种维权渠道。仲裁具有保密性、及时性、灵活性的优点，但也有申请仲裁的费用过高和仲裁协议形式要件僵化的缺点；调解具有简捷、及时、降低纠纷解决成本和融情于法的优势，同时也具有随意性大、调解人员水平不一致等不足；诉讼是一种有强制力的救济措施，还具有客观性和终局性的特性，但也存在诉讼周期长、成本高的缺陷。为文化产业交易市场主体提供多种可供选择的维权渠道，构建多元纠纷解决机制，有利于保障权利人利益，打击侵权行为，净化营商环境。

3. "维权迅速"——推进文化产业侵权机制"快保护"

建立文化产业著作权快速维权机制，建立全链条文化版权交易保护体系，健全文化产权著作权维权援助机制。网络环境下侵权行为蔓延迅速，建立文化产业快速维权机制需要具有以下要点：一是快速确权。确权是维权的第一个环节，只有证明权利毫无瑕疵地属于权利人，才能具备维权的合法资格。二是证明侵权。通过建立规范化的文化版权侵权行为鉴定体系，加快判定行为是否构成侵权。三是处理侵权。判定侵权后，先采取措施有效制止侵权行为继续蔓延，再对侵权行为人进行处罚。通过建立快速维权机制，解决权利人"维权难"的问题，实现文化作品版权交易全链条保护。《国家知识产权局关于深化知识产权领域"放管服"改革优化创新环境和营商环境的通知》提到，要持续推进知识产权维权援助工作。文化作品传播速度增快、传播渠道多样的特点，加重了文化市场主体维权难度，特别是中小微企业正在面临诉讼维权周期长、成本高的问题。为中小微企业和自然人权利主体提供公益性维权服务，持续布局建设文化版权保护快速维权中心，打造交易安全、维权便捷的文化产业营商环境。

　　4. "平等救济"——促进文化产业侵权救济"同保护"

　　平等保护不同市场主体权利，促进国内国外文化市场双循环，提升文化产业营商环境国际化、市场化水平。首先，平等保护各个市场主体文化版权。健康的文化产业营商环境要求，对国有企业、民营企业，大企业和中小微文化企业，单位和自然人等不同主体的文化版权一视同仁，公平保护，在确权、维权和惩罚上都坚持平等、公正原则。其次，为国外企业提供与国内企业相同水平保护。我国正处于向文化强国迈进的历史阶段，"十三五"期间实现知识产权使用费出口额连续保持两位数增长，2020 年已达86.8 亿美元，成为继美国、荷兰、日本、德国后的全球第五大知识产权贸易经济体。文化产业国际化趋势不可逆转，平等保护国外文化企业的相关权利，优化文化版权交易市场的营商环境，吸引外资、扩大交流，形成国内国外双循环的产业发展模式。最后，厘清政府和企业的行为边界，使企业对自身行为和后果有明确预期，增强其长期投资信心。依据《优化营商环境条例》，最大限度减少政府对市场活动的直接干预，着力提升政务服务能力和水平，更大激发市场活力和社会创造力。健康的文化产业营商环境中，市场是主要的、优先的，政府是辅助的、救济的，政府通过法律、制度等宏观政策，解决市场本身解决不了的问题，充分尊重市场主体地位，弥补市场缺陷，营造良好的营商环境。

四、检视结论之制度评价

　　（一）确权"激励性"的进步与不足

　　文化产业的发展逻辑是确权、用权到维权，权属关系明晰了，以知识产权为要素的优质文化作品才能在市场中高效流通，如何让著作权的权属关系更稳定，从而让著作权促进文化产业的发展是新时期的新课题。❶《著作权法》（2020 年修正）将著作权归属于作者，作者与著作权人是同一人，但也分别规定了著作权属于作者以外的自然人、法人或非法人组织的情形（参见表 2－7）。笔者将通过文本分析和案例剖析，探究确权规则是否鼓励作者创作精良的原创著作权作品、是否促进开发文化的新价值和是否革新了文化融合科技创兴高质量文化产品新形式的结果，即剖析出著作权确权制度与高质量文化创造新要求之间的契合度，从而提出完善确权规则的意见使其满足高质量文化发展的新要求，实现以完善法律反推文化产业改革的进程。

表 2－7　《著作权法》（2020 年修正）中权利归属制度条款

著作权归属主体	作品类型	确定著作权归属的条款
作者 （自然人、法人、 非法人组织）	所有作品	第 11 条、第 12 条
	演绎作品	第 13 条
	合作作品	第 14 条
	汇编作品	第 15 条、第 16 条
	视听作品	第 17 条（作者享有署名权）
	职务作品	第 18 条
	委托作品	第 19 条
受让人	所有作品	第 10 条第 3 款
权利的继承人、继受人	所有作品	第 21 条第 1 款、第 2 款
制作者享有署名权 之外的著作权	视听作品	第 17 条

---

❶　王悦彤. 新时期著作权登记存在的问题与思考 ［J］. 出版发行研究，2018（8）：28－30.

续表

著作权归属主体	作品类型	确定著作权归属的条款
作者仅享有署名权	职务作品	第 18 条第 2 款
委托人通过合同取得著作权	委托作品	第 19 条
原件所有人享有展览权	美术、摄影作品	第 20 条第 1 款

《著作权法》（2020 年修正）调整了权利归属的部分条款顺序结构，并将《著作权法实施条例》的相关条款新增到法律归属规则中，即采取调整和补充相结合的方式完善了"著作权权利归属"制度。具言之，将第 11 条第 4 款改为第 12 条第 1 款，修改为："在作品上署名的自然人、法人或者非法人组织为作者，且该作品上存在相应权利，但有相反证明的除外"，并新增了作品登记制度和邻接权参照适用规定作为第 2 款和第 3 款；新增第 16 条；将第 15 条改为第 17 条，规定了视听作品权利归属；将第 16 条改为第 18 条，在第 2 款第 1 项中的"地图"后增加"示意图"，第 2 款新增了"报社、期刊社、通讯社、广播电台、电视台的工作人员创作作品"的权利归属；将第 18 条改为第 20 条，规定作品原件所有权转移不影响著作权权利归属的基本原则，同时规定了移转后美术、摄影作品展览权归原件所有者的特殊权利归属。

1. 保障作者权利激励作者创作高质量原创作品

《著作权法》采用了著作权一般归属于作者为原则，约定归属为补充，法定归属为例外的著作权归属体系，并制定了著作权登记制度，通过对作者权利的确认以激励作者创作精良的原创独立著作权作品。《著作权法》（2020 年修正）第 11 条规定著作权属于作者且创作作品的自然人是作者的基本原则，并在第 3 款规定法人或非法人组织视为作者享有著作权。主体表述由"公民"改为

"自然人",由"其他组织"改为"非法人组织",这样的修改将自然人、法人、非法人组织都囊括进了"作者"范围,既规范了法律规则的表述方式,又将各创作作品的主体纳入著作权权利保护范畴内,即以法律为创作者确权。第 12 条第 1 款规定"署名推定"规则,但有相反证据除外。依据该款规定,权利人在作品上署名即完成了初步举证,就推定署名人享有著作权的主张成立。例如在"华强方特(深圳)动漫有限公司与北京学智佳苑文化传媒有限公司著作权权属、侵权纠纷案"❶ 和"上海灿星文化传媒股份有限公司与北京花样年华娱乐有限责任公司著作权权属、侵权纠纷案"❷ 中,法院分别依据《著作权登记证书》和 DVD 外包装版权声明载明的权利所有者判定著作权的权利归属,可见,该推定规则使确权依据更可视化,也更凸显著作权登记和权利声明等对权利归属的重要性。第 2 款增加了作品自愿登记制度。作品登记制度的作用并非在作品上设立产生著作权,而是证明作品著作权的归属,在存在其他相反证明时,可以推翻署名主体或登记人对作品享有著作权的确认结果。登记制度入法以来,2020 年全国著作权登记总量达 5 039 543 件,同比增长 20.37%,2020 年全国共完成作品著作权登记 3 316 255 件,同比增长 22.75%,全国作品著作权登记量总体呈稳步上升趋势。❸《著作权法》(2020 年修正)以严密的权利归属制度肯定作者劳动创造的作品价值,并帮助作者预防了作品被他人盗取、冒名等风险,从而鼓励作者创作更多优秀的原创著作权作品。无论是自然人还是自然人之外的作者,

---

❶ 参见:北京市西城区人民法院(2020)京 0102 民初 25156 号民事判决书。

❷ 参见:北京市西城区人民法院(2020)京 0102 民初 15510 号民事判决书。

❸ 国家版权局. 国家版权局关于 2020 年全国著作权登记情况的通报 [EB/OL]. (2021 - 03 - 19) [2022 - 03 - 02]. http://www.gov.cn/xinwen/2021 - 03/19/content_5593876.htm.

都为创作作品付出了辛勤劳动，著作权归属于创作者，是对其再创作的最好激励。另外，《著作权法》（2020 年修正）第 20 条将美术、摄影作品的展览权和其他著作权分离，并强调原件移转不等同于著作权移转，既保护了原件所有者对作品享有的使用权，又体现了著作权归属于作者原则。

2. 优化相关确权规则聚力发掘作品新价值

明确演绎作品、汇编作品和委托作品的权利归属，激励作者吸收具有优秀传统文化和时代精神的元素进行高质量创作，充分开发优秀传统文化的著作权价值。《著作权法》（2020 年修正）第 13 条规定，演绎作品的著作权由演绎作品的作者享有，演绎作者在不侵犯原作者著作权的前提下享有与原作者同等的权利。文化产业发展将中国传统文化元素融入影视剧、短视频、小说等新型文化载体中，不仅能传承各式传统文化精神，实现文化创作的社会效益，也能使作者通过创作优质作品获得经济效益，从而活跃文化产业市场。例如 2009 年央视动画和未来行星株式会社创作了《三国演义》动漫，把原著内容通过当时顶级的制作手法表现出来，传达了各个英雄人物的精神价值，该作品取得巨大成功且在人民大会堂举行了首映仪式。另外，《著作权法》（2020 年修正）第 15 条规定汇编人对汇编作品享有著作权。第 18 条第 2 款新增了报社、期刊社、通讯社、广播电台、电视台的工作人员所创作的作品是特殊职务作品，除署名权外其余权利均归属于法人或非法人组织，这解决了报社、期刊社、通讯社等创作作品的归属争议问题，提升了媒体创作者的积极性。第 19 条规定了约定优先、法定受托人享有著作权为补充的委托作品权属规则。上述作品类型都以权利归属于作者为原则，特定作品以约定权利归属为例外，以法定权属为补充，形成了具有普遍适用性的著作权确权体系，以确权保护激励作者创作热情，有利于实现文化产业供给侧改革的高质量创造目标。

3. 新增职务表演归属鼓励创作优质作品

《著作权法》（2020 年修正）第 40 条新增职务表演归属，职务表演中表演者的精神权利为演员所专有，财产权利约定优先，没有约定或约定不明的由演出单位享有；若演员享有完整著作权，则特别规定演出单位可以在其业务范围内免费使用该表演。该条款解决了将"演出单位"认定为作者而造成的权利主体混乱问题，修改前将"演出单位"认定为作者一方面不符合国际通行规定，另一方面使得演员连最基本的表演者权都不享有，表演者与演出单位之间利益失衡将导致表演者不愿为作品创作投入精力。此次增加职务表演归属的规定，是以较为合理的方式解决了"演出单位"与其聘用的表演者之间利益平衡的问题。[1] 即当约定权利归属于表演者时，演出单位享有在其业务范围内的免费使用权，这既遵循了著作权私法意思自治的属性，又平衡了表演者和演出单位之间利益；当约定不明或未作约定时著作权属于演出单位，以此确保了演出单位的利益。文化产业的发展不再如多年前那样经济、物资和创作困乏，表演者极富创作性，文化产业运作也离不开演出单位综合各项元素支撑，此次修法不仅解决了历史遗留的立法矛盾问题，还为表演者与演出单位之间关系提出了良好对策，鼓舞了表演者和演出单位创作出更多优秀文化作品。

4. 职务表演归属与职务作品归属制度之间的脱节

职务作品包括职务表演作品，但《著作权法》中职务表演作品归属规则既不属于一般职务作品归属，也不在特殊职务作品范

---

[1] 王迁.《著作权法》修改：关键条款的解读与分析（下）[J]. 知识产权，2021（2）：18－32.

围内，二者权利归属规则存在脱节问题。《著作权法》第 18 条规定职务作品原则上归属于作者，在特殊情况下法人或非法人组织享有署名权之外的所有权利。新增职务表演权利归属规则，是为保护相较于演出单位而言较为弱势的演员的权利，但《著作权法》（2020 年修正）第 40 条规定除"表明身份和保护表演形象不受歪曲的权利"由演员享有外，其他权利由当事人约定，实务中一般约定为演出单位享有；在约定不明或未作约定时演出单位享有除表演者权之人身权以外的其他权利。从这一方面来看，该规则是立足于演出单位为演出作品创作和演出行为提供了演出设备等物质技术条件。从体系上而言，职务表演作品应当属于职务作品的一种，那么职务表演归属应当遵循职务作品归属规则，而判断职务作品是否归属于单位的核心在于作者是否主要利用了单位提供的物质技术条件。但职务表演作品不属于第 18 条第 2 款所列举的特殊职务作品范畴，换言之，职务表演作品属于一般职务作品，原则上属于作者，但法律直接规定职务表演权利归属约定优先后归属于演出单位。可见，当某一演员职务作品权属纠纷发生后，应当依据职务作品还是演员职务作品归属？如何实现两种归属体系的协调统一？

5. 视听作品归属规则与其他作品权属规则的矛盾

视听作品归属规则与职务作品规则相冲突，导致"视听职务作品"的归属不明，不能满足文化融合科技后革新文化表现形式的作品保护需求。著作权归属制度是一个涉及面广且复杂多样的结构体系，不同类型作品之间会有交叉重合，修改某一条款往往会牵一发而动全身，视听作品归属制度修改导致了视听作品与职务作品、合作作品归属制度之间矛盾突出。一方面，《著作权法》（2020 年修正）第 17 条第 2 款规定"其他视听作品"的归属制度是"约定优先，没有约定或约定不明由制作者享有，作者仅享有署名权和获酬权"，即电影、电视剧作品之外的视听作品著作权归属由作者与制作者（主要指投资人）事先约定；第 18 条第 1 款规定一般职务作品由作者享有著作权，法人或非法人组织仅在业务范围内优先使用。从制作者与作者之间的关系来看，当视听作品的作者是制作者的职工时，作者权利应当依照视听作品归属还是依照职务作品归属？换言之，当同一视听作品是一般职务作品时，作品权利归属应当依照"约定优先"还是直接"由作者享有"？一部 3D 动漫创作主体有人物建模人员、插画师、故事编辑、配音等众多角色，他们既是"视听作品"的作者，又是法人或非法人组织的员工，则权利归属于哪一方才能解决该问题？《著作权法》（2020 年修正）尚未解决该问题，但长久以往，必然会产生权属关系混乱问题，进而导致技术与文化融合再创作的进程难以推进。另一方面，就视听作品与原著小说或其他原创作品的关系而言，视听作品也可属于演绎作品；就视听作品创作方式多角色协同而言，其具有合作作品性质；从制作者与其他创作参与人关系而言，可能是制作者委托创作，具有委托作品性质。可见，视听作品归属是一个复杂、牵扯众多的制度，其每一属性都有不同的权属规则，而视听作品尤其是"其他视听作品"创作越发体现了"文化＋科技"的融合。随着科技的发展，高质量文化产品不再是单属性、单面向的作品，作品形式也因为科技发展而正在革新，但视听作品归属与其他作品权利归属制度之间存在逻辑矛盾，这将使视听作品归属陷入混乱。由此，完善视听作品权属规则，平衡各方创作者和制作者之间的利益，才能打好保护"文化融合科技"的创兴之基。

（二）授权"市场化"的创新与保守

文化产业信任化市场始终围绕盘活文化版权市场这个目标，充分挖掘文化作品的经济价值。文化产业市场化运转的基本方式是文化版权授权许可和转让，即通过授权许可他人使用自己的文化作品创造更高价值的文化产品，这需要不断完善《著作权法》的授权许可制度，从而促进文化产业交易。《著作权法》（2020 年修正）关于著作权授权许可的内容主要有三个部分：首先是法定授权，主要是指合理使用和法定许可，其次是著作权约定授权，最后是著作权集体管理组织授权（参见表 2 - 8）。通过梳理发现，《著作权法》（2020 年修正）扩张法定授权使用范围，完善了授权机制和交易规则，但同时也存在授权规则体系不严谨、约定授权的市场交易模式的信任体系不完备和著作权集体管理组织的相关规定有待完善的问题。

表 2 - 8 《著作权法》（2020 年修正）关于授权许可的相关法条梳理

授权许可种类	著作权授权相关法条
法定授权 （合理使用 + 法定许可）	第 24 条、第 25 条、第 35 条第 2 款（图书、报刊出版除作者声明不得转载、摘编外，其他报刊可以转载或作为文摘、资料刊登，但应当支付报酬）、第 42 条第 2 款（录音录像制作者权的法定许可，但应当支付报酬）、第 45 条
约定授权 （许可 + 转让）	第 14 条第 2 款、第 3 款（合作作品授权合同）、第 26 条至第 31 条、第 32 条和第 33 条（图书报刊出版授权）、第 38 条和第 39 条（表演者权）、第 42 条第 1 款（录音录像制作者权）和第 43 条、第 44 条
著作权集体管理组织授权	第 7 条、第 8 条

1. 扩张合理使用作品范围的进步性

《著作权法》（2020 年修正）在"权利的限制"一节中扩张了著作权合理使用范围，在合理使用制度中引入了"三步检验法"，为文化市场交易活动提供了便捷交易链的作品类型，有利于加快文化产业市场化进程。我国立法上关于著作权合理使用目的的扩张，是为维护著作权法平衡而发展出的新原则，❶ 最终是为了实现利益平衡精神。高质量创造的文化作品具有社会属性和经济属性，同样，文化产业交易市场不仅要考虑市场主体的利益，还要注重文化产业发展的社会属性。如果片面强调作者的权利，使著作权保护绝对化，则会限制和妨碍作品的正常传播使用，影响社会公众利益。

《著作权法》第 24 条先对合理使用制度的前提要件作了修改，将"不得侵犯著作权人依照本法享有的其他权利"修改为"不得影响该作品的正常使用，也不得不合理地损害著作权人的合法权益"。确立了依法使用著作权作品时是否合法的检验标准有三步，即"法律规定""不与作品的正常使用相冲突"和"不过度损害作者合法权益"。改变过去笼统的合理使用规则，明确法定授权许可确实会不可避免地损害作者合法权益，但这并不意味着不保护作者的权益，而是平衡作者与社会公众之间的一种手段，在保护著作权人的同时也为社会公众使用作品预留了空间，此乃扩张合理使用作品范围进步性之一。法定授权制度的进步性之二是法律规范更具人文性和灵活性。一是新增了"以阅读障碍者能够感知的方式向其提供已经发表的作品"为合理使用的法定情形，二是增加了法定许可的兜底性条款，为著作权法定许可司法实务留出判决的空间。此次修法将"盲文出版"改为"阅读障碍者能够感知

---

❶ 刘水美. 扩张合理使用目的的法律适用新规则 [J]. 知识产权，2019（8）：63 –73.

的无障碍方式"，不再限定该种合理使用的作品类型，这让多姿多彩的文化能被更多的社会公众所感知、学习，尽显了法律对社会弱势群体的人文关爱。另外，长期以来，我国著作权合理使用范围采用"封闭式列举"的方式被部分学者所反对，认为此种模式无法科学地给予使用者更大的自由，也无法更快地适应电子科技发达后层出不穷的新使用情况。❶ 此次修改新增了兜底性条款，形成了"列举＋兜底"的法定授权制度，既解决了合理使用制度灵活度差的问题，也保留了合理使用的可预判性。法定授权制度的进步性之三是，明确特定作品类型的授权方式以加快该作品流通，以此满足人民群众的现实需求且规定作者享有获酬权，保障了作者权益。《著作权法》第 35 条第 2 款、第 42 条第 2 款和第 45 条都属于特定作品的法定许可，既满足市场需求，又促进文化传播，还增强了市场与权利主体之间信任感。

2. 著作权授权规范体系结构不严谨

著作权授权制度主要由约定授权法律规范、法定授权法律规范和著作权集体管理组织授权三个部分组成。修正案沿用了 2010 年版本的立法体系，先将著作权集体管理组织相关规定放置在总则部分，再将法定授权即将"权利的限制"放置在第二章第四节，最后在第三章规定约定授权。前文已探讨过，文化产业信任化市场目前尚需建立在以文化作品著作权交易合同为基础的快捷交易、海量授权上，因此权利流转是文化产业交易的主要方式，保障文化交易的稳定和持续增长需要完备的著作权授权制度。而现有的立法体例是将著作权授权制度的相关规定分散于法律各个章节，当发生著作权授权纠纷时，法律分散式的规定给司

---

❶ 刘水美. 扩张合理使用目的法律适用新规则［J］. 知识产权，2019（8）：63 - 73.

法实务带来难题。在"优朋普乐公司与浩影公司著作权权属、侵权纠纷案"❶ 中，法院认为授权主体无权授权，优朋普乐公司不能获得相应的权利；而在"北京源泉知识产权代理有限公司与深圳市华美兴泰科技有限公司著作权权属、侵权纠纷案"❷ 中，法院认为部分合作作者只要与其他合作作者进行协商，无论协商结果如何，不影响对第三人授权合同的效力。这就是著作权授权规范体系不完备容易导致法院对授权合同效力处理思路不一致的问题，而善意第三人利益频频受损便是相应制度阙如的现实表现。❸

3. 著作权约定授权使用制度的缺陷

《著作权法》缺失专有许可使用合同的法律规则，使文化产业市场主体订立专有许可使用合同后缺少法律保障，易出现信任缺失问题。《著作权法》（2020 年修正）对"著作权许可使用和转让合同"这一章的改动较少，仅将第 26 条改为第 28 条，修改为："以著作权中的财产权出质的，由出质人和质权人依法办理出质登记。"这是解决了有学者提出著作人身权不能作为出质对象的问题，且规定质押合同应当登记。但实务中，从我国著作权质押合同登记数量来看（参见表 2-9），作品出质的数量、合同数量等都呈负增长，可见文化作品出质市场尚待开拓，这一定程度上是由于交易市场信任机制缺失所造成的。另外，除了一般授权许可合同外，越来越多的市场主体通过"独家授权许可合同"或"专有授权许可合同"的方式来获得著作权授权，最常见的是各大视频网络平台公司"买断"视听作品播放权。通过此种方式吸引作品

---

❶ 参见：杭州市西湖区人民法院（2010）杭西知初字第 302 号民事裁定书、浙江省杭州市中级人民法院（2011）浙杭知终字第 26 号民事裁定书。

❷ 参见：北京市朝阳区人民法院（2015）朝民（知）初字第 20526 号民事判决书。

❸ 刘承韪. 论著作权法的重要修改与积极影响［J］. 电子知识产权，2021（1）：4-13.

粉丝进入该平台，从而获得流量和收益，譬如 B 站享有动画《雾
山五行》的独家播放权，优酷视频享有《重启之极海听雷》的独
家播放权等，皆是当事人双方签订了专有授权许可合同。而著作
权专有授权许可合同的相关规定仅限于《著作权法实施条例》（以
下简称《实施条例》）第 23 条至第 25 条，其中第 25 条规定 "与
著作权人订立专有许可使用合同、转让合同的，可以向著作权行
政管理部门备案"。而《著作权法》中尚欠缺专有授权许可合同
的明确规定，则实务中版权交易合同登记数量少，极易发生著作
权授权合同纠纷，且纠纷发生后由于法律未规定双方当事人应当
承担的义务，逐渐造成当事人不信任文化产业市场机制的问题。

表 2 – 9　著作权 2020 年质权登记情况

质权登记 种类	著作权质权登记 数量（件）/ 增长率	涉及合同 数量（个）/ 增长率	涉及作品 数量（件）/ 增长率	涉及担保 金额（万元）/ 增长率
总计	384/ – 28.49%	341/ – 10.50%	1231/ – 23.06%	392 524.3/ – 46.24%
计算机软件 著作权	327/ – 9.42%	327/ – 9.42%	1174/ – 17.56%	366 941.5/ – 45.06%
作品（除计 算机软件外） 著作权	57/ – 67.62%	14/ – 30%	57/ – 67.62%	25 582.8/ – 58.89%

＊表中数据来源于《国家版权局关于 2020 年全国著作权登记情况的
通报》

新增合作作品作者行使不可分割作品著作权时，可以在其他
合作者无正当理由不同意的情况下，除许可他人专有使用和出质
的情形外，合作作者有权行使著作权。设计 "许可他人专有使用"

和"出质"为授权例外的原因在于这两种行为性质与权利转让相类似，专有被许可人有权排除包括著作权人在内的任何人以同样的方式使用作品❶，出质的结果可能是权利归属于质押权人，则两种行为都可能会导致合作作品权属发生变动，故限定合作作者授权方式是对共同创作的其他作者劳动成果的尊重。有学者提出，基于专有许可合同的排他性而限制合作作者授权行为虽有利于保护其他合作作者权利，但在学术期刊、专著的出版授权上，该规则仍存有不适宜。❷ 因为一般学术界默认的习惯是，出版社、期刊社都要求作者的稿件被同意收录后，就不能再在其他出版社、期刊社发表，相当于作者稿件被录用时就与该期刊社签订专有许可合同。若坚持合作作品专有许可必须经过所有作者同意，那么当有作者无正当理由不同意发表期刊时，研究学术成果将无法发表。同时，期刊社、杂志社在收录文稿时需要所有作者签名授权，那将会影响优秀学术成果的公开性，逐渐使科学研究成为少数人的狂欢，严重影响社会公众利益。

4. 著作权集体管理组织的信任机制危机

著作权集体管理组织面临信任危机难以满足文化产业信任化市场的发展需求。文化产业便捷交易、海量授权的发展态势要求值得信赖的第三方机构搭建文化市场信任机制的基础，著作权集体管理是架设在著作权人、相关权人与作品使用人之间的桥梁，是作品使用和传播的重要枢纽。❸《著作权法》（2020 年修正）对著作权集体管理组织作了以下修改：一是明确著作权集体管理组

---

❶ 参见：《著作权法实施条例》第 24 条。

❷ 王迁.《著作权法》修改：关键条款的解读与分析（下）[J]. 知识产权，2021（2）：18 – 32.

❸ 田晓玲. 著作权集体管理的适用范围和相关问题研究：以著作权法第三次修改为视角 [J]. 知识产权，2015（10）：89 – 96.

织是非营利法人，不得以营利为目的进行著作权的管理，有权实施诉讼、仲裁和调解行为，明确了该组织的性质使得其区别于以营利为目的的商业组织行为，其主要作用是平衡权利人和使用者之间的利益；二是新增协商确定使用费收取标准，协商不成可以申请裁决，不服裁决再提起诉讼或直接提起诉讼；三是确立使用费、管理费使用情况公示制度，建立信息查询系统，新增外部监督管理制度，使集体管理组织工作更透明更公开更规范。尽管随着文化产权交易市场海量授权需求的增长，著作权集体管理组织在版权的创造、运用、管理、保护、服务中的作用日益凸显，但也显现了诸多困难与不足。❶

第一，收益分配不透明，导致监管难实现。中国音乐著作权协会（以下简称"音著协"）官网公示的信息显示，每一季度公示一期使用费分配完成情况。2021 年第一期音乐著作权使用费分配公示情况显示，音著协的该期分配于 4 月 22 日完成，公示项目有许可收入金额（扣除增值税后）、协会管理费比例占比、分配号、扣税后许可金额、参与分配金额和分配的一般工作流程。2021 年第二期和第三期分配情况公示的项目基本一致，只是具体分配号不同，但都逐一公示音著协管理费使用情况等详细内容。中国摄影著作权协会官网上"协会简报"项目栏上最新的简报停留在 2012 年第二期。❷ 中国文字著作权协会官网"协会公告"栏目的最新公告信息发布于2014 年 9 月 30 日，公布了《使用文字作品支付报酬办法》，最新与费用公示相关的是《人教社 2012 年法定许可教材稿费待分配情

❶　王萍. 著作权社会服务：如何补齐短板，为创新发展增添动力 [J]. 中国人大，2017（16）：15 - 16.

❷　[EB/OL].［2022 - 03 - 02］. http://www. cpanet. org. cn/html/zhuzuoquanxiehui/guanyuxiehui/index. html.

况查询》，且其中只有作者姓名和篇名。❶ 而在中国电影著作权协会官网上未找到关于协会管理费用公示信息。❷ 通过上述内容，可以看出《著作权法》（2020 年修正）实施之后，我国著作权集体管理组织的费用公示制度并未落到实处，组织运作仍然存在更新慢和严重滞后的问题，且较弱的监管性常常使其超越边界，损害权利人和使用者的利益，❸ 极易导致信任缺失，没有打好文化产业"海量授权"法律基础。

第二，集体管理组织与著作权人之间权利义务失衡，导致信任关系难维持。我国网络环境下的作品许可和维权基本由著作权人自行完成，大量权利人从开始就拒绝授权集体管理组织行使权利，且至今缺乏加入集体管理组织的意向❹，集体管理组织始终因权利人的抵制而缺乏广泛代表性❺。根据《著作权集体管理条例》（以下简称《管理条例》）第 4 条、第 7 条和第 20 条的规定，著作权人在授权范围、授权主体和授权形式上都受到限制，而著作权人与集体管理组织之间是一种信托关系，❻ 可见著作权人不愿意授权的原因之一在于权利得不到尊重。著作权集体管理组织的会员通过授权委托的方式让著作权集体管理组织代为管理，除非权利人声明拒绝由其代理，否则就要接受相关条件，即以接受条件为原则，声明拒绝代理为例外的信托关系。这容易造成著作权集体

---

❶ ［EB/OL］．［2022 – 03 – 02］．http://www.prccopyright.org.cn/.

❷ ［EB/OL］．［2022 – 03 – 02］．http://www.cfca – c.org/.

❸ 李谢标，覃江琳．智能合约优化著作权集体管理模式的路径［C］//《上海法学研究》集刊（2020 年第 15 卷 总第 39 卷）：数字经济法治文集．［出版者不详］，2020：75 – 82.

❹ 熊琦．著作权集体管理中的集中许可强制规则［J］．比较法研究，2016（4）：46 – 59.

❺ 熊琦．论著作权集体管理中的私人自治：兼评我国集体管理制度立法的谬误［J］．法律科学（西北政法大学学报），2013（1）：142 – 149.

❻ 詹启智．论著作权法之授权［J］．科技与出版，2017（12）：72 – 75.

管理组织与权利人之间的权利与义务不能平衡配置。❶ 但随着文化产业的发展，市场交易需要具有值得信赖的著作权集体管理组织代表权利人完成海量授权。权利人不愿意授权给著作权集体管理组织与文化市场交易需求之间的矛盾凸显，要想解决该矛盾，一方面需要强化著作权集体管理组织的监管，增强其运转的透明度，将"重收益轻服务"的现状转变成"重服务兼收益"；另一方面需要科学引入延伸集体管理组织职能制度，以满足文化市场便捷交易、海量授权的现实需求。

（三）保护"系统化与衔接性"的前进与踌躇

优化文化产业市场营商环境先要优化文化作品著作权的法治环境，《著作权法》及其相关法律、行政法规是文化产业市场健康营商环境的法律保障。《著作权法》（2020 年修正）关于权利保护的内容改动较多，参见表 2 - 10，将第五章章名修改为"著作权和与著作权有关的权利的保护"；在实体法内容方面，新增"权利使用费"衡量标准，重新确定损害赔偿额计算顺序，引进惩罚性赔偿制度且大幅度提高法定赔偿标准，形成了著作权"严保护"态势，同时新增技术措施和权利管理信息保护制度，权利人通过技术措施加强对自己权利的保护；在司法程序方面，完善了诉前财产保全制度，将举证责任倒置制度正式写入《著作权法》。但文化产业交易市场侵权现象频发，零散式诉讼增多，给司法诉讼带来了很大压力，甚至最低法定赔偿额过高导致了滥诉现象，在此背景下，《著作权法》中行政执法与刑事司法衔接不紧密、纠纷解决机制单一化和侵权判定标准、流程不统一的问题也显现出来。

---

❶ 段海风. 权利与义务的平衡配置：我国著作权集体管理制度的完善方向 [J]. 科技与出版，2018（11）：78 - 83.

表 2 – 10　《著作权法》（2020 年修正）与著作权保护相关的法律条款

种类	相关条款	主要内容
技术保护措施	第 49 条、第 50 条、第 51 条	技术措施和权利管理信息保护
实体法律条款	第 52 条	民事责任条款
	第 53 条	刑事责任条款
	第 54 条第 1 款、第 2 款、第 3 款、第 5 款	民事损害赔偿
	第 55 条	行政保护条款
	第 60 条	纠纷解决途径（未作修改）
程序法律条款	第 54 条第 4 款	举证妨碍制度
	第 56 条	诉前财产保全
	第 57 条	诉前证据保全（无明显修改）
	第 59 条	举证责任倒置
	第 60 条	著作权纠纷解决途径
	第 61 条	违约行为、行使诉讼权利和申请保全适用的过渡性条款（新增）

1. 严厉惩处：完善侵权损害赔偿制度以提高侵权成本

改革著作权损害赔偿制度，大幅提高侵权成本，严厉打击侵害文化作品知识产权的行为，实现文化产业市场秩序"严保护"。侵权盗版行为的发生取决于行为人对收益与风险的权衡，只有风险远远高于收益时，才能有效降低侵权盗版的可能性。❶ 赔偿金远

---

❶ 杨秀云，李敏，李扬子. 数字文化产业生态系统优化研究 ［J］. 西安交通大学学报（社会科学版），2021（5）：127 – 135.

低于商业授权费用，这是市场主体不愿意维权的原因之一。而此次关于侵权损害赔偿制度的修改是亮点之最。其一，调整损害赔偿额计算顺序并新增"权利使用费"这一标准。《著作权法》（2020年修正）确定的赔偿顺序是先"实际损失或违法所得"再"权利使用费"。关于赔偿额的计算顺序修改经历了一个反复的过程，《修改草案》第一稿、第二稿、第三稿和《修正案（草案）》（征求意见稿）都是在实际损失难以估计的情形下，才采用侵权人违法所得的赔偿方式；而在侵权损失和违法所得均无法估计的情况下，2012年3个《修改草案》和2014年《修改草案（送审稿）》规定"参照通常权利交易费用的合理倍数"，而最后采用的是"参照该权利使用费给予赔偿"的方式。但司法适用中参照"权利使用费"来赔偿，还是"权利使用费的倍数"来赔偿存在疑问。有学者认为应当理解为可以按照著作权使用费的合理倍数，❶因为损害赔偿具有惩戒功能，且《专利法》《商标法》都是参照权利许可费的倍数确定赔偿额，所以应当保持一致。但笔者认为，前面"参照该权利使用费给予赔偿"的方式不带有"合理倍数"的含义。因为后文又提到"故意侵犯""情节严重"的才是使用费的一倍以上五倍以下的惩罚性赔偿，前面一个单独使用费是使权利恢复到完整状态，在故意且严重的情况下再是加倍惩戒性质；且根据最高人民法院出版的《民法典侵权责任编理解与适用》的理解，知识产权侵权赔偿仍要坚持"以补偿救济为原则，以惩罚性赔偿为补充"；❷另外，著作权不同于专利和商标，文化作品具

---

❶ 杨利华. 我国著作权制度的最新进展及其司法适用与完善 [J]. 中州学刊，2021（7）：56–66.

❷ 十年磨一剑！著作权法修改正式通过！八大亮点解读 [EB/OL]. （2020–11–13）[2022–03–02]. https://m. thepaper. cn/baijiahao_9994358.

有强烈的社会公共属性，不应限制得过死，导致文化垄断。其二，新增惩罚性赔偿制度，大幅度提高法定赔偿标准。《著作权法》第54条引入了"一倍以上五倍以下"的损害赔偿制度，这与《民法典》第1185条、《专利法》第71条、《商标法》第63条、《反不正当竞争法》第17条的知识产权惩罚性赔偿规定相呼应。同时，第2款规定了"五百元以上五百万元以下"的法定赔偿标准，大大提高了侵权人的侵权成本，维护文化作品权利人的权利免受侵害。

2. 技术保护：新增技术措施和权利管理信息保护制度

新增技术措施保护和权利管理信息保护条款，丰富著作权保护的文化作品载体形式，为文化作品传播增添"保护罩"。互联网的迅猛发展和数字化技术的进步，使得作品以更丰富的形式、更便捷的途径、更经济的方式被传播和利用，由于市场的推动，权利人只能探索更多新的技术方式保护自己的权益。所以技术措施并不是拓宽了著作权保护的客体，而是保护作品的著作权。《著作权法》（2020年修正）第50条所规定的五种情形是技术措施的限制和例外规定，主要考虑到文化作品的社会属性和精神价值，平衡权利人与社会公众之间的利益，避免将权利的"保护罩"变成权利的"隔离罩"。文化作品高质量创造的趋势之一是文化与技术融合革新作品形式，技术既可以创新文化市场，也能帮助营造良好的营商环境，甚至可以期待通过技术措施解决文化产业证据留存难、维权烦琐的问题。

3. 程序保障：完善诉前财产保全制度并明确举证责任倒置

完善诉前财产保全制度，及时减轻侵权损害后果。此次新修改，新增"妨碍其实现权利"的保全情形，明确权利人可以向法院申请诉前禁令和诉前财产保全，从而避免权利人受到难以弥补的损害。文化产业市场交易瞬息万变，数据文化、5G、VR、人工智能等众多新的科技融合文化，文化市场交易流转速度加快，且作品形式多样化、虚拟化倾向明显，通过诉前财产保全制度切断侵权人的侵权资金链或尽量保全其赔偿权利人的资金。"举证难"是困扰权利人进行诉讼维权的主要问题之一。此次修法将过错推定原则引入著作权侵权判定中，由行为人承担自己不存在侵权行为的证明责任，并承担举证不能的后果。文化作品侵权不似一般人身、财产侵权容易界定是否构成侵权，相比较于权利人证明行为人侵权而言，行为人证明自己"无过错"较容易，因此将举证责任倒置给行为人，有利于保护受损害的权利人，从而营造文化版权交易市场的良好营商环境。此次修法未对证据保全制度作大的变更，仅在"向人民法院申请保全证据"前增加了"依法"。

4. **衔接不紧：行政保护与刑事司法衔接不紧密且纠纷解决渠道单一**

文化作品著作权行政保护与刑事司法审判制度衔接不紧密，侵权纠纷解决渠道单一。行政权力介入和刑事司法审判的前提都是侵犯著作权行为损害了社会公共利益，行政保护具有时效性和快速性，一般社会危害性不大的侵权行为都通过行政手段予以处罚，但严重损害社会公共利益时需要通过刑事司法审判以维护公共利益。但行政处罚与刑事审判的案件区分界限问题，法律尚未明确。换言之，对于同时损害社会公共利益的著作权侵权行为，如何在实现维护交易市场稳定的基础上，解决好追究行政责任与刑事责任之间的案件移送问题法律尚未规定。《著作权法》关于纠纷解决途径在本次修改中未作变动，当事人遇到授权合同或侵权纠纷时，可以协商解决，协商不成的，通过调解、仲裁或诉讼的方式解决争议。但新增侵害著作权惩罚性赔偿下限金额的规定，将很有可能导致众多权利人只想通过诉讼方式获取下限额度以上的赔偿金额，从而放弃其他可以获得救济的途径，最终造成司法资源浪费，影响文化产业市场营商环境法治化进程。

五、检视目标之制度改良

（一）以激励"高质量创造"为确权制度目标

在著作权权属确定后，著作权人的创作投入可以得到充分的市场回报，从而激励更多的优质文化产品的生产。❶作品权属状态稳定明确是文化产业化的基础，权属不明的作品在市场化过程中容易产生"一女多嫁""真假权利人"的司法争议，不仅扰乱了文化市场，还损害了作者的创作热情。高质量文化创造对著作权归属制度提出更高的要求，为解决著作权确权制度的矛盾问题，笔者建议以激励"高质量创造"为完善确权制度的目标，创建著作权多级登记制度；提出职务表演作品由"演员享有权利为原则，约定归属为例外"的权属制度；并立足于"文化＋科技"的文化产业革新现状，提出视听作品归属制度的完善意见。

1. 创建著作权多层级登记制度

依法完成作品登记，根据作品创造经济价值和文化价值的效果反馈，由当事人申请在政府授权的第三方进行特别确权登记。笔者通过在"北大法宝"数据库以"著作权权属纠纷"为案由搜索，近一年来的判决书有 765 份，又在搜索结果中以"登记证书""作品登记"和"著作权登记"为关键词分别检索到 368 份、387份和 312 份判决书。可见，司法判决中一半以上作品权利归属纠纷

---

❶ 杨利华. 从应然权利到实然权利：文化权利的著作权法保障机制研究 [J]. 比较法研究，2021（4）：128－142.

的判定主要依据是作品登记证书。《著作权法》（2020 年修正）鼓励作者进行作品登记，将登记制度纳入法律中。但文化产业供给侧改革下著作权确权的目的是鼓励作者创造高质量作品，为作品提供不同层级的确权服务，有利于保障作品权利从而鼓励创造。而鼓励创作的最终目的是落脚于助推文化产业发展，故需要逆推构建多层级的著作权登记制度。具言之，已经登记的作品在进入文化产业流通之后，作者依据其创造的经济价值和产生的社会影响、文化价值等，判定自己所创作的作品是否需要申请再登记。而政府引入第三方机构为高质量文化作品进行"再确权"，确权的内容不再是简单的作品权属登记，而是包括优质作品创造的经济价值、文化价值及其衍生品价值等全方位权属确认，例如建立统一数据库后，完整留存和确认原创小说的人物形象、IP 价值和文学价值等归属于作者。政府授权第三方机构依据作者提供的从作品创作之初到市场流转情况、文化交流效果等全系列证明材料，根据制定的"高质量文化作品判定指标"为作品提供登记服务。第三方机构为高质量作品登记服务产生的费用由政府补贴一半费用，剩余部分由机构与作者协议缴纳，但缴费总额的确立应秉持鼓励高质量创造为原则，统一全国标准且不宜过高。综上，笔者建议通过规章规定实践检验后再在《著作权法》第 12 条第 2 款中新增一项"作者等著作权人可以向政府授权的第三方机构办理高质量作品的再登记"。

2. 完善职务表演与职务作品归属制度的衔接性

为了不断激发演员创作激情提升作品质量，可规定职务表演著作权原则上归属于表演者，以约定为补充，以归属于特殊职务作品为例外。职务表演归属的出发点是保护相对弱势的演员演出作品的权利，从而激励演员创作、表演高质量作品，故以保护演员创作表演权利为原则，以当事人约定为补充；通过协议约定除"表明身份和保护表演形象不受歪曲的权利"以外的权利归演出单位所有，既平衡了演出单位与演员之间的利益分配，又保障演出单位的投资收益。而后，依据《著作权法》第18条第2款第3项的规定，采取当事人约定的方式将职务表演作品归为特殊职务作品，既符合《著作权法》（2020年修正）第40条规定的职务表演权属规则立足于演出单位提供表演、创作的物质技术条件的立法要义，又能解决职务表演归属制度与职务作品归属制度体系不协调的问题。根据以上分析，笔者建议完善《著作权法》第40条规定，"职务表演的权利原则上归属于演员"；"有约定的依照约定，但演员享有表明身份和保护表演形象不受歪曲的权利，当事人没有约定或约定不明确的，职务表演的权利由演出单位享有"；"职务表演的权利由演员享有的，演出单位可以在其业务范围内免费使用该表演"。综上，将职务作品归属制度视为"一般规则"，职务表演作品归属制度视为"特别规则"，当某一演员职务作品发生权属纠纷时，先遵循"特别规则"。即原则上归属表演者；可依照当事人意愿约定归属，但演员享有表明身份和保护表演形象不受歪曲的权利；也可以约定职务表演作品为特殊职务作品，演员只享有署名权或者享有署名权及演出单位给予的奖励。

3. 调整视听作品权利归属规则

法定保障视听作品作者的财产权归属，科学划分视听作品类型，确定由作者原始享有视听作品著作权的权利归属制度，为技术革新以创造新形式的文化作品提供确权激励机制。《著作权法》（2020年修正）规定视听作品归属主要有两类，其一是电影、电视剧作品著作权由制作者享有，导演、编剧、作词、摄影、作曲等作者依法享有署名权和约定获酬权。换言之，权利归属原则上属于制作者，创作作品作者仅享有署名权，并且其只能基于和制作者之间的合同约定享有获酬权。有学者就此提出疑问，具有创作性贡献的作者只能依据与制作者合同约定获得较少报酬，著作权法激励创作的价值预设或将难以实现。❶ 而随着科技的发展，融合技术与文化的多主体、精细化分工协同创作了众多新作品，参与创作的作者角色逐渐增多，不再仅限于传统的导演、词曲作者等主体，还包括数学建模师、插画师、服装设计师等新的创作作者。依照《著作权法》第 17 条第 1 款的规定，激励这些作者创作的方式只能依照合同约定，难以驱动作者持续高价值创作。有观点倡导，有必要设计二次获酬权制度以满足保障影视作品作者利益的需要。❷ 宗旨就在于通过法定优先于约定的利益分配机制，规避制作者利用谈判优势倾轧作者利益的消极后果。❸ 笔者建议立法明确作者享有"法定获酬权"。

其他视听作品类型归属遵循"约定优先，无约定或约定不明时归制作者"的规则。行政管理标准与著作权法上作品类型的区分标准并不是同一概念，例如有些视频即使没有取得电影或者电视剧的许可证，但其仍然属于电影、电视剧作品类型。但司法实践中，通常采用行政管理分类标准细分视听作品，则不免让很多表现形式相同的作品被归入不同子类型，进而适用其他视听作品的归属规则，如短视频作品就一般归属于"其他视听作品"。相应的权利归属制度适用《著作权法》第 17 条第 2 款，采取"约定前置"的归属制度。但当视听作品的作者与制作者之间存在雇佣关系时，视听作品即属于一般职务作品，则应以作者享有著作权为原则，

————————————

❶❸　陈虎. 论视听作品著作权归属制度：以新修《著作权法》第 17 条为中心 ［J］. 苏州大学学报（哲学社会科学版），2021（3）：56－64.

❷　陈绍玲. 论我国二次获酬权制度的构建 ［J］. 中国版权，2016（1）：34－38.

法人或非法人组织仅享有优先使用权。随着技术的革新，创新的文化行业崛起，UP 主、插画师、短视频作者、游戏主播等多种新兴作品创作主体融合科技，视频内容涵盖了文学、艺术、科学、民族等丰富内容，创造了新的文化传播形式，属于科技与文化融合的重要成果，合理区分视听作品类型是作品确权的前置要件。因此，建议通过司法解释，对电影、电视剧作品的外延作扩大解释，对"其他视听作品"类型作限缩解释，避免司法实务僵化适用行政管理分类标准区分作品，导致相同类型视频归属到不同作品类型。

确定由作者原始享有视听作品著作权的权利归属制度。《著作权法》（2020 年修正）规定的视听作品权属规则一种是以制作者享有为原则，另一种是以约定为先。这明显与职务作品、演绎作品、委托作品、合作作品等其他作品类型的权属规则相矛盾，而著作权权属规则是一个完整的体系，视听作品不能独立于其他作品类型而存在。因此，协调视听作品与其他作品归属制度，是应对文化产业形式革新的重要一环。确权制度的完善始终是以坚持"激励创新"为指导目标，而激励文化产业创新的根基是激励作者创作，且立足于创作主体多元化的现实角度而言，明确作者享有著作权，以协议归属为补充，以法定归属为例外，构建完备的视听作品归属制度体系。此种规定方式将与职务作品、合作作品归属原则相契合，把视听委托作品的归属规则视为例外规定；同时还与演绎作品归属于创作作者的规则相吻合，既符合权利归属于作者的权利归属原则，又与其他作品归属规则相协调统一。笔者建议，视听作品原则上归属于作者，当事人之间可协议约定著作权归属；约定著作权归属于制作者的，在立法中明确作者享有获酬权；且明确作者原始享有其他视听作品的著作权，在存在制作者的情况下，制作者可在自身业务范围内支配著作财产权。

（二）以构建"多维信任格局"为授权制度价值

1. 体系维度——调整著作权授权规则体系

在权利内容之后先规定"权利的限制"一章，即先制定法定授权规范，再单列"权利的行使"一章规定约定许可、转让合同和著作权集体管理组织。从理论上来说，著作权授权制度立法应当遵循"先权利后限制"的立法结构；从实务上而言，在互联网内容聚合平台迅速兴起的情况下，网络海量授权的效率问题成为焦点，❶市场主体希望通过法定授权的简化流程和限定定价来获取海量作品。因此，将著作权法定授权制度单独作为一章放置在权利之后符合立法逻辑。鼓励创作和传播作品是著作权固有的立法目标，❷文化版权传播的主要方式主要包括许可使用、转让、出质和质押融资等，且文化产业完成海量授权交易的重要组成是著作权集体管理组织，将著作权约定授权合同的相关规则和海量授权组织的法律规范归为一章，规范市场主体交易时候行使权利的行为。通过调整著作权授权制度的立法结构，形成体系严密、规则明晰的授权制度，以满足实务中司法适用和海量授权的市场需求。

2. 规则维度——完善专有许可合同规则

新增著作权专有许可合同的法律规范，设置学术期刊、学术论文的发表为例外情形。著作权行使的基本法律形式则是著作权合同，著作权合同制度的完善是保障著作权充分、有效行使的基本法律形式。❸在《著作权法（修改草案）》（2012 年第一、二、

---

❶ 熊琦. 中国著作权立法中的制度创新 [J]. 中国社会科学, 2018 (7)：118 – 138.

❷ 刘银良. 从著作权法目标看我国著作权的权利体系重构 [EB/OL]. (2020 – 04 – 20) [2022 – 03 – 02]. https：//mp. weixin. qq. com/s/7KFt8argJSXDH – TI8RUzcg.

❸ 冯晓青. 我国著作权合同制度及其完善研究：以我国《著作权法》第三次修改为视角 [J]. 法学杂志, 2013 (8)：1 – 10.

三征求意见稿和 2014 年送审稿）中，以专门的条款规定了不可分割作品的专有许可合同规则，但最后《著作权法》（2020 年修正）中未加入该条款。但随着文化与科技融合出多种创作作品形式，文化市场不再是单一作者创作的传统模式，越来越多文化作品是团队创作，文化交易市场上不可分割作品的专有许可授权问题需要法律尽快解决。笔者建议在《著作权法》第 26 条之后新增一条专有许可合同的规定："使用他人作品应当同著作权人订立合同，许可使用的权利是专有使用权的，应当采取书面形式。合同中未明确约定许可使用的权利是专有使用权的，视为许可使用的权利为非专有使用权，应当向国家著作权主管行政部门登记许可合同。合同中约定许可使用的权利是专有使用权，但对专有使用权的内容没有约定或者约定不明的，视为被许可人有权排除包括著作权人在内的任何人以同样的方式使用作品。"另外，在《著作权法》第 14 条中新增一款："学术期刊、论文、专著等学术研究成果出版或发表的，任一合作作者无正当理由反对的，其他合作作者仍然可以与出版社或期刊社签订专有许可合同，但所得收益应当合理分配给所有作者。"

3. 管理维度——完善著作权集体管理组织相关规则

设定具有普适性的著作权使用费收取标准程序。著作权集体管理组织是一种半官方性组织，依据《管理条例》第 7 条第 2 款第 2 项的设立要求，法律规定著作权集体管理组织具有垄断地位，❶ 使用人与著作权集体管理组织地位不平等，后者具有垄断地位，则利益不可避免地会倾向于垄断方。因此设定科学合理的使用费收取标准有利于文化作品流转、满足海量授权的市场需求。

---

❶ 王吉法，李阁霞. 集体管理组织与著作权保护困境［J］. 烟台大学学报（哲学社会科学版），2011（3）：24 - 31.

建议将《著作权法》第 8 条第 2 款修改为："使用费的收取标准由著作权集体管理组织和使用者代表协商确定，协商不成，再依据国家著作权主管部门公告的使用费收取标准协商确定，协商不一致的，当事人可以向人民法院提起诉讼。"将行政主管部门的使用费收取标准纳入其中作为使用费协商的参考标准，具有政府公信力，增强了市场交易稳定性和可靠性，公开使用费收取标准能让集体管理组织实现"以公开换信誉"，从而平衡集体管理组织与使用人之间的利益。

将司法监督纳入外部监督体系，增加《管理条例》中公示内容项目，提升公信力。《著作权法》（2020 年修正）明确对著作权集体管理组织的监督方式有内部自查和行政监督两种方式，但是著作权集体管理组织因其法律上的或事实上的垄断性特征凸显了对其进行外部监督的必要性。❶ 从《著作权法》规定的"国家著作权主管部门应当依法对著作权集体管理组织进行监督、管理""对其监督和管理等由国务院另行规定"来看，外部监督的主要手段是行政监督。《管理条例》第 31 条、第 33 条、第 34 条、第 35 条、第 36 条和第 37 条规定的监督主体都是"国务院著作权管理部门"，而权利人维权的方式只有"向国务院著作权管理部门检举"。这就形成了由行政部门对自己设立的著作权集体管理组织进行"自我监督"，容易产生监督问题。笔者建议对外部监督体系进行扩展，增加司法监督。因为著作权集体管理组织与使用者、权利人之间是基于意思自治产生的民事法律关系，当出现自我监督不到位的情况时，权利人有权通过诉讼的方式保障自身权利。相较于行政监督的快速便捷的特点而言，司法机关作为第三方监督的

---

❶ 张祥志. 破解信任困局：我国著作权集体管理"信任机制"的法治关注 [J]. 新闻与传播研究，2019（3）：51 – 74.

优势在于更具中立性和公正性。另外，仅有《管理条例》第 31 条简单提及著作权集体管理组织应当公示的内容是"每个会计年度结束时制作财务会计报告的审计结果"，没有更多条款对如此重要的财务报告进行规范。这给本就不透明的集体管理制度"蒙上一层布"，相关人员无法真正了解情况，彼此间的信任度降低，从而导致交易量的减小。因此，在《管理条例》第五章中增加"向公众披露信息"和"年度透明报告"相关法律条款，以强化对组织的外部监督。❶

延伸著作权集体管理组织职能以顺应文化产业便捷交易和海量授权的发展趋势。著作权集体管理制度的价值，在于解决作品传播范围和使用频率提高的前提下，著作权人无法完成大规模许可，以及使用者难以合理成本获取授权的问题。❷ 随着文化产业的发展，作品版权运用市场需求增大，尤其是在互联网环境下，使用人迫切需要大量、快速地利用作品，而要求使用人先获得所有权利人许可是不利于交易的，也是很难达成的理想状态。❸ 首先，延伸集体管理组织职能包括会员和非会员的作品权利。延伸集体管理组织通过聚合分散的众多会员权利，通过"一揽子"授权方式，为使用者提供海量作品授权，❹ 减少交易成本，促进产业流通。同时以将非会员的权利纳入管理范围为原则，非会员可以通过特别声明的方式不授权给集体管理组织为例外；著作权人不同

---

❶ 张祥志.破解信任困局：我国著作权集体管理"信任机制"的法治关注［J］.新闻与传播研究，2019（3）：51－74.

❷ 熊琦.著作权集体管理中的集中许可强制规则［J］.比较法研究，2016（4）：46－59.

❸ 胡开忠.构建我国著作权延伸性集体管理制度的思考［J］.法商研究，2013（6）：18－25.

❹ 张洪波.我国著作权集体管理制度的建立与发展［J］.中国出版，2020（21）：17－22.

意"一揽子"授权时，赋予其单独主张报酬的请求权。这有利于解决版权交易碎片化、文化市场运营成本高和权利人维权难的问题。其次，严格限制延伸集体管理组织的主体资格。《修改草案》第一稿、第二稿和送审稿都要求实施延伸集体管理组织"取得权利人授权并能在全国范围内代表权利人利益"。在《管理条例》第7条增加实施延伸集体管理组织的成立要件，在《管理条例》第8条的基础上增加关于"会员的权利与义务"。❶ 最后，限定延伸集体管理组织职能的适用范围。《修改草案》第一稿规定的延伸范围是所有著作权；《修改草案》第二稿将延伸的范围限于"广播电台、电视台播放已经发表的文字、音乐、美术或者摄影作品"和"自助点歌经营者通过自助点歌系统向公众传播已经发表的音乐或者视听作品"；《修改草案》送审稿将延伸的范围限定于"自助点歌系统向公众传播已经发表的音乐或者视听作品以及其他方式使用作品"。可见，《著作权法》修订过程中，延伸集体管理组织职能范围由完全放开，到谨慎缩小，最后过于缩小的变化过程。随着科技不断发展，文化作品的传播内容丰富、形式多样，通过互联网快速传播，信息网络传播权授权交易的市场需求不断增大，通过延伸集体管理组织的方式实现批量授权从而使各方获益是文化产业发展的必然趋势。综上，笔者建议将延伸集体管理组织的职权范围限定在"复制权、发行权和信息网络传播权"。

（三）以营造"系统性保护态势"为侵权救济制度宗旨

1. 取消赔偿标准先后顺序，不限定法定赔偿额

将"先依据实际损失或违法所得，后依据权利使用费"的顺

---

❶ 张祥志. 破解信任困局：我国著作权集体管理"信任机制"的法治关注 [J]. 新闻与传播研究，2019（3）：51–74.

序修改为"依据实际损失或违法所得或权利使用费给予赔偿"。先后顺序的规定过于僵化、适应性差，无法满足交易便捷、传播迅速、海量授权的文化交易市场需求。当权利被侵害后，判定赔偿的主要目的是弥补被侵权人的损失，无论是实际损失还是违法所得还是权利使用费都只需要满足这一个目的即可。试想在权利人有证据证明侵权人违法所得高于其实际损失数额时，其必不会主动提供与损失相关的实际证据，该条款对适用顺序的规定缺乏用武之地。司法实务中，北京市高级人民法院规定❶，直接将权利人的实际损失、侵权人的获利、许可使用费、法定赔偿并列作为确定赔偿数额的方式。可见，不论是出于制度设计的最终目的还是司法实务探索，都可以取消先后赔偿标准顺序，不限定法定赔偿额度下限。提高法定赔偿额上限至 500 万元是众望所归，使著作权保护与专利和商标保持一致。现阶段图片、字体等类型侵权纠纷频发但赔偿金额少，实际上通过行政手段或著作权集体管理组织就可以解决该类纠纷，但由于适用诉讼时法定侵权赔偿下限额度是 500 元，许多权利人选择诉讼方式获得下限赔偿金额，该项规定有助长滥用权利之嫌。

2. 加强著作权行政保护与刑事司法的衔接性

明确行政执法转化为刑事司法的侵权行为种类，解决"行刑衔接"中证据合法转化问题，既要避免以罚代刑，又要规避非法证据排除规则。关于著作权侵权行政责任与刑事责任相关的法条仅有《著作权法》第 53 条，详细列举了 8 种侵权行为，行为人对此承担民事责任后，其行为还损害公共利益的，由行政机关进行处罚；构成犯罪的，依法追究其刑事责任。行为人先承担民事责

---

❶ 参见：《关于侵害知识产权及不正当竞争案件确定损害赔偿的指导意见及法定赔偿的裁判标准》。

任是毋庸置疑的，但在承担行政责任和刑事责任时，笔者的理解是由行政机关判定侵权行为"可能构成犯罪"的，移送给公安机关进一步调查后仅追究其刑事责任，而不是在执行行政处罚后再就同一行为追究其刑事责任。而《刑法》第 217 条规制的侵权行为主要是以营利为目的的 6 种行为，❶ 且都附加规定"违法所得数额较大或者有其他严重情节的行为"。该条文所规定的行为种类与《著作权法》规定的行政机关可以实施行政处罚的行为种类有较大不同，然而，根据《行政执法机关移送涉嫌犯罪案件的规定》第 3 条第 2 款规定，却是由行政机关判定是否移送给公安机关。同一位阶的不同法律就同一问题的规定出现了矛盾并且有行政决定是否是"刑事"的倾向。综上，建议在《著作权法》第 53 条新增第 2 款，明确行政机关依法可以移送给公安机关的侵权行为种类，划定损害社会公共利益的侵权行为中行政执法与刑事追责的界限。

　　建立著作权行政执法与刑事司法的证据转化机制，统一证据审查标准。《刑事诉讼法》第 54 条第 2 款❷是我国现行法律规范仅有的关于证据转化的条文，且无条文提及行政执法收集的证据审

---

❶　以营利为目的，有下列侵犯著作权或者与著作权有关的权利的情形之一，违法所得数额较大或者有其他严重情节的，处三年以下有期徒刑，并处或者单处罚金；违法所得数额巨大或者有其他特别严重情节的，处三年以上十年以下有期徒刑，并处罚金：（一）未经著作权人许可，复制发行、通过信息网络向公众传播其文字作品、音乐、美术、视听作品、计算机软件及法律、行政法规规定的其他作品的；（二）出版他人享有专有出版权的图书的；（三）未经录音录像制作者许可，复制发行、通过信息网络向公众传播其制作的录音录像的；（四）未经表演者许可，复制发行录有其表演的录音录像制品，或者通过信息网络向公众传播其表演的；（五）制作、出售假冒他人署名的美术作品的；（六）未经著作权人或者与著作权有关的权利人许可，故意避开或者破坏权利人为其作品、录音录像制品等采取的保护著作权或者与著作权有关的权利的技术措施的。

❷　《刑事诉讼法》第 54 条第 2 款规定：行政机关在行政执法和查办案件过程中收集的物证、书证、视听资料、电子数据等证据材料，在刑事诉讼中可以作为证据使用。

查标准问题。实践中容易出现刑事司法机关直接使用行政机关收集的各类证据，或刑事司法机关将行政机关的证据仅作为案件线索，并依法重新收集证据，或依据案件类型及证据收集的难易程度等而随意选择证据进行转化，以规避非法证据排除规则。❶ 因此，建议在《著作权法》第55条之后新增一条规定，经过刑事司法部门依照刑事证据标准审查的行政执法机关提供的证据，才可直接作为刑事证据使用；行政执法与刑事司法可转化的证据种类包括电子数据、物证、书证及视听资料、询问笔录、调查笔录及谈话笔录。

3. 建立文化作品著作权侵权纠纷鉴定检验标准体系

按照不同作品类型分类划定文化作品著作权侵权鉴定标准，建立文化作品侵权鉴定检验标准体系，形成文化产业系统性保护态势。长期以来，著作权侵权判定的两个要件是"思想表达二分法"和"独创性"，但随着技术的发展，著作权法保护的作品类型不断扩张，作品中思想和表达的划分界限越发模糊。司法判决中法官说理部分基本跳过侵权与否的说明，直接作出行为是否构成侵权的判定。例如"北大法宝"数据库中的公报案例"黄某源与内蒙古大学出版社等著作权侵权纠纷上诉案"，一审法院依照"思想与表达二分法"简单陈述被告行为不构成侵权，后二审法院撤销一审判决，判决被告行为构成侵权。❷ 因此，建立以"独创性"为判定原则，依据不同作品类型的特性过滤掉公有领域元素后，以一般公众的感觉为检测标准，比对作品的整体感觉、元素和概

❶ 程琰. 网络著作权保护中"行刑衔接"的证据转化 [N/OL]. (2020 – 03 – 05) [2022 – 03 – 02]. http://rmfyb. chinacourt. org/paper/images/2020 – 03/05/06/2020 030506_pdf. pdf.

❷ 参见：广西壮族自治区高级人民法院（2009）桂民三终字第48号民事判决书。

念是否重合的文化作品鉴定检验标准体系。将文化产业市场作品
类型区分为文字类作品、视觉艺术作品和音乐作品三种，再根据
不同的作品特性综合运用"抽取——过滤——比对"三步检验
法。❶ 具言之，文学小说等虚拟创作作品，从小说中抽取题材、情
节、人物等多种元素，过滤掉其中的公有领域元素，再进行比对；
不具有较强创造性的文字作品如口述作品、论文等，抽取出核心
内容与非核心内容，再以核心部分相似度或非核心部分相似数量
高低作出判定；视觉艺术作品则严格依照独创性标准，再按照检
验步骤进行判定；音乐作品则可以抽离出节拍、旋律等要素，过
滤掉公有领域元素后再进行比对。

---

❶ 黄小洵. 作品相似侵权判定研究［D］. 重庆：西南政法大学，2015.

第二篇

确权制度与机制

第三章

作品类型扩张下"独创性"
司法裁判标准的解构

　　文化创新在版权产业和市场图景中具象为作品
类型的多元化和作品表现形式的多样化，即数据新
闻、人工智能创作物、游戏直播画面、立体出版物、
网络短视频等新的作品类型或表现形式在技术和市
场的催化下不断涌现。新生作品类型是否应该纳入
法律保护范畴，法律及其实施该以何种方式认定和
规范新生作品，关乎文化产业创新命脉。著作权法
作为文化的创新之法和产业之法，其制定、修改和
适用引领着文化创新的方向，也决定了新生作品的
合法性问题。尤其是，"独创性"作为著作权法意义
上作品构成的关键判断因素，一直是学术研究和司
法实务的核心主题，也是解决上述新生作品合法性
准入难题的"钥匙"所在。有鉴于此，梳理文化产
业供给侧改革过程中作品类型扩张的演绎历程，解
析作品类型扩张与独创性判断之间的逻辑关联及其
对独创性司法裁判造成的困境，测度 225 份司法判

决有关"独创性"的裁判缺陷,最终提供统一的裁判标准,具有重大的理论和实践意义。

一、作品类型扩张与独创性裁判困境的激化

著作权制度的变迁历史,即是一部作品类型逐步扩张的演绎史。在技术和产业的驱动下,新的作品类型不断催生,著作权法律制度通过权利客体规则对新生作品进行取舍,来权衡其合法性的"身份"问题,以顺应并推动产业发展繁荣和社会文明进步。然而,作品类型的扩张也加剧了"独创性"这一作品构成关键要件在司法裁判中的困境。

(一)著作权法中作品类型扩张的演绎历程

依据知识产权客体的一般理论,无论是"知识产品"说还是"智力成果"说,"知识产权客体的基本意蕴都表现为与人们的智力活动相关"❶。但反观我国《著作权法》客体之作品的变革,其扩张即是对作品所蕴含的创造性智力因素的不断突破和延展。笔者可以将作品类型扩张的演绎历程划分为三个阶段。

第一,法律框架内的"非纯正作品"时期。在法定作品类型得以确定之际,1990年制定的我国第一部《著作权法》就已经将某些脱离创造性智力因素的内容划归客体范畴,导致著作权客体的"纯正"属性减弱。这一时期,作品的"非纯正"属性(非创造性智力因素)可以分为两种情形,即技巧与方式的揉入和功能与实用的参与。在技巧与方式的揉入上,以杂技艺术作品和摄影作品为典型代表。杂技艺术是典型的创造性与技巧性相结合的作品,属于凭借技巧呈现美感的形体艺术,使得作品中的形体技巧

---

❶ 吴汉东. 知识产权总论 [M]. 北京: 中国人民大学出版社, 2020.

和竞技方法也会基于"不可避免的涵摄"成为作品的保护对象从而获得法律的庇护。同理，摄影技术尤其是其构图方式与整体摄影作品的不可割裂性，也导致摄影技术被涵摄在作品类型中成为《著作权法》的保护对象。正是因为照片与技术方法本身的不可区分，导致司法审判亦难将技术成分完全排除在保护范围之外。[1] 在功能与实用的参与上，以实用艺术品最为典型。尽管"实用艺术品"不属于法定作品类型，但其所具有的艺术价值往往能够与美术作品嫁接从而获得《著作权法》的保护，继而导致我国司法实践在考察实用艺术品作为美术作品的"可版权性"时，以"不区分实用功能，直接考察艺术成分的独创性"[2] 作为判断逻辑。因此，对实用艺术作品进行著作权保护会不可避免地将"实用与功能"划入保护范畴。通过上述分析可知，不具有"创造性智力"属性的"非纯正作品"要素，因内化为作品不可分割的部分，早已深谙在最初的著作权法律框架之中，并在一定程度上为作品类型的扩张开辟了理论层面的突破口。

第二，技术推进下的"形式多元化"时期。随着传播技术的不断深耕和迭代，文化产业的垂直细分不断扩张，技术革新和市场细分带来的利益渠道和商业模式愈加多维，新生市场裂变出新的利益分配格局并催生出新的法律保护诉求，导致现有的法定作品类型已无法满足市场需求和发展现实。申言之，技术成为推进法定作品类型扩张的最关键因素，这一时期表现最为典型的是直播技术繁盛引发的网络游戏直播画面和体育赛事直播画面的作品类型界定问题。一方面，网络游戏直播基于游戏的精良制作与粉

---

[1] 马一德. 再现型摄影作品之著作权认定 [J]. 法学研究，2016（4）：137-151.
[2] 冯晓青，付继存. 实用艺术作品在著作权法上之独立性 [J]. 法学研究，2018（2）：136-154.

丝基础，通过技术创新将游戏的互动性、沉浸式体验与知识付费捆绑实现流量变现，成为文化市场的重要分支。就网络游戏直播画面而言，存在"类电作品说或视听作品说"❶ 和"录像制品说"❷ 的主张分歧。此外，就网络游戏直播画面是否构成"视听作品"的阐释中，也存在支持论❸与反对论❹的争议。另一方面，与网络游戏直播类似，体育赛事直播市场的兴起也带来了诸多著作权客体类型的纠纷和博弈。以"体育赛事直播第一案（北京新浪互联信息服务有限公司与北京天盈九州网络技术有限公司不正当竞争纠纷案）"❺ 为例，一审法院认为涉案赛事转播画面满足我国《著作权法》对独创性的要求而构成作品，但没有就作品类型进行判定；二审法院则认为赛事直播公用信号承载的连续画面未达到电影作品所要求的独创性高度，仅能作为录像作品获得保护；再审法院认为"涉案赛事节目构成我国著作权法保护的电影类作品，而不属于录像制品"。在学术探讨维度，对体育赛事直播画面的类型界定也存在"视听作品说"❻ "录像制品说"❼ "其

❶ 徐哲旻. 网络游戏直播画面作品属性相关问题研究［J］. 东南大学学报（哲学社会科学版），2019（S2）：53–57；冯晓青. 网络游戏直播画面的作品属性及其相关著作权问题研究［J］. 知识产权，2017（1）：3–13.

❷ 华劼. 网络游戏及游戏直播节目著作权问题研究［J］. 编辑之友，2018（6）：85–90.

❸ 李扬. 网络游戏直播中的著作权问题［J］. 知识产权，2017（1）：14–24.

❹ 焦和平. 网络游戏在线直播画面的作品属性再研究［J］. 当代法学，2018（5）：77–88.

❺ 参见：北京市朝阳区人民法院（2014）朝民（知）初字第40334号民事判决书、北京知识产权法院（2015）京知民终字第1818号民事判决书、北京市高级人民法院（2020）京民再128号民事判决书。

❻ 卢海君. 论体育赛事节目的著作权法地位［J］. 社会科学，2015（2）：98–105.

❼ 王迁. 论体育赛事现场直播画面的著作权保护：兼评"凤凰网赛事转播案"［J］. 法律科学（西北政法大学学报），2016（1）：182–191；管育鹰. 体育赛事直播相关法律问题探讨［J］. 法学论坛，2019（6）：71–76；张志伟. 体育赛事节目直播画面是否具备独创性［J］. 电子知识产权，2018（4）：31–39.

他作品说"❶ "汇编作品说"❷ 等不同解读。综上，以 2001 年和 2010 年《著作权法》为蓝本的法定作品类型，在技术和市场的冲击下已无法满足形式多元的文化表达需求，作品类型扩张在技术面前似乎成为一种必然。

第三，利益驱动下的"开放式类型"时期。我国《著作权法》在 2020 年 11 月 11 日完成第三次修正后，将规定作品类型的第 3 条第 9 项"法律、行政法规规定的其他作品"改为"符合作品特征的其他智力成果"，预示着著作权法意义上的作品类型从"有限的法定作品类型"向"开放的法定类型"更迭。此处修订蕴含了两层意义：一是文化创新成果并不必然要求构成著作权法意义上的八种法定作品类型，允许司法实践对作品类型较为模糊的智力成果予以认定；二是立法正在以一种更为包容的态度接纳新型智力成果以及传统智力成果的新型呈现方式。各国著作权法的历次修订，都是因为传播技术降低使新的利益诱因出现，著作权法在新利益上设置权利的过程。❸ 能够被纳入著作权法定作品类型范畴即意味着智力成果背后的资本与投入等利益得以被保护。《著作权法》第 3 条第 9 项修订的根本原因同样是基于利益的驱动，即文化市场的利益主体在传播技术的普及下试图分享技术进步带来的经济红利从而呼吁立法者为某些投资提供保护。"开放式"作品类型意味着，数据新闻、人工智能创作物、游戏直播画面、立体出版物、网络短视频、烟花秀、音乐喷泉、武术表演、插花等法定作品类型外的非典型作品得到著作权法保护成为可能。

---

❶ 孙山. 体育赛事节目的作品属性及其类型 [J]. 法学杂志, 2020 (6)：20－29.
❷ 赵双阁，艾岚. 体育赛事网络实时转播法律保护困境及其对策研究 [J]. 法律科学 (西北政法大学学报), 2018 (4)：56－66.
❸ 熊琦. 著作权激励机制的法律构造 [M]. 北京：中国人民大学出版社, 2011.

（二）独创性裁判与作品类型的逻辑关联

以是否区分作品类型为基准，独创性判断在学理上存在截然不同的"同一标准论"和"区分适用论"两个阵营，两者之间的争议焦点在于"独创性是否能作为一个普适性标准衡量所有类型的作品"。"同一标准论"认为独创性对于所有类型的作品的要求是一致的，具体类型作品之间不存在独创性高低之分；"区分适用论"则不然，认为独创性在不同作品类型的语境中内涵相异，其高度因作品类型不同而存在差异。

独创性的"同一标准论"主要从证明逻辑、法律规定和实践可能等维度进行论证。一是，为不同种类的作品设定相异的独创性高度要求同时又期待独创性的判断能够在统一的参照系内进行，是"想要用不同的参照系得出相同的结论、违背基本逻辑规则"❶的错误思维。二是，现有著作权法律和行政法规并没有对独创性高度作出特别规定，著作权法对特定作品的独创性高度要求与其他类型的作品没有任何区别。❷ 三是，著作权法尚未形成对独创性的统一释义与标准，"所谓的独创性只是有无的问题而不存在所谓高低比较的问题"❸。深究"同一标准论"产生的缘由，其更多关注事物的共性，也源于文字作品这一关键作品类型主导时期所形成的惯性思维。文字相对于线条、色彩、连续画面等以其他形式生成的内容，具有最直接的思想展示功能，因此文字作品成了独创性判断理论变革的主要参与者。基于文字作品独创性判断产生

---

❶ 孙山. 体育赛事节目的作品属性及其类型 [J]. 法学杂志, 2020 (6): 20－29.

❷ 秦健，李青文. 理论与实践：论体育赛事节目的独创性：兼评新浪诉凤凰网、央视诉暴风影音赛事转播案终审判决 [J]. 中国出版, 2020 (20): 65－69.

❸ 郑家红. 论新媒体时代体育赛事直播画面的可版权性 [J]. 江西社会科学, 2020 (7): 164－172.

的"形式主义独创性"❶，如英国 *Walter v. Lane* 案所确立的独创性 "额头出汗"标准、美国 *Feist Publications v. Rural Telephone Service* 案所确立的独创性"最低创造性"标准和德国 *Inkasso – Programm* 案所确立的"小铜板"标准，被理所当然地认为能够推及其他作 品类型并成为"统一"和"同一"标准。

独创性的"区分适用论"则主张从创作形式、法律实施和智 力量化等角度论证作品类型与独创性高低的关系。形式上，主张 不同类型作品的表达不同，因此其独创性标准不同。❷ 解释上，认 为不同类型作品在价值目的、创作模式、创作投入以及历史条件 等方面存在实质的差别，很难用一个固定的标准去衡量现有所有 类型作品的独创性❸；创作高度在不同种类作品中是不同的，著作 权法不可能规定一个统一的硬性标准❹；独创性是一个需要根据具 体事实加以判断的问题，不存在适用于所有作品的统一标准，不 同种类作品对独创性的要求不尽相同❺。量化上，主张以"智力投 入的数量"❻ 或"创造性的量"❼ 作为衡量不同类型作品独创性高 低的参照。追溯"区分适用论"背后的机理，其更注目于事物的 个性特征，也与我国法定作品的类型化有一定关联，即此类论断 的产生难以摆脱"强行与我国既有的作品分类挂钩"的嫌疑。长

---

❶ 刘文献. 美术作品独创性理论重构：从形式主义到历史主义 [J]. 政治与法律，2019（9）：121 – 133.

❷ 陈绍玲. 论网络游戏整体画面独创性判定方法 [J]. 中国出版，2020（9）：47 – 50.

❸ 陈博. 作品的界定：作品类型与作品独创性标准 [J]. 广西社会科学，2011 （4）：82 – 85.

❹ 宋深海. 论作品的独创性 [J]. 法学，1993（4）：27 – 28.

❺ 参见：最高人民法院（2013）民申字第 1358 号民事裁定书.

❻ 姜颖. 作品独创性判定标准的比较研究 [J]. 知识产权，2004（3）：8 – 15.

❼ 郑英龙. 著作权独创性之鉴衡：基于符号学视角 [J]. 浙江学刊，2013（2）：153 – 158.

期以来，我国《著作权法》将作品划分为确定且有限的类型，并认为不存在超越既有规定的表现形式，司法实践中突破法定作品类型进行判断的案例亦极为罕见。质言之，根据我国既有法律的类型化规定，独创性只可能与作品类型产生关联。

概言之，作品类型与独创性判断之间存在关联逻辑，作品类型成为作品独创性判断的关键考量因素。基于此，作品独创性的判断被划拨为"同一标准论"和"区分适用论"两派。作品类型的扩张——从"少数类型"到"多数类型"、从"作品类型之内涵的固定解释"到"作品类型之内涵的扩大解释"、从"封闭式作品类型"到"开放式作品类型"——亦一步步加剧了独创性判断，尤其是独创性司法裁判的难度。

（三）作品类型扩张下独创性裁判困境的加剧

第一，在作品类型从"少数类型"到"多数类型"的扩张情景下，独创性裁判的两种模式均面临适用不能和频繁更新导致的标准不稳的难题。从 1990 年第一部《著作权法》发布到 2020 年《著作权法》第三次修正完成，其间法定作品类型的扩张包括了"杂技艺术作品""建筑作品""以类似摄制电影的方法创作的作品""模型作品""视听作品"等 6 种作品类型的增添与改写。倘若以"同一标准论"作为独创性判断标准，新增的 6 种作品类型会对已有的统一判断标尺带来适用上的挑战，"已有统一标准是否适用于新的作品类型"以及"已有统一标准因应作品类型的扩张向更高抑或更低进行调适"将会是"同一标准论"的主要矛盾所在。此外，每增加一种作品类型即对独创性判断标准进行调整的做法，势必会增加司法裁判的难度，继而损害法律的权威性和司法的稳定性。同样地，在"区分适用论"的判断语境下，新增作品类型的独创性判断应在时间上先于或同步于作品类型被确定之时，在立法层面无法给出法定判断标准的背景下无疑会增加司法裁判的负担。在实操环节，法院还将面临新增作品类型的独创性裁判与"同一款项"作品类型适用相同标准抑或单独为新增作品类型制定标准的抉择，如杂技艺术作品与音乐、戏剧、舞蹈、曲艺作品之间，电影作品与类似摄制电影的方法创作的作品之间，以及模型作品与工程设计图、产品设计图、地图、示意图之间的裁判标准如何界定和区分。

第二，在作品类型从"内涵的固定解释"到"内涵的扩大解释"的扩张情形下，独创性成为新的表达形式能否构成作品的准入性法则，而独创性判断的模式选择在司法实践中摇摆不定。溯源作品类型扩张的历程，不难发现其主要表现为作品类型数量的扩充和作品类型内涵的扩大两种形式，后者的扩张主要源于产业创新附随的技术和利益需求，继而通过司法裁判的法定方式来实现新的作品形式被已有作品类型涵盖。司法裁判实务中，独创性的判断往往在新的作品表现形式被纳入已有作品类型中扮演着极其重要的"准入"作用。例如，孔虫模型作为对有孔虫生命体特征的反映，因其"体现了作者对客观事物进行艺术抽象和美学修饰的创作成果，符合著作权法对作品独创性及独创性高度的保护要求"[1]，继而构成模型作品的新的表现形式。动画影片中的角色形象，因"可以作为美术作品受到《著作权法》的保护，并且只有对该角色形象付出独创性贡献的公民才能成为作者"[2] 的裁判，使得美术作品的内涵得以扩张。同样地，既有欣赏价值又有实用价值的实用艺术品因其"作者在美学方面付出的智力劳动所体现

---

[1]　参见：山东省高级人民法院（2012）鲁民三终字第 33 号民事判决书。
[2]　参见：上海市高级人民法院（2012）沪高民三（知）终字第 67 号民事判决书。

的独特个性和创造力"❶，从而成为美术作品，计算机文字库中的单个文字"具有了著作权法意义上的独创性时"❷ 即可作为美术作品进行保护。可见，每一次作品内涵的扩张，法官在独创性裁判标准的选择上并非完全一致，"摇摆不定"的裁判标准反映出作品类型的每一轮扩张即是对独创性裁判的又一次考验。

第三，在作品类型从"封闭式"到"开放式"的扩张图景下，独创性作为作品的构成要件之一，其重要性被无限放大，使得本就纠缠不清的裁判标准在司法实践中遭遇更多疑问。《著作权法》（2020 年修正）将"符合作品特征的其他智力成果"纳入法定作品类型，标志着我国《著作权法》关于作品类型的规定从"封闭式"迈入"开放式"。在"封闭式"作品类型时代，司法实践在作品证成的裁判中"既要考虑该客体是否符合作品的一般定义，也要考虑该作品是否符合特定类型作品的表现形式"❸，即某一客体只有同时符合"独创性"标准和"作品形式"要求才能被认定为法定的作品。但在"开放式"作品类型时代，《著作权法》第 3 条前 8 项之外的其他作品的认定无须经过"作品形式"的司法裁判，直接将作品构成证成的重任全部置于"独创性"的裁判之上。这种转换导致的结果是，作品形式的限制作用减弱，智力成果能否得到著作权法庇护的重任将很大程度上由独创性判断承担，即"在开放式立法模式下法院的主要工具是独创性标准"❹。与此同时，"在新型作品的界定中，独创性标准还面临'注重创作过程'与'注重创作结果'的选择，以及'有无标准'与'高低标准'

---

❶ 参见：最高人民法院（2013）民申字第 1262 号民事裁定书。

❷ 参见：最高人民法院（2010）民三终字第 6 号民事判决书。

❸ 参见：北京市高级人民法院（2020）京民再 128 号民事判决书。

❹ 梁志文. 作品类型法定缓和化的理据与路径 [J]. 中外法学，2021（3）：684–702.

的取舍"❶，"同一标准论"与"区分适用论"之间的博弈进一步加大了开放式作品类型独创性评判的难度。

二、独创性司法裁判实证考察（一）："架空替代"之怪象

为抓取并深入剖析独创性概念在司法实践层面的既有释义和裁判路径，笔者通过"北大法宝"司法案例检索系统，以《著作权法》第三次修正之前的法定作品类型为象限，按类择取 30 件经典案例（其中"文字作品"30 件，"口述作品"10 件，"音乐、戏剧、曲艺、舞蹈、杂技艺术作品"30 件，"美术、建筑作品"30 件，"摄影作品"30 件，"电影作品和以类似摄制电影的方法创作的作品"30 件，"工程设计图、产品设计图、地图、示意图等图形作品和模型作品"30 件，"计算机软件"30 件，"法律、行政法规规定的其他作品"5 件），共选取了 225 件具有代表性的案例进行分析解读。❷ 在225 件典型案例中，对独创性裁判的基本态度包括了单独释义（单独对独创性进行说理并裁判）、替代释义（以其他方式代替独创性进行裁判）和既不单独释义也不替代释义（提及独创性，但不对其进行说理也不裁判）三种，三种类型的案例分别为 71 件、131 件和 23 件，占比分别为 31.56%、58.22% 和 10.22%（参见表 3 – 1）。

---

❶ 卢纯昕. 法定作品类型外新型创作物的著作权认定研究 [J]. 政治与法律，2021 (5)：150 – 160.

❷ 关于案例选取的标准，一是关于"选取《著作权法》第三次修正前的案例"的原因在于，我国《著作权法》第三次修正中并未对"独创性"进行修订，且《著作权法》修改后的案例过少，以修正后案例为实证对象会导致样本过少；二是以每一种作品类型为象限选取的 30 件案例，均尽量选取指导性案例（由最高人民法院、最高人民检察院确定并统一发布）、公报案例（发布在《最高人民法院公报》和《最高人民检察院公报》上的案例）、典型案例（最高人民法院和最高人民检察院以公文形式发布的具有典型意义的司法案例）等具有代表性的案例。

表 3 - 1　典型司法案例"独创性"裁判的基本情况

案例总数 /件	独创性裁判的 基本态度	独创性裁判的 具体方法	数量 /件	占比 /%
225	单独释义	单独对独创性进行说理并裁判	71	31.56
	替代释义	以其他方式代替独创性进行裁判	131	58.22
	既不单独释义，也不替代释义	提及独创性，但不对其进行说理也不裁判	23	10.22

　　通过上述数据分析和详细阅读 225 件裁判文书，将"既不单独释义，也不替代释义"的独创性裁判方法总结为独创性裁判的"架空"现象，将"替代释义"的裁判方法归纳为独创性裁判的"替代"现象。出现上述两种现象的案件共计 154 件，占比达到 68.44%，可见在司法实务中独创性裁判的"架空替代"怪象较为严重。此类裁判思路刻意回避对独创性的检验，而将位居裁判逻辑后部的延伸性结论提前，直接导致裁判基础不稳，裁判结论处于可被推翻的不安状态。通过具体分析独创性裁判的"架空替代"怪象，可以更加清晰地洞察独创性司法裁判逻辑的现实景象。

（一）以"权利归属确认"代替独创性裁判

　　以"权利归属确认"代替独创性裁判是指裁判者以认定诉讼主体对涉案内容享有著作权的方式，间接确认该争议内容构成作品的审判思路。该思路直接跨越独创性这一作品证成的核心要件，遵循"先主体、再客体"的反向逻辑，导致其在客体与主体的生成顺序和主次关系问题上出现认知偏差，进而落入以权属证据充当事实创作行为认定的形式审判陷阱。必须明确，作品和权利归属分别指向客体与主体两个命题。从著作权客体生成的角度来看,作品赋予创作者法律地位。著作权领域只存在没有权利人的作品,不存在没有作品的著作权人。在"权利归属确认"代替独创性裁判中,创作行为成为独创性判断的替代物。然而,创作仅能说明行为人具备主体资格的可能性,与智力成果的著作权定性并无关联。即使在作品证成的前提下,创作也只是权利主体的充分不必要条件。由此必须认识到,著作权人的法律地位源于著作权法对其事实行为(如创作)或法律行为(如转让)的认可,而认可的前提必须是独创性要件既已满足、作品既已证成、类型既已确认。因此,作品的构成先于法律对主体的确认,逾越作品构成的核心要件直接判定权利归属,无法摆脱逻辑倒序的嫌疑。

此外,"权利归属确认"代替独创性裁判面临更深层次的问题,即形式审判陷阱。研究发现,法院在判断著作权归属时通常援引《著作权法》(2010 年修正)第 11、15、17 条,《最高人民法院关于审理著作权民事纠纷案件适用法律若干问题的解释》(2020 年已修正)第 7 条,《计算机软件保护条例》(2011 年、2013 年两次修订)第 3、9、10、13 条,通过"署名规则"和"证据提交"确认著作权主体。这表明,一旦原告出具作品原件、合法出版物或登记证书,即完成了适格诉讼主体的举证责任,法院不再对证据是否实质满足独创性、诉讼主体是否与作品产生关联而成为适格主体进行检验(参见表 3-2)。然而,跨越独创性释义的权属认定不仅无法确保主体的稳定地位,而且导致权利基础无源可溯。以"广东羊城晚报数字媒体有限公司诉北京雷霆万钧网络科技有限责任公司侵犯著作权纠纷案"为例,原告诉称被告未经许可转载其享有著作权的 3 篇文章及图片,构成侵权;被告辩称原告报业出版许可证未经核验，未经羊城晚报和作者的有效授权不具有诉讼资格，涉诉文章系非法发表且不具有独创性，被告接到起诉书后删除涉案文章，不应承担相关责任。该案中，法院通过确认《专有使用权许可合同》、《授权委托书》、相关主体出具的声明以及涉案文章在《羊城晚报》的署名情况，依据署名规则和职务作品的法律规定认定羊城晚报社享有涉案文章的相关著作权，具备诉讼主体资格。尽管确认权利归属是解决著作权纠纷的重要步骤之一，但该案忽视了最根本的问题，即判决书全文未提及涉案文章的独创性，直接导致涉案内容是否真实具备受《著作权法》保护的资格成疑。基于此，一旦"独创性→作品证成→权属判断→侵权行为→责任承担"这一以独创性为核心、环环相扣的审判思路被生硬切断，而径行以权利归属确认代替独创性裁判，判决结果的正确性将面临重大考验。在此逻辑中，独创性被偷换为附属概念，将权属与独创性画上等号的形式审判陷阱由此形成。以版权登记证书为例，其不仅是经著作权主管部门认可的证书，更是司法实践中认定著作权人的重要依据。然而，由于实质审查的缺位，登记内容是否真正具有独创性则不得而知。可以说，其是独创性说理的伪证。❶ 有案例清晰地指出，通过版权登记证书当

---

❶ 参见：最高人民法院（2014）民申字第1193号民事裁定书。该裁定书明确提出：本院认为，著作权登记证书并不是认定某项客体具有独创性并获得保护的决定性依据。根据国家版权局《作品自愿登记试行办法》第1条的规定，作品著作权登记的目的是为解决著作权纠纷提供初步证据。因此，涉案"瞎子爬山法"图形获得著作权登记本身并不能成为其当然能够获得《著作权法》保护的依据。此外，在个案中对某项客体是否具有独创性作出审查判断是人民法院的职权。即使著作权登记能够成为权利人享有权利或者某项客体属于《著作权法》保护的作品的初步证据，在当事人于个案中对此发生争议时，人民法院仍然有权对作品权属或者独创性问题重新作出审查判断。因此，刘某云是否对"瞎子爬山法"KDJ示意图进行了著作权登记，不影响本院对该图形是否构成受《著作权法》保护作品所作出的独立判断。

然推定相关主体享有著作权是错误做法。❶ 因此，必须回归"以独
创性为基准"的基本逻辑，继而对权属证据证明力的断层进行补救。

表 3 − 2 以"权利归属确认"代替独创性裁判的典型案例

案号	判决内容
（2014）大民（知）初字第 12928 号	结合原告羊城晚报公司提交的《专有使用权许可合同》《授权委托书》、羊城晚报社与原告羊城晚报公司共同出具说明、陈某出具的声明以及涉案文章在《羊城晚报》的署名情况……羊城晚报社享有涉案文章的相关著作权……
（2017）陕 04 民初 132 号	李某晖提供的出版物《中国全景素村图片库》中收录有与涉案摄影作品相一致的摄影作品华清池照片并标明著作权人为李某晖……
（2020）粤 0111 民初 33090 − 33093、33095 − 33096、33098 − 33111 号	原告提交了涉案歌曲的《著作权转让合同书》《作品登记证书》及部分歌曲的《著作权人确认书》，上述证据能初步证实原告对涉案歌曲享有相应的著作权……

（二）以"作品类型判断"抛弃独创性裁判

以"作品类型判断"抛弃独创性裁判是指直接照搬《著作权
法实施条例》中各法定作品类型的定义，仅从表现形式的视角判
断涉案内容是否构成作品的审判思路。这种仅依靠作品类型"一
条腿走路"的裁判逻辑再一次暴露出司法实践中仅根据类型进行

---

❶ 参见：广东省中山市中级人民法院（2018）粤 20 民终 768 号民事判决书。该判决指明：本院认为，《中华人民共和国著作权法实施条例》第 2 条规定"著作权法所称作品，是指文学、艺术和科学领域内具有独创性并能以某种有形形式复制的智力成果"。著作权非授权型权利，而系自动获得，即自作品创作完成之日且符合作品的构成要件即依法享有著作权。因此，杰帝士公司以广东省版权局颁发的作品登记证书作为其当然享有著作权的证据于法无据。

作品证成的形式主义。在《著作权法》（2020 年修正）之前，独创性要件尚未出现在法律之中，而是出现在法律位阶相对较低的行政法规当中。此时，《著作权法》（2010 年修正）第 3 条（法定作品类型条款）协同《著作权法实施条例》第 2 条（作品定义条款，内含独创性要件）、第 4 条（类型化作品含义条款）为相关智力成果是否构成著作权法意义上的"作品"提供审判依据。就国际共识和研究重心来看，独创性置于作品证成的绝对核心地位这一点毋庸置疑。因此，《著作权法》（2020 年修正）尽管将独创性要件吸收，但也仅是对该要件法律价值的认证而非重要性的首肯。《著作权法》对作品和作品类型均作出明确规范，意味着法官在司法实践中应当既考察具体内容是否满足独创性要件，又考虑其创作形式与法定类型是否具有一致性或利用立法弹性对某种法律尚未规范的种类进行合理解释。因此，作品证成的基本思路应当是：以独创性为基础，同时兼顾其与法定作品类型的配适度。这一点在学理研究和司法实践中都得到了印证。❶ 学界和司法实务中均认为只有同时符合二者（作品的内涵要素和外延范围）要求才能称为作品。❷

---

❶ 参见：崔国斌. 著作权法：原理与案例 [M]. 北京：北京大学出版社，2014. 该书认为：理想的做法是，依据《著作权法》第 3 条确认属于法定作品类型，再依据《著作权法实施条例》第 2 条确认其应该得到保护。秦健，李青文. 理论与实践：论体育赛事节目的独创性：兼评新浪诉凤凰网、央视诉暴风影音赛事转播案终审判决 [J]. 中国出版，2020（20）：65 – 69. 该文认为：从逻辑上来看，判断某一智力成果属于何种类型的作品，首先应当判断其是否具备作品的一般要件，然后再根据其形式上的特征判断其属于何种法定类型的作品。北京市高级人民法院（2020）京民再 128 号民事判决书。该判决认为：在法律适用过程中，判断某一客体是否属于著作权法保护的特定类型作品时，既要考虑该客体是否符合作品的一般定义，也要考虑该作品是否符合特定类型作品的表现形式。

❷ 焦和平. 网络游戏在线直播画面的作品属性再研究 [J]. 当代法学，2018（5）：77 – 88.

司法实践中出现的以"作品类型判断"抛弃独创性裁判，将不适当地扩大著作权保护的范围。该思路相较于以"权利归属确认"代替独创性裁判具有更为突出的"重形式轻实质"特征。其直接将作品表现形式的法律归类判定视为独创性判断或直接"抛弃"（忽略）独创性判断，忽视了类型划分的必备前提——独创性，分类必须建立在构成作品的基础之上，否则毫无意义。司法实践对于形式审查的偏好反映在裁判文书中大多是简单搬运法条而不加说理（参见表3-3），这种凭借经验主义，依照外观主义区分著作权法保护对象的行为无益于司法权威和公平公正。以"邓某、宋某著作权权属、侵权纠纷案"为例，福建省福州市中级人民法院直接根据《著作权法》（2010年修正）第3条、《著作权法实施条例》第4条第6项，在裁判文书中照搬法律、法规规定，直接得出该案涉案作品《宝宝喂鸡》系舞蹈作品的结论；"武汉凯路通网络科技有限公司与张某著作权权属、侵权纠纷案"中，湖北省武汉市中级人民法院亦认为《PPT2003视频教程全套（从入门到精通）》等11套视频资料"形式符合《中华人民共和国著作权法》第三条第六项和《中华人民共和国著作权法实施条例》第四条第十一项关于电影作品和以类似摄制电影方法创作的作品（以下简称类电作品）的相关规定"，而未从实质角度进行独创性阐释；2020年广受关注的"《五环之歌》与《牡丹之歌》著作权侵权纠纷案"，天津市第三中级人民法院首先援引《著作权法实施条例》第4条第3项（音乐作品定义），继而直接得出"涉案《牡丹之歌》属于带词的音乐作品"的结论，再一次印证了司法实践中法院以形式要件替代实质要件的瑕疵审判路径。须额外地指明，司法实践中出现的单独释义形态同样存在逻辑缺陷，尽管其维护了独创性的关键地位，但抛开"兼顾作品创作形式"的指示性思路亦会导致法定类型形同虚设，不利于明晰各类作品的差异。例如，"在构图、取景等方面体现出独创性"的智力成果是否一定构成摄影作品？其与以自然景象为写生对象构成的美术作品有何差异？可见，尽管作品类型扩张是大势所趋，我国也以更为包容的态度接纳开放式作品类型，但以此作为放弃考察作品类型甚至是主张作品类型无限扩张的依据实属欠缺理性。

表3-3 以"作品类型判断"抛弃独创性裁判的经典案例

案号	判决内容
（2010）沪一中民五（知）初字第82号	该案美影厂主张保护的是动画影片《大闹天宫》孙悟空人物形象的著作权，该人物形象系动画造型，属于美术作品的范畴
（2012）二中民初字第611号	依据涉案视频中的相关信息，可以认定涉案视频是张某峡在中律华成学校作司法考试培训的录像，其中的授课内容属于我国《著作权法》规定的口述作品
（2017）鄂01民终6368号	上述视频（《PPT2003视频教程全套（从入门到精通)》等十一套视频资料）可以以适当装置放映及传播，形式符合《中华人民共和国著作权法》第三条第六项和《中华人民共和国著作权法实施条例》第四条第十一项关于电影作品和以类似摄制电影方法创作的作品的相关规定，涉案十一套视频应认定为类电作品
（2018）闽01民初1975号	《中华人民共和国著作权法实施条例》第四条第（六）项规定，舞蹈作品，是指通过连续的动作、姿势、表情等表现思想情感的作品。该案涉案作品《宝宝喂鸡》符合舞蹈作品的定义

续表

案号	判决内容
（2019）津 03 知民终 6 号	音乐作品是指歌曲、交响乐等能够演唱或者演奏的带词或者不带词的作品。案涉《牡丹之歌》属于带词的音乐作品，且词和曲分别由不同的作者创作完成
（2019）苏 05 知初 549 号	字库中字体文件的功能是支持相关字体字型的显示和输出，其内容是字型轮廓构建指令及相关数据与字型轮廓动态调整数据指令代码的结合，其经特定软件调用后产生运行结果，属于计算机系统软件的一种，应当认定其是为了得到可在计算机及相关电子设备的输出装置中显示相关字体字型而制作的由计算机执行的代码化指令序列，属于《计算机软件保护条例》第三条第（一）项规定的计算机程序

（三）以"违法侵权判定"罔顾独创性裁判

以"违法侵权判定"罔顾独创性裁判是指裁判者直接聚焦相关行为是否未经许可地入侵著作权人的自治领域，而不先行考察权利基础真实性的审判思路。此类别具有特殊性，主要集中在二审，仅少数源自一审。就一审案例而言，跨越权利客体得出结论具有风险。一旦权利客体的独创性遭遇二审证否，当事人的主张将成为无源之水，无论是否构成侵权，一审都将因事实认定不清被发回重审。相比之下，二审法院更多基于对一审裁判说理的支持或默认而选择此种逻辑。这似乎是一种高效的审判思路，即确信在先裁判主体对同一事实的认定过程及结论，不仅避免了冗杂的重复说理，而且在一定程度上节省了司法审判资源。参见表 3－4，以"长城宽带网络服务有限公司等与乐视网（天津）信息技术有限公司侵害作品信息网络传播权纠纷案"为例，北京互联网法院在一审判决❶中将案件争议焦点总结为乐视网公司起诉是否超过诉讼时效、涉案作品的著作权归属、三被告是否实施了侵害涉案作品信息网络传播权的行为、法律责任的承担和是否应该追加第三人。然而，一审法院在裁判文书中仅援用《著作权法》（2010 年修正）第 3 条第 6 项"电影及类电作品"定义条款和署名推定原则径行判定权利归属，未考虑作品本身的独创性。北京知识产权法院作为二审法院将争议焦点归纳为：大麦科技公司、长城公司是否是侵害涉案作品信息网络传播权的主体以及一审法院是否应当追加案外人银河公司及爱奇艺公司作为该案当事人。二审法院基于"二审诉讼中，各方当事人均未提交证据，且对一审判决认定的事实无异议，本院对一审判决认定的事实予以确认"的原因，未对作品证成的基础性问题再行考量，而将审判重心倾向诉讼主体资格问题。笔者认为，二审采用此种审判思路本质是人为转移裁判义务，存在牺牲实质正义之嫌疑。既然诉讼主体在二审中对先例裁判的公信力、既定力提出疑问，法院就应当对案件进行全面、再次梳理。对于一审法院的事实认定，即创作行为予以支持而不再重复阐释；对于作品资格问题等法律认定，则需作出独立于一审的判断。即使涉案当事人对于另一方"涉案内容构成作品"的主张进行"自认"，法院也应当作出独立于当事人主张的裁判。因为自认是一种证据（证据方式）而非诉讼行为❷，只有在其满足合法性、真实性、关联性而具备证据资格，并且对待证事实具有充分的证明力时，才会成为法院认定事实的依据。

---

❶ 参见：北京互联网法院（2019）京 0491 民初 31597 号民事判决书。
❷ 宋朝武 . 论民事诉讼中的自认 [J]. 中国法学，2003（2）：113 – 123.

表 3 - 4　以"违法侵权判定"罔顾独创性裁判的典型案例

案号	判决内容
（2015）杨民三（知）初字第 213 号	该案争议的焦点是：1. 被告陈某华是否实施了侵害原告江赛蓉作品《优秀教师培养的意义》的署名权、发表权、复制权、发行权……本院认为，首先，关于原告主张的发表权……在本案中，原告江某蓉已经通过向《宝山教育》的副总编何某某发送涉案文章的方式实际行使了发表权，故被告及第三人均未侵犯原告的该项权利……其次，关于原告主张的署名权……本院认为在《宝山教育》上将涉案文章署名为被告陈某华并实施复制和发行行为的均是第三人宝山教师进修学院，而非被告陈某华
（2019）苏 05 知初 61 号	根据现有证据及当事人庭审陈述，可以认定璞驭网络公司的《小强微信恢复大师》与开心盒子公司的《卓师兄软件》界面、软件功能、文字、代码构成实质性相似，侵害了开心盒子公司就《卓师兄软件》享有的计算机软件著作权
（2020）京 73 民终 2375 号	依据诉辩双方主张，该案争议焦点在于：大麦科技公司、长城公司是否是侵害涉案作品信息网络传播权的主体以及一审法院是否应当追加案外人银河公司及爱奇艺公司作为该案当事人……故二上诉人的行为系以分工合作的方式共同向不特定用户提供了涉案作品的行为，让用户能够在个人选定的时间和地点以点击播放的方式获得涉案作品，构成共同侵权，该行为并未取得权利人的许可，构成对涉案作品信息网络传播权的侵害

（四）以"直接抛投认定"架空独创性裁判

以"直接抛投认定"架空独创性裁判是指既没有通过上述三种曲折路径间接完成作品证成或证否，又没有对独创性进行诠释的认定思路。这种过多掺杂个人偏好、价值的判定思路，仅凭经验法则和直观感受对独创性的含义和作品类型的归类下定结论，不仅会引发社会公众对裁判说理肆意性的责难，而且容易招致法律共同体对司法权威性的质疑，更将实质正义的司法目标弃置纸面，其过错程度较前三者有过之而无不及。

参见表 3-5，此类裁判通常使用"系（为、是或属于）××作品"或"构成××作品"等语句结构。上述裁判路径至少对涉案内容满足独创性要件持默认态度，而"直接抛投认定"架空独创性裁判径直选择了忽视独创性要件的核心地位。以一审裁判文书为例，北京知识产权法院在"北京亿起联科技有限公司诉掌上互动（北京）科技有限公司侵犯计算机著作权纠纷案"中，既没有分析该计算机程序代码化指令序列（或符号化指令序列或者符号化语句序列）本身的独创性，也没有就该软件的具体表现形式与法定作品类型的兼容程度进行阐释，而是径直作出"对于亿起联公司主张的上述软件，分别构成我国著作权法和计算机软件保护条例所规定的软件作品"的判定。以再审裁判文书为例，最高人民法院在"陕西丝路情韵文化传播有限公司、李某晖著作权权属、侵权纠纷案"中直接主张"本案所涉及的华清池摄影作品属于著作权法第三条第五项规定的摄影作品，对其著作权应当依法予以保护"。尽管该案的核心在于判断丝路情韵公司的行为是否构成合理使用，但必须认识到权利例外的指向必须是著作权客体，即只有针对作品的使用行为才有抗辩的必要。最高人民法院显然在裁判逻辑上略显武断。

表 3-5　以"直接抛投认定"架空独创性裁判的典型案例

案号	判决内容
（2018）粤 08 民初 126 号	根据查明事实，该案中苏某诉请保护的作品类型为音乐作品

续表

案号	判决内容
（2019）最高法民申 3306 号	该案所涉及的华清池摄影作品属于《著作权法》第三条第五项规定的摄影作品，对其著作权应当依法予以保护
（2011）沪二中民五（知）终字第 62 号	从动画电影的创作过程看，动画电影中的角色形象应有在先的静态造型，该造型如构成美术作品，应受到《著作权法》的保护
（2015）年京知民初字第 00630 号	该案中原告亿起联公司主张著作权的"点入信息精准投放系统 V1.0"等 12 个进行过著作权登记的软件，对于软件登记证书中记载的全部内容，以及全部已经发表的事实，被告掌上互动公司均不持异议。……对于亿起联公司主张的上述软件，分别构成我国《著作权法》和《计算机软件保护条例》所规定的软件作品
（2012）深宝法知民初字第 926 - 927 号	涉案两幅产品连接示意图属于图形作品，依法应受保护
（2020）粤 73 民终 3375 号	本院考虑是：（1）关于作品类型。《中国好歌曲》为以类似摄制电影方式创作的作品，而涉案歌曲具有独创性，为《中国好歌曲》的相关片段，亦属《著作权法》所保护的作品
（2019）沪 0104 民初 19354 号	涉案电影系电影作品，受《著作权法》保护

三、独创性司法裁判实证考察（二）："标准混乱"之乱象

　　我国的司法裁判说理应当避免完全适用非专业化大众语言的说理模式和过度专业化的"法律人本位"说理模式。❶ 基于此，著

---

❶ 杨帆. 司法裁判说理援引法律学说的功能主义反思［J］. 法制与社会发展，2021（2）：72 - 92.

作权司法实践欲在二者之外开辟一条科学合理的裁判路径，就必须以专有名词司法阐释为切入点，同时借助清晰且统一的裁判标准，完成法律概念通俗化的制度任务。然而，在基本遵循"以独创性为基础"审判逻辑的 71 例裁判文书中，出现了 8 类阐释独创性含义的具体方案，即创新性（价值）、创造（作）性（劳动）、智力创造性（劳动）、个性化选择（安排）、区别（差异）性、创作空间、美感性、反面释义（参见表 3 - 6 和表 3 - 7）。其中，个性化选择（安排）、创造（作）性（劳动）和区别（差异）性三种释义总占比达到案件数量的 74.66%，成为裁判者的主要选择。如此，独创性内涵的面纱始终未被揭穿，概念漩涡成为独创性难以摆脱的魔咒。

表 3 - 6 独创性释义分类统计表

释义		个数/件	占比（占释义案件数）	
创新创造	创新性（价值）	1	1.41%	35.22%
	创造（作）性（劳动）	15	21.13%	
	智力创造性（劳动）	9	12.68%	
个性化选择（安排）		25.5	35.92%	
区别（差异）性		12.5	17.61%	
其他	创作空间	1.5	2.11%	11.27%
	美感性	3.5	4.93%	
	反面释义	3	4.23%	
共计		71	100.02% ❶	

说明：若某一裁判中出现了两种释义，则在统计类型下分别计数为 0.5；表中数值保留两位小数

---

❶ 因四舍五入导致总和不等于 100%。

表 3 – 7 独创性司法裁判的主要释义及典型案例

独创性释义方案	典型案例	具体释义
创新性（价值）	江苏省高级人民法院（2019）苏民终 173 号	对于具有一定创新价值的作品，应当受到著作权法的严格保护。涉案 AVI 算法模块系电路板外观检查软件系统的核心模块，其应用价值在于对输入的数据进行缺陷检测，并得出结果，科诚公司为开发该模块付出了大量的独创性劳动
创造（作）性（劳动）	江苏省常熟市人民法院（2020）苏 0581 民初 1706 号	该案中，安乐公司提交国家版权局登记的"胡巴"形象表达与描述，在肢体比例、颜色组合、特征以及整体形象上均体现出创作人员的独特构思，具有创造性，属于我国《著作权法》上的美术作品，依法应受保护
智力创造性（劳动）	杭州铁路运输法院（2016）浙 8601 民初 270 号	《让生活变成诗歌》一文系作者独立创作完成，讲述通过努力为平凡生活赋予色彩的故事，涉案文章的内容及表达具有一定程度的智力创造性，整体具备独创性，属于文字作品
个性化选择（安排）	上海市杨浦区人民法院（2019）沪 0110 民初 15991 号	该案中，原告主张权利的图片系由拍摄者选取特定的对象及角度创作而成，体现了拍摄者在拍摄对象、拍摄技巧、构图布局、光线处理等方面的个性化选择，具有一定的独创性，属于我国《著作权法》保护的摄影作品

续表

独创性 释义方案	典型案例	具体释义
区别 （差异）性	上海市徐汇区人民法院（2013）徐民三（知）初字第 1048 号	涉案角色造型的创作者通过手工绘制，以线条、形状、色彩等美术元素的组合构成特定化、固定化的阿凡提、巴依和小毛驴角色造型，符合我国《著作权法》规定的美术作品的构成要件。涉案角色造型具有区别于其他角色的显著特征，可以从涉案影片中抽离出来，独立地被使用，故涉案角色造型属于可以单独使用的美术作品
创作空间	上海市第二中级人民法院（2014）沪二中民五（知）终字第 46 号	该案系争的发音器官图和发音口型图属于《著作权法》规定的图形作品中的示意图作品。示意图作品虽然在表达方式上受到客观事实限制，但不属于表达方式唯一，仍有一定的创作空间可以体现作者的独创性。因此，虽然原审法院认为发音器官图和发音口型图中人体器官的结构和位置不能体现上诉人的独创性，但认定上诉人的示意图在构图、线条、色彩和标示文字上体现了一定的独创性，从整体画面上来说构成应受《著作权法》保护的示意图作品
美感性	北京市丰台区人民法院（2019）京0106 民初4690 号	作品是否具备独创性，要求作品具备一定水准的艺术创作高度，具备美学领域的独特创造力和艺术理念

续表

独创性释义方案	典型案例	具体释义
反面释义	最高人民法院（2011）民提字第 40 号	该案张某铎撰写的"一种肉鸡的饲养方法"说明书摘要仅涉及对其专利技术实施方法的表述，其表达形式有限，属于思想与表达的"合并"，故不属于著作权法意义上具有独创性的作品，不应受《著作权法》保护

（一）创新创造说

"创新创造说"是指将独创性解释为创新性、创造性，突出智力成果在内容上的进步性。其主要包含"创新性（价值）说""创造（作）性（劳动）说""智力创造性（劳动）"三个子项，由于三者仅在表述上存在差异，故将其整合为一类。

首先，"创新创造说"会混淆技术创新性与作品独创性，拔高作品获得保护的标准。江苏省高级人民法院在审理"杭州载力科技有限公司与南京科诚软件技术有限公司侵害计算机软件著作权纠纷案"中，首先指明著作权法的立法目的，其次提出"对于具有一定创新价值的作品，应当受到著作权法的严格保护"的主张，继而指出涉案软件系统的应用价值在于"对输入的数据进行缺陷检测并得出结果"，在认可应用价值等同于独创性的基础上最终认定涉案软件构成计算机软件。❶ 此案将专利领域的核心概念引入独创性的阐释，可能淡化著作权法的制度功能。著作权法意图激励人们投资以生产出更丰富的信息产品，而专利法意图激励人们生

---

❶ 参见：江苏省高级人民法院（2019）苏民终 173 号民事判决书。

产出更有效率的信息产品。❶ 二者尽管在"肯定智力成果的社会进步性"上达成共识，但在指向上存在明显差异。专利法指向显性层面的技术运用，强调该智力成果与同类相比能够在社会效用上实现进步与突破；而著作权法指向隐性层面的精神储备，并不要求作品具有横向上的优胜性。以通用价值为逻辑起点难以阐释各独立部分的特殊性。以创新价值这一横跨专利法和著作权法的共有概念阐释著作权法专有名词的特有内涵不具有科学性。因此，融合专利法高标准的"创新创造说"存在以高门槛替代市场机制限制文化产品迭代和抑制文化多样性的可能。另外，"创新创造说"容易导致审判重心由形式向内容偏移，引发作品形式与作品内容法律适用的混乱。"创新创造说"本身暗含对智力成果进行价值评价，以内容上的创新创造取代形式上的创新创造来确定著作权客体。著作权法仅关注智力成果的表现形式，并不主张对其内容、思想进行审查。对作品内容进行评判从而决定是否允许其进入流通领域是具有公法性质的出版法律法规承担的制度任务，而非著作权法这一私法所能触及的规制范围。

其次，"创新创造说"受困于"抽象概念的窠臼"，司法实践难以从中获得实质性指引。"安乐（北京）电影发行有限公司与常熟晨铭网络科技有限公司著作权权属、侵权纠纷案"中，江苏省常熟市人民法院认为安乐公司的"胡巴"形象在肢体比例、颜色组合、特征以及整体形象上均体现出创作人员的独特构思，具有创造性。究竟何为独特、何为创造，本身并无确定含义。该案的释义显然是站在裁判者角度，试图以具有专业知识、经历专

---

❶ 梁志文. 摄影作品的独创性及其版权保护［J］. 法学，2014（6）：32–41.

业训练的个体观念衡量独创性这一普适标准。知识财产法重在个人所有权，实际是帮助在创造性观念中嵌入了个人主义的色彩。❶ 此种个人主义治下的裁判观念显然与司法裁判所要求的客观性、可操作性与可预期性形成冲突。另外，"创造性劳动"属偏正短语，核心在于劳动，但究竟指向"智力劳动"还是"体力劳动"不得而知。这种指向的模糊性不仅可能将著作权法予以排除的"额头流汗"成果重新错误地划归权利客体范畴，而且容易导致裁判者被新生名词困扰。具言之，一旦将智力与体力杂糅，著作权法极有可能沦为保护非智力性投资、肢体劳动的工具。此外，创造与劳动是性质截然不同的两种事物，无论是简单劳动还是复杂劳动，其质的规定，无一例外是人类无差别的智力与体力综合支出的凝结，但创造则截然不同。❷ 基于二者在本质上的差异，笔者甚至可以怀疑是否存在"创造性劳动"这样一个内部对立的概念。

最后，"创新创造说"并不能明确区分不同法律所保护的知识产权客体，容易引发知识产权领域内部的法律适用混乱。以 3D 打印为例，这项"以数字模型文件为基础，采用可黏合材料实现逐层打印以构造空间物体"❸ 的技术具有不可否认的智力创造性，但其作为一项智力成果应由专利法而非著作权法保护。

此外，"创新创造说"也无法解决"聪明的小偷"难题。即对他人独创性表达进行概念替换、语序调换、表述改写，形成客观上表述存在差异而本质相同的内容。侵权人对于原作的选择性剽

---

❶ 德霍斯. 知识财产法哲学 [M]. 周林，译. 北京：商务印书馆，2017.

❷ 刘春田. 知识产权法 [M]. 北京：法律出版社，2009.

❸ 3D 打印 [EB/OL]. [2022 – 03 – 02]. https://baike. baidu. com/item/3D% E6% 89% 93% 93% E5% 8D% B0/9640636？ fr = aladdin.

窃同样包含其智力的注入或创造性思考——需要该"创作者"决定哪些内容能够进行模仿、哪些内容应当予以保留等,但此种取巧式的创作显然不值得著作权法保护。法院一旦持有此观点则需面对如何认定"伪创作"的考验,权利人也需要花费较高的诉讼、举证成本摆脱法院错判的风险。

(二)个性化选择说

"个性化选择说"是将独创性判断与智力成果是否体现出创作者个性因素挂钩,而元素、画面、结构、剪辑手法等内容是法院审查的重点关注对象。以案例为证,"上海都禧网络科技有限公司与浙江广播电视集团侵害作品信息网络传播权纠纷案"中,上海市杨浦区人民法院认为原告主张权利的图片"体现了拍摄者在拍摄对象、拍摄技巧、构图布局、光线处理等方面的个性化选择",因此具备独创性要件。除了通过个性化选择证成作品以外,亦有法院从相同角度对涉案内容进行作品证否。北京市高级人民法院在"北京新浪互联信息服务有限公司与北京天盈九州网络技术有限公司不正当竞争纠纷再审案"中主张"仅通过简单的机位设置、机械录制的体育赛事节目,由于在镜头切换、画面选择等方面未体现制作者的个性选择和安排,则不宜认定为电影类作品"。上述案件均严格遵守"独创性→作品证成→权属判断→侵权行为→责任承担"的审判逻辑,但将独创性解释为"个性化选择"的做法失之偏颇。

"个性化选择说"立足于大陆法系人格价值观的哲学基础,偏向以人格内涵作为独创性的脚注。此种观点尽管延续了自然法的基本理念,但不具有现实意义。一是,对"个性化"的理解建立在经验、审美、价值等主观因素之上,背离司法审判所要求的可操作性与客观性，不存在能够适用于所有文化产品的个性化标准。此外，对"个性化"的判断仅能停留在事实层面，尚不足以升格到法律层面。试图将"千人千面"的问题诉诸法官的价值判断，所得结果必然无法统一。二是，"个性化"意味着具有实质含义的独创性标准将演变为低准入门槛。创作行为必然包含创作者或多或少的个性化成分，以抄袭为目的将原文表达进行语义替换的消极行为同样蕴含对词语、语句顺序的个性化选择，而"个性化选择说"无法将其准确排除。因此，尽管将独创性的判断"降格"到个性化因素的挖取能够降低判断难度，但也需要以降低保护门槛为代价，由此形成的低质量文化产品将成为产业供给侧改革的巨大阻碍。三是，"极致的个性"未必能够获得保护。喷漆涂鸦作为一种街头艺术对于个性的彰显淋漓尽致。但就某些涂鸦而言，观察者并不能通过对图形、色彩、艺术造型等个性化选择获得创作者欲传达的信息。文字的表意功能决定了作者不能在独创性道路上走得太远，❶ 作品的所有表现形式皆是如此，若无法实现"表意"，则难以具备权利基础——相关成果根本无益于社会知识的增加以及文化的交流与共享。此外，在作品独创性的判断标准上加之思想或感情的要求，难免在实际操作层面造成思想与表达的混同，❷ 也为"个性化选择说"敲响警钟。

（三）区别（差异）性说

"区别（差异）性说"是指将独创性的判断转移到同类作品的

---

❶ 黄汇. 计算机字体单字的可著作权问题研究：兼评中国《著作权法》的第三次修改 [J]. 现代法学，2013（3）：105–115.

❷ 梅傲，郑宇豪. 人工智能作品的困境及求解：以人工智能写作领域第一案为考察中心 [J]. 出版发行研究，2020（12）：50–56.

差异对比上。该标准以创作时间先后为标准，认为只要在后作品相较在先作品体现出差异性表达，在后作品就具备独创性。该独创性释义标准在我国视听作品、美术作品著作权纠纷中较为常见。例如，广东省高级人民法院在"广州网易计算机系统有限公司与广州华多网络科技有限公司侵害著作权及不正当竞争纠纷上诉案"中指出，涉案游戏对于文字片段、美术形象、背景音乐等游戏素材的有机组合"与创作完成之时的同类型游戏相比存在明显差异"；上海市徐汇区人民法院在"上海美术电影制片厂诉电子工业出版社等公司著作权权属、侵权纠纷案"中指出涉案角色造型"具有区别于其他角色的显著特征"；上海市徐汇区人民法院在"北京鸿达以太文化发展有限公司诉上海畅声网络科技有限公司侵害作品信息网络传播权纠纷案"中指出，涉案作品系演播者袁某某在罗贯中的小说《三国演义》基础上进行的改编和创作，以评书的表现形式重新演绎而成，"体现了涉案作品区别于同类作品的独创性的表达"（曲艺作品）。

"区别（差异）性说"专注于智力成果在客观层面的去同质化，保留了独创性司法裁判方式的客观性。但以此替代独创性会出现如下问题：与商标法的"显著性"概念发生混淆并为侵权判定制造难题。一方面，此判断标准对知识产权制度内部法律规范功能的理解发生偏差。商标法中的"区分识别"旨在搭建商标所有人与商标、商品间稳定且坚固的关系，从而降低消费者的搜索成本、维持商标权人对品质的热忱。因此，商标法规定"显著特征"的目的旨在提高交易效率与传递真实信息。另一方面，尽管著作权法通过人身权认可作品与创作者之间的归属关系，但并不要求具有商标法意义上的"区别、差异"，更不强调生产者、销售者与标识之间的稳定对应关系。至此,"区别(差异)性说"存有混淆制度安排之嫌。正如学者所言:独创性不能简单地理解成与现存的作品表达不一样。不一样只是外在的表现,其实质是经过了主观的思考,有了一定的构思之后,运用创作元素的一种能动的表达。❶ 这种过于依赖形式差异的裁判标准应当得到纠正。

(四)其他既有独创性判断标准

"美感性说"是指将独创性裁判替换为以裁判者对美的主观评价。例如,广东省深圳市罗湖区人民法院在"华风雅图(深圳)文化传播有限公司与刘某英侵害作品信息网络传播权纠纷案"中指出"虽然涉案图片的背景图来源于他人的美术作品,但作者利用该美术作品通过一定的编排技巧添加至其拍摄的人物照片之后,较之于背景图的美术作品,展现出新的艺术美感,具备了新的独创性"。❷ 将"独创性"法律概念与美学、科学领域"美感"挂钩的做法尤为欠妥。其一,社会中的多元化价值取向在包容环境下得以共存,公民艺术审美标准的个性化差异更为明显,对作品的艺术性判断自然不同。以任何一种艺术观衡量作品是否满足独创性标准,均难以产生广泛的认同感。❸ 将"美感"纳入独创性的考察范围,会使原本抽象的概念更加扑朔迷离。其二,以此作为独创性判断标准容易导致法官陷入个人价值观的漩涡。在美国的"布雷斯坦诉唐纳森印刷公司案"中,美国联邦

---

❶ 易继明. 人工智能创作物是作品吗?[J]. 法律科学(西北政法大学学报),2017(5):137-147.

❷ 参见:广东省深圳市罗湖区人民法院(2019)粤 0303 民初 33975-33984 号民事判决书.

❸ 马一德. 再现型摄影作品之著作权认定[J]. 法学研究,2016(4):137-151.

最高法院霍姆斯大法官认为，让仅仅受过法律训练的人自己组织起来担当绘画插图价值的最终裁判者，且没有对其最狭窄与最明显的限制，这将是一件危险的事。❶ 主观臆断替代法律判断会不适当地改变独创性标准的准入价值，一旦值得被纳入作品范畴的智力成果因不具备法官所认为的"美学价值"而被排除在法律保护之外，独创性标准和著作权保护就会沦为法官意志主导下的空谈。甚至可以怀疑，在审美多元化的现代社会，以法官价值观为中心的独创性判断标准存在干涉创作自由、表达自由的嫌疑。质言之，带有艺术创作高度、美学领域的独特创造力和艺术理念色彩的"美感性"不足以成为法官判断作品独创性的标准，具有领域属性以及丰富内涵的"美感性"也不应成为诠释独创性的替代性选择。

反面释义的方式在"不具有独创性"的判断路径中被普遍运用并体现出较高的裁判效率。在司法实践中，我们发现运用"思想表达二分法"证明涉案智力成果属于思想，运用"混同原则"证明涉案智力成果为有限表达，这两种反面释义方式运用频率较高。这也为司法裁判的优化提供了思路，即可以从反面对不具有独创性的情形进行归纳和总结，在整体上形成"正面推导、反面排除"的逻辑以确保独创性判断的正确性。此外，司法实践中也会采取"结合说"以阐释独创性：创造性劳动 + 个性化选择❷、创造性劳动 + 差异（区别）

---

❶ 参见：*Bleistein v. Donaldson Lithographing Co.*，188 U. S. 239（1903）.

❷ 参见：浙江省温州市中级人民法院（2018）浙 03 民终 1520 号。该判决认为：著作权法意义上的独创性是指作品系作者独立完成，且表达形式体现了作者特有的选择和安排。……应当认定《王十朋全集》作者付出的并非简单的技巧性劳动，而是凝聚了创造性劳动的判断和选择。

性❶、个性化选择＋智力创造性(劳动)❷、区别（差异）性＋美感性❸、

---

❶ 参见：浙江省绍兴市中级人民法院（2013）浙绍知初字第 46 号民事判决书。该判决认为：通过以上比对，七某童、顾某东对《西游记》的改编已付出创造性劳动，形成了具有独创性的新作品。广东省深圳市罗湖区人民法院（2019）粤 0303 民初 33975－33984 号民事判决书。该判决认为：根据前述查明的事实可知，作者通过选择模特、道具等元素，涉及场景进行拍摄，并按照特定编辑要求利用数字化技术围绕人物图片添加背景图片及艺术字体，付出了创造性劳动，符合独创性要求，故涉案作品属于《著作权法》第 3 条第 5 项及《著作权法实施条例》第 4 条第 11 项规定的摄影作品，应受到法律的保护。虽然涉案图片的背景图来源于他人的美术作品，但作者利用该美术作品通过一定的编排技巧添加其拍摄的人物照片之后，较之于背景图的美术作品，展现出新的艺术美感，具备了新的独创性，不违反法律的强制性规定，应当受到《著作权法》保护。

❷ 参见：江苏省宿迁市中级人民法院（2018）苏 13 民初 199 号民事判决书。该判决认为：涉案作品是作者选择特定场景，并以一定的角度、光圈、快门和曝光，拍摄下了特定的画面，该图片是作者的智力创造成果，具有一定的独创性，符合《著作权法实施条例》第 4 条关于摄影作品的定义，应当予以保护。江苏省苏州市虎丘区人民法院（2020）苏 0505 民初 4392 号民事判决书。该判决认为：作品是文学、艺术和科学领域内具有独创性并能以某种有形形式复制的智力成果，对于拍摄的图片，不同的人会因为角度、内容等选择的不同而具有一定的独创性，该案所涉的图片，体现了作者的智力劳动成果，具有一定的独创性，所以属于著作权法意义上的作品，依法享有相应的著作权。北京市高级人民法院（2020）京民再 128 号民事判决书。该判决认为：所谓作品"具有独创性"，一般是指作品系作者独立完成并能体现作者特有的选择与安排，通常从以下两方面进行判断：一是作品是否由作者独立创作完成，即作品应由作者独立构思创作，而非抄袭他人作品；二是作品表达的安排是否体现了作者的选择、判断，即要求作品应当体现作者的智力创造性。……一般而言，对于由多个机位拍摄的体育赛事节目，如制作者在机位的设置、镜头切换、画面选择、剪辑等方面能够反映制作者独特的构思，体现制作者的个性选择和安排，具有智力创造性，可认定其符合《著作权法》规定的独创性要求。

❸ 参见：北京市朝阳区人民法院（2017）京 0105 民初 69680 号民事判决书。该判决认为：罗某成主张权利的 49 张涉案图纸与上述工程图在点、线、布局结构等体现工程图纸独创性的部分存在显著差异。根据著作权法只保护思想的表达而不保护任何思想、技术方案、实用功能、操作方法等的基本原理，工程设计图作品的独创性与其中所体现的施工方案、技术措施、操作方法等无关，而是应当体现在其是由点、线、面及各种几何图形构成的表达，其中包含有源于点、线、面及各种几何图形所传递的科学美感，这种美感仅仅来自图形本身，与图形所描绘的施工方案、操作方法、实用功能等无关。

美感性 + 个性化选择❶、反面释义 + 区别（差异）性❷、反面释义 + 个性化选择❸等均在实践中得以运用。上述标准的缺陷分析可以从单一型标准中抽取，故不再就此复合型标准进行重复评价。而"创作空间说"将著作权法对独创性的判断转移到对创作选择的观察中去，是一种较为新颖的判断标准。其所选取的参照物与其他判断方式具有本质差异，即尽可能脱离主观主义对法律事实判断的影响。但是这种标准的适用存在前提：在思想具象化的过程中，确实存在不同表达得以共存的空间。确定空间存在后，通过层层过滤才可确定具备独创性。对于此种标准，将于下文详述。

四、独创性司法裁判统一标准的构建思路与方法研探

在人类既有认知范围内，独创性一词是对作品核心要件最凝

---

❶ 参见：江苏省南通市中级人民法院（2015）通中知民初字第00229号民事判决书。该判决认为：涉案《安置布置图》是为江淮公司"前处理电泳系统"工程招投标所设计，是由点、线、面及各种几何图形构成的表达，包含有源于点、线、面及各种几何图形所传递的科学美感，体现了创作者的智力判断和选择，具有独创性，属于著作权法规定的工程设计图。

❷ 参见：最高人民法院（2014）民申字第1193号民事裁定书。该裁定认为："瞎子爬山法"KDJ示意图并非来源于刘某云的独立创作行为，刘某云无权对来自公有领域的图形进行截品后而产生的"瞎子爬山法"KDJ示意图主张独占性的权利。……本院认为，在截图中有关的指标线上标注圆点，是常见的制图方式，且根据图形本身的内容，亦无法判断出刘某云所称圆点代表的具体含义，也并未在表现形式上与原有的KDJ图形产生显著差异，不能证明加上圆点后的图形具有独创性。

❸ 参见：上海市普陀区人民法院（2019）沪0107民初6621号民事判决书。该判决认为：该案中，权利作品以类似摄制电影方法创作，在新闻素材的选择、实际内容的表达和拍摄画面的编排等方面均有独创性表达，并非单纯地报道事实消息，与时事新闻报道有明显的区别，构成著作权法意义上的作品，应受《著作权法》保护。广州互联网法院（2019）粤0192民初1756号民事判决书。该判决认为：《英雄联盟》游戏通过整体运行的画面讲述了世界纷争与英雄战斗的故事，给用户带来视觉享受、明快的战斗体验及情感共鸣。游戏场景画面精美，人物形象鲜明生动，层次丰富，体现出创作者对美术、人物角色设定、战斗主题的独特选择、编排。这些表达与他人现有的游戏表达不构成实质性相似，也不属于公有领域司空见惯的表达，具有独创性。

练的概括，可能会随着人类认知的更新迭变成新的概念。但就目前来看，独创性将年深日久地占据作品构成要件的核心地位。实践中，著作权纠纷司法裁判并没有遵循"以独创性为核心"的基本逻辑，加之司法裁判对独创性概念的多元化解读和自由裁量为法官个人价值取向制造的渗入空间，独创性标准难以统一，社会公众难以从既有说理中推导出普适性的审判规律，有悖于"繁荣发展文化事业和文化产业，提高国家文化软实力"❶ 的远景目标和"统一知识产权司法裁判标准和法律适用，完善裁判规则"❷ 的强国目标。因此，有必要从价值导向、参考体系、判断方式三个维度，探索构建独创性司法裁判统一标准的思路与方法。

（一）以"工具主义"为价值导向

法律工具主义是一种关于法律本质和法律功能的法学世界观和法学认识论。它强调在社会系统中，法律只是实现一定社会目标的工具和手段。❸ 以"工具主义"为价值导向即将著作权法作为助推文化产业主体多元化、产品高附加值化、业态多样化和产业链信息化的制度工具，以产业实际和社会文化需求为提供著作权保护的重要依据，从而适应文化产业供给侧改革的既定路径。著作权制度作为一种舶来品，在经历文化产业转型升级后具备了鲜明的中国特色。著作权制度不仅是知识传播的重要制度抓手，更具意识形态塑造层面的积极作用。中国共产党的百年版权法

---

❶ 中共中央关于制定国民经济和社会发展第十四个五年规划和二〇三五年远景目标的建议［EB/OL］．（2020－11－03）［2022－01－10］．http://www.gov.cn/zhengce/2020－11/03/content_5556991.htm.

❷ 中共中央国务院印发《知识产权强国建设纲要（2021－2035年）》［EB/OL］．（2021－09－22）［2022－01－17］．http://www.gov.cn/zhengce/2021－09/22/content_5638714.htm.

❸ 谢晖．法律工具主义评析［J］．中国法学，1994（1）：51－57.

治实践表明，党的社会主义版权观从未动摇。中国共产党充分意识到版权资源的经济价值与文化价值对于中华民族的重要作用，坚持推动版权产业的健康发展，充分发挥版权资源的文化价值。❶ 因此，法律工具主义有着更大的认同程度并发挥着更重要的作用。❷

首先，以"工具主义"为价值导向具有现实基础。著作权法中的作品类型与文化产业紧密联系，法定作品类型背后往往屹立着一个或多个垂直系属的下行产业，例如，文字作品与出版产业，视听作品与影视产业，音乐、戏剧、曲艺、舞蹈、杂技艺术作品与表演产业，美术、建筑作品与设计产业等。法律上的确权本质上是对财产价格信号的设定，其功能在于对市场主体作出明确的利益预设和成本导向。❸ 基于此，只有被法律认可的作品类型才更有可能形成可观的产业规模。以游戏直播产业为例，其主体范围相对小众，用户群体具有社交性和内部凝聚力；不以纸质载体为传播媒介，对于设备和机械操作提出较高要求；专注于为观赏者提供"沉浸式"体验，并以此作为流量引导的重要策略。在"电影作品和以类似摄制电影的方法创作的作品"的规范语境下，游戏直播画面尽管在表现方式上与视听作品极为相似，但制作要件无法完全吻合。若仍以传统视角审视此类新型产业内容的独创性，可能会受制作方式的影响忽略对新型文化产业激励最大化的考量。《著作权法》（2020 年修正）将"电影作品和以类似摄制电影的方法创作的作品"统一改为"视听作品"，消除了制作方式对独创性判断的阻碍，不仅节约了证成法定作

---

❶ 丛立先，杨天娲. 中国共产党的百年版权法治实践 [J]. 出版发行研究，2021（7）：19 – 29.

❷ 夏扬. 法律移植、法律工具主义与制度异化：以近代著作权立法为背景 [J]. 政法论坛，2013（4）：171 – 179.

❸ 谢晓尧. 竞争秩序的道德解读 [M]. 北京：法律出版社，2005.

品类型的司法成本，而且有效规避了法律不确信引发的投资风险。有学者直接指出，知识产权制度的建立本身就是一个功利性的结果，必须从产业发展的角度来看待独创性。❶

其次，以"工具主义"为价值导向具有效率优势。著作权法本质上是市场法律体系中的财产法，其主要功能或者目标是解决智力成果在商品市场中的市场失效所导致的公地悲剧问题，使得智力成果的创造者可以像有体物财产的所有者一样在市场上通过交换自己的成果而获得经济回报，实际上也是一部产业促进法。❷独创性作为作品获得保护的关键对价，能够在调控著作权保护水平高低的同时发挥资源有效配置的作用。著作权法要求较高的独创性，则意味着产业内部将通过对人力、资本、结构、渠道等方面的调整使创作资源保持聚集状态以达到独创性的高标准，创作资源外围的资本投入、人力分配将相对变少；反之，相关产业布局将呈现相对松散的状态，产业要素也会因为较低的独创性标准而在他处得到释放。因此，使独创性司法裁判标准成为弹性调节产业资源配置与优化进程的制度工具，而非停留于法律概念本身的探讨，对于产业创新和知识共享、积累、繁荣具有重要价值。

最后，以"工具主义"为价值导向具有案例指引。北京互联网法院在"北京微播视界科技有限公司诉百度在线网络技术（北京）有限公司等侵害作品信息网络传播权纠纷案"一审判决书中提出"界定短视频作品的创作性标准，对确保短视频传播正常有序、促进文化繁荣发展、创造社会财富有着重要的现实意义，司法审判应持审慎积极的态度，妥善运用创作性裁量标准，以利于新兴产业发展

---

❶ 孙昊亮. 媒体融合下新闻作品的著作权保护 [J]. 法学评论，2018（5）：73-83.

❷ 吴伟光. 中文字体的著作权保护问题研究：国际公约、产业政策与公共利益之间的影响与选择 [J]. 清华法学，2011（5）：57-82.

壮大"❶。此案时值我国短视频井喷时代，短视频成为大众喜闻乐见的创作形式。若著作权法对于短视频的独创性要求过高，则会挫伤行业的创作积极性导致产业窒息在襁褓之中。较低的独创性要求则会使文化产品出现低质与同质化的现象，引发高度独创性内容因"智力付出与回报不对价"的声讨，甚至出现"劣币驱逐良币"的局面。此案以"利于新兴产业发展壮大"为价值取向，充分体现著作权法作为制度工具的正向作用。类似的价值指向在"音乐喷泉案"中亦有反映。❷

---

❶ 参见：北京互联网法院（2018）京0491民初1号民事判决书。该判决认为：关于创作性的标准，在形成和发展过程中始终与所处的社会环境、行业特点相联系，根据实际的社会环境、各种类型作品本身的特点进行发展和完善。随着移动智能终端的普及和软件开发技术的发展，自2016年起，大批移动短视频应用密集问世，短视频内容创业者呈爆发式增长，短视频行业迎来快速发展期。短视频融合了文字、图片、语音和视频等内容，直观、立体地满足用户的多元化的表达与沟通需求。在此背景下，界定短视频作品的创作性标准，对确保短视频传播正常有序、促进文化繁荣发展、创造社会财富有着重要的现实意义，司法审判应持审慎积极的态度，妥善运用创作性裁量标准，以利于新兴产业发展壮大。

❷ 参见：北京知识产权法院（2017）京73民终1404号民事判决书。该判决认为：从法律解释的价值追求而言，进行法律解释时应当顺应《著作权法》的立法目的。《著作权法》通过对具有独创性的表达给予保护，鼓励文学、艺术和科学领域创作的积极性，促使更多高质量的作品得以产生和传播，丰富人民群众的精神文化生活。伴随着科学技术的发展，人们进行思想表达的载体随之扩展，创作的丰富性和多样性进而得到提升。在文学、艺术和科学领域，美的表达和呈现方式更是殊态异姿、各极其妍，甚至完全超乎以往形成的固有思维认知和概念体系。以前无法想象的素材选择、创作形式、表现样态等运用在美的创作中拓展出了前所未有的作品表现力和感染力。在这样一种文化大繁荣大发展的背景下，如果机械地拘泥于法律条文和惯常认知，不仅会囿于法律局限固步自封，而且与立法原意相背离，而且将挫伤权利人积极投入和努力创造的动力，导致抄袭模仿盛行，最终影响的是广大公众从中受益。因此，法律的解释要顺应科技的发展、跟上时代的步伐。虽然喷泉的产生和发展历史悠久，但像涉案音乐喷泉喷射效果的呈现这样集声、光、色、形俱美的艺术造型表达，在我国却是近几年随着人民精神生活的丰富才发展起来的。用袅袅动听的音乐寄托美、用婀娜多姿的水舞展现美、用绚丽斑斓的灯光衬托美、用灿烂缤纷的色彩描绘美，涉案音乐喷泉喷射效果的呈现将音乐的情感、灯光色彩的绮丽与水型的变换交织在一起，造就了美轮美奂的动态艺术造型表达。因此，突破一般认知下静态的、持久固定的造型艺术作为美术作品的概念束缚，将涉案音乐喷泉喷射效果的呈现认定为美术作品的保护范畴，有利于鼓励对美的表达形式的创新发展，防止因剽窃抄袭产生的单调雷同表达，有助于促进喷泉行业的繁荣发展和与喷泉相关作品的创作革新。

（二）以"作品类型"为参考体系

之所以存在"同一标准论"和"区分适用论"，是因为二者对于作品类型扩张的不同态度和由此选择的不同参考系。前者秉持"克制扩张、维护传统"的保守观点，以法定作品类型为象限，聚焦作品类型对独创性认定的限制和引导作用；后者推崇"认可扩张、正视事实"的开放态度，以事实作品为象限，专注同类作品内部的事实差异以及和而不同的辩证思维。其实，两种观点并无对错之分，只存在何者更适合现实需求的判断。基于此，我们主张以"同一标准论"为基础，同时兼顾"区分适用论"中的思辨价值，根据同种类型作品独创性的事实差异添加版权登记的创作性质选项和其他参考因素，从而构建新型作品类型参考体系。

一方面，在文化产品形态迭代势态强劲的作品类型扩张时代，版权产业内部的利益竞争日趋激烈，不仅表现为个体间的利益争夺，更体现在群体间的诉求对立。2021 年 4 月，逾 70 家影视传媒单位及企业发布保护影视版权联合声明，表示将针对未经授权剪辑、切条、搬运、传播影视作品的行为发起维权行动。❶ 此份联合声明将对以转换性使用为主要特征的二次创作社群产生重大影响，反映出创作者、演绎者与版权人之间的利益冲突。在法定作品类型与文化产业内部分类具有强对应关系的前提下，主张为不同类型的作品规定差异性独创性判断标准，无疑会加剧文化产业内部割裂，有悖于融合发展的产业初衷。另一方面，自《著作权法》第三次修正完成之后，《著作权法》（2020 年修正）第 3 条第 9 项"符合作品特征的其他智力成果"成为作品类型的兜底条款，但法律列明的作品类型依旧是司法裁判的主要依据。"作品类型法定"

---

❶ 超 70 家影视单位发布联合声明 ［EB/OL］.（2021 – 04 – 10）［2022 – 02 – 14］. https://baijiahao. baidu. com/s? id = 1696619281428371706&wfr = spider&for = pc.

本身就是对可以构成作品的表达形式的限定。它意味着在人类的各类智力成果中，只有具备特定表达形式的才可能属于作品而受到著作权法的保护。❶ 我国《著作权法》明文列举的作品类型与国际公约一致，而《保护文学艺术作品伯尔尼公约》第 2 条第 1 款实际上将主要的作品类型全部都列举出来了。❷ 因此作品类型对作品认定的限制作用并没有发生实质改变。就总体上来看，除了"音乐喷泉"等非典型的作品类型，现实中鲜有突破法定作品类型范畴的实例。考虑到为不同类型作品设定不同独创性标准可行性堪忧，"同一标准论"应当成为独创性裁判的恒定尺度。同时，不能否认原创作品与演绎作品的独创性存在事实差异。以原创作品和演绎作品为例，前者为突破性创作，而后者是参照式续写，"从无到有"与"站在巨人肩膀上眺望"在智力付出上存在明显差异。此种特征在改编影视作品中格外突出，编剧只需将原创小说改为剧本形式，对故事剧情、人物性格、时空设定等要素往往不进行较大改动。基于此，应当汲取"同一标准论"和"区分适用论"中的可取观念，置换其中不合理的成分，形成以"同一标准论"为基础、以同类型作品独创性的事实差异为客观依据的新型作品类型参考体系。

司法裁判中，法官可以结合优化后的版权登记制度并利用数字化技术开发其与"专利信息库"相当作用的检索功能，从而为独创性司法裁判提供有效依据。既有版权登记证书"登记类别"和"作品创作性质"的填写以《著作权法》为指引，将《著作权

❶ 王迁.《著作权法》修改：关键条款的解读与分析（上）[J]. 知识产权，2021（1）：20 – 35.

❷ 世界知识产权组织. 保护文学和艺术作品伯尔尼公约（1971 年巴黎文本）指南（附英文文本）[M]. 刘波林，译. 北京：中国人民大学出版社，2002. 转引自王迁.《著作权法》修改：关键条款的解读与分析（上）[J]. 知识产权，2021（1）：20 – 35.

法》列举的各类作品与原创、改编、翻译、汇编、注释和整理进行排列组合。就已有版权登记内容来看，尽管为预登记内容与法律规定基本一致，提供了较多选项以契合登记人预受法律保护的预期，但是其创作性质选项中的改编、翻译、汇编、注释、整理略显累赘，也没有体现出同类型作品中原创与非原创行为在独创性方面的差异。基于此，以"同类型作品独创性的事实差异"为指引，应当将作品创作性质选项中的改编、翻译、汇编、注释、整理整合为"演绎"，增加现实中普遍存在、但在版权登记中没有体现的叙事性创作和功能性创作选项，同时加注学科、领域和题材等选项供裁判者辅助判断。此举在于尽可能细化既有法定作品类型的分类，获得更为精准的独创性判断体系。最后，由审查人员在申请人填写完成后核对并进行信息正确性的判断，最终录入电子系统。大数据强调原初数据集合的庞大和全面，而所谓数据搜集得越全面，那么对于内容的可选性就越小，也就越可能缺乏独创性。❶ 基于此，法官在审判过程中可以调取同种法定类型的所有登记信息，并根据相同类型、相同创作性质、相同学科、相同题材的频率、数量判断涉案内容的独创性。

（三）以"创作空间"为判断方式

司法释义是解决疑难问题的重要突破口。从司法技术上讲，法官通过合理释读立法调整客体的特征要素，对新型资源予以反映，满足社会发展需要。❷ 同时，不同于文义理解和学术研究，司法审判的特殊性决定了裁判者在聚焦关键要素时，既不偏离社会公众的一般认知，也不摒弃裁判主体的专业素养。此外，司法审

---

❶　徐实. 企业数据保护的知识产权路径及其突破［J］. 东方法学，2018（5）：55–62.
❷　李富民. 民法典背景下虚拟财产的规制路径［J］. 中州学刊，2021（10）：63–68.

判的权威性要求其对于同一问题的规定必须遵循一定标准，从而使结论具有相对一致性。否则，社会公众很难从审判结果中准确获悉对某一行为的法律评价。基于此，必须为独创性司法裁判设定统一的判断方式。就具体方式的选择而言，已有学者给出明确指引：司法裁判不是"自动售货机"的根本缘由是，法官能够在司法案件中进行价值判断。价值判断本质上是人类基于特定价值偏好作出的决策，带有主观性。❶ 这预示着，能够统一适用的判断方式应当尽可能脱离（而不是追求完全脱离）主观价值的介入。从案例审判的实证结果来看，创作空间判断法具有突出的客观性，能够在一定程度上阻断主观因素辐射，相对于前述五种审判标准，也更具有现实可行性。

我国司法实践中出现过以"创作空间"确定独创性的案例。北京知识产权法院在"北京天盈九州网络技术有限公司等与北京新浪互联信息服务有限公司不正当竞争纠纷案"二审判决书提出："独创性强调个性化的选择，个性化选择的多少既受创作主体主观因素的影响，同时亦受客观因素的制约。主观因素属于个案考量范畴，但客观因素则可以进行类型化分析。通常情况下，客观限制因素越多，则表达的个性化选择空间越少，相应地，可能达到的独创性高度越低。"❷ 上海市第二中级人民法院在"张某与广东高等教育出版社有限公司等著作权权属纠纷上诉案"中指出："示意图作品虽然在表达方式上受到客观事实限制，但不属于表达方式唯一，仍有一定的创作空间可以体现作者的独创性。"❸ 由此可

❶ 彭中礼. 司法人工智能中的价值判断［J］. 四川大学学报（哲学社会科学版），2021（1）：160－172.
❷ 参见：北京知识产权法院（2015）京知民终字第1818号民事判决书。
❸ 参见：上海市第二中级人民法院（2014）沪二中民五（知）终字第46号民事判决书。

见，创作空间将独创性有无的判断转移到创作者对元素选择、内容安排、结构处理等是否存在自由选择余地上。这种方法隐含的前提是，只有当存在多个表达形式的可能时，创作者才有足够的空间去发挥艺术想象，体现作者个性，在美感表达上进行创作。❶ 同时，创作空间法在作品证否上也表现出极高的效率。在"成都瑞铭宝文化用品有限公司与湖北双佳纸品有限公司著作权侵权纠纷案"中，诉讼双方就瑞铭宝文用公司错题本内页布局是否具有独创性展开辩论。最终，四川省高级人民法院指出：该案中内页的内容系功能性表达，即这种排列组合更大程度上遵循发挥"错题本"作用的标准，而这一作用标准十分接近于按照既定的规则机械地完成一种工作，此种劳动过程没有给劳动者留下最低限度的创作空间和个性发挥余地，不具有独创性。❷ 该案运用创作空间法，以"混同原则"为依据，将机械性表达和制作方法等不具有创作空间的内容直接排除在著作权法保护之外，进一步验证并印证了创作空间法与著作权法理论之间的契合度和方法论本身的科学性。另外，创作空间法相对既有裁判标准能够相对脱离主观因素的干扰，从而为利益平衡原则的司法实践提供适用余地，也与笔者所主张的"工具主义"不谋而合。2017 年，"上海美术电影制片厂有限公司与杭州玺匠文化创意股份有限公司著作权侵权纠纷案"入选 2016 年度全省知识产权司法保护十大典型案件，浙江省高级人民法院在入选理由中提出："对于在较窄创作空间内形成的独创性较高的作品，应给予较强的保护，从而实现激励

---

❶　吕炳斌. 实用艺术作品交叉保护的证成与潜在风险之化解 [J]. 法律科学（西北政法大学学报），2016（2）：137 – 147.

❷　参见：四川省高级人民法院（2017）川民终 1025 号民事判决书。

创新的价值导向。"❶ "孙悟空" 作为中国传统文学中的经典形象，经历代文艺工作者创作，已经经历了由字面到画面、由平面到立体的演绎，在消费者群体中基本建立 "名称—形象" 的稳定对应关系。因此，一旦有创作主体能够突破既有创作空间的限制，应当秉持利益平衡原则，在充分尊重原作品的基础上予以创新作品适当保护，从而发挥著作权法激励创意产业创新、促进文化产业多元化发展的 "工具主义" 价值。

创作空间法将独创性判断转移到所述对象 "是否存在可塑余地" 之上，并关注此种剩余是否值得被赋予专有权利，能够尽可能摆脱主观主义和形式主义、延续 "工具主义" 价值导向。人们之所以对同质化知识产品不胜其烦，归根结底在于这种文化产品的创作空间经数次演绎所剩寥寥无几。而创作空间法的注入为产业多元化发展提供标尺，避免文化产业低质供给泛滥、积压，从而发挥著作权法激励产业创新的工具效用。一般而言，创作所受的客观限制因素越多，其创作空间越小，能够满足独创性要求的可能性越低。但也需认识到，"统一制作标准" 等客观因素对独创性的限制并不绝对。因此，对创作空间的考察必须置于个案之中。"作品的创作空间和独创性可能恰好呈反比例关系"❷ 的观点，并非始终正确。创作空间法的价值不仅在于准确判断独创性，而且在于更能引发独创性与作品类型互动的进一步思考。笔者认为，不同类型（并不局限于法定作品类型）作品在创作空间方面存在差异。例如，以文字（无论中文、英文或是计算机代码）为创作

---

❶ 浙江高院发布 2016 年度全省知识产权司法保护十大典型案件 三例为著作权案件 [EB/OL]. （2017 – 04 – 24）[2022 – 02 – 15]. http://home. zjbanquan. org/Home/Details/1094. shtml.

❷ 黄汇. 计算机字体单字的可著作权问题研究：兼评中国《著作权法》的第三次修改 [J]. 现代法学，2013（3）：105 –115.

形态，源于天马行空的想象（如科幻小说）、遵循事物发展规律与常理（如推理小说）、遵信客体客观形态（如事件速记）等作品的创作空间不同。有学者以创作时选择空间的大小为标准，将最终形成的表达分为拥有无限选择空间的表达、具有有限选择空间的表达和只有唯一选择空间的表达三类。创作时的选择空间和产生具有独创性的作品的可能性依次降低。❶ 笔者对此表示赞同。创作空间方法论的优点在于：其一，标准科学性。以相对客观的"剩余空间"判断替代裁判者主观认知，约束司法裁判对抽象概念进行肆意解释。其二，审判高效性。创作空间至少能够分为无限、有限和唯一三种，前两种若同时符合"以一定形式表现"和"法定作品类型"，基本可以纳入著作权法保护范围，而第三种则能依据"混同原则"直接排除在著作权法保护之外。相较于创作性、个性化选择、区别差异性等执着于性质有无、高低的既有方法，创作空间的裁判效率更高。其三，产业契合性。以相同主题、形式创作的作品数量越多，会在产业内部积累过多相似产品，导致创新程度锐减。以创作空间为独创性判断标准，即可将创作空间受到严重挤压形成的同质化产品排除在著作权法蒙荫之外，加速文化产业产品业态变革。

需要说明的是，基于著作权法的基本理论和政策倾向，创作某些智力成果即使存在空间，也应当被排除在著作权法保护之外。这些情况包括但不限于混同原则下的表达、领域内的惯用表述和机械生成的内容。其一，一旦思想与表达发生混同时，再赋予该行为人著作权有失公允。在思想仅具有有限表达的情况下，具有垄断权属性的著作权会通过具体表达涵摄其背后的思想，限制他

---

❶ 孙山. 体育赛事节目的作品属性及其类型［J］. 法学杂志，2020（6）：20 – 29.

人自由表达的实现并成为钳制思想开放的禁锢。其二，领域内的惯用表达。此种表达是行业共有的财富，理应继续留在公共领域钳制私权的肆意扩张。其三，机械生成内容。只要操作主体能够掌握既有步骤机械化地完成制作，无论行为主体是否具有不同思路或想法，最终呈现内容因受制于统一规则而出现同质化的结果，无法体现创作空间的剩余。正如学者所言，制作者所运用的仅仅是为进行"精确复制"所需要的技巧，因而由此形成的也只是大尺寸、小尺寸或原尺寸的复制件而已。❶ 而精确再现的目的要求复制件与原件不得存在偏差，亦否认了创作空间。

五、独创性司法裁判标准的验证：以人工智能创作物为例

人工智能进军新闻撰写、音乐制作、机器翻译等领域，已成为文化产业的常态。Blossom（《纽约时报》）、Heliograf（《华盛顿邮报》）、WordSmith（美联社）、快笔小新（新华社）、Dreamwriter（腾讯）、DT 稿王（《第一财经》）等"智慧撰稿主体"入驻新闻传媒，微软小冰出版首部 AI 绘画作品集、开办画展、进行音乐创作，❷ 在

---

❶ 王迁．"模型作品"定义重构［J］．华东政法大学学报，2011（3）：16－24．
❷ 第八代人工智能小冰携手中信出版社＆中央美院，出版首部 AI 个人绘画作品集［EB/OL］．（2020－08－28）［2022－01－21］．http://ex. chinadaily. com. cn/exchange/partners/82/rss/channel/cn/columns/sz8srm/stories/WS5f3e4026a310a859d09def8e. html；国内首例！机器人"小冰"中央美院开画展［EB/OL］．（2020－08－28）［2022－01－21］．https://www. sohu. com/a/326872803＿162522；微软"小冰"从上海音乐学院毕业，两分钟写首歌，AI 会抢走作曲家饭碗吗？［EB/OL］．（2020－07－01）［2022－01－21］．https://export. shobserver. com/baijiahao/html/264509. html；人工智能微软小冰：2020WAIC 主题曲《智联家园》创作"人"［EB/OL］．（2020－07－09）［2022－01－21］．http://vr. sina. com. cn/news/hz/2020－07－09/doc－iircuyvk2932467. shtml；小冰演出季主题曲《HOPE》发布你的 AI 音乐家已上线［EB/OL］．（2020－08－28）［2022－01－21］．https://www. sohu. com/a/415360464＿115831．

解放人类劳动力、延续人类智慧的同时引发社会热议。人工智能生成物具有人类作品的表征，在文化产品生成、传播、运营、管理中具备交易效率和成本优势。从产业发展的角度来看，人工智能蕴含超乎寻常的资本容量与发展前景。欲以著作权制度催动人工智能产业的发展，必须先检验其生成物是否具备独创性。笔者以威科先行智能软件生成物和 Dreamwriter 智能软件生成物为例，简述人工智能生成物独创性司法裁判的一般路径。

（一）智能软件自动生成内容的独创性认定

2018 年，北京菲林律师事务所（以下简称"菲林律所"）运用威科先行数据库的可视化功能，生成一份包含图标和文字的地区电影行业报告（《影视娱乐行业司法大数据分析报告：电影卷·北京篇》❶）并在公众号上发表。北京百度网讯科技有限公司（以下简称"百度公司"）未经菲林律所许可，在其经营的平台上发布该文章，同时删除了原告的署名、引言、检索概况等内容。菲林律所认为，涉案作品由图形和文字构成，其中图形部分具有独创性，构成图形作品，百度公司未经许可删除了涉案作品的部分内容，侵害了菲林律所享有的保护作品完整权。百度公司辩称，著作权法只保护自然人的创作，不保护人工智能生成的内容。涉案文章的数据和图表并非原告通过自己的智力劳动创作获得的，而是由法律统计数据分析软件（威科先行）自动生成，不具有独创性。北京互联网法院一审认为图形形状的不同是基于数据差异产生，而非基于创作产生，因此不构成图形作品；文字表述则体现出选择、判断、分析，具有独创性，但最终基于"不宜对民法主

---

❶ 菲林｜影视娱乐行业司法大数据分析报告：电影卷·北京篇［EB/OL］.（2018 - 09 - 11）［2021 - 03 - 05］. http://piaofang. maoyan. com/feed/news/32769.

体的基本规范予以突破"的理由否定涉案文章构成文字作品。❶ 该案是我国著作权领域出现的首个关注人工智能生成物可版权性的司法判决。

赋予人工智能生成物著作权法保护无疑是激励人工智能产业创新发展、吸引投资的手段之一。就该案而言，原告按照关键词、案件类型、文书类型、审判程序等检索出 2589 件裁判文书并通过威科先行法律信息库进行分析，最终生成以图形和文字为表现形式的内容。关键在于该法律统计数据分析软件生成物是否具有独创性。这一点可以通过"创作空间"加以验证。就相关数据、图形、文字的搜集和最终呈现来看，北京电影行业案件的基本情况（电影行业案件数量、北京各级法院审理电影行业案件数量分布、行业案件案由数量分布、行业案件裁判文书的数量分布、行业企

---

❶ 参见：北京互联网法院（2018）京 0491 民初 239 号民事判决书。判决原文为：相关图形是原告基于收集的数据，利用相关软件制作完成，虽然会因数据变化呈现出不同的形状，但图形形状的不同是基于数据差异产生，而非基于创作产生。针对相同的数据，不同的使用者应用相同的软件进行处理，最终形成的图形应是相同的；即使使用不同软件，只要使用者利用常规图形类别展示数据，其表达也是相同的，故上述图形不符合图形作品的独创性要求。……从分析报告生成过程看，选定相应关键词，使用"可视化"功能自动生成的分析报告，其内容涉及对电影娱乐行业的司法分析，符合文字作品的形式要求，涉及的内容体现出针对相关数据的选择、判断、分析，具有一定的独创性。……具备独创性并非构成文字作品的充分条件，根据现行法律规定，文字作品应由自然人创作完成。虽然随着科学技术的发展，计算机软件智能生成的此类"作品"在内容、形态，甚至表达方式上日趋接近自然人，但根据现实的科技及产业发展水平，若在现行法律的权利保护体系内可以对此类软件的智力、经济投入予以充分保护，则不宜对民法主体的基本规范予以突破。……自然人创作完成仍应是著作权法上作品的必要条件。软件开发者（所有者）没有根据其需求输入关键词进行检索，该分析报告并未传递软件研发者（所有者）的思想、感情的独创性表达，故不应认定该分析报告为软件研发者（所有者）创作完成。同理，软件用户仅提交了关键词进行搜索，应用"可视化"功能自动生成的分析报告亦非传递软件用户思想、感情的独创性表达，故该分析报告亦不宜认定为使用者创作完成。

业聘请律师的比率等）均属于客观事实，因此原告借助数据分析软件的图表生成功能获得的最终内容只是对事实的忠实记录，图表生成选项本身并没有为任何创作主体预留出创作空间。尽管基于事实的创作可能存在创作空间，但事实本身不具有此种属性。原告仅是将司法审判中的相关信息予以摘录并统计，抛开数据造假或人为调控的可能，客观叙事的行为本身否定了创作空间的剩余。换言之，无论将数字以何种图形形式呈现，都不会改变数据的表值本质。不同的图表形状源于数据信息录入上的差异以及图表模型的选择而非创作。任何人将同一组数据转换为不同图表模型，图表内的数值不会发生变化。数据视图化以及任何图表模型之间的转化均不会对客观数据有所突破，因为这种转化行为并非创作行为，既非创作行为，更无创作空间可言。此外，虽然文字并不是法律统计数据分析软件生成的内容，仍需作出强调。原告基于事实总结得出的趋势、特征、结论并不绝对，他人就同一组数据进行分析会因为价值观念、立场角度等原因得出不同的结论，因此以数据为基础得出的结论本身具有创作空间，可作为文字作品获得保护。但需要指明的是，对数据的描述性文字（例如"电影行业企业仅作为原告的案件数量有 781 件，电影行业企业仅作为被告的案件数量有 182 件，原被告双方均为电影行业企业的案件有 1581 件"）则会因为表达极为有限，受制于"思想与表达混同"的圭臬，不具备独创性。

综上所述，该案裁判的关键在于区分"事实叙述行为本身"和"以事实为基础的创作"，涉案图表内容不构成图形作品。

（二）Dreamwriter 智能软件生成物案

自 2015 年起，深圳市腾讯计算机系统有限公司（以下简称"腾讯公司"）使用基于数据和算法的 Dreamwriter 智能写作辅助系统撰写文章。2018 年，腾讯公司于其证券网站上发表《午评：沪指小幅上涨 0.11% 报 2671.93 点 通信运营、石油开采等板块领涨》❶ 一文，并于文尾注明"本文由腾讯机器人 Dreamwriter 自动撰写"。经调查发现，上海盈讯科技有限公司（以下简称"盈讯公司"）在其运营的网站上发表同名作品，且内容完全一致。腾讯公司认为盈讯公司未经许可通过网络对外传播其享有著作权的文章，遂将盈讯公司诉至法院。法院采用"区别差异性"和"个性化选择"的复合型独创性判断标准，认为判断涉案文章是否具有独创性应从"是否独立创作及外在表现上是否与已有作品存在一定程度的差异，或具备最低程度的创造性"以及"从涉案文章的生成过程来分析是否体现了创作者的个性化选择、判断及技巧等因素"两个层面加以分析，并认为 Dreamwriter 智能软件生成的文章符合文字作品的形式要求，并具有独创性。❷ 总之，广东省深圳市南山区人民法院严格遵循"以独创性为核心"的审判逻辑，从独创性要件和作品类型证成作品。

根据笔者构建的独创性司法裁判思路与方法，再一次从价值

---

❶ 午评：沪指小幅上涨 0.11% 报 2671.93 点　通信运营、石油开采等板块领涨 ［EB/OL］．（2018－08－20）［2022－01－21］．https://stock.qq.com/a/20180820/029962.htm.

❷ 参见：广东省深圳市南山区人民法院（2019）粤 0305 民初 14010 号民事判决书。判决原文为：涉案文章由原告主创团队人员运用 Dreamwriter 软件生成，其外在表现符合文字作品的形式要求，其表现的内容体现出对当日上午相关股市信息、数据的选择、分析、判断，文章结构合理、表达逻辑清晰，具有一定的独创性……涉案文章的生成过程主要经历数据服务、触发和写作、智能校验和智能分发四个环节。在上述环节中，数据类型的输入与数据格式的处理、触发条件的设定、文章框架模板的选择和语料的设定、智能校验算法模型的训练等均由主创团队相关人员选择与安排……从涉案文章的生成过程来分析，该文章的表现形式是由原告主创团队相关人员个性化的安排与选择所决定的，其表现形式并非唯一，具有一定的独创性。

导向、参考体系和判断方式三个维度检验审判结果的正确性。一方面，判断将人工智能创作的文章纳入著作权法的保护范围是否有助于产业发展。一旦对人工智能编创物提供著作权保护，无论权利如何归属和利益如何分配，都会刺激大量的文化产品进入知识市场。同时，人工智能创作成本更低、创作时间更短、传播效率更高，能够降低产权流转的成本。因此，对人工智能编创物进行著作权保护，无疑能为产业繁荣发展提供法律保障，同时激励技术产业与文化产业深入对接。另一方面，以作品类型和创作空间为约束，检验该案中人工智能编创物的独创性。其一，涉案内容是金融领域以文字为表现形式、旨在为投资者提供股市信息、具有指导功能的文章。相比于同属金融领域的投资指南、股市时评或前景分析而言，创作空间较少。因为就文章本身来看，只是将诸多事实加以整合，并没有作出具有个性特征的判断。其二，该文章作为一篇整合股市数据形成的综述，其中涉及涨幅及排名、指数、成交量、涨跌停股幅度及个数统计、资金流向流入流出排序、人民币对美元中间价、上海银行间同业拆放利率、上交所融资融券情况、沪深港通南北资金流向等的事实。其三，尽管事实可以作为创作的基础，但就涉案文章的创作性质来看，必须恪尽职守地、不偏不倚地对事实进行陈述。因此，文章对数据的描述不存在任何创作空间。同时，该文章对于相关数据的选择与编排属于股票领域的行业惯例。对于相关内容进行的编排、罗列，也仅是基于客观数据的排序。任何软件、自然人或法人主体只要拥有真实数据，遵循统一的规则，便会得出唯一结论。除此之外，该案的审判焦点存在偏差。算法、规则和模板是否为智力成果，与应用算法、规则和模板的过程是否属于智力创作，产生的结果能否构成作品并无必然联系。❶ 文学、艺术或者科学领域内某种思想或者情感的表达是否属于作品，与其创作过程无关，只要最终的表达具备独创性即可。❷ 法院执着于"从涉案文章的生成过程（数据服务、触发和写作、智能校验和智能分发）"来分析独创性，显然违背了上述原则。综上，Dreamwriter 智能软件编创的股市信息综述因不存在任何创作空间而不具有独创性，尚不足以成为著作权客体。

---

❶ 王迁. 论人工智能生成的内容在著作权法中的定性 [J]. 法律科学（西北政法大学学报），2017（5）：148 – 155.

❷ 李扬，李晓宇. 康德哲学视点下人工智能生成物的著作权问题探讨 [J]. 法学杂志，2018（9）：43 – 54.

第四章

《著作权法》第三次修正中视听作品权属制度体系评析

在文化产业的供给侧改革大势中，视听产业的变革及相关著作权权属制度的调适，无疑具有典型代表意义，单从市场和用户规模看，"2019 年我国视听产业的市场规模达到 4541.3 亿元，2020 年网络视听用户规模突破 9 亿"❶。鉴于此，解构我国《著作权法》第三次修正中的视听作品权属制度体系、厘清制度的演绎脉络、找准视听作品权属制度在形式和实体上的瑕疵、给出具体的规则修正和完善建议，既是对庞大视听产业的有效回应，也对著作权制度体系中其他作品类型确权制度的完善具有借鉴效用。

---

❶ 2020 中国网络视听发展研究报告［EB/OL］.（2020 – 10 – 14）［2022 – 02 – 09］. https://new.qq.com/omn/20201014/202010 14A05GLY00. html.

一、我国视听作品权属制度的演绎历程与基本现状

（一）制度修正历程

视听作品制度随着《著作权法》第三次制度修正不断发生变动，其演进和发展的背后存在两条线路：一条是科技发展所带来的制度结构演变，即由于技术上的发展，产生了并不必然需要"摄制"在一定传播介质上的新型视听作品，新作品类型难以在《著作权法》中找到自身地位，从而推动了视听作品表述在法律制度上的改进；二是市场发展所带来的制度演变，即影视产业发展凸显了利益均衡的诉求，不仅需要满足鼓励创作的初衷，也需要考虑投入经济成本的投资者权益，从而推动了视听作品制度重视市场经济的发展。而视听作品制度也存在不变的东西，始终坚持着《著作权法》寻求鼓励作者智力创造活动和促进公共利益之间平衡的基本目的和《著作权法》独特的"思想－表达二分结构"的基本原理。❶

1. 1990 年版《著作权法》中的"视听作品"权属制度

1990 年 9 月 7 日，我国通过了《著作权法》。新中国的第一部《著作权法》，同全球首部著作权法——《安娜女王法》一样，确定了作者是原始著作权人❷，保护作者对作品的著作权。但我国视听作品制度并非简单地采用"作者原则"，实际上是"作者原则"的一种例外形式。作为一部年轻的《著作权法》，其对于视听作品制度内容的规定较为充分。该法以列举形式明确了电影、电视、

---

❶ 陈庆，周安平. 三种世界概念下的"中国著作权法"："中国著作权法"百年演进的法哲学考察 [J]. 出版发行研究，2011（7）：65－70.

❷ 顾昂然. 新中国第一部著作权法概述 [J]. 中国法学，1990（6）：52－59.

录像作品为视听作品制度的保护对象，保留了作者在精神权利上的署名权，其他人身权及财产方面的权利归属于制片者，基本奠定了我国视听作品制度的面貌。

2. 《著作权法》第一次和第二次修正中的"视听作品"权属制度

自我国《著作权法》颁布以来，市场经济不断发展，对外开放步伐进一步加大，知识产权与国际接轨愈发频繁❶，催生了 2001 年和 2010 年两次范围不等的《著作权法》修正活动，抑或是两次既符合我国国情又为实现与国际规则相衔接的"被动"❷ 修正。首先在保护客体上，第一次修正采纳了《伯尔尼公约》中对作品的表述，取消了以往"电影、电视、录像作品"的提法。❸ 2001 年修正及 2010 年修正《著作权法》始终坚持作者享有作品著作权的一般原则，在"视听作品"权利归属上，修改为"著作权由制片者享有，作者享有署名权"的表述，并增加了作者依照合同约定享有的原始获酬权，形成"以著作权属于作者为原则，以特殊规定为补充，以合同约定为例外"❹ 的权利归属模式。

3. 《著作权法》第三次修正中的"视听作品"权属制度

为了更加直观地表述现行《著作权法》与第三次修正中各草案的异同，笔者制作了下示列表进行比较分析（参见表 4-1）。

---

❶ 我国《著作权法》颁布不久，我国就分别于 1992 年 10 月中旬、1992 年 7 月下旬、1993 年 4 月末参加了《伯尔尼公约》《世界版权公约》和《保护录音制品制作者防止未经许可复制其录音制品公约》（简称《录音制品公约》），成为国际著作权法中的一分子。

❷ 2001 年 10 月世界贸易组织（WTO）等国际主体、《与贸易有关的知识产权协定》（TRIPS）等国际条约以及 2010 年 2 月世界贸易组织（WTO）关于中美知识产权争端的有关裁决结果，要求中国对其《著作权法》作出修改。

❸ 冯晓青，杨利华. 我国《著作权法》与国际知识产权公约的接轨：《著作权法》第一次修改研究 [J]. 河南省政法管理干部学院学报，2002（5）：13 – 20.

❹ 曹新明. 我国著作权归属模式的立法完善 [J]. 法学，2011（6）：81 – 89.

表 4 - 1　我国《著作权法》第三次修正中"视听作品"权属制度对照表

修订版本	视听作者	权益归属	归属形式	变动情况
《著作权法》（2010 年修正）第 15 条	编剧、导演、摄影、作词、作曲等	制片者	法定，不可约定	
《修改草案（第一稿）》2012.3 第 16 条	编剧、导演、摄影、作词、作曲等	著作权以制片者享有为原则，约定为例外	以享有为原则，以约定排除为例外	与 2010 年版相比：①提出"视听作品"的表述；②著作权归属增加了合同约定优先条件；③把对原作者原始获酬权的合同保护转变为权利法定赋予保护；④首次提出二次获酬权，导演、摄影不享有；⑤增加"不得妨碍视听作品的正常使用"的权利限制
《修改草案（第二稿）》2012.7 第 17 条	原作作者、编剧、导演、摄影、作词、作曲等	著作权由制片者享有，不可作相反约定	不可作相反约定	与《修改草案（第一稿）》相比：①第一稿第 2 款变为第 1 款；②作品整体著作权归属由原草案中约定优先的规定改回为现行法中直接赋予制片者的规定；③将原作作者增加至作者范畴；④保留第一稿的二次获酬权，并排除合同限定；⑤保留第一稿中的权利限制规定

续表

修订版本	视听作者	权益归属	归属形式	变动情况
《修改草案（第三稿）》2012.10 第17条	导演、编剧以及专门为视听作品创作音乐作品的作者等	著作权以制片者享有为原则，约定为例外	以享有为原则，以约定排除为例外	与《修正草案（第二稿）》相比：①删除原始获酬权，增加专有权规定；②以列举开放式对视听作品作者作出明确规定，排除了原作作者、摄影；③明确将著作权分开为人身权和财产权具体讨论，财产权归属先从约定，无约定等法定转让给制片者，但除了规定署名权不转让，未对其他人身权进行明确规定；④二次获酬权由法定赋予修改为约定优先
《修改草案（送审稿）》2014.6 第19条	导演、编剧以及专门为视听作品创作音乐作品的作者等	著作权以制片者享有为原则，约定为例外	以享有为原则，以约定排除为例外	与《修改草案第三稿》相比：①与修改草案三稿基本一致；②合并了草案三稿的第3款和第4款
《修正案（草案）》2020.4 第15条	编剧、导演、摄影、作词、作曲等	制作者享有	法定，不可约定	与《修改草案（送审稿）》相比：变动较大，基本回到现行版本的样式。与2010年版相比：将制片者改为制作者，并增加了制作者定义

修订版本	视听作者	权益归属	归属形式	变动情况
《修正案（草案）（二次审议稿）》2020.8 第17条	编剧、导演、摄影、作词、作曲等	电影作品、电视剧作品著作权由制片者享有，不可约定；其他的以制作者享有为原则，以约定为例外	电影作品、电视剧作品：法定，不可约定；其他的：以享有为原则，以约定排除为例外	与《修正案（草案）》相比，变动较大：①将视听作品明确区分为电影作品、电视剧作品及其以外的视听作品，二者的著作权权利归属不同；②沿袭《修正案草案（第一稿）》中制作者的说法，但是第1款仍是制片者说法；③又把电影作品、电视剧作品以外的视听作品首次分为构成或者不构成合作作品或者职务作品，二者权利归属也不一样
《修正案》2020.11 第17条	编剧、导演、摄影、作词、作曲等	电影作品、电视剧作品著作权由制作者享有，不可约定；其他的以制作者享有为原则，以约定为例外	电影作品、电视剧作品：法定，不可约定；其他的：以享有为原则，以约定排除为例外	

《著作权法》第三次修正工作的帷幕自 2011 年 7 月份正式拉开，本次修法活动体现了我国从国际规则的追随者向法律自制的建构者的重大转变。历经了 7 个版本，《著作权法》最终于 2020 年 11 月 11 日完成修正。基于上述列表对法律条文的具体比较，可以发现立法机关在视听作者范围、著作权主体与著作权归属形式等方面摇摆不定，以至于在法律条文表述与制度设计上有所差异。此次《著作权法》修正工作过程中，《修改草案（第一稿）》首先在视听作品著作权归属的相关法律规定上作出了变动，如"无相关约定则版权归属于制片者"条款；同时增加关于"二次使用获得报酬权"的规定；紧跟国际步伐而修改了表述，取消了"录像制品"。而《修改草案（第二稿）》在视听作品著作权归属问题上有了新的思考，对视听作品的作者范围也给予了调整，更是大幅度地扩大了申请获得二次视听创作电影报酬的视听电影作品主体保护范围，除了视听作品编剧、作词、作曲以外，又再次向上增加了导演和原作作者。《修改草案（第三稿）》着重充分体现了"意思自治"这一基本原则，在《修改草案（第一稿）》的基础上采取当事人约定优先原则，同时增加了视听作品作者分享收益的权利。如果说《修改草案（第一稿）》是革新，《修改草案（第二稿）》属于回调，那么，《修改草案（第三稿）》则是延续和发展，这种转变背后隐藏的是利益主体之间的博弈和修法者的平衡观。《修正案（草案）》回到了 2010 年版本样式，并无大变动。《修正案草案（二次审议稿）》将视听作品继续分为两类，不同类别的视听作品适用不同的权利归属管理路径。对比 2010 年版《著作权法》，2020 年修正版《著作权法》最终在作品表述、权利客体、权利归属等内容上作了较大调整，包含了作者享有署名权等基础性条款、表述变动的替换性条款和"前款规定以外的视听作品的著作权归属"安排的新增性条款。

（二）现行视听作品权属制度的体系化及其特征

1. 现行视听作品权属制度体系现状

为了更清晰地分析视听作品制度在《著作权法》（2020年修正）中的现状，笔者按照"政策代码－章代码－节代码－条款代码"对我国《著作权法》（2020年修正）文本进行编码，例如D－2－1－10表示我国《著作权法》（2020年修正）第二章第一节第10条的内容。按照该程序，在剔除无效条款后，得出表4－2。

表4－2　《著作权法》（2020年修正）中视听作品制度汇总表

分析单元	制度安排	修法动态（对比2010年版）
D－1－0－3（2010年版第3条）	总则（作品的范围）	修改表述
D－2－1－9（2010年版第9条）	著作权 著作权人及其权利（著作权人的范围）	公民（自然人）其他组织（非法人组织）
D－2－1－10（2010年版第10条）	著作权 著作权人及其权利（著作权的内容）	修改表述
D－2－2－11（2010年版第11条）	著作权 著作权归属（著作权归属的一般原则）	原11条第4款改为第12条第1款
D－2－2－17（2010年版第15条）	著作权 著作权归属（视听作品的著作权归属）	制片者（制作者）细化视听作品分类，赋予不同的著作权归属路径

续表

分析单元	制度安排	修法动态 （对比 2010 年版）
D－2－3－23 （2010 年版 第 21 条）	著作权 权利的保护期 （发表权、财产权保护期）	发表权：首次发表（创作完成） 本法第 10 条第 1 款第 5 项至第 17 项权利：保护期依然为 50 年，截止于作品首次发表后第 50 年的 12 月 31 日
D－2－4－48 （2010 年版 第 46 条）	著作权 权利的限制 （电视台播放他人视听作品的义务）	制片者（视听作品著作权人）
D－5－0－52 （2010 年版 第 47 条）	著作权和与著作权有关的权利的保护 （承担民事责任的侵权行为）	修改表述
D－5－0－59 （2010 年版 第 53 条）	著作权和与著作权有关的权利的保护 （有关复制品侵权的过错推定）	增加第 2 款

　　《著作权法》（2020 年修正）第 3 条中替换了作品表述。第 17 条中，将视听作品的具体范围进行再细分，在署名权归于作者的制度安排上，二者达成了一致，分歧和变化主要体现在著作权归属路径和作者原始获酬权的规定上。前者沿袭了 2010 年版规定，由制片者法定享有著作权，且根据合同约定享有原始获酬权；后者著作权先从约定，约定不明归制作者，作者享有署名权，且法定享有原始获酬权。在第 23 条中，对视听作品发表权保护期的规

定作出了一些修改。

由表 4 - 2 可知,《著作权法》(2020 年修正) 对视听作品的制度安排共涉及 9 条,其中 D - 1 - 0 - 3、D - 2 - 1 - 9、D - 2 - 1 - 10、D - 2 - 2 - 11 属于对视听作品权属制度安排的一般规定,即著作权归属于作者,而视听作品是著作权归属于作者原则的一种例外安排。其中 D - 2 - 2 - 17、D - 2 - 3 - 23、D - 2 - 4 - 48、D - 5 - 0 - 52、D - 5 - 0 - 59 是对视听作品制度的具体规定,主要包含第二章第二节"著作权归属"中视听作品的著作权归属规定,第二章第三节"权利的保护期"中视听作品的发表权、财产权保护期规定,第二章第四节"权利的限制"中电视台播放他人视听作品时的义务规定,以及第五章"著作权和与著作权有关的权利的保护"中侵犯视听作品权利人权利后应承担相应民事责任的规定和侵犯视听作品复制品权利后的制度安排。

2. 现行视听作品权属制度基本特征

我国视听作品制度具有保护对象多元、权利义务差异、权益分配区分、法律关系复杂等特征。《2020 中国网络视听发展研究报告》中提到,视听行业包括综合视频、短视频、网络直播、网络音频、智能广播电视(OTT)、交互式视频网络广播电视(IPTV)和网络视听行业等范围。❶ 随着技术发展,新类型视频形式呈井喷式发展,进一步满足了公众的娱乐需求,丰富了文化市场,但《著作权法》(2010 年修正) 中的电影作品和类电作品难以涵盖这些新视频形式,无法对其加以保护。《著作权法》(2020 年修正) 积极回应产业实践的迫切需求,使用"视听作品"的表述,以求有效解决新作品类型地位尴尬的境遇,也体现出视听作品制度保

---

❶ 短视频用户使用率达 87% 双雄格局分化 [N/OL]. (2020 - 10 - 16) [2022 - 02 - 10]. https://baijiahao. baidu. com/s? id = 16807159167984559952.

护对象的多元性。视听作品制度给予了主体之间不同的权利义务，无论是制作者还是创作者，都同时具备了"经济人"属性和"社会人"属性，《著作权法》（2020 年修正）在保证双方"经济人"属性的同时规范其实现"社会人"属性价值，即让渡部分权利给对方或社会，并要求严格履行义务。比如视听作品创作者从法律中获得了自由创作及获取报酬的权利，能通过作品表达自己自由思想和创意的同时，需要控制自己的行为对制作者等其他主体和社会造成的潜在或是既成的影响。视听作品的权利归属问题是视听作品制度体系的核心问题，而视听作品作者与制作者的权益分配问题是重中之重，《著作权法》（2020 年修正）也作出了重大调整。在权益分配时，无法就制作者与作者在视听作品创作上的贡献进行定量分配，但可以将视听作品著作权作归一化的分配模式理解，并作两个层级的区分，最后确定权益分配方案。

如图 4 - 1 所示，即将视听作品著作权看成一个整体，首先确定其整体著作权的归属，这是第一层级；其次为了实现利益分配最大化的一种理想模式，再由第一层级延伸到第二层级，即从整体到各个部分，确定个别主体的具体著作权归属。在整体规定上，《著作权法》（2020 年修正）同样坚持"著作权属于作者"的规定，而在将视听作品再次分为两类作品后，一方属于制作者，具备人身权属性的署名权归于作者，同时赋予作者约定享有获酬权的权利。另一方先从约定，约定不明时可以属于其他制作者；同时，将作者署名权和作者获取报酬权法定归于原创作者本人享有。对于可单独使用的作品，著作权整体归属于原创作者。视听作品法律关系的复杂性体现在视听作品创作、传播各阶段众多的主体上，主要包括视听作品据以改编的已有视听作品原创作者（包括原作作者和作者）与制作者的法律关系、作者与其他著作权人的

法律关系、创作者与其他制作者的法律关系、整体性视听作品与
其他可以单独使用的作品的法律关系等。

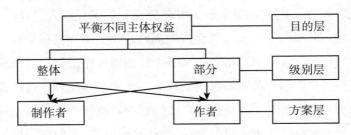

图 4 - 1　著作权视听作品权属制度权益分配层级图

基于以上分析，可以总结得出我国《著作权法》（2020 年修
正）中的视听作品制度存在极大的复杂性，对立法技术和立法逻
辑提出了更高要求。如果规定不当，将阻碍视听产业的发展，抑
制文化市场的进步。基于视听作品著作权主体的多元性，要求视
听作品制度充分考虑各主体在视听作品中的地位，明确各主体的
权利与义务。与 2010 年版相比，新修正视听作品制度增加了一项
先从约定的条款，这是尊重和保护作为弱势方的创作者意思自治
的体现，但这种意思自治的范围过宽，一定程度上将加大司法审
判的工作难度。除此之外，对于第 3 款内容，在语言结构上与前两
款不尽相同，从作者的权利角度规定其有权单独行使著作权，但
并未明确是整体著作权还是如前两款特别提出的署名权与获酬权。
由此可见，《著作权法》（2020 年修正）中的视听作品制度并不能
完美地达到修法预期，甚至将带来一系列新的纠纷。

二、"形式"评价：我国视听作品权属制度体系的逻辑 进路解析

一项制度的立法体系构建应从法制定的原则、价值和技术等

多方面加以考察。其中立法原则是基础，奠定整个法律理念与精神；立法技术是手段，直接影响法律制度的成败；逻辑价值是导向，关乎立法精神与内容的诠释。视听作品的立法活动同样需要满足这三个层面。笔者试借助立法技术与逻辑价值两种评价标准，检验我国视听作品制度体系的立法安排和内在逻辑是否符合《著作权法》的思想和原则，探析视听作品制度体系中的法律概念、保护对象、权利内容、交易规则和维权保障是否达到了内容规范、语言精准、逻辑严谨的目标。

（一）评价标准：立法技术论＋逻辑价值论

1. 立法技术论

立法技术论是重要理论基础，是探讨我国视听作品制度体系是否完善的重要价值判断标准。科学的立法技术可以使立法对现代社会复杂社会关系的规范化调整更加科学、合理，并实现立法调整的高效率。❶ 立法过程中，不可避免地会受到起草者主观价值等藩篱的影响，立法技术的质量高低，直接关系到立法内容的科学性、合理性❷，因而在立法活动过程中严谨地遵循立法技术上的规范是非常有必要的❸。

斯蒂金·德拜恩（Stijn Debaene）等认为立法技术❹内涵的界定包括五个方面：（1）所使用的技术是一种科学制造技术而不是一

---

❶ 刘永红，刘文怡. 科学立法对于法治现代化的意义及路径 ［J］. 西华师范大学学报（哲学社会科学版），2019（3）：96－101.

❷ 刘松山. 中国立法问题研究 ［M］. 北京：知识产权出版社，2016.

❸ 任才峰. 科学立法、民主立法、依法立法的理论与实践 ［J］. 人大研究，2019（1）：17－32.

❹ Stijn Debaene，Ref Van Kuyck，Bea Van Buggenhout，Legislative Technique as Basis of a Legislative Drafting System，Information and Communications Technology Law，No. 23，23－34（1999）.

种科学设计艺术;(2)一套科学技术使用规则;(3)正确的配方设计;(4)针对规定内容事先进行确定;(5)与其他相关法案以及其他相关司法技术相协调。李高协从立法技术视角,认为进行地方立法活动时应符合四种具体规则和要求:(1)语言技术规范;(2)结构技术规范;(3)活动技术规范;(4)公文技术规范。❶ 管华研究了党内法规制定技术规范,主要包括五个方面:(1)统筹技术科学管理规范;(2)应用语言科学技术管理规范;(3)组织结构科学技术管理规范;(4)社会活动组织技术管理规范;(5)掌握公文管理技术操作规范❷。夏建国对法国知识产权法典的基本立法理论技术体系进行了深入研究,具有立法层次分明、内容系统、结构严密的三大特点。法国这部法典完全以知识产权理论法律结构体系为基础建立其权利体系,每一具体的权利都是以这一权利的各个主体、客体和权利内容的整体逻辑法律结构体系来进行规范的,即包括权利体系主体的存在范围,客体的存在范围和形成条件,权利的取得、内容、转让及利益丧失,权利义务纠纷民事诉讼等,体现了法典知识产权法律理论的总体脉络和基本思想。❸

立法技术论具有一般意义上的普适价值,我国学者在引介这一理论的过程中,运用该理论的具体形态解释了《民法典》、《民法总则》以及《环境法》等多部法律法规中的立法问题。"提取公因式"的立法技术被广泛引入社会运用。❹ 李建华等认为《民法典》的发展充分运用了"提取公因式"技术,该技术是《民法典》

---

❶ 李高协. 浅议地方立法技术及其规范 [J]. 人大研究,2015 (3):40-43.

❷ 管华. 党内法规制定技术规范论纲 [J]. 中国法学,2019 (6):118-138.

❸ 夏建国. 论法国知识产权法典的立法特色及借鉴 [J]. 河北法学,2002 (6):124-128.

❹ 陆青. 债法总则的功能演变:从共同规范到体系整合 [J]. 当代法学,2014 (4):59-69.

总则编构建的核心❶；刘斌认为"提取公因式"立法模式是一种运
用于研究我国《民法总则》条例制定中的有效基本法律方法，遵
循了从个别到一般的归纳式立法发展进路❷。基于系统化整理和总
结的偏向及制定之初需考虑包容性等原因，薛波肯定了《民法总
则》"法人章"对"复制"技术的运用，但同时，他认为这种直接
将已有具体规范上升为《民法总则》内容的"复制"技术，容易
忽视具体制度内部的差异性和多样性，带来规范叠加和规范冲突
问题，造成相关立法瑕疵和制度缺漏，从而影响立法的质量和水
准。❸ 李莉在讨论如何设计我国人格权保护的立法技术形式时，强
调了"协调"技术的重要性。❹ "协调"技术应用包含三个方面：
（1）技术要与本国法律适用体系相互协调，考虑本国法律适用的
长久延续性；（2）技术要与本国法律核心价值服务内容相互协调，
正确把握反映本国法律的核心价值观及内容服务要求，顺应法律
价值服务内容的发展趋势；（3）要注意立法与司法的协调，符合
一国的法律思维习惯。竺效从立法技术角度分析认为《环境保护
法》的基本法律原则和各条款不能孤立定义与解读，应将其为环
境保护基本法的主要立法技术目的、基本国策和基本原则三个基
本条款相联系❺，并提出了对基本原则的规定应积极采取"明确概

---

❶ 李建华，何松威，麻锐. 论民法典"提取公因式"的立法技术 ［J］. 河南社会
科学，2015（9）：49 – 58.

❷ 刘斌. 论我国民法总则对商事规范的抽象限度：以民法总则的立法技术衡量为视
角 ［J］. 当代法学，2016（3）：100 – 108.

❸ 薛波. 公司法人格否认制度"入典"的正当性质疑：兼评《民法总则》"法人
章"的立法技术 ［J］. 法律科学（西北政法大学学报），2018（4）：114 – 125.

❹ 李莉. 法律思维与法律方法下的人格权立法模式：兼论否定一般人格权立法
［J］. 当代法学，2013（6）：72 – 79.

❺ 竺效. 论中国环境法基本原则的立法发展与再发展 ［J］. 华东政法大学学报，
2014（3）：4 – 16.

况罗列＋描述性界定"的立法技术解决方案❶。

笔者致力于第三次《著作权法》修正中的视听作品制度体系研究，立法技术论是笔者建立视听作品制度体系的理论分析框架的重要基础。笔者认为我国视听作品制度体系在内容设计和制度安排上，应符合：（1）形式结构的统一性；（2）内容结构的可行性；（3）语言表达的精湛性；（4）体系结构的协调性。

2. 逻辑价值论

逻辑无论是在我们书面写作还是口头表达时都经常会被作严格要求的方面，它是由词语概念、价值判断和严谨推理构建的思维体系，在法律制度上是法律思想的一种工具，从形式和内容上指导实践。❷ 总结来说，逻辑思维是具有规范性、明确性、系统性等特点的，它的价值不仅仅体现在由语言表达、文字呈现为主的立法层面，而且对司法实践和执法活动都至关重要。❸ 然而，逻辑价值论曾经是遭到过质疑和否定的，自从大法官霍姆斯发表了"法律的生命从来都不是逻辑，而是经验"❹ 这一言论以后，这句话就公然成为一部分"反逻辑"社会人士的理论口号和精神支持，自此逻辑在法律领域中的运用受到严重阻碍。但逻辑在法律规范中的价值并没有因此消逝，有学者提出，"法律的核心价值固然不在于逻辑，但缺乏逻辑理性的法律必然不是好的法律"❺。主张逻辑在法律领域具有积极作用的学者认为，在法律实践中，越多自

❶ 竺效. 论公众参与基本原则入环境基本法 [J]. 法学，2012（12）：127-133.

❷ 张传新. 法律逻辑研究三十年 [J]. 山东社会科学，2010（1）：68-70.

❸ 陈金钊. 法治逻辑、法理思维能解决什么问题？[J]. 河北法学，2019（7）：2-17.

❹ OLIVER W. Holmes, The Common Law, in the Collected Works of Justice Holmes 109, 115 [M]. Sheldon M. Novick ed., Chicago：University of Chicago Press，1995.

❺ 魏斌. 法律逻辑的再思考：基于"论证逻辑"的研究视角 [J]. 湖北社会科学，2016（3）：154-159.

觉地运用逻辑，就越有可能得到稳妥牢靠的法律决定；在关于法律问题的学术讨论中，越多自觉地运用逻辑，就越有可能得到清晰扎实的理论成果。❶ 同时，逻辑不仅能够揭示并且解决句法歧义问题❷，还是法律思维必须借助的主要思维规则。在具体运用上，学者将逻辑思维融入法治建设过程中，将逻辑思维体现在法治实现的规律中，包括立法规律、执法司法规律以及法律运用的思维规则，其中法律拟制思维被认为是法制建设中法律变迁的推动者。❸ 有学者认为在制定法律规范时可以用形式化方法刻画逻辑规律，推进法律规范的系统化发展。❹ 有学者在研究环境法典制度体系的建构内容时，认为应当遵循以下逻辑路径：一是从整体视阈的角度，率先将理想与期许现实化，并视之为制度体系建构的基本原则，具言之，则是以体系化维持运转流畅，以开放性容纳制度发展，以"适度性"回应现实；二是从具体视阈的角度，以建构原则为指导，明确具体建构规则的确定逻辑，即在确定了所涵摄的制度之后对其进行有效编排。对于制度编排的内在逻辑，具体体现于两个方面，其中一方面是认真思考制度群体当中自身的内部联系，另一方面是在保证内体融洽的基础上，在保证制度体系开放而稳定的基础上，使得制度体系当中的组成部分具有一定的"独立性"。❺

在立法逻辑上，笔者认为我国视听作品制度体系应当充分吸

❶ 陈坤．逻辑在法律推理中没有作用吗？对一些常见质疑的澄清与回应 [J]．比较法研究，2020（2）：147–159.

❷ 周祯祥．实用主义法学和法律中的逻辑：兼论中国文化背景下的法律逻辑 [J]．华南师范大学学报（社会科学版），2008（5）：3–12.

❸ DEL，MAR，Maksymilian．Legal Fictions and Legal Change．[J]．International Journal of Law in Context，2013，9（4）：442–465.

❹ 王洪．法律逻辑的基本问题 [J]．政法论坛，2006（6）：109–115.

❺ 张忠民，赵珂．环境法典的制度体系逻辑与表达 [J]．湖南师范大学社会科学学报，2020（6）：27–33.

收拟制思维和逻辑思维规范性、明确性、系统性、开放性的特点。笔者所说的体系化，是在法学方法论之下的完整科学意义上的体系化，强调整体性（形式体系化），也强调合理性（内容体系化）。所以在逻辑思维指导下，首先，要在整体形式上对视听作品著作权制度进行把握，揭示立法活动内在属性与发展规律，满足立法的目标和利益需求，坚持从创造伦理转向分配伦理的价值导向；其次，在立法内容上，要保证相关制度之间的关联与衔接，保证在法律实践中能较好地解决矛盾冲突。

（二）规则现状：概念、对象、权利内容、交易和维权规则之逻辑

1. 视听作品的法律概念

法律概念是提高法律的逻辑完整性和内涵经济性的重要部分[1]，对视听作品进行定义是立法技术和逻辑价值的要求，决定着《著作权法》的保护范围、《著作权法》下客体的法律地位及司法实务的法律依据和标准。[2] 在法律概念的规定上，我国视听作品制度不符合立法技术形式结构、内容结构、语言表达和体系结构的要求。其一，我国新修法并未对引入的前沿表述"视听作品"本身作出解释，也未明确视听作品作者和著作权人的概念，含糊不清的表达会加大适用者的难度。其二，对于享有著作权的制片者概念也各执所辞。《著作权法修正案（草案）》和《著作权法修正案（草案）（二次审议稿）》中对影视作品制片者资格进行了明确解释，为依法组织参与制作各种视听作品并对其承担责任的人，

---

[1] 李琛. 论知识产权法的体系化 [M]. 北京：北京大学出版社，2005.

[2] 杨幸芳，李伟民. 视听作品的定义与分类研究：兼评《我国著作权法》第三次修订中"视听作品"的修改 [J]. 中国政法大学学报，2020（3）：47–59.

但在《著作权法》（2020 年修正）中并未加以规定。我国颁布的《电影管理条例》第 15 条规定，电影制片单位对其摄制的电影片依法享有著作权。在上述条例规定中并没有使用"制片者"的概念而是使用了"电影制片单位"，那么"电影制片单位"如何定义，上述《电影管理条例》也没有具体规定。实践中，由于视听作品的署名混乱，对于视听作品的权利主体的确定较为困难，尤其是在市场经济中，视听作品的投资者、合作方式等呈现多样性，这些投资主体是否都是"制片者"？是否都享有视听作品著作权初始权利？作品保护范围的扩张和概念的缺失或将加大类电作品时代的遗留问题。笔者认为修法时应具体明确视听作品及相关概念，增强法律自身的针对性和可执行性。

2. 视听作品的保护对象

视听作品一直是《著作权法》在理论和实践中都较为困惑的问题，其中一个重要原因是视听作品对于其保护对象的确定较复杂和困难。《著作权法》（2020 年修正）对于视听作品和录像制品的混同、对于视听作品权属认定规则的复杂化，不符合内容结构的可行性要求。首先《著作权法》（2020 年修正）在引入视听作品的同时保留了录像制品，有关作品和制品的划分问题将继续存在，需要法官结合具体的视频类客体特点加以区分和认定。《著作权法》（2020 年修正）第 17 条中的"前款规定以下的视听作品"类似于一个口袋条款，无法达到电影作品技术要求的都可以归类到这里。这种开放的形式体现了立法的前瞻性，防止随着科技发展而涌现出的新作品类型因法律滞后而无法受到完整的保护。但在 2010 年版中如此规定没有异议，因为只需"两步走"：第一步确定为作品，第二步确定为电影作品及类电作品之后，不涉及权属分类的区分，自然而然明确了著作权归属于制片者；而在 2020

年修正案中，必须三步走，即第二步是在确定作品为各类视听作品之后，还必须逐步确定作品到底属于哪一类作品，作品类别不同，权属规制也不同。除此之外，大量的视听作品有人数众多的创作者，其中哪些主体有权就权属进行约定、有权作出何种约定、部分有权主体未参与约定时如何认定约定效力等问题，需要法院在审查权利归属时予以考虑。如何准确理解和适用新的分类标准，有待司法实践的进一步探索。这种权属认定规则，不符合我国国情，将给授权机制带来负面影响，也将造成除电影、电视剧之外其他各类视听作品无法传播的法律行为障碍。❶

3. 视听作品的权利内容

视听作品的著作权内容是指视听作品的著作权人就其视听作品享有的具体法律权利。我国视听作品的权利内容在制度设计上出现了逻辑上的矛盾。《著作权法》（2020 年修正）第 17 条中明确规定的著作权归属情况和第 11 条中作者享有情况的规定存在矛盾的地方，可知制作者并不具有作者身份，视听作品制度使得作者与著作权相分离。显然，这样的基本制度管理逻辑，背离了当前我国《著作权法》"作者享有著作权"的基础理论，也严重背离了《伯尔尼公约》制度精神和两大法系始终坚守的"原始著作权归属于作者"的基本制度原则，造成了我国著作权立法体系和逻辑上的混乱。我国视听作品的权利内容体系为作者人身权体系和作者财产权体系的二元结构，这种二元结构的划分是《著作权法》理论与立法将作者的财产利益与人身利益作为共同设权对象的结果。❷ 从作者

---

❶ 王迁. 对《著作权法修正案（草案）（二次审议稿）》的四点意见 [J]. 知识产权，2020（9）：31-46.

❷ 费安玲. 著作权的权利体系研究：以原始性利益人为主线的理论探讨 [D]. 北京：中国政法大学，2004.

人身权角度而言，视听作品为作者个性、精神、思想的具体表达，以作者存在从事创作活动且已具有一定作品出现为基础构成条件，以作品主体的自身人格利益为具体内容，根据所体现的具体内容不同可将其细分为如下类别：自行型作者权利——发表权；外观展示型作者权利——署名权；自由创作型权利——修改、保护作品内容完整权。对于作者人格权的性质，有学者总结为"三不可性"，即不可转让、不可放弃和不可继承❶，还有学者认为由于著作权中的人格权具有专属性，因而不可转让也不可继承，但并未论及是否可以放弃❷。作者财产权是基于版权体系国家功利主义的著作权文化更加注重作品的商品属性而来，体系内容由过去的权利类型粗线条的"概括式"，改变为权利类型细化的"列举式"。视听作品具有的投入资金量大、制作过程复杂等特征，要求对视听作品财产权的使用应当服务于视听作品市场价值的开发，以便取得良好的经济收益，收回投资。《著作权法》（2020年修正）第10条规定，作品著作权人可以依法许可他人行使或自由转让财产权，并依照约定或者该法有关规定获得相应报酬。根据以上分析可知，作者财产权可自由转让，作者人身权不可转让，而视听作品作者仅享有署名权，所以视听作品著作权归属制度存在"法定转让作品人身权"的逻辑矛盾。

4. 视听作品的交易规则

《著作权法》（2020年修正）中视听作品的交易规则不符合立法技术要求，不利于实现视听作品权利人利益的最大化。视听作品的交易包含创作者与制作者之间的交易，即制作者著作权的获

---

❶ 李琛. 著作人格权诸问题研究［M］//刘春田. 中国知识产权评论：第一卷. 北京：商务印书馆，2002.

❷ 张俊浩. 民法学原理［M］. 北京：中国政法大学出版社，2000.

得与创作者报酬的获得；包含权利人与使用人之间的交易，即视听作品的生产环节与经济市场的流通环节之间的平衡。构建视听作品的交易规则，需要以促进交易为优先原则，笔者认为应当始终坚持分配伦理的价值导向，实现作品传播、保障视听作品著作权交易稳定的目标；需要平衡好商业、安全、社会公共权益与个人权益等利益，在保障视听作品安全的前提下，利用立法技术手段，从多个方面做好视听作品交易规则的构建工作，对视听作品交易的各个环节进行合规管理。具言之，视听作品交易规则应当包含一个通则、四点原则。首先要坚持著作权属于作者的通则，这是著作权创作产生的起点。四点原则分别为：其一，权属主体适当原则，明确各类视听作品主体的权利；其二，权属分配中立原则，视听作品权利分配时应平等对待各方主体，不得利用交易规则破坏市场秩序；其三，权益保护适应规则，交易过程中应当及时关注市场样态，要与市场状况相协调，而如今的产业样态更强调资本的投入；其四，交易形式统一规则，在制度设计时，要注意立法的清晰明了，避免复杂化。《著作权法》（2020 年修正）第 17 条在视听作品的类型基础上所进行的两种划分，对视听作品再次赋予不同"身份"，易打破交易环节的稳定，使视听作品的交易更为复杂。立法应当回应实际中的规律和问题，而不是创设障碍。对于作者如何获得报酬权，《著作权法》（2020 年修正）规定，电影作品、电视剧作品应由制片者享有著作权，其他视听作品由当事人约定著作权，这种制度安排看似尊重了交易双方的意思自治，但同一作品类型的权益安排存在两种不同方式显得过于烦琐。交易过程中，既要使作品及各权利主体的利益最大化，又要实现利润和产业发展效率最大化，因而将报酬请求权以法定方式赋予创作者，能有效降低视听作品交易的制度成本，确保视听作品交易高效、安全进行。

5. 视听作品的维权保障

随着科学技术的不断发展，网络版权犯罪情况越发严重。2019年，网络版权内容民事相关侵权诉讼案件 6906 件，同比上一年度增长 45%，其中与网络紧密联系的视听产业形势同样严峻。我国对于视听作品的维权保障，从宏观上来看较为全面，但在微观上较为混乱，不符合立法技术体系结构要求。

在我国的权利救济体系中，视听行业所涉及的版权法律保护包括政府监管和司法保护两个层面。在政府监管层面，一是每年持续开展维护市场秩序、打击侵权盗版的"剑网行动"；二是对视频行业从业主体加以规制，如 2007 年《互联网视听节目服务管理规定》（2015 年已修订），要求提供互联网视听节目服务的单位取得相应许可证；三是针对各类新产生业务模式进行规范，明确准入门槛或建立许可制度以防止不正当竞争或侵权盗版的发生。在司法保护层面，视听行业的版权维权主要集中存在于民事诉讼案件，基于《著作权法》和《反不正当竞争法》，分别从著作权侵权和不正当竞争两个方面，实现对网络视听节目权利人的保护和维护视频行业健康良性发展的秩序。在视听行业发展的过程中，涉及著作权侵权纠纷的案件不仅从数量上逐年上升，而且在具体案件所涉事项上，也不断"创新"，比如首例短视频著作权侵权案件、首例网络直播侵权案件、首例体育赛事节目著作权侵权案件等，不断涌现的网络视听作品形式和传播使用的技术手段，使法院审理该领域著作权侵权纠纷和不正当竞争纠纷案件时需要面对更多新问题。为了统一裁量标准，最高人民法院及北京市高级人民法院等地方高院先后出台了一系列为提升审判质量防止标准不统一的规定和指引❶，北京、天津、山东、广东、浙江、安徽、湖南等地的高级人民法院也相继制定出台关于审理著作权相关民事纠纷案件所适用法律的工作指引❷。综上，可以看出，网络视听行业相关的司法审判案件，具有数量众多、事实情况复杂多样、适用与解释法律规则的创新点多、相关规范及指引文件纷繁复杂等特征。与刑事法律责任、行政法律责任对比而言，民事法律责任对视听作品著作权人的保护更为直接和客观，主要体现在停止侵害、赔偿损失、诉前禁令三个方面。为有效解决侵权行为赔偿数额低、对侵权行为的法律惩治力度不够等突出问题，《著作权法》（2020 年修正）增加了惩罚性侵权赔偿的相关规定，《民事诉讼法》对"诉前财产保全"和"诉前证据保全"都作了较为详细的规定，并对诉前保全制度进行了完善❸。行政法律责任形式能较好地维护视听作品著作权人的利益，维护正常的市场经济秩序，使国家利益、公众利益和视听作品权利人的个人利益之间

---

❶ 如最高人民法院 2006 年修订了《最高人民法院关于审理涉及计算机网络著作权纠纷案件适用法律若干问题的解释》（现已失效），2020 年修订了《最高人民法院关于审理著作权民事纠纷案件适用法律若干问题的解释》《最高人民法院关于审理侵害信息网络传播权民事纠纷案件适用法律若干问题的规定》及《最高人民法院关于审理不正当竞争民事案件应用法律若干问题的解释》（现已失效）。

❷ 以北京为例，北京市高级人民法院 2012 年出台《关于视频分享著作权纠纷案件的审理指南》，2015 年发布《关于审理涉及综艺节目著作权纠纷案件若干问题的解答》。2018 年，北京市高级人民法院又发布《侵害著作权案件审理指南》，从基本规定、权利客体、权利归属、侵权认定（包括著作人身权、著作财产权、邻接权）、抗辩事由、法律责任、侵害信息网络传播权的认定、侵害影视作品著作权的认定、侵害计算机软件著作权的认定等 11 个方面，对审理侵害著作权案件作出指引。

❸ 我国《著作权法》第 56 条规定："著作权人或者与著作权有关的权利人有证据证明他人正在实施或者即将实施侵犯其权利、妨碍其实现权利的行为，如不及时制止将会使其合法权益受到难以弥补的损害的，可以在起诉前依法向人民法院申请采取财产保全、责令作出一定行为或者禁止作出一定行为等措施。"

达到相互促进和协调。《著作权法》（2020年修正）将原第48条内容改为第53条，规定如果行为构成犯罪的，应当依法追究侵权人的刑事责任。我国《刑法》中还规定了具体的刑罚承担方式。

从以上分析可看出，我国对于视听作品权利人遭受的侵害宏观上有较为全面的救济体系，但是视听作品具体制度自身的保障不容乐观。在实践中，署名权是权利人维权的最基本条件，但是关于署名权规定与署名行为行业惯例混乱的现象，使原始权利人和继受权利人在维权时面临许多困难。首先对于视听作品中的署名权没有争议，应归属视听作者。作者享有署名权符合立法原则，但在作品上署名的行为能否作为认定作者地位的依据，作品上署名的人就必然是作者吗？很多学者认为这些行为其实是影视行业内的一种行业惯例，对此，视听作品相关法律规定需要进一步完善，发挥立法的引领和推动作用。

（三）评价结论：视听作品权属制度在第三次修法中的进步与不足

1. 逻辑体系在第三次修法中的进步

《著作权法》的第三次修正以顺应科技发展趋势为修法出发点，以完善逻辑体系使立法始终处于与实践同步的位置。"视听作品"表述的引入，在立法技术上更具有灵活性，能更好地揭示该类型作品与其他类型作品差别的实质[1]；在结构上更具有系统性，能更好地涵摄技术发展产生的新型客体，在范围上全面包含电影作品、电视作品、短视频等；在语言上更具有凝练性，符合了立法语言的精简要求；在内容上更具有标准性，为法官在解决个案

---

[1] 曾青未. 论视听作品的利益分配：以作者的公平获酬权为视角 [J]. 知识产权，2017（4）：59-65.

纠纷中的突破性保护确立了法律依据，是随着技术发展应对视听类作品种类增多的必然趋势。著作权法保护一直面临着维权成本高、侵权赔偿数额低等困境，《著作权法》（2020 年修正）则提高了侵权法定赔偿额的上限，为视听作品著作权人维护自身合法权益进一步提供了有力支撑。

2. 逻辑体系在第三次修法中的不足

我国视听作品制度在第三次修法中，仍存在因概念缺失导致的体系架构不牢、因新增条款非必要导致的内容结构复杂、因立法语言不清晰导致的逻辑体系混乱等问题。

其一，概念认识是保护体系的理论基础，我国视听作品保护制度管理体系中对基本概念的认识阐释缺失严重，对于视听作品本身的基础概念、作者的基本概念、制作者的基本概念、电影作品等出现的作品类型基本概念均未明确，在结构上是一种缺憾。其二，《著作权法》（2020 年修正）把视听作品进行了二级分类，缺乏体系化的考量，致使权利归属与权利范围变动难测，也使得利用"视听作品"来统一概念的目的落空。其三，由于立法语言表达的不足，我国视听作品制作者享有著作权缺乏理论过渡，不符合逻辑体系要求。除此，在视听作品权利归属的条文内容中，出现的"摄影""作词""作曲"是一个动词，而"编剧、导演"是一个名词，对于参与创作的人员的表述应当规范一致，故建议将"摄影""作词""作曲"修改为"摄影师""词曲作者"。

三、"本体"评价：我国视听作品权属制度体系的法律关系剖析

（一）评价标准：利益均衡论 + 政策工具论

权利体系的基本设计及其理念和社会价值观的判断不是孤立的

法学理论问题，还受到经济学、哲学等不同学科领域和社会领域思想观念的共同影响。经济学利益均衡理论自被提出和论证以来就经久不衰，其具有自身特有的生命价值，实际上与法学所追求的公平理念十分接近。政策工具是政府出台的一系列支持社会经济发展的政策措施的统称❶，它追求对社会生活中实际问题的解决，考察理论从应然状态到现在实然过程中需要研究解决的实际问题。

1. 利益均衡论

19 世纪末，英国经济学家把原本属于物理学中的"均衡"概念引进到经济学中，用以描述经济主体之间的状况，而后该理论被广泛运用于法学研究之中。可以说任何一项法律制度都是利益均衡的产物❷，因为在法律框架下，各利益主体之间不可避免地存在冲突和对抗，抑制和消除这些冲突是实现法治有序、社会和谐最理性的选择。而法学可以利用制度规范来力求实现不同主体的利益均衡，减少因资本与劳动在资源和财富分配上的不均衡对社会和谐所造成的影响❸，使相关主体在一定的利益格局和体系下达到和平共处、相对均势的状态❹。换言之，利益均衡的方法视角，能有效协调多方利益之间存在的冲突状态，是一种能为立法阶段和司法适用阶段提供正当性的方法论。❺

在利益均衡实现方式上，吴汉东认为要对知识产品财产性利益进行合理分配和调整，规制参与了知识产品的作品创造、作品

---

❶ ZEGVELD R W. Reindustrialization and Technology ［M］. London：Logman Group Limited，1985.

❷ 张平. 知识产权制度基本理论之讨论［J］. 科技与法律，2011（4）：27 – 30.

❸ 徐勇. 民主：一种利益均衡的机制 – 深化对民主理念的认识［J］. 河北学刊，2008（2）：1 – 5.

❹ 冯晓青. 知识产权法利益平衡理论［M］. 北京：中国政法大学出版社，2006.

❺ 冯晓青. 论利益平衡原理及其在知识产权法中的适用［J］. 江海学刊，2007（1）：141 – 146.

传播、作品利用等过程的"利益相关者"之间的权利义务关系，而对利益进行分配的时候还需要考虑到独占权利与公共利益之间的平衡。❶ 面对网络时代对著作权利益平衡带来的挑战，有学者从法理角度出发，提出"三轨并行"的改革进路，主要在结构上对原有制度体系进行制度调整、在构建"许可授权机制"的同时引入"补偿法则"进行相互性调整。❷ 冯晓青则提出从各主体利益实现的顺序、利益的位阶、与利益相关的其他因素等方面进行充分的利益衡量，简单说就是保护现实环境中价值更大的一方，尽可能地使利益受损方的损失降低到最小化。❸ 有学者从利益衡量的范围、标准、依据等角度进行思考：（1）确定一方利益的实现是否必须以另一方利益的损害作为代价；（2）对双方主体利益的位阶进行排列，核查当事人是否得到合理补偿，并且处于"最小代价"状态。❹ 还有学者在知识产权保护客体方面，使用 $Vp + Ds1 > Cs + Ds2$ 这个公式来判断利益正当性，其中 Vp 代表某一知识产权在社会层面的商业价值，$Ds1$ 代表这一知识产权的社会发展的收益，包括知识积累、科技进步和对再开发的促进等，Cs 代表为了保护这一知识产权而付出的制度成本，$Ds2$ 代表对这一知识产权授予垄断权后社会因无法及时利用此知识，无法自由获得知识产权产品等所受的损失。❺ 对于利益平衡机制的构建，有学者从完善法律制

---

❶ 吴汉东. 知识产权的多元属性及研究范式 [J]. 中国社会科学，2011（5）：39 – 45.

❷ 郭剑寒，程博. 网络时代知识产权利益平衡：以著作权利益平衡制度为核心的解读 [J]. 山西师大学报（社会科学版），2006（4）：40 – 43.

❸ 冯晓青. 论利益平衡原理及其在知识产权法中的适用 [J]. 江海学刊，2007（1）：141 – 146.

❹ 胡玉鸿. 和谐社会与利益平衡：法律上公共利益与个人利益关系之论证 [J]. 学习与探索，2007（6）：90 – 95.

❺ 刘亚军，张念念. 知识产权国际保护标准的解读与启示：以利益平衡为视角 [J]. 吉林大学社会科学学报，2006（4）：75 – 82.

度、采取技术措施、遵守成本效益的市场原则及转变观念与意识等方面提出建议。❶ 利益均衡理论在视听作品制度中的价值体现在我国视听作品制度既要保护创作者的经济权益和精神权益，又要维护投入了资金成本的制作者利益；既要鼓励作者创作出更多优秀的视听作品，又要激发投资者的热情。

2. 政策工具论

知识产权制度是国家根据现实发展状况和未来发展需要而作出的公共政策选择和安排，知识产权政策论主要回答作为公共政策工具的知识产权是如何选择、推进并服务社会发展目标的，从政策科学理论出发，研究知识产权的政策主体、政策构成、政策效益以及政策目标等。理论分析与实证分析及其两种分析的结合，是知识产权政策论的主要研究方法。❷ 知识产权政策的功能在于维护知识权利的正义秩序和实现知识进步的效益目标，主要体现在：（1）知识财产私有的界定功能；（2）知识创造活动的激励功能；（3）知识资源利用的配置功能；（4）知识财富分享的平衡功能；（5）知识利益保护的规范功能。❸ 激励理论是对著作权制度正当性的另一种回答，"该理论重点关注的是著作权制度带来的社会效果，也就是著作权作为工具可以满足的社会需求。激励理论将著作权法视为一种制度工具，通过权利配置实现激励信息生产和传播的目的"❹。这种工具主义的观点得到了成文立法

---

❶ 关永宏，闫慧. 数字音乐作品著作权保护中的利益冲突与平衡［J］. 宁夏大学学报（人文社会科学版），2007（6）：78–81.

❷ 吴汉东. 知识产权理论的体系化与中国化问题研究［J］. 法制与社会发展，2014（6）：107–117.

❸ 吴汉东. 利弊之间：知识产权制度的政策科学分析［J］. 法商研究，2006（5）：6–15.

❹ 熊琦. 著作权激励机制的法律构造［M］. 北京：中国人民大学出版社，2011.

的广泛认同。我国《著作权法》第 1 条❶、《美国宪法》第 1 条第 8 款❷都是这种解释在立法中的体现。一般认为，创作者在市场环境中处于弱势地位，著作权的激励理论是为了更好地保护创作者利益以鼓励创作。但熊琦谈到"著作权法在表达上突出鼓励创作，并不意味着创作环节与著作权产业的其他环节有不同的地位"❸。故而在当代法治中国建设的语境中，强调励治法治观的"法律激励"命题正激活了国家治理法治化对"良法善治"的真正主张。❹ 在建设创新型国家的总政策目标引导下，知识产权政策必须调整、完善和提高。我国的知识产权政策也应当通过制度配置和政策安排对知识资源的创造、归属、利用以及管理等进行指导和规制，满足保持社会稳定、维护社会公正、促进社会发展的公共政策的总体目标，采取比较成本 – 效益的方法来分析制度合理性。❺

　　政策工具论在本书的运用上体现于，结合"理论 – 实证""成本 – 效益"的政策方法，分析视听作品制度中的政策主体、政策客体、政策关系、政策效益以及政策目标，检验视听作品制度在激励创作和激励投资两种需求上是否达到协调，是否实现了配置资源、均衡财富、规范保护、刺激市场、服务社会的价值目标。

---

❶　我国《著作权法》第 1 条规定："为保护文学、艺术和科学作品作者的著作权，以及与著作权有关的权益，鼓励有益于社会主义精神文明、物质文明建设的作品的创作和传播，促进社会主义文化和科学事业的发展与繁荣，根据宪法制定本法。"

❷　《美国宪法》第 1 条第 8 款规定："为促进科学和实用技术的进步，保障作者和发明者在一定期限内对其作品和发明享有独占权利。"

❸　熊琦. 著作权激励机制的法律构造 [M]. 北京：中国人民大学出版社，2011.

❹　丰霏. 从立法技术到治理理念：中国语境下法律激励理论的转向 [J]. 法商研究，2015（3）：46 – 54.

❺　吴汉东. 知识产权法学 [M]. 北京：北京大学出版社，2016.

（二）规则现状：主体、客体、内容规则之内容

与其他类型作品相比，"视听作品"中涉及的著作权问题更为冗杂，主要原因在于视听作品相关的法律关系难以厘清。根据上述利益均衡论和政策工具论的分析，我国视听作品制度内的法律关系并未充分均衡作者和其他著作权人利益，并未充分实现修正《著作权法》作为促进我国科学经济文化事业持续性发展与社会进步的最终目的。

1. 基于视听作品的法律关系的主体规定

我国对于视听作品著作权归属的现行法律规定有别于其他国家，虽然明确规定了视听作品作者的范围，但是并没有指明这些作者是基于其个人创作而依法享有著作权，反而规定视听作品的著作权归属于制作者，缺少应有的过渡环节，模糊了作者与制作者之间的基本法律利益关系。基于利益平衡论，作者与制作者之间应制定合理的利益平衡性分配模式。电影、电视剧作者约定获得报酬削弱了对作者权利的保护，应法定赋予，这里突然对作者的权利进行了限制很不妥。相比于署名权，这种直接的经济性补偿方式比专有权在实践中更便捷高效，因为专有权不管是实施还是维权都有一定的难度。对于主体间视听作品作者与原作作者之间的法律关系，我国学术界还有较大争议。有学者认为二者系合作关系，并指出作者的身份应当根据其是否符合合作作品的"创作意志和创作行为"两要件来确定，即是否有共同的合作意图和是否参与了共同创作❶；有学者认为二者系演绎关系，认为合作关系的认定不仅不利于保护投资者（制作者）的利益，也不利于视

❶ 陈明涛. 电影作品的作者身份确认及权利归属研究 [J]. 知识产权, 2014 (6)：10–20.

听作品的顺利流转，难以提高作品创作者和传播者的积极性❶；有学者借鉴日本将作品细分为原著作品和素材作品的规定，认为视听作品与原著作品属于演绎关系，与素材作品属于复制或结合关系❷。还有学者认为原作作者与视听作品作者是特殊的演绎关系，如此理解能缓解当作品权利归属约定不明时出现的作品需要"双重许可"的尴尬，同时也是复杂的合作关系，如此能简化电影作品实际运营中需要得到所有合作作者许可的授权程序，缓解纷争和矛盾❸。在确定原作作者与视听作品作者之间的法律关系时，应认识到在创作视听作品时不可避免地需要使用大量的现有作品作为创作的基础，笔者认为我国立法应将新作视为特殊的演绎作品，对于视听作品自身的利用无须得到原作著作权人的许可，节约社会成本，提升作品传播速度及经济流转效率，最大程度地实现视听作品的价值。我国《著作权法》对制作者（制片者）身份的认定问题，一直没有确定统一的方式。确定制片者身份应该采用何种形式标准，司法判决中出现了不同的观点，笔者经统计后主要可概括为"资质说""署名说""法定说"。"资质说"认为制片者为获得许可证的主体，在"中凯公司诉《亮剑》电视剧信息网络传播权纠纷案"中，武汉市中级人民法院审理认为，制片者认定是以行政许可证书记载为准；在"盟世奇有限公司与泽安商贸有限公司侵犯著作权纠纷上诉案"❹中，制片人因取得了国产电视动画片发行许可证而得以认定。对于"署名说"，在"广东梦通文化公司诉电视剧信息网络传播权纠纷案"中，二审法院认为许可证

---

❶ 李伟民. 视听作品著作权主体与归属制度研究 [J]. 中国政法大学学报，2017（6）：87 – 106.

❷ 张春艳. 论视听作品中已有作品作者的权利 [J]. 中国版权，2015（4）：61 – 64.

❸ 王迁. 知识产权法教程 [M]. 北京：中国人民大学出版社，2019.

❹ 参见：天津市高级人民法院（2015）津高民三终字第0018号民事判决书。

记载是行政机关的管理行为，证明效力较弱，不足以否定影视作品中的署名的效力；在"上海美术电影制作厂有限公司诉杭州玺匠文化创意股份有限公司侵害著作权纠纷上诉案"❶中，法院依据我国《著作权法》第 11 条"如无相反证明，在作品上署名的公民、法人或者其他组织为作者"的规定，在查明原告所提交的正版光盘及播放的《葫芦兄弟》片头均以"上海美术电影制片厂"署名，且无相反证明的情况下，认定作为署名主体的电影制片厂对动画片《葫芦兄弟》享有著作权。对于"法定说"，在"广东省深圳东方艺术培训中心诉辉晴国际有限公司著作权权属纠纷案"❷中，法院并未直接解释制片者确定基础，而是依据《著作权法》第 15 条直接认定电视剧《白色休止符》著作权依法由该剧制片者享有，但因原告没有准备自身作为制片者的相关证据而被法院驳回了诉请。由上述案例可以看出，由于我国缺乏对视听作品主体的规范，法院在实践中采用不同方式和标准判定视听作品权属主体，影响了司法效率和审判质量。

2. 基于视听作品的法律关系的客体规定

视听作品著作权保护的客体是作者智力劳动产生的结晶，我国视听作品法律关系中保护的客体由电影作品及以类似摄制电影方式产生的作品变为《著作权法》（2020 年修正）中的视听作品，并将视听作品从立法层面细分为电影、电视剧作品和其他视听作品。基于视听作品的法律关系下客体的权利归属路径不同，随着产业的不断发展，明确新型视听作品归类变得尤为重要。笔者对2015—2019 年《中国法院十大知识产权案件和 50 件典型知识产权

---

❶ 参见：浙江省高级人民法院（2016）浙民终 590 号民事判决书。
❷ 参见：广东省深圳市罗湖区人民法院（2009）深罗法民二初字第 434 号民事判决书。

案例》5 个案例文件共 300 个案件进行统计，其中涉及视听作品（电影作品）著作权的案件共计 11 个。同时，在对另外 40 个涉影视类著作权案件共同进行分析后，发现视听作品案件中主要涉及以下几种客体类型：第一类是传统影视作品侵权案件，主要涉及电影作品、电视剧作品、动漫作品等侵权案件。第二类是在数字网络环境下的网络影视作品、游戏类电作品侵权案件。第三类是新类型下的短视频类电作品侵权案件。

　　针对视听作品客体，其中体育赛事直播节目、网络游戏画面、短视频、宣传片等新型视听作品的类型确定问题在司法实践中遇到较大争议。2020 年 9 月，"新浪互联公司诉北京天盈九州公司侵害著作权及不正当竞争纠纷案"❶ 落下帷幕。2013 年，新浪互联公司提起诉讼，一审法院认为体育直播赛事视频构成类电作品，二审法院则以涉案体育赛事公用信号所承载的连续画面还没有达到拍摄电影作品所要求的独创性同样的高度，且"随摄随播"的状态不能满足电影作品中的固定的要求，认定不属于《著作权法》保护的作品。北京市高级人民法院的再审判决中认定，涉案体育赛事节目视频构成类电作品。在"央视国际网络有限公司诉暴风集团股份有限公司侵害著作权纠纷案"❷ 中，二审法院将涉案体育赛事视频认定为录像制品，再审法院最终认定涉案体育赛事节目视频构成类电作品。在"央视国际网络有限公司诉上海聚力传媒

---

❶ 参见：北京市高级人民法院（2020）京民再 128 号民事判决书、北京知识产权法院（2015）京知民终字第 1818 号民事判决书、北京市朝阳区人民法院（2014）朝民（知）初字第 40334 号民事判决书。

❷ 参见：北京市高级人民法院（2020）京民再 127 号民事判决书、北京知识产权法院（2015）京知民终字第 1055 号民事判决书、北京市石景山区人民法院（2015）石民（知）初字第 752 号民事判决书。

技术有限公司著作权侵权及不正当竞争纠纷案"❶ 中，上海市浦东新区人民法院从独创性和固定性角度分析认为，涉案足球赛事节目构成类电作品。在"广州网易计算机系统有限公司与广州华多网络科技有限公司著作权侵权及不正当竞争纠纷案"❷ 中，法院开拓性地将网络游戏呈现画面认定为"类电影作品"，认为游戏软件的权利人是游戏画面作为"类电影作品"的"制作人"，玩家操作游戏画面不属于法律意义上的劳动创作。对于另一个案件，"深圳市腾讯计算机系统有限公司与某文化公司、某网络公司侵害作品信息网络传播权及不正当竞争纠纷案"❸，为国内认定 MOBA 类游戏（多人在线战术竞技游戏）连续画面构成类电作品的首例判决，该案为认定游戏用户对游戏整体画面是否享有著作权提供明确的法律指引。在新型视听作品于《著作权法》中找不到依据的时候，法院对个案进行分析，认可以"类电影作品"加以保护，但在《著作权法》（2020 年修正）之下又将产生新的问题，2020 年修正案对作品细分使得这一初衷落空，且在概念不清的情况下增加归类的难度，增加了考察约定形式的工作。在 2010 年修正案中类电作品著作权归属于制片者没有异议，而 2020 年修正案对视听作品作了区分，在电影作品、电视剧作品及其他视听作品之间没有明确概念区分的前提下，按一般理解，将直播画面适用其他视听作品规定，则其著作权应由游戏公司与游戏玩家等当事人约定，明显增加了权属认定难度。此外，网络游戏都是预先设定了整个游戏的逻辑框架，游戏用户没有独立创作的空间，只是根据游戏设

---

❶　参见：上海市浦东新区人民法院（2017）沪 0115 民初 88829 号民事判决书。

❷　参见：广东省高级人民法院（2018）粤民终 137 号民事判决书。

❸　参见：广州互联网法院（2019）粤 0192 民初 1092 – 1102、1121 – 1125 号民事判决书。

定按部就班地执行，无独创性劳动。基于利益均衡论，游戏用户对游戏整体画面显然不享有著作权，游戏开发者因其投入大量的资金享有对直播画面的著作权，也就没有分类和约定的必要。在"微播视界科技公司与百度在线、百度网讯有限公司侵害作品信息网络传播权纠纷案"❶ 中，探讨了短视频能否构成《著作权法》保护的作品。法院依据《著作权法实施条例》第 2 条、第 4 条及《最高人民法院关于审理著作权民事纠纷案件适用法律若干问题的解释》第 15 条规定，认为系争短视频体现出了独创性，符合"摄制在一定介质上，由一系列有伴音或者无伴音的画面组成，并且借助适当装置放映或者以其他方式传播"这些形式要件，故属于类电作品。按照 2020 年修正案规定，短视频应适用其他视听作品的著作权归属方式，而现在许多短视频创作主体都有强大的拍摄团队，这种多人共同参与创作的情况让著作权人身份以约定方式来认定更为困难。❷"抖音"用户服务协议 10.2 显示，上传、发布所产生内容的知识产权归属于注册账号用户或原始著作权人。而 10.3 显示，无相反证明情况下，平台直接获取了作者的著作权及其使用权。这些条款看似契合了新视听作品中其他视听作品的约定优先原则，但实际上是用户不得不接受的内容，用户在注册抖音账号时没有选择的余地，只能同意，否则无法注册，显然约定原则给处于优势地位的平台提供了进一步的法律支撑，更不利于保护用户权益。2017 年 12 月的网络电影第一案❸，引发了对于电影是否专指院线电影，网络电影、微电影或大电影算不算电影的

---

❶ 参见：北京互联网法院（2018）京 0491 民初 1 号民事判决书。

❷ 李舒覓. 短视频领域的维权难点：以"抖音"平台为例 [J]. 声屏世界，2019 (5)：28 – 30.

❸ 从诛仙到诡案组，首例网络电影著作权侵权案背后的产业迷途 [EB/OL]. [2021 – 02 – 05]. http://blog.sina.com.cn/s/blog_53923f000102y2v2.html.

思考。有文创从业者曾批评，"许多微电影本身是相关部门或机构，以宣传片的形式进行拍摄，并主要是在线下的各类会议、活动中展示"。这样的作品有能量而无流量，且不上网传播，算不上真正的电影。而在"曹某诉昆明市旅游发展委员会、云南国联文化创意发展有限公司著作权侵权纠纷案"❶ 中，法院认定系争作品宣传片《冬天去昆明》属于类电作品。

由以上案例分析可知，确定作品类型是视听作品案件中的首要工作，直接影响权属安排，这也反映出《著作权法》（2020 年修正）把"电影及类电作品"改为"视听作品"有利于适应新技术下作品种类不断发展的趋势。但对视听作品二次分类的新增内容无法解决问题，反而会加大司法判案难度，不符合规范保护、激发市场、服务社会的价值目标。

3. 基于视听作品的法律关系的内容规定

在利益均衡理论指导下，视听作品的权利归属规则应当保护创作者、投资者、传播者、利用者的权益，在充分尊重作者创作劳动、体现公平理念和人格理论的同时，鼓励投资和创作，合理配置著作权，❷ 维护影视产业发展秩序；在政策工具论指导下，视听作品著作权制度体系的构建应当以推动影视产业发展为目标，但《著作权法》（2020 年修正）的制度安排尚未达到以上状态。

在涉及视听作品纠纷案件中，法院对于权属的认定是需要优先面对的问题，在司法实践中，法院在权属认定上会优先贯彻"署名推定"原则。但就推定方式，也存在不同的标准，主要有权利声明信息或标识、片头或片尾的出品单位/联合出品单位/出品

---

❶ 参见：云南省高级人民法院（2016）云民终 448 号民事判决书。
❷ 张春艳. 我国视听作品著作权归属模式之剖析与选择 [J]. 知识产权，2015 (7)：55 – 60.

方、制作单位/联合制作单位、摄制单位/联合摄制单位、相关工作人员署名及电视台台标❶、版权登记证书、制作协议/授权协议/发行协议、赛事组织者/行业协会章程、发行许可证或公映许可证等行政许可证、认证机构出具的证明、首次发布者账号信息❷等。在"优酷信息技术（北京）有限公司诉乐视网信息技术（北京）股份有限公司侵害作品信息网络传播权纠纷案"❸ 中，法院以声明权利归属的署名截图，确认了原告的权利；在"北京爱奇艺科技有限公司诉昆明广播电视网络有限责任公司侵害作品信息网络传播权纠纷案"❹ 中，法院根据出品单位署名及版权声明确认权属；在"北京字节跳动科技有限公司诉北京爱奇艺科技有限公司侵害作品信息网络传播权纠纷案"❺ 中，在署名与作品登记证书不一致的情况下，法院综合节目片尾署名、作品登记证书及原告方相关说明确认原告享有涉案节目著作权；在《即日起程》《潜伏》等著作权侵权纠纷案❻中，法院把在影片末尾署名为联合出品和联合摄制的单位认定为作品最初的著作权人；在《满堂爹娘》著作权侵权纠纷案❼中，法院直接以出品单位的署名来认定著作权的归属，尽管在片尾的署名中存在联合摄制单位；在《女人的村庄》著作

---

❶ 参见：北京市海淀区人民法院（2019）京 0108 民初 844 号爱奇艺诉乐视一案，就山西卫视的《老梁故事汇》节目，法院结合台标及山西广播电视台相关说明，认可山西广播电视台对该节目享有原始权利。

❷ 参见：北京市海淀区人民法院（2017）京 0108 民初 49079 号民事判决书。

❸ 参见：北京市朝阳区人民法院（2018）京 0105 民初 28256 号民事判决书。

❹ 参见：云南省高级人民法院（2018）云民终 610 号民事判决书、云南省昆明市中级人民法院（2017）云 01 民初 2288 号民事判决书。

❺ 参见：北京市海淀区人民法院（2018）京 0108 民初 24140 号民事判决书。

❻ 参见：北京市第二中级人民法院（2009）二中民终字 1507 号民事判决书、北京市海淀区人民法院（2009）海民初字 26228 号民事判决书。

❼ 参见：广东省广州市中级人民法院（2010）穗中法民三中字第 80 号民事判决书、广东省广州市天河区人民法院（2009）穗天法知民初字第 311 号民事判决书。

权侵权纠纷案❶中，法院以片尾的著作权归属声明认定著作权人，尽管该片尾字幕存在联合摄制单位的署名。除了著作权归属问题，对于二次获酬权的忽视同样不利于权利人之间的平衡。在"董某瑛诉上海谢晋中路影视有限公司等侵犯著作权纠纷案"❷中，原告将其文字作品《我的一个世纪》的"电视连续剧拍摄权"独家许可给被告，被告拍摄成影视作品《世纪人生》后又许可他人制成光盘发行，但没有向原告就光盘发行额外支付报酬。原告认为被告的行为超出了许可使用范围，构成侵权。该案的一、二审法院均认为，电影《世纪人生》的版权由制片者享有，合同并未限制影视作品的发行方式，原告除了可以对署名权和合同约定的报酬主张权利外，无权限制影视作品的使用方式，因此被告作为该电影的制片者，其行为不存在超越许可方式的问题。根据现行法律作出的这种判决对原作者其实是十分不公平的，需要针对原作作者权利保护的法律缺失作出填补，即应当确定二次获酬权制度以加强对原作作者的权利保护。

（三）评判结论：视听作品权属制度在第三次修法中的创新与疑虑

1. 法律关系在第三次修法中的创新

《著作权法》在第三次修改过程中完善了各法律关系的制度设计。一是通过明确作品概念的新定义，拓展权利的种类及边界，以增加权利事项等方式强化了对权利人的保护；二是通过完善合理使用制度，更好地实现作品创作者与使用者之间的平衡；三是

---

❶ 参见：上海市卢湾区人民法院（已撤销）（2010）卢民三（知）初字第 152 号民事判决书。

❷ 参见：上海市高级人民法院（2004）沪高民三（知）终字第 137 号民事判决书。

通过对视听作品类型作出"电影作品、电视剧作品与其他视听作品"的区分及不同权利归属的安排，以期使不同层级的视听作品的作者和制作者等权利人能实现利益最大化；四是通过加大盗版侵权惩治力度，以明确惩罚性赔偿的角度，提高侵权者违法成本，增强权利人维权动力，以更好地实现《著作权法》的制度功能。

2. 法律关系在第三次修法中的疑虑

尽管《著作权法》（2020 年修正）在制度设计上作出了努力，但是法律关系问题仍然存在未尽之处。从主体来看，模糊了作者与制作者之间的法律关系。一方面，视听作品著作权归属制度的安排摒弃了"创作人为作者，作者享有著作权"理论，著作权归制作者享有存在逻辑矛盾；另一方面，视听作品的再分级，加大了确定作品的作者和著作权人的难度。从制作者角度来看，还缺乏对于视听作品制度中"制作者"的定义。从客体来看，对于电影作品、电视剧作品中的制作者享有视听作品著作权的规定，缺乏理论过渡，同时加重了新型视听作品定性的难度。从权利内容上看还有几处不足，《著作权法》（2020 年修正）仍保留了"录像制品"的概念，署名权与署名行为存在乱象，缺少二次获酬权的规定。这些都将不利于权利人之间利益的平衡，仍会给司法实践带来麻烦。

四、视听作品权属制度的国际与国外经验借鉴

（一）国际条约溯源

版权的保护制度最先可以追溯到《伯尔尼公约》，《与贸易有关的知识产权协定》（TRIPS）是吸收了《伯尔尼公约》制度、《罗马公约》制度的有关规定，增加了对于邻接权的相关保护制度。网络的出现使得网络版权保护必须适应技术发展，从这一角度出发，世界知识产权组织（WIPO）则以 TRIPS 内容为参照制定

了网络版权保护的《世界知识产权组织版权条约》（WCT），在参照 TRIPS 基础上增加《罗马公约》内容制定了保护网络版权邻接权的一项条约，即《世界知识产权组织表演与录音制品条约》（WPPT）。可以说，TRIPS 精神影响了世界上很多版权保护上的重要制度，笔者以 TRIPS 作为国际版权保护的时代背景，用以延伸分析视听作品制度保护的规定。

1. TRIPS 时代的视听作品制度

《伯尔尼公约》的签订，意味着近代著作权保护国际化的开始，其在文件最先部分明确规定了要实现对作者文学和艺术作品权利的保护（"尽可能一致地保护作者对其文学和艺术作品所享权利的愿望"）。WCT 在序言部分的第一段也以相近的表述展现了立法目的，即对作者在文学和艺术作品上的权利保护（"出于以尽可能有效和一致的方式发展和维护保护作者对其文学和艺术作品之权利的愿望"）。在《伯尔尼公约》的第 2 条当中出现了"电影作品或以与电影摄影术类似的方法创作的作品"受著作权法保护的制度规定，这也奠定了其后许多国家对影视作品的表述和规定。《伯尔尼公约》第 14 条之二第 2 款（a）项规定制定电影作品著作权归属体系的权利交予各国自由行使。TRIPS 制度中强调了与《伯尔尼公约》的关系，表明了其关于"视听作品"的保护与《伯尔尼公约》中的规定保持一致。在平衡权利人的私人利益和公共利益上，国际公约都有不同程度的规定。从 WCT 序言第五段及第 10 条可以发现 WCT 规定的私人利益与公众利益的平衡仍然是溯及《伯尔尼公约》第 9 条第 2 款的规定，只是 WCT 进一步明确施加可能限制的条件。而与 TRIPS 所规定的有不同的地方在于，WCT 对在限制权利使用和例外规定上作了两个条文的设计：其中一个是缔约方在某些不与作品的正常利用相抵触，也不无理地损害作者合法利益的特殊情况下，可在其国内立法中对依本条授予文学和艺术作品作者的权利规定限制或例外；缔约各方在适用《伯尔尼公约》时，应将对该公约所规定权利的任何限制或例外限于某些不与作品的正常利用相抵触、也不无理地损害作者合法利益的特殊情形。在参照 WCT 的规定基础上，WPPT 同样也规定了保护邻接权权利人的利益与公众利益之间的平衡。在作品合法保护期上，《伯尔尼公约》第 7 条第 2 款规定经过作者同意后，保护期为公开后 50 年期满，如果 50 年内没有公开，那么就是从作品完成后满 50 年。可见，作为电影作品保护期起算时间的"公之于众"必须是"经作者同意后公之于众"。

2. 后 TRIPS 时代的视听作品制度

后 TRIPS 的崭新时代开始要从世界贸易组织取代《关税及贸易总协定》算起，知识产权国际保护制度也有新一轮的变化。具有跨时代意义的一个条约《视听表演北京条约》（以下简称《北京条约》）于 2020 年 4 月 28 日正式生效，它的时代意义体现在这是我国诞生的第一个国际知识产权条约。《北京条约》对"视听录制品"进行了定义，然而这一定义没有特别大的突破，比如在判断体育赛事、春晚视听节目是"作品"还是"制品"的问题上也依然存在很大的争论。❶ 在对"录像制品"的认定和归属上，我国与国际范围存在一定差异，在国外立法以及相关的国际公约中认为是录影的载体，而我国将其限定为录影本身。2015 年 10 月 5 日，若干成员方通过了《跨太平洋伙伴关系协定》（TPP），其中的知识产权条款影响了国际知识产权的发展趋势，TPP 著作权强知识产权规则主要表现为保护期限的延长。以美国为代表的 TPP 发达成

---

❶ 杨幸芳. 体育赛事节目的法律性质与保护之评析：兼评新浪诉凤凰网中超赛事案
[J]. 电子知识产权，2019（12）：70 – 81.

员方作为著作权文化产业的输出大国，确立了有利于美国的强知识产权规则，在一定程度上推动了美国 GDP 的发展，但对于作品保护期限的延长，忽视了这也将延缓优秀作品进入公共领域的进程，从短期来看也不利于 TPP 发展中国家的发展。但是从长远来看，对于强知识产权规则，不能因为它超出了 TRIPS 的最低要求就一味否定它，而是应该理智地审视它。❶ 2020 年 1 月中旬，中美双方签署了第一阶段的《中美经济贸易协议》，知识产权位于协议开篇章节。协议 1.29 条明确要求我国在著作权及其邻接权的民事案件中简化权利人的证明手续，并实行举证责任倒置的追责制度，要求侵权人对他使用作品的合法条件作出证据释明。这项条款显著降低了著作权人就侵权行为的举证负担，协议也加大了打击侵权商品的力度。根据该项规定，作者和邻接权人只要以通常方式在作品、表演、录音制品上标明自己是作者或者是相关权人，在没有相反证明的情况下，就应当推定他们是著作权人或相关权人，同时要求侵权人证明自己已经从权利人处获得许可。❷ 2020 年 11 月中旬，一项在 TRIPS 基础上更为精进，提升了区域内知识产权的整体保护水平的制度《区域全面经济伙伴关系协定》（RCEP）正式被签署，是我国继加入世界贸易组织后又一重大开放成果，有助于推动加快构建新发展格局。无论是在何种协议制度下，我国知识产权制度面对权利的碰撞和矛盾，应坚持"优先保护权利人法益"的原则；关于权利的协调，应坚持实行"利益衡平"的原则。❸

---

❶ 刁舜. 冲突与决策：TPP 与中国著作权法的对比研究 [J]. 出版广角，2016 (19)：44-46.

❷ 王迁.《著作权法》修改与国际条约和协定 [J]. 电子知识产权，2020 (11)：4-12.

❸ 吴汉东. 后 TRIPs 时代知识产权制度的变革与中国的应对方略 [J]. 法商研究，2005 (5)：5-9.

（二）国外法制镜鉴

如今的影视产业已经发展成为各国国民经济及社会产业中非常重要的组成部分，也已经基本形成了各自独特的法律法规制度和行业管理体系，为本国的影视作品包含著作权在内的权益撑起了巨大的法律保护伞。综观各国的法律制度和管理体制来看，有许多相同之处，如各国都以国际条约为参照来指导本国电影作品著作权保护的立法工作。但由于各国的经济、文化发展程度不一，加之法律传统上存在差异，因而在产权保护模式上也呈现出各自的不同特色。

1. 欧美等发达国家的视听作品制度

大多数国家的视听作品制度实际上可归为"版权法体系"和"作者权法体系"两种主要的保护体系，前者以美国、英国为主，后者以德国、法国为主。版权法体系国家以"激励机制说"为主导，法律关注焦点在客体而非创作者，坚持功利主义和实用主义，认为版权法的任务是促进公共文化发展及作品的经济利用。英美法国家把作品视为纯粹的财产，从而强调保护作品的财产权，其后由于加入《伯尔尼公约》的需要，对作者精神权利略有体现。作者权法体系国家的法律关注焦点是与作品有关的作者，在洛克劳动财产权理论支撑下，承认创作者付出的智力劳动应当得到著作权法的保护。

对于作者及著作权人的认定，版权法国家将制片者拟制成电影作者。与世界各地版权法国家一样，美国版权法规定作品的原始版权属于作者。不同的是，身在美国的雇主或者委托方对电影作品享有著作权，他们大多也即制片者。而作者权法体系国家自始至终都只认定进行了创作活动的自然人为作者。法国采用"一般要件加列举"的模式，将电影作品视为合作作品，采用推定为作者原则和"双重著作权理论"，即制片人及原作作者均享有版权。德国采用个案模式，将电影作品的原始版权归属于作者，同时依靠法院的判断来确定作者的具体范围，由司法机关在个案中根据具体情况甄别谁是作者。虽然德国著作权法与法国著作权法都明确规定电影作品的著作权只能属于创作者，但是为了保证电影制片者能够享有必需的电影开发利用权，这两个国家建立了不同的著作权权利使用许可或者转让制度，但制片者所能享有的只是著作财产权。其中，德国规定了推定排他使用许可制度，而法国规定了推定独占使用权转让制度。归纳起来，在电影作品著作权归属问题上，法德两国著作权法的共同点是：（1）实际参与电影作品创作的自然人是作者，作者享有电影作品的原始著作权；（2）电影作品的制片者与作者之间可以通过合同约定电影作品的使用权归属，如果合同没有约定或约定不明，应推定作者已将权利转让给制片者。从上述国家法律规定可以看出，其一，是否付出独创性劳动并非认定作者的唯一标准，一个国家的法律历史传统对其影响更大。其二，重视作者精神权利的作者权法国家普遍将制片人排除在作者群体之外；而重视作者经济权利的版权法国家大多将制片人视为作者，英国仅为履行欧盟版权期限指令，才将导演认定为作者。其三，各国作者的范围并不统一。

2. 日、韩、印等电影产业发达国家的视听作品制度

1970 年日本对其著作权法进行了全面修订，立法技术和立法水平使其著作权法对权利的保护水平跃居世界前列。❶ 中日两国著作权法有着相似的立法目的❷，但是采用的法律体系却存在较大差

---

❶ 胡红云 . 中日著作权法比较 ［M］. 北京：人民法院出版社，2017.

❷ 日本著作权法第一章总则第 1 节第 1 条规定："本法目的在于确定与作品、表演、唱片、广播和有线广播有关的作者的权利及其邻接权利，在注意公正使用上述文化成果的同时，保护作者等的权利，以促进文化的繁荣和发展。"

异。日本著作权法第 2 条❶对作品、作者、电影制作者作出了定义，为各条文的解释确立了依据，但对电影定义并未作直接规定。第二章第一节第 10 条用例示方法界定了电影作品受著作权法保护；第 2 节第 14 条❷以推定方式确定了作者身份，即电影作品在多数情况下是作为电影制作者、导演、摄影者、美术导演等创作者的共同作品受到保护。总的来说，日本著作权法对电影创作者的范围划定了明确的界限，要求制作者参与了电影创作相关工作，对内容具有创造性贡献，但若是基于法人或者雇佣关系以自己名义作为创作人发表作品的，不属于创作人。对于电影、电视剧产业著作权的保护，韩国已经达到了很高的保护水平。韩国著作权法第 2 条中，对作品、作者、电影作品、电影作品制作人进行了定义❸；第 4 条运用例示的方法列举了电影作品在其保护范围之内；第 8 条规定了可推定为作者的情形；第 14 条规定了作者的精神权利专属于作者，不可转让。韩国著作权法未直接规定影像作品的著作权属于何人，而推定为了有效利用影像作品，将必要权利转让给制作人，以此力图达到有效利用影像作品的目的。根据韩国著作权法的解释，转让给制作人的权利仅限于著作财产权，仍然由影像作品的创作人享有著作人格权。转让给制作人的著作财产

---

❶ 日本著作权法第 2 条规定："（一）作品指文学、科学、艺术、音乐领域内，思想或者感情的独创性表现形式。（二）作者。指创作作品的人。……（十）电影制作者。指发起制作电影作品并承担责任的人。"

❷ 日本著作权法第 2 节第 14 条规定："电影作品中，除电影作品中被改编或者复制的小说、剧本、音乐或者其他作品的作者之外，负责制作、导演、演出、摄影、美术等工作、对电影作品整体制作做出了独创性贡献的人，都是电影作品的作者。但是，适用前条的规定时，不在此限。"

❸ 第 1 款指出"作品"是指对人的思想或情感的独创性表达。第 2 款指出"作者"是指创作作品的人。第 13 款指出"电影作品"是指一系列图像（无论有无伴音）的独创性集合物，并可以通过机械或电子设备而被看到或听到。第 14 款指出"电影作品制作人"是指制定计划并对电影作品的创作承担责任的人。

权的范围也限于有效利用影像作品的必要的权利。但是与此不同，中国《著作权法》中制作人享有影像作品的著作权本身，即制作人全部取得著作财产权与著作人格权。但是编剧、导演、摄影、作词、作曲等作者享有署名权。因此中国《著作权法》上制作人可行使的权利范围大于韩国著作权法上的制作人的权利范围。印度的电影产业发展迅速，受到全球影迷关注，是名副其实的电影强国，以高产量高质量闻名电影界。印度政府对该国的电影产业的发展也提供了大力支持。在印度版权法中，对电影作品也作了相应的保护，第一章第 2 条中对概念❶作了解释，对作品的范围作了界定，印度直接规定了制作者为电影作品的作者；第四章中规定了著作权的归属和权利人的权利❷。印度版权法较好地贯彻了充分利用国际标准的灵活性、维持权利保护与作品使用平衡的理念，对我国《著作权法》的完善具有重要的借鉴价值。❸

---

❶ （d）"作者"指－（v）就电影或录音而言，制作者；以及（vi）就任何由计算机生成的文学、戏剧、音乐或美术作品而言，启动该作品创作的人；（f）"电影"指通过以任何方式制作活动形象的过程，即在任何媒介上制作的伴有录音的录像作品；"电影"应被解释为涵盖通过任何类似电影摄制的过程制作的作品，包括录影；（uu）"制作者"，就电影或录音而言，指发起动议并负责制作该作品的人；（y）"作品"指下列作品中的任何一类－（ii）电影。

❷ 在符合该法规定的情况下，作品的作者为原始著作权所有人；但如果－（a）作品的作者根据劳务合同或学徒合同受雇于报纸、杂志或类似期刊的业主，在雇佣期间，为了在报纸、杂志或类似期刊上发表而创作的文学、戏剧或美术作品，在无相反约定的情况下，只要著作权涉及该作品在任何报纸、杂志或类似期刊上发表，或涉及为此种发表而对作品进行复制，该业主即为作品的原始著作权所有人；但是在其他所有方面，作品的作者为该作品的原始著作权所有人；（b）在符合（a）项规定的情况下，经任何人提议而有偿拍摄的照片、绘制的图画或肖像或制作的版刻或电影，在无相反约定的情况下该人为其原始著作权所有人；对于作者根据劳务合同或学徒合同在受雇佣期间创作的作品，如果不适用（a）项和（b）项规定，在无相反约定的情况下，雇主为其原始著作权所有人；（cc）对于公开发表的演说或讲话，发表该演说或讲话的人为其原始著作权所有人……

❸ 王清. 镜鉴印度版权法：中国应当学习什么 ［J］. 电子知识产权，2013（4）：68－74.

（三）国内立法移植

1. "供体"的甄别与借鉴：国际及国外的有益经验

笔者认为，我国应该在借鉴国际及国外立法经验基础上，充实和完善我国《著作权法》，对《著作权法》及其国内体系中其他法律文件进行内容和形式上的整合。其一，各国重视定义的立法设计值得借鉴。从各国的立法例中不难看出，影视产业发达的国家在对视听作品的立法规范中，注重概念和定义的立法设计，比如日本著作权法第2条用了很大的篇幅对20多个用语进行了定义和解释，这对于法律条文的理解和规则的适用有极大的帮助。我国没有在《著作权法》的结构里设置这个部分，仅在《著作权法实施条例》里规定了这些内容，但部分定义仍然存在缺漏。其二，各国简单明晰的立法思路值得借鉴。各国对作者身份范围有明确界定，使他们的权利能更好地受到保护，进而激发他们的创作热情，给影视产业带来更多优秀的作品。版权法体系国家将影视作品的著作权作为一个整体归制片者享有，同时对于影视作品的著作权人与基础作品著作权人的关系以及影视作品的著作权人和可单独使用音乐作品的著作权人之间的关系都给予了明确规定。美国立法明确地界定了作者身份与影视作品著作权归属，简单明了地将制片者视为作者，影视作品著作权当然地归属于制片者。法国立法规定参与实际创作的每一个自然人为作者，是合作关系，享有影视作品的著作权，制片者通过作者转让方式获得各个合作作者对于影视作品所享有的专有使用权。德国著作权法也承认了参加影视作品创作的各位作者享有影视作品的著作权，他们也可以通过合同向制片者转让其对于影视作品的专有使用权，只不过，这一行为是影视作品作者的法定义务。其三，版权法体系国家促进产业发展的理念值得借鉴。版权法体系国家的激励理论认为应该在考虑效率因素和利益最大化因素基础上将著作权赋予最能发挥客体效用的主体，故而将视听作品著作权赋予制片者更为合适。其实，激励创作与激励投资并不是非此即彼的关系，而是一荣俱荣、一损俱损的关系。意识到这一点，在确定著作权归属时，就不会在激励投资和激励创作之间游移不定，也不会因为激励投资所具有的浓烈功利主义色彩而予以排斥。因此，为了激励投资，促进视听产业发展，可以将视听作品著作权法定归属于制片者，同时，保障作者分享收益的权利。为此，一是应该确定视听作品的作者为创作者，确立创作者的利益分享机制；二是借鉴"视为作者"原则，将其作为"创作人为作者原则"的例外规定❶，把制片者视为视听作品的"法律作者"，享有视听作品著作权，其他参与者是"事实作者"；三是理顺视听作品作者与原作作者之间的逻辑关系。

2. "受体"的兼容与调适：我国移植的可行性分析

笔者从法律基础、政策基础、市场基础、司法基础出发，认为移植国外成功经验具有明显的制度价值和应用价值。"视为作者"原则作为西方舶来品，是英美法系国家在"著作权属于作者"原则下创设的用以规避制片者法定获取著作权风险，克服"激励中心论"与"创作中心论"差异的一种制度安排。为有效解决当前我国视听作品权利归属制度的内在逻辑矛盾，借鉴这一原则具有移植的现实国内土壤，符合我国现阶段的基本国情和产业融合发展的实际需要。我国目前移植"视为作者"原则具备各种基础条件。（1）法律支持基础：其一，国外法律已有成熟且成功的经验，我国《著作权法》2020 年修正案的出台、《北京条约》的生

---

❶ 樊宇. 我国著作权法对雇佣作品原则的移植 [J]. 电子知识产权, 2018 (2): 14 – 25.

效、《民法典》的颁布为原则借鉴创造了良好的法律政策基础；其二，随着产业新技术和数字媒体与信息融合等新经济新业态的不断创新和快速变化，越来越多的大众人士积极参与艺术创作并积极参与个人创作成果的传播过程，各种新型知识产权侵权行为也层出不穷，由此对版权的司法管理和保护提出了新的要求，显然文化大繁荣和大发展离不开立法和司法为主导的版权保护。（2）政策支持基础：自党的十八大以来，党中央、国务院对包括版权在内的国内知识产权保护工作提出了更高的要求，指出了更加严格而明确的方向。习近平总书记也多次在各项重大会议报告中指出加强对知识产权的保护工作，不断提升其战略地位，从而促进建设现代化经济体系，激发全社会创新活力，推动构建新发展格局。为了规范文艺作品传播秩序，在"剑网2020"专项行动中，对视听作品、电商平台、社交平台等多个领域侵权盗版行为进行了严厉打击。2021年更是将"把创意推向市场"作为世界知识产权日主题。（3）市场基础：视听行业具有浓厚的商业属性，视听作品生产的目的很大程度上就是盈利。在许多社会进步、经济发达、市场机制完善的国家，影视作品从策划制作、发行到广泛放映这一系列环节，完全施行现代化的以市场为运营核心、依赖社会资本的投入收回成本并盈利的商业运营管理机制。《2019中国网络视听发展研究报告》❶ 主要内容呈现了2018年中国网络视听行业的十二大现状及发展趋势，短视频、网络视听直播、纪录片、网络综艺都越发热门，市场有显著提升。截至2018年12月底，中国网络视频（含短视频）用户数量规模累计达7.25亿，2020年，网络视听服务用户规模突破9亿，网民使用率达95.8%。随着我国网络视频

---

❶ 2019 中国网络视听发展研究报告 ［R/OL］. （2019 – 05 – 28）［2021 – 02 – 05］. https://news. znds. com/article/38287. html.

收看终端设备不断多样化及 5G 的快速普及，网络视听行业将会继续保持高速增长的良好态势，商业发展前景广阔。（4）司法支持基础：目前我国网络视听服务产业规模不断激增，而网络视听行业侵权现象也越发严重。2019 年，网络版权民事侵权诉讼案件达到 6906 件，同比大幅增长 45%；体育赛事的内容盗版现象非常严重，2018—2019 赛季，各体育联赛网站监控到的侵权内容链接多达 37 万余条，几乎覆盖了重要体育联赛的全部场次，而且体育赛事的正版授权成本往往高达几十亿，而盗版侵权成本极低，相关权利亟待得到法律保护。

我国已经从不完全开放、不完全竞争的电影市场状态发展成为一个电影大国，已经具备了加强制片者权益保护的现实条件，通过法律规制有助于完善我国影视产业发展中的先天性不足等问题。借鉴域外国际经验还具有多方面的理论科学性和立法技术研究应用价值，可以为制片者合法获取视听作品著作权铺平道路，解决视听作品制片者与创作者之间存在的实际问题；可以有效地融通资金，拓宽对外融资渠道和新方式，保证生产要素的科学合理优化配置，充分发挥资源的经济综合管理效用；符合市场经济对主体共同利益需求多元化的市场发展战略需求，满足构建完整的视听作品著作权归属体系的需要；有利于适应新形势的需要，同时进一步与国际经济社会理论接轨，更好地参与国际经济交流与国际技术合作。

五、我国视听作品权属制度体系的优化建议

（一）《著作权法》中视听作品条文的逻辑布局建议

1. 视听作品相关法律条文布局的基本思路

我国视听作品制度体系的构建，应从国情出发，从促进产业

发展考虑，符合立法技术论、逻辑价值论、利益均衡论和政策工具论的要求，通过制度配置和政策安排，实现保持社会稳定、维护公正效率、促进经济发展的总体目标。笔者认为可从四个方面加以完善：一是注重制度体系的顶层设计，从制度框架、基本制度和原则、重点内容方面进行谋划，符合逻辑；二是注重立法技术的运用，兼具技术中立、表达清晰、语义包容的原则，突出实践价值；三是注重利益平衡，促进法律关系各主体之间实现共赢，既鼓励和保护创作，又促进作品更好地传播、使用；四是注重政策工具理论的保护和救济，注意将多种纠纷解决方式有效运用起来。

笔者通过四种评价标准的分析，无论是形式上还是本体上，发现视听作品制度体系中存在的问题主要有：（1）"视听作品""制作者"等定义、概念缺失；（2）视听作品著作权归属于制作者缺乏理论过渡；（3）对视听作品进行二次分类的新增条款有碍产业发展；（4）缺乏对视听作品主体的规范；（5）权利内容上，仍保留"录像制品"的概念；（6）署名权与署名行为混淆；（7）缺少二次获酬权的规定，将不利于权利人之间利益的平衡。

作为第三产业的影视产业，具有自己的特征。一是对于传统影视产业中的电影、电视剧来说，生产周期与其他产业相比更长，一旦启动就很难修改或者停止；二是影视产业风险更大，其公共属性和商业属性加剧了对于市场的需求；三是社会发展会不同程度、不同范围地影响个人活动，包括个人创作在内的各事项都在向集体活动的方向演变❶，所以即便是技术手段支撑下的个人创作行为，也依赖着其他主体的联系和商业运作。著作权的产生是基

---

❶ 蒋舸. 雇佣关系与法人作品构成要件 [J]. 法律科学（西北政法大学学报），2014（5）：102 – 109.

于作者个人创作的一种事实行为，但对于著作权的行使应当受到社会公共利益的规范和调整。❶ 所以在立法时，应当在坚持"著作权属于作者"的一般原则基础上，充分保障各方主体的合法权益，简便视听作品权利归属进路，避免增加交易成本。笔者认为，应当以实用主义的态度和功利主义的视角构建我国视听作品著作权归属模式，进一步接近市场经济的现实需要，满足产业振兴的现实国情需求。具言之，笔者认为应当借鉴国外立法成功经验对视听作品重新定义，明晰视听作品作者范围，确定影视作品制片者的含义，简化著作权归属层次，进而对于视听作品著作权归属问题予以完善，为实践中视听作品著作权归属问题提供一种可供借鉴的解决思路，使法院在处理相关案件时有统一的认定标准，同时使得制片者能够按照规范的标准使用、发行以及传播视听作品，进而更好地保护创作者的权利，激发他们的创作热情，推动我国影视产业蓬勃发展。

2. 视听作品相关法律条文布局的具体建议

从定义条款来看，在增加定义的同时，要顺应技术的发展，减少狭隘的限制，既要兼具技术中立、简练和包容的原则，又要体现法律规范性与灵活性的统一。从视听作品权利归属表述内容来看，需要给予制片者享有著作权的法定逻辑渠道，撤销对于视听作品的再划分，从立法支撑上解决划分的复杂性。

笔者结合四种评价标准，认为应从以下方面对我国视听作品制度加以完善：（1）在坚持"著作权属于作者"的一般原则基础上，借鉴"视为作者"原则给予制作者享有著作权的法定逻辑渠道，实现激励投资生产和文化传播的目的。（2）注重定义的再完善，明晰视听作品作者、制作者的范围。在定义时既要兼具技术

---

❶ 来小鹏. 知识产权法学 [M]. 北京：中国政法大学出版社，2015.

中立、简练和包容的原则，又要体现法律规范性与灵活性的统一。（3）以实用主义的态度和功利主义的视角构建我国视听作品著作权归属模式，撤销对于视听作品的再划分，从而简化视听作品权利归属路径，将第 17 条第 1 款、第 2 款合并，避免因分类归属增加交易成本，进一步接近市场经济的现实需要，满足产业振兴的现实国情需求。（4）坚持著作财产权法定归属于制作者，著作人身权由参与创作的作者享有，除署名权以外的著作人身权的行使方式可以与制作者等权利人约定。同时，创作者原始获得因创作作品而产生的报酬利益，用直接性的经济补偿方式能更有效地激发创作热情。从对视听作品的版权保护期限来看，在国产影视已经开始成为一项重要的商业产品的当下，其版权保护期限也应该适当地延长，以保障其投资能够得到足够长时间的回报。

（二）《著作权法》第 3 条和第 17 条的再修正建议

1. 第 3 条关于视听作品定义的修正建议

根据立法技术论和逻辑价值论的标准要求，应当完善视听作品的相关定义，有利于明确《著作权法》的保护范围、受保护著作权客体的法律地位及司法实务的法律依据和标准。笔者认为应当在第 3 条中对视听作品、视听作品作者、视听作品制作者作出具体的定义：

第三条　本法所称的作品，是指文学、艺术和科学领域内具有独创性并能以一定形式表现的智力成果，包括：

（六）视听作品：由一系列有伴音或者无伴音的连贯画面组成，并且借助适当技术设备能为公众所感知的作品。

（七）视听作品作者：指原作作者、编剧、导演、摄影师、词曲作者等创作作品的人。

（八）视听作品制作者：指发起制作视听作品并承担责任的人。

2. 第 17 条关于视听作品法律关系的修缮对策

根据逻辑价值论，笔者认为可以借鉴"视为作者"原则解决"著作权属于制作者"与"创作人为作者，作者享有著作权"的逻辑矛盾。根据利益均衡论和政策工具论的标准要求，应当以推动影视产业发展为目标，明确原始获酬权来平衡制作者与作者利益差距，同时放弃对视听作品的二次分类以简化权属划分，降低司法实践难度。笔者认为具体修缮如下：

第十七条　除另有约定外，视听作品中的著作权由视为作者的制作者享有。

但编剧、导演、摄影、作词、作曲等作者享有署名权和获得报酬的权利。制作者可以就除署名权以外的著作人身权的行使方式与作者进行约定。

视听作品中的剧本、音乐等可以单独使用的作品，作者有权单独行使其著作权，但不得妨碍视听作品的正常使用。

（三）《著作权法实施条例》中视听作品条文的修正建议

1. 实施条例第 4 条、第 5 条和第 10 条的修正建议

由前述分析，利用互联网、数字技术、无形介质形式和手段所创作的新型视听类作品难以纳入目前我国的著作权保护体系中。根据立法技术论，为实现法律文件之间的协调统一性，首先，应使用"视听作品"替换《著作权法实施条例》中所有"电影作品和以类似摄制电影的方法创作的作品"的表述。其次，应当直接在《著作权法》中对视听作品进行含义性规定，删除《著作权法实施条例》第 4 条中视听作品相关含义。最后，删除第 5 条中"录像制品"的法律规定，将其统一纳入"视听作品"中予以保护，减少关于"作品"和"制品"的争议。第 10 条视听作品内容修改为"原作品作者及著作权人许可他人将其作品改编成视听作品的，视为已同意对其

作品进行必要的改动，但是这种改动不得歪曲篡改原作品"。

2. 实施条例中增加相关条款的建议

视听作品与文化产业密切相关，涉及的利益关系更是错综复杂。我国视听作品权利归属的法律制度逐渐形成了自己的优势和诸多特色，但仍有完善的空间。关于署名惯例与署名权的问题，可以在《著作权法实施条例》中加以区分明确。结合目前我国《电影管理条例》《电视剧管理规定》（已失效）和《国产电影片字幕管理规定》的相关规定，在《著作权法实施条例》中分别明晰以"出品单位""电影制片单位""电视剧制作单位"方式署名的主体为"制作者"的认定方法。

第三篇

授权制度与机制

第五章

"互联网+"与"公共卫生事件"下版权市场变革与应对

当下中国文化产业的发展（含供给侧改革），遭逢的最大主题无疑是"互联网+"和"突发公共卫生事件"，深度影响和刻画着文化产业和市场的众多要素。"互联网+"所催生的数字化、智能化和网络化技术是当今世界最大的创新主题之一。面对这一创新形态，科学研判、系统梳理并理性考察版权创造、传播和交易之嬗变是完善版权授权和交易流转制度的前置性任务，也是版权制度和机制真正支持互联网创新的前瞻性工作。此外，2020年上半年，受新冠肺炎疫情这一突发公共卫生事件影响，以版权作品为主要消费对象的文化市场发生较大变化，线下影院、KTV、文旅等传统消费受到极大冲击，而数字文化的线上和移动端消费成为主流趋势，因此秉持科学理性的眼光，及时关注突发公共卫生事件下市场变革背后版权利益博弈的制度和机制问题，具有重要意义。

一、"互联网＋"形态下版权价值链的转型

（一）"互联网＋"形态下经济关系之变革

"互联网＋"作为一种社会经济发展新形态，突破了以往"＋互联网"的发展模式和理念，强调从联合转向融合，体现为"以互联网为主的新一代信息技术（包括移动互联网、云计算、物联网、大数据等）在经济、社会生活各部门的扩散、应用与深度融合的过程"❶。"互联网＋"与经济发展之间呈现着强烈的关联关系，包括促进区域经济的快速增长以及国家经济的转型等。针对具体的产业发展，国务院于 2015 年发布的《国务院关于积极推进"互联网＋"行动的指导意见》重点强调了互联网与创业创新、制造业、现代农业、智慧能源业、金融业、公共服务业、物流业、电子商务、绿色生态和人工智能等十大产业的融合，以推动"互联网＋"新经济形态的形成，成为经济社会创新发展的重要驱动力量。"互联网＋"对于社会经济发展的驱动具体体现在经济关系层面，即"互联网＋"基于其自身特性对经济关系的生产、流通和消费环节均产生深度影响。

首先，"互联网＋"的开放性、互动性和技术性改变了传统经济关系中的生产环节。互联网使参与生产尤其是知识生产的门槛降低，知识生产所需的信息、数据、知识等"操作性资源"广泛存在且边际成本为零，互联网的扁平化联接方式为个体参与生产提供了空间。这些互联网带来的开放性和互动性特征"使得以知识生产为主的知识经济时代的生产模式发生了根本性转型，基于

---

❶ 宁家骏．"互联网＋"行动计划的实施背景、内涵及主要内容［J］．电子政务，2015（6）：32－38．

公地资源的大众生产模式成为主流"❶。在大众生产模式之下，"网络使用者在互联网媒介上进行创作性活动成为普遍现象"❷，人们通过社会互动即可创造全新的知识，由此给传统经济关系生产环节带来的影响表征为企业的生产主导角色从价值创造主导者转变为价值创造和生产的协助者。再者，从企业生产成本控制的维度分析，互联网的技术性和由此带来的技术信息应用能力能够促使企业克服"机构困境"，"即通过改变传统生产组织方式继而克服企业因追逐利益扩大生产规模带来的管理成本上升的弊端"❸，在利润获取和成本控制上表现得更为优异。

其次，"互联网＋"的交流性、渗透性和复杂性改变了传统经济关系中的流通环节。连接一切、万物互联的"互联网＋"所隐含的交流性特征，以及互联网带来的"信息在全球范围内的及时流动而产生的'流动空间'使得一切社会活动都可以在地理上获得延伸"❹的渗透性，使得传统经济关系在资源流动与配置、生产者与消费者互动、经济活动流通的中间媒介等方面发生了变化。从经济学角度分析，互联网创新之本质乃是实现了全球信息资源的重新配置及流通，企业在资源配置和流通中的信息汇集能力愈发凸显。"互联网＋"环境的复杂性和多变性使生产者与消费者的互动关系及其产生的经济效果不同于传统方式，"从工业时代到互联网时代，消费者的角色从观众变为表

❶ BENKLER Y. The Wealth of Networks: How Social Production Transforms Markets and Freedom [J]. Information Economics & Policy, 2006, 19 (2).

❷ SCHRADIE J. The Digital Production Gap: The Digital Divide and Web 2.0 Collide [J]. Poetics, 2011, 39 (2).

❸ SHIRKY C. Here Comes Everybody: The Power of Organizing without Organizations [M]. New York: The Penguin Press, 2008.

❹ CASTELLS M. Rise of the Network Society [M]. London: Blackwell Publishers, 2000.

演主角"❶, "企业与顾客的互动使新产品的价值构成在大众鉴别中得以升华"❷, 网络环境下买家与卖家之间的信任关系以及由此产生的交易行为之间不再是简单的线性关系, 而是表现为"买家的信任与其交易倾向间的关系呈倒 U 形"❸。经济活动流通的中间媒介层面, "由于交易成本和信息不对称, 传统中介行业或双边市场在规模经济和范围经济上均受到限制, 并不能形成网络时代必需的众创格局"❹, 互联网中间平台的出现促进了信息流动和生产方式的变革。"互联网 +"经济形态与传统经济形态最大的差别之一便是网络平台成为"互联网 +"时代经济流通的最关键媒介和渠道。

最后, "互联网 +"的多元性、自主性和隐蔽性改变了传统经济关系中的消费环节。"互联网带来的交易成本降低、偏好伪装和同质分类机制"❺ 充分显现了互联网的多元性、自主性和隐蔽性。在此背景下, 经营者的商业模式不再局限和依赖于传统经济关系中消费者的直接购买行为, 而更多地采取免费获取模式通过"访问"或"流量"控制方式让消费者与商家之间产生"黏性"以获得后续的商业利润。"互联网 +"对传统经济关系中的消费行为带

❶ KAPLAN A M, HAENLEIN M. Toward a Parsimonious Definition of Traditional and Electronic Mass [J]. Journal of Product Innovation Management, 2006, 23 (2).

❷ CHRISTIANSEN J K, VARNES C J, GASPARIN M, et al. Living Twice: How a Product Goes through Multiple Life Cycles [J]. Journal of Product Innovation Management, 2010, 27 (6).

❸ GEFEN D, BENBASAT I, PAVLOU P. A Research Agenda for Trust in Online Environments [J]. Journal of Management Information Systems, 2014, 24 (4).

❹ PARKER G G, ALSTYNE M W V. Two - Sided Network Effects: A Theory of Information Product Design [J]. Management Science, 2005, 51 (10).

❺ FARRELL H. The Consequences of the Internet for Politics [J]. Annual Review of Political Science, 2012, 15 (1).

来的转变主要体现为消费行为、商业模式、消费动机等维度。在互联网2.0时代下，消费者的行为能够被培育和塑造。❶ "移动互联网让企业走向'微市场模式'"❷，传统大众顾客因其消费特征而被区分为属性各异的小众。"在互联网发展进入平台时代后，流量成为市场主体争夺的利益形态"❸，因此消费者的参与行为即变成了消费行为，而消费者参与网络互动背后的动机基于消费者的多元化和自主性与网络的隐蔽性使其完全异于传统的消费行为。"社会公众对于社会化媒体的使用动机与满足可以概括性地分为内容满足、社交满足和过程满足三种情况"❹，譬如"Facebook的使用动机包括寻求归属感和自我展示两大类"❺，"网络上的这种'类社会互动'起到了情感寄托和自我实现的功能"❻。

（二）版权创造的"去职业化"及其转变

"互联网+"环境下版权创造的"去职业化"，转变了版权创造模式、版权创造主体、版权创造形式以及版权创造内容。在版权创造模式层面，缘于互联网的开放性、互动性和交流性等趋势

---

❶ 赵振."互联网+"跨界经营：创造性破坏视角［J］.中国工业经济，2015（10）：146－160.

❷ GOYAL M, HANCOCK M Q, HATAMI H. Selling into Micromarkets［J］. Harvard Business Review, 2012, 90（7）.

❸ 季境.互联网新型财产利益形态的法律建构：以流量确权规则的提出为视角［J］.法律科学（西北政法大学学报），2016（3）：182－191.

❹ PARK N, KEE K F, VALENZUELA S. Being Immersed in Social Networking Environment: Facebook Groups, Uses and Gratifications, and Social Outcomes［J］. Cyberpsychology & Behavior the Impact of the Internet Multimedia & Virtual Reality on Behavior & Society, 2009, 12（6）.

❺ NADKARNI A, HOFMANN S G. Why Do People Use Facebook?［J］. Personality & Individual Differences, 2012, 52（3）.

❻ GILES D C. Para－social Interaction: A Review of the Literature and a Model for Future Research［J］. Media Psychology, 2002, 4（3）.

和特性，版权创造不再是专业从业人员的"专利"，互联网上成千上万用户对创作的参与以及专业创作人员与用户之间的互动创作成为可能，并逐步成为版权创造的主要模式。譬如，电视剧的生产创作、网络小说的创作等不再是传统的制作人决定电视剧和小说内容，而更多依据观众和用户的反应和意见来决定作品的内容，此种"内容生产的互动性"和"用户/读者决定内容"模式改变了以往"媒体决定内容"的模式，"使得传统意义上内容生产的 PGC（Professional Generated Content）专业生产模式转化为 UGC（User Generated Content）用户自创 + PGC 专业生产相结合的模式"❶。在版权创造主体方面，正是基于版权创造模式的非职业化和大众化，版权创造的主体不再局限于传统的专业作者、媒体、作家、艺术家等，互联网的参与者与创作者、作者与读者之间的界限在网络创作中变得模糊，且版权创造主体逐步泛化。价值共创理论——"顾客参与到价值链的每个环节、消费者与企业来共同创造价值"——在版权创造领域体现得尤为明显，版权的创造及价值链过程相比于传统方式对参与者（消费者）的依赖程度逐步深化。

在版权创造形式方面，版权创造的变革体现在：以碎片化、微型化为特征的微创作逐步兴起，以编辑、加工、演绎、戏仿等行为进行的二次创作逐渐增加，以社交媒体、电子出版、网络平台等为载体的创作行为也日渐盛行。互联网环境下版权创造的形式趋于多样化、丰富化。在版权创造内容方面，一方面，由于互联网对经济关系生产活动的影响带来的创造模式、主体和形式的变革，驱使版权内容更加个性化、更具针对性，传统的大众化的

---

❶ 郝婷，黄先蓉. 论媒介融合背景下数字版权交易制度的完善 [J]. 数字图书馆论坛，2016（7）：14−18.

作品逐步被小众化的带有强烈个性的作品所取代。共享经济的产生以及基于大数据预测分析的商业模式的兴起即是版权内容个性化的最佳佐证。另一方面，互联网形态下版权内容创造的动机亦发生了质的变化，创造者的创造动机不再局限于单方面的经济利润或精神价值的追求，分享带来的愉悦感、自身能力的显示、网络地位的单纯获取、互惠互利的追求等动机日益增多。现有相关研究已然证明，程序员参加开源软件的持续开发和创作的动机既包括"基于能力显示的信号机制"，也涵盖了"基于互惠行为的礼物文化"。正是缘于创作动机的多元，版权内容趋于多元多样、更具创造性和个性。

（三）版权传播的"去中心化"及其变革

"互联网＋"环境下版权传播的"去中心化"，变革了版权传播的介质、版权传播的效率、版权传播的模式和版权传播的枢纽。"互联网＋"对于经济关系流通之资源配置、生产者与消费者互动和流通媒介的影响在版权传播视域显现为典型的"去中心化"特性，即版权传播摆脱了以往媒介中心的桎梏向着多元、自由、交互方向逐步发展。

首先，"互联网＋"促使版权传播介质由单一转向多元，传统版权传播的"一个内容，一种介质"在互联网的作用下变革为"一个内容，多种形态，多元介质"。随着互联网技术的不断发展，微信、微博、搜索引擎、社交平台、游戏社区、流媒体等传播介质不断涌现，版权传播的渠道越来越多。而且从互联网1.0到互联网2.0再到移动互联网时代，版权传播的介质还在不断延伸和创新。

其次，"互联网＋"使得版权传播效率进一步高效便捷，正是基于版权传播介质和渠道的多元，版权传播效率得以提升，为版权的创造者和使用者之间的交流、互动和交易提供了便捷。随着网络技术的发展，信息传播的效率得以提高，数字技术使信息与有形载体完全分离，实现了传播的无时间差和无地域性。❶ 数字技术携带的版权传播的高效性和便捷性不仅仅发生在互联网产业，传统产业的版权传播效率也得到质的升华，博物馆藏品的版权数字化、传统纸媒出版产业版权的数字出版和优先数字出版、非物质文化遗产版权的可视化和数字化、图书馆版权的电子化等都为文化版权资源的公开、传播和交易提供了极大的方便。

再者，"互联网 +"孕育了交互融合式的版权传播模式。与传统单向式的传播模式不同，互联网参与者的核心动机和心理需求表征为社交上的满意和提升，通过与其他成员建立互动和联系而获得效益或精神满足，无论是以猫扑、天涯、知乎等为例的社交平台，还是以微信朋友圈、微博发布、弹幕电影为例的网络平台均充分印证了互联网的交互性。这种交互既包括商业机构掌握的媒介平台与私人之间的交互，还涵盖了私人与私人之间的交互，交互式的版权传播模式逐步成为主流方式。在交互的基础上，随着网络技术的不断更新和优化，各种不同类型传播媒介和渠道之间的联接汇集，促成了融合式的版权传播模式。以电信传输网、广播电视传输网、计算机互联网相互通融为代表的三网融合技术使广播权与信息网络传播权的规范漏洞问题进一步凸显，形成"一个传播终端、六类传播行为、三种法律定性"的复杂局面，其直接原因变现为传播技术的发展融合。❷

---

❶ 熊琦. 互联网产业驱动下的著作权规则变革 [J]. 中国法学，2013（6）：79－90.

❷ 焦和平. 三网融合下广播权与信息网络传播权的重构：兼析《著作权法（修改草案）》前两稿的相关规定 [J]. 法律科学（西北政法大学学报），2013（1）：150－159.

最后，在互联网环境下，网络平台成为版权传播的枢纽和核心。不同于传统的出版社、报社、期刊杂志社等媒介掌握着绝大多数版权内容，互联网环境下的网络平台成为信息传输的中心，也使得网络平台成为版权创造、传播和运用的关键连接点，"互联网＋"推动版权传播枢纽由传统媒介转向网络平台。信息获取类、商务交易类、交流沟通类和休闲娱乐类四大互联网应用方式均以网络平台为中心，"网络平台是网络信息传播和版权传播的中心"❶。

（四）版权交易的"去单一化"及其变更

"互联网＋"环境下版权运用的"去单一化"，变更了作品利用形态、版权许可方式、市场主体角色和版权商业模式。作品利用形态的"去单一化"体现在"互联网＋"背景下作品在市场中的形态由一元转换为多元：一方面，以作品为基石的版权价值链不断延伸，优质版权的开发不断深入，使得作品的形态在市场需求中不断拓展；另一方面，新媒体技术影响下的传统作品向数字作品转型进程中，作品本身的形态也随之由单一转向综合，即作品本身包含了多种技术、形态和要素。以动漫作品为例，其利用形态的多元化和作品本身的综合性在互联网背景下得以凸显，"中国动漫企业更注重动漫衍生品的研发，在当前数字技术和网络环境下，动漫产业已成为科学与艺术高度融合的多学科综合的新领域，其产品更多地兼容了高新技术因素"❷。再者，以互联网环境下的舞蹈作品为例，"舞蹈的作品著作权人通常有编导（大型舞剧

---

❶ 王利明. 论互联网立法的重点问题 [J]. 法律科学（西北政法大学学报），2016（5）：110－117.

❷ 张颖露，刘华. 中国典型动漫企业专利分析及启示 [J]. 情报杂志，2017（3）：125－130.

又分：总编导、执行编导、编导等）、编剧、服装、音乐、灯光、舞美等，舞蹈作品的邻接权人通常有出品人、表演者、录制者、视频网站经营者等"❶。

版权许可方式的"去单一化"表现为：大规模授权许可取代小范围许可成为市场主要需求，便捷高效授权许可取代低效许可成为市场基本特征，基于共享免费观念的许可与基于产权化观念的许可并存成为市场基本格局。随着文化消费市场的不断扩张和互联网的逐步普及，以版权为核心内容的"IP 热"在文化产业和文化消费领域不断发酵，随之而来的是对于版权授权许可的大规模需求，无论是电影产业、音乐产业还是电视剧产业、动漫产业，版权授权许可的数量均呈现高速上升的趋势。除此之外，在强大的市场驱动之下，版权授权许可的交易成本成为版权交易的关键节点，便捷、高效、简明成为互联网环境下版权授权许可的共性要求，著作权集体管理制度的诞生和发展正是源于这一考量。虽然以产权化观念为本源的版权授权许可模式仍是现今文化交易市场最为主流的模式，但是随着互联网开放性所裹挟的文化自由理念的扩展，以"知识共享""开发存取运动"为代表的共享免费观念下的公共许可亦是愈演愈烈，从而形成了产权化许可与公共许可并存的版权市场许可局面。

市场主体角色的"去单一化"显现为在版权消费链中消费者与生产者之间角色的模糊，版权消费中"读者"、"作者"和"传播者"单一身份的消失。在价值共创理论的视域下，版权消费链中的消费者、传播者和参与者等主体均是与创作者互动的价值共

---

❶ 李超. 论网络传播中舞蹈作品著作权的保护［J］. 北京舞蹈学院学报，2016 （6）：8－12.

创者，或者是版权消费者进入创作领域来帮助、互动和合作创造价值从而形成多赢的效应，或者消费者主导消费领域引导创作者基于消费兴趣和动机来获得更好的体验价值，角色互换、界限模糊成为主要特征。

版权商业模式的"去单一化"呈现为传统契约式的"有偿提供－利润获取"商业模式被互联网下的公益式的"免费提供－后向收费"模式所逐步取代。如前文所述，互联网技术下经营者的商业模式不再仅仅依赖于消费者的直接购买行为，而更多是通过"访问"或"流量"等控制方式来吸引用户从而形成后向收费模式，这一商业模式的蜕变在版权领域表现得尤为典型。与传统契约式的商业模式不同，互联网下的版权商业模式在前端对于普通消费者更趋向于公益式的模式，主要通过后端的后向收费模式来获得利润，"目前市场上比较主流的后向收费包括广告发布、竞价排名、网络游戏、冠名赞助等"❶。

科学系统地掌握"互联网＋"在发展历程中对社会关系的改造，是社会科学研究的使命和责任。知识经济时代，"互联网＋"的发展对于以版权为基石的相关产业和社会关系的改造无疑是巨大的。以作者、传播者和读者等主体为主线构成的版权创造、传播和交易之版权消费链在"互联网＋"形态下发生了深刻的蜕变。"互联网＋"对于经济关系之生产、流通和消费环节的影响恰好映射至版权领域的创造、传播和交易端点。版权价值链的"去职业化""去中心化"和"去单一化"携卷的版权转型和嬗变为版权法律关系之变更、版权权利之确权授权和侵权规范革新以及版权产

---

❶ 张新雯，陈丹. 微版权概念生成的语境分析及其商业模式探究［J］. 出版发行研究，2016（3）：30－32.

业之发展都带来了新的命题。

二、突发公共卫生事件下版权利益的失衡

（一）疫情期间版权利益失衡的现实表现

2020 年初，受新冠肺炎疫情这一突发公共卫生事件影响，多部春节档电影推迟影院首映。在此期间，电影《囧妈》放弃传统的"影院首映"方式，选择通过网络流媒体作为传播媒介进行首播，获得了不计其数的口碑与好评，但也遭遇了业界的极大抵触并引发广泛争议。针对《囧妈》的网络首映，争议的焦点在于：电影与网络流媒体的合作打破了"院线首映"的行业规则，导致影院无法参与电影版权的利润分配，由此产生的"电影转网"新商业模式猜想引发了社会对"网络流媒体能否取代实体电影院"的热议，导致影院与流媒体之间因版权利益出现相互抵触的格局。

源于版权利益的分配难题，导致疫情防控期间电影版权市场出现矛盾：疫情期间，社会公众急需从电影等版权作品中寻求精神层面的鼓舞，但电影版权方却因为利益分配固守传统的版权传播模式，拒绝新的传播方式，电影作品在疫情期间集体"失声"，致使社会公众基于文化产品的精神生活需求无法得到有效满足。申言之，版权在一个个技术进步的催化下，带来了更加复杂的法律问题，网络时代的版权法治呼唤利益再平衡的形成。❶

疫情期间该个案的发生，不禁引发诸多值得思考和解答的版权问题：为何电影作品作为满足人们精神生活需求的最有效途径之一，在疫情期间出现集体"失声"情况？为何在观影群体愿意

---

❶ 王晨佳. 网络时代著作权相关利益再平衡研究 [J]. 中国出版，2017（23）：44－48.

付费的前提下，大多数版权方仍执意于传统的"院线上映"模式？为何在传播方式以及基础设施已经相当完备的情况下，文化产品的传播仍然遇阻？为何版权法在权利人、传播者和社会公众之间搭建的平衡制度，在疫情下的电影产业中难以发挥作用？

质言之，突发公共卫生事件下，版权法基于合理使用规则、法定许可规则等权利限制制度所构建起来的"精妙的动态平衡"，出现暂时和局部的失衡。这一失衡表现为两个维度：一是版权在权利人与社会公众之间的失衡。即在突发公共卫生事件下，权利人与传播者之间的利益分配困境，使得作品无法有效传播，致使社会公众获取版权作品的权利无法得到有效满足。二是版权的保护与传播之间的失衡。版权法的权利归属、权利内容、权利期限、法律责任等保护规则，是为了激励更多地创作和更好地传播，继而推动社会主义文化事业的发展繁荣。但，在突发公共卫生事件下，版权保护与传播之间的有效平衡与衔接被打破。

（二）失衡缘由一：收益分配格局固化，加剧了版权权利的扩张

根据我国现行电影领域相关法律法规及政策的规定，尤其是《关于调整国产电影分账比例的指导性意见》❶ 和《关于促进电影制片发行放映协调发展的指导意见》❷ 的规定，"国产影片的分账中制片方原则上不低于43%、影院一般不超过50%"且"电影院

---

❶ 国家广电总局电影局. 关于调整国产电影分账比例的指导性意见 [EB/OL]. (2008 – 12 – 19) [2022 – 03 – 02]. http://dy. chinasarft. gov. cn/html/www/article/2011/012d834404a870c14028819e2d789a1d. html.

❷ 国家广电总局电影局. 关于促进电影制片发行放映协调发展的指导意见 [EB/OL]. (2011 – 11 – 29) [2022 – 03 – 02]. http://dy. chinasarft. gov. cn/html/www/article/2012/013739ecb4204c5f402881a736f214e9. html.

对于影片首轮放映的分账比例原则上不超过 50% ",据此,制片方、发行方、放映方(含院线及影院)三者构成电影版权利益分配的主体。而且,受政府政策和市场因素的影响,"国内电影业收益结构单一,以影院的票房收入为主,产业链核心环节的利益分配主要体现在影院的票房分账上"❶。

从版权的视角观察上述电影市场格局,不难发现:版权的权利人(制片方)与传播者(发行方和放映方)因单一的"票房收益"成为牢固的权益共同体。在电影版权市场,这一固化的分配格局使得权利人(相较于社会公众)对作品的控制力愈发增强,即进一步加剧了版权权利的扩张。版权制度的演绎历程即是一部版权扩张史,近年来在经济利润、市场资本、技术革新等要素的催化下,版权扩张愈演愈烈,但科学总结版权扩张的表现,无外乎三个维度:权利客体、内容(X轴)不断增加;保护期限(Y轴)不断延长;对作品的控制力(Z轴)不断强化。回到问题缘起的个案,突发公共卫生事件发生后,社会公众无法获得电影版权作品现象的出现,即是因作品控制力不断强化这一版权扩张形式所造成的。

版权扩张可能造成的后果是版权人严格把控作品的传播途径和使用方式,导致公众的接触成本和创作成本增加,文化需求难以得到满足。社会公众作为知识产品的消费者,同样也是版权人的竞争者、新文化产品的创造者,既是文化作品的现时使用者,也是未来创造人,限制文化产品传播将直接影响到文化领域的产业活力。版权人通过合法运用"前人"的或公共的知识信息获得

---

❶ 唐建英. 冲突与协商:国内电影业的利益分配格局及其调整 [J]. 电影艺术,2012(2):62–71.

专有权，并在此基础上寻求经济回报以填补创作成本并激励后继创作，这本身并不具有"可苛责性"。但由于权利限制在版权扩张的同时并未有效跟进，版权的权利范围已经超过了公众义务承担的合理界限，这种"既希望享有更广泛的权利又不愿承担传播文化的社会义务"的做法，打破了版权人与社会公众、私利与公益的平衡关系。

（三）失衡缘由二：权利限制制度瑕疵，减少了公众接触作品机会

版权的权利限制制度，作为限制版权扩张和满足社会公众文化需求的最优制度工具，理应在突发公共卫生事件发生后发挥其应有效用。但由于制度本身的细微瑕疵，疫情期间社会公众接触作品的需求无法得到满足。

我国现行《著作权法》确定的权利限制制度主要有两类，即合理使用和法定许可。其中，合理使用制度对版权人的要求更为苛刻，他人对版权的使用无须征得版权人的同意也无须支付报酬；法定许可制度，是指他人对版权的使用虽无须征得版权人的同意，但须向版权人支付报酬。权利限制制度是一项属于在传播（使用）环节中充分考虑公共利益并对权利人和传播者的权利进行约束的平衡机制。我国《著作权法》的合理使用和法定许可规则在《著作权法》第三次修正完成之前遭到诸多质疑，大多认为其还不足以满足公众接触作品的需求。2020 年 11 月 11 日，《著作权法》（2020 年修正）顺应时代发展和公众需求，在合理使用规则中加入了"法律、行政法规规定的其他情形"这一兜底条款，且对法定许可规则也进行了更为科学合理的修正。但，新修正的合理使用兜底条款在法律适用中的问题以及法定许可的实施问题仍然存疑

或未得到根本性转变，使得突发公共卫生事件下公众接触作品的需求无法得到有效满足。

我国《著作权法》（2020 年修正）第 24 条通过列举的方式具体规定了 13 种情形下的"合理使用"，限定了在 13 种特殊情况下他人可不经作者同意并无须支付报酬使用作品。在第三次《著作权法》修正中，为了减少原有法条采取"封闭式"立法范式带来的"合理使用中的不稳定因素"❶，以及避免"可能使符合合理使用精神的特定行为游离于法定的合理使用行为之外"❷，特意增加了第 13 种合理使用情形——"法律、行政法规规定的其他情形"——以囊括所有可能存在的其他合理使用行为。这一制度变革使得合理使用规则变得更加开放、更符合实践需求，但针对"突发公共卫生事件"这一情形如何适用合理使用规则，仍存在两方面的疑问。一是突发公共卫生事件是否属于"其他情形"，在实践中该如何认定和适用？二是在疫情可能成为一种常态化存在的背景下，是否可以直接将突发公共卫生事件下的合理使用专列为《著作权法》（2020 年修正）第 24 条的某一种合理使用情形予以规定？可知，上述疑问和制度瑕疵在一定程度上忽视了突发公共卫生事件下公众获取版权作品的需求，从而减少了公众合法接触作品的机会。

同样地，我国《著作权法》以列举的方式规定了 5 种"法定许可"情形。针对法定许可制度在实践中运行 20 余年所呈现出的问题，学者和实务界专家提出的修正建议主要为两个方面：一是

❶ 李燕.《著作权法》修改背景下合理使用制度的完善路径［J］. 出版发行研究，2019（4）：56 – 58.

❷ 刘剑文. TRIPS 视野下的中国知识产权制度研究［M］. 北京：人民出版社，2003.

延伸现有法定许可的适用范围，二是对法定许可中"法定使用费"的完善给出相关见解。前者主要是考虑到互联网时代作品的传播方式和传播速度均发生了革命性变化，而现有立法仅规定了5种法定许可，以至于公众对作品的正常接触和合理需求无法得到满足；后者则主要从使用费定价的中立性和费用的实际支付角度给出意见。突发公共卫生事件下，社会公众通过"法定许可"接触使用作品的路径，在现有制度设计中无法实现，而且即使在未来可以实现的情况下，其使用费的定价和支付也同样面临着实践上的困境。

（四）失衡缘由三：版权许可机制梗塞，降低了版权的传播效率

良性的版权许可机制，既能保障版权权利人的合理收益，又能确保社会公众获得作品的机会，实现高效公平的版权传播秩序；反之，则会损害权利人和社会公众双方的权益，致使版权利益失衡。我国现行的版权许可机制存在与市场需求不吻合、与技术发展不同步、与产业要求不匹配等"梗塞"现象，降低了版权的传播效能，也成为突发公共卫生事件下版权利益失衡的缘由之一。

根据法律的规定和学者的归纳，可以把版权许可划分为"自愿许可"和"非自愿许可"两大类型，其中前者涵盖了"授权许可"和"默示许可"两种情形，后者则包括了前文所述的"合理使用"和"法定许可"。❶ 授权许可作为最常见的许可方式，一般是指经权利人明示的同意而对作品的使用；而默示许可，则是指只要

---

❶ 彭桂兵. 表达权视角下版权许可制度的完善：以新闻聚合为例［J］. 西南政法大学学报，2018（4）：96－107.

权利人未明确表示拒绝或反对即推断其同意他人使用作品。在我国尚未建立起版权默示许可制度的前提下，以版权人主观意志为决定因素的授权许可成为版权传播的主要途径。单一的以版权人意愿为主导的授权许可在文化市场正遭遇着诸多难题，如网络空间中大量"孤儿作品"因无法找到权利人导致使用者寻求授权许可"无门"、如在线音乐市场因版权方"独家授权"导致的哄抬价格和限制传播等扰乱市场的现象、如因"多对多"授权渠道不畅不得不采取"一对一"模式带来的授权许可成本居高不下的问题等。突发公共卫生事件下，默示许可制度的缺失可能带来的后果是：版权人在大多数情况下愿意共享自己的版权作品，但作为使用者的社会公众因为没有默示许可制度作为法律保障，而不敢轻易在未获得作者授权的情况下使用作品，从而降低了版权传播的整体效能。

此外，在移动互联网和海量数据时代，中介组织作为版权资源集散地，在版权授权许可和作品传播中发挥着核心纽带作用，但现实情况却呈现出另一番景象。著作权集体管理组织作为全球范围内最为普及、版税收益最大的版权授权许可中介组织，在我国版权市场的现实运行中，却面临着"信任基础不牢"、"组织公信力不够"和"信任关系缺失"的信任困局❶。这一高效的版权传播通道在中国还存在着各方面的制度和机制障碍。在突发公共卫生事件发生后，本应是著作权集体管理组织通过互联网和移动互联网充分发挥其版权授权功能的机会，但权利人、使用者、社会公众三者对其不信任，以及集体管理组织因长期垄断缺乏技术更新动力使得授权便捷性不足等问题，导致其在疫情期间并未有效

---

❶ 张祥志. 破解信任困局：我国著作权集体管理"信任机制"的法治关注 [J]. 新闻与传播研究，2019（3）：51-74.

发挥其作为版权高效传播有力载体作用。

三、应对版权交易转型和利益失衡的对策建议

（一）理念革新：抓住媒体融合机遇，探索共赢版权传播生态

在媒体融合发展走向纵深的大趋势下，全程、全息、全员、全效媒体的发展不属于内容表现形式和渠道的简单转换，融内容、技术、渠道、市场、用户等为一体的多维传媒平台才是媒体融合的未来生态。基于此，以"电影《囧妈》网络首映引发争议"为典型代表的单一独赢版权传播生态一定会成为过去式，而多主体创造、多渠道传播、多维度赢利的版权传播生态才是必然态势。在电影版权领域，此次突发公共卫生事件发生后出现的院线和流媒体间的矛盾，早在流媒体巨头奈飞（Netflix，美国的一家流媒体播放平台）身上已有所体现。流媒体自带的技术"吸睛"体质注定会改变电影版权现有的利益分配模式，以至于传统院线本能地进行抵制，但奈飞等国外流媒体的发展态势也充分印证了媒体融合、多维共赢的版权传播体系是不可阻挡的趋势。因此，我们应秉持"在危机中育新机"的理念，以新冠肺炎疫情这一突发公共卫生事件为契机，抓住媒体融合发展的机遇，在电影、出版、动漫、在线教育等领域探索构建多维共赢的版权传播生态，以适应时代、技术、市场和消费者的需求。

市场的反响和已有的实践也佐证了"媒体融合"下多维共赢版权传播生态的可行性。流媒体相较于院线，在市场上受消费者青睐的优势在于：其可以满足受众随时随地的观影需求，并根据用户浏览记录自动推送同类型作品，减少搜索成本并加深个性化体验；其所提供的"社区交流""弹幕"等社交途径，为用户增加

了消费乐趣；其为用户提供创作平台，用户自制内容一旦在平台上发表即可进入平台共享阶段，在一定程度上为用户省去传播成本；其为"小众化作品"和"小制作作品"提供了投资回报的机会，其较低的"入网"门槛无形中盘活了未能在影院上映的作品。同样，事实证明，传统影院和流媒体有机会在疫情期间实现产业合作。环球电影公司作为最先为疫情期间电影撤档发声的美国电影协会会员，于 2020 年 3 月 16 日宣布："考虑到疫情这一艰难时期里消费者日常生活中出现史无前例的变化，决定对其旗下的院线新片实行家庭视频点播，让受众在全球影院上映的同日能够在家中观赏新片。"❶ 这种应对特殊情况罕见打破影院窗口期规则的策略，将院线电影"下放"流媒体平台的做法，不仅确保了版权人能够收回投资，同时也满足了社会公众在疫情时期的观影需求。此例同样说明，作为传播者之一的影院产业在公共卫生事件中适当让步也绝非不能。

（二）制度修补：完善法定许可制度，探索默示许可制度

依照现行主流观点以及著作权法的立法价值，以"法定许可"和"默示许可"制度来规制突发公共卫生事件下的版权交易传播行为更为合适。在授权许可因空间或条件隔离无法实现其功能，以及合理使用过于忽视权利人的创作成本的情况下，一方面，法定许可制度既能保证电影、电视剧等作品的权利主体收回作品创作时的成本，又能保障社会公众在突发公共卫生事件下获得作品的机会；另一方面，默示许可制度相比于法定许可制度更进一步，

---

❶ National Broadcasting Company. Comcast NBC Universal Moves to Make Current Movies Available in the Home ［EB/OL］. （2020 – 03 – 16）［2020 – 03 – 20］. https://corporate. comcast. com/press/releases/comcast – nbcuniversal – moves – to – make – current – movies – available – in – the – home，2020 – 3 – 20.

在尊重权利人的意思表示（默示的意思表示）的前提下，也能同时顾及权利人和社会公众双方的权益。

完善法定许可制度。依照《著作权法》（2020 年修正），著作权法定许可规则主要规定在第 25 条、第 35 条、第 42 条和第 46 条，分别规定了出版义务教育阶段教材、报刊转载刊登、制作录音制品和广播电台电视台播放他人作品等四种情形下的法定许可。这一制度体系以列举的方式进行制度安排，同样存在着较强的"封闭性"，会导致符合法定许可精神的使用行为无法适用这一制度。突发公共卫生事件发生后，社会公众在未经著作权人许可的情形下付费使用作品，这样可以实现权利人和使用者双方利益的共赢。因此，针对《著作权法》（2020 年修正）的法定许可制度，我们可以以微调的方式进行修缮，以解决突发公共卫生事件下版权作品的有序流通和利益平衡。一方面，在合理使用规则纳入了兜底条款的背景下，法定许可制度也可以纳入兜底条款，以解决立法封闭带来的适用范围不明的问题；另一方面，法定许可制度在我国的最大困境不在制度本身，而在于制度的"实施"难题，因此，建议在《著作权法》中单独列一条，专门规定法定许可实施中的定价标准、使用费率和支付方式等内容。

引入默示许可制度。著作权默示许可制度是指只要著作权人未明确表示拒绝他人使用自己已发表的作品，或已知道他人使用自己已发表的作品而未表示反对的，就推定其许可他人使用该作品，但使用人应向其支付报酬并指明作者、作品名称和出处的制度。❶ 默示许可作为自愿许可的方式之一，是在尊重权利人的前提下对作品的使用，与授权许可的最大区别在于权利人的意思表示

---

❶ 文杰. 数据新闻作品使用数据的著作权法规制：兼谈《著作权法（修订草案送审稿）》的相关规定［J］. 中国出版，2019（15）：45 – 49.

的方式不同，前者是默示的方式，后者是明示的方式。突发公共卫生事件发生后，社会公众在空间物理隔离的状态下，迫切需要通过版权作品来获得精神上的慰藉，而且此时部分权利人也愿意分享甚至是免费分享自己的版权作品，因此，将默示许可制度引入我国《著作权法》可以较好地解决这一特殊情况下的版权博弈和矛盾，实现双方的和谐共生。

（三）机制优化：优化集体管理模式，借鉴"公益放映"经验

著作权集体管理组织作为权利人和使用者之间的中介桥梁，其良性运作能够极大地促进版权传播和交易。但前些年由于我国著作权集体管理组织在实践运作中的"不透明"和"不公开"，版权交易关系中的权利人、使用者和社会公众均对其产生了"信任危机"，该机制在实操中已经"暴露出严重的弊端"❶。基于此，在《著作权法》第三次修改中，著作权集体管理制度是修法的重点之一。最终《著作权法》（2020 年修正）在第 8 条中增加了关于著作权集体管理组织使用费的相关规定，进一步明晰了使用费的收取标准、公开途径和监督管理。这一制度变革很好地回应了版权交易各方的要求，使得著作权集体管理组织的运作更加公开透明。但，法律的生命在于实施和经验，因此，在良法的基础上如何通过科学的实施机制保障制度有效落实，是著作权集体管理组织重获信任的关键所在。

可以预测，倘若著作权集体管理组织能够基于良性的实施机制得到版权交易各方的信任从而高效运转，那么突发公共卫生事

---

❶ 张维胜. 推进著作权集体管理应当发挥"两个积极性"［J］. 编辑之友，2019（12）：84 - 87.

件下的"电影首映转网"争议，以及其他类似的版权利益失衡现象，将会得到极大的改善。突发公共卫生事件下，著作权集体管理组织可以依托其强大的市场号召力与权利人谈判，在保障权利人创作成本的基础上以最低的价格获得版权授权，且通过搭建互联网和移动互联网平台让更多的社会公众以最低的代价获得版权作品，从而实现其中介功能以解决版权失衡的问题。

除了市场机制外，在突发公共卫生事件下，通过政府购买的形式满足社会公众的版权需求，也是一条值得探索和借鉴的路径。其中，在电影领域运行多年的"公益放映"机制，能够为解决突发公共卫生事件下版权利益失衡提供诸多有益的经验。我国公益放映始于1998年原国家广播电影电视总局和原文化部联合提出的农村电影放映"2131"工程，并于2006年写入农村公共文化服务体系，成为社会主义新农村建设不可忽略的环节。电影公益放映制度充分考虑农村地区的经济发展现状和农民的文化生活需求，以国家财政为支撑，采用流动放映的方式，定期向农村提供电影作品，以丰富农村群众文化生活。公益放映不同于公众主动接触传播环节中的作品的行为模式，其本质是以流动的文化产品满足固定地区公众需求的制度，因此此项制度的适用条件可以总结为：一是公众被限定在主动接触作品存在一定困难的特定区域，二是被提供的作品具有能在空间上移动的可行性。公益放映这一版权传播模式的适用条件，与突发公共卫生事件期间版权传播的条件高度吻合。因此，可以采取线上"公益放映"的方式，通过政府出资和引导，委托我国现有的非营利性的著作权集体管理组织（如中国电影著作权协会、中国音像著作权集体管理协会等），在线上开辟专门的公益放映（或播放）版块，以满足突发公共卫生事件下社会公众的精神需求。

第六章
著作权集体管理授权"信任机制"
的法治关注

　　从全球视角观察，著作权集体管理授权模式无疑是全球范围内运用最为广泛的著作权授权机制，这一机制也成为各个国家版权市场经济收益的主要来源渠道。在文化产业供给侧结构性改革的大背景下，供给改革的根本目的在于满足市场需求，实现供需之间的有效衔接和均衡发展，助推版权从静态的"权利"转化为动态的"权益"，最终实现文化市场的持续繁荣。因此，研究文化产业供给侧改革下的著作权集体管理授权机制存在的缺陷，并提供建设性意见，意义非凡。

一、低收益与低绩效背后的信任困局

　　自 18 世纪法国艺术家博马舍（Pierre de Beau-marchais）首先提出著作权集体管理的概念以来，❶

---

❶ PIASKOWSKI N，"Collective Management in France，" in Daniel Gervais. Collective Management of Copyright and Related Rights ［M］．Kluwer Law International，2014：169.

著作权集体管理制度得以确立且以该制度为基础的著作权集体管理组织在全球迅猛发展，现已成为版权授权和利用的主要途径。基于该授权模式和管理组织获得的版税收益额亦是年年增长。我国著作权集体管理组织的实践运行，开端可追溯至 1992 年成立的中国音乐著作权协会。经过 30 多年的探索发展，著作权集体管理授权模式在中国的实施并未达到预期效果，版权市场所呈现的产业发展、版税收益、版权保护状况等数据也应验了我国著作权集体管理组织运行绩效低下的现状。尽管国家版权局发布的《中国网络版权产业发展报告（2018）》和《2017 年中国网络版权保护年度报告》表明，我国版权产业市场前景和保护环境逐步向好且潜力巨大。但国际作者和作曲者协会联合会（CISAC）发布的 2014—2018 年《全球版税报告》却显示：中国的版税收益总额占全球版税总额的比例较低（2017 年全球版税收益总额达 95.8 亿欧元，但中国仅为 2700 万欧元）；中国的版税收益总额与世界主要创新型国家相比差距甚远（2016 年中国版税收益仅为 2300 万欧元，美国、法国、德国分别为 17.61 亿欧元、11.09 亿欧元和 9.05 亿欧元），与中国的创新水平不相适应；中国的版税收益额在整个亚太地区排名居后（2017 年日本、澳大利亚和韩国三个国家的版税总额占整个亚太地区 16 个国家或地区的比例超过 90%），与中国版权市场和版权保护现状不相契合。而《全球版税报告》认为，依据全球版税整体增长情况来看，不断增长的数据证明著作权集体管理机制和系统是可行、健康和成功的，也为后续的继续增长做好了准备。❶ 由此可见，在全球各个国家运行优良的著作权集体

---

❶　International Confederation of Societies of Authors and Composers（CISAC）. Global Collections Report－2017 for 2016 DATA［EB/OL］.（2017－11－15）［2017－12－01］. http://www.cisac.org/Newsroom/News－Releases/Creators－global－royalty－collections－hit－record－9.2－billion.

管理组织在中国正遭遇着诸多现实困境。

针对上述问题，尤其是著作权集体管理组织在我国运营不畅的难题，国内外相关学者对此进行了较为系统的研究和阐释。

第一，有关著作权集体管理组织在版权市场中的作用和功能。著名知识产权专家丹尼尔·热尔韦（Daniel Gervais）认为，著作权集体管理组织作为联结著作权人与使用者的法律主体，其诞生为解决版权"悖论"和版权"破碎"提供了途径。版权悖论，即一方面作者期待基于其新创作作品能够获得最大化的利益，另一方面法律又规定接触、获取、利用他人作品创作新作品必须获得授权；版权破碎，即著作权基于权利客体本身的多样化表现形态和为了适应市场使用的需要被分解为复制、表演、传播、租赁和展览等一系列权利，且因为合作创作、权利继受、权利转让等行为以及地区、语言和传播媒介等环境差异使得权利更加分散破碎。❶ 著作权法学者约瑟夫·德雷克舍（Josef Drexl）进一步论证，著作权集体管理模式和管理组织的出现，为创作者充分接触使用他人作品进行再创作和使用者拨开纷繁复杂的权利网络寻找权利人提供了路径，清除交易障碍、降低交易成本、理顺交易市场成为著作权集体管理的最大功能，著作权集体管理组织为交易成本问题提供了市场方法，是权利人和使用者之间的服务提供者，具备天然的垄断属性。❷

第二，已有研究主要从四个维度对我国著作权集体管理组织运行不畅的原因进行了深入剖析。一是著作权集体管理组织因为

---

❶ Gervais，Danield（EDT）. Collective Management of Copyright and Related Rights［M］. Kluwer Law International，2014.

❷ DREXL J. Collective Management of Copyrights and the EU Principle of Free Movement of Services after the OSA Judgment：In Favour of a More Balanced Approach ［J］. Social Science Electronic Publishing，2014：459－487.

会员数量过少从而缺乏代表性。❶ 二是著作权集体管理组织的垄断地位使其在服务意识和运作效率上有待改进。❷ 三是著作权集体管理组织的运行过程缺乏公开性和透明性。❸ 四是在市场交易中使用者缺少与著作权集体管理组织平等协商、讨价议价的空间和机制。❹

已有研究、市场实践和集体管理组织的本质属性均将我国著作权集体管理组织运行不畅的根源指向了"信任"这一核心问题。信任是市场经济存在和发展的道德基础,因其减少交易成本和促使帕累托最优交易的效用得以成为每笔交易的核心。❺ 詹姆斯·S. 科尔曼（James S. Coleman）更是在其理性选择理论中重点阐释了中介人在信任关系建立中的重要作用,中介人可以被看成达致信任的媒介,在陌生化社会中人们的信任必须有中介人的参与。❻ 著作权集体管理组织作为联结著作权人和使用者的桥梁,具备版权交易市场典型的中介人角色,是构建起交易双方信任关系的关键和枢纽。然而,我国著作权集体管理组织作为版权交易信任关系的纽带,自身却遭遇着"信任困局"。其一,著作权人对著作权集体管理组织不信任。组织缺乏代表性即是著作权人对组织不信任

❶ 熊琦. 著作权集体管理中的集中许可强制规则 [J]. 比较法研究, 2016 (4): 46 – 59.

❷ 熊琦. 美国音乐版权制度转型经验的梳解与借鉴 [J]. 环球法律评论, 2014 (3): 142 – 160.

❸ 田晓玲. 著作权集体管理的适用范围和相关问题研究: 以著作权法第三次修改为视角 [J]. 知识产权, 2015 (10): 89 – 96.

❹ 李玉香. 延伸性著作权集体管理研究: 写在我国《著作权法》第三次修订之际 [J]. 法学杂志, 2013 (8): 11 – 19.

❺ HIRSCH F, GOLDTHORPE J H, GROUP I P E, et al. The Political Economy of Inflation [M]. Cambridge: Harvard University Press, 1978.

❻ 董海宁. "陌生化"社会中信任机制的"理想型"与现状 [J]. 社会, 2003 (8): 17 – 20.

的集中体现。通过查询主要国家集体管理组织发现，截止到 2016 年底，我国成立最早运行最为成熟的音乐著作权协会仅 8502 名会员，与美国音乐著作权集体管理组织——美国广播音乐协会（BMI）和美国音乐创作者和出版者协会（ASCAP）的会员数（分别超 80 万和 65 万）、德国音乐著作权集体管理组织——德国音乐作品表演权、复制权集体管理协会（GEMA）会员数（7 万）、英国音乐著作权集体管理组织——英国音乐表演权协会（PRS）会员数（12.5 万）等相比差距较大。其二，使用者对著作权集体管理组织不信任。版权市场的使用者最为关心的是交易的便捷性、平等性和协商性。然而，已有研究以及市场实践的反馈都表明，协商机制的缺失、定价标准的固化、服务效率的低下和交易渠道的落后使得使用者的心理预期和理性交易需求均无法得到满足（即心理学和经济学视角下的信任机制缺失）。其三，著作权集体管理组织自身社会公信力不足。已有研究所呈现的服务意识弱、运作效率低、公开透明度差等问题大大降低了著作权集体管理组织的社会公信力，且新闻媒体的报道也应验了这一结论。有媒体披露，中国音像著作权集体管理协会的税后总收入中仅有 46% 分配给了权利人❶；社会各界对于著作权集体管理组织基于垄断地位导致的许可效率低下争议较多❷。此外，绝大多数著作权集体管理组织未在其官方网站上公布管理费、使用费、许可费及其明细，"人们批评著作权集体管理组织的一个原因便是其工作存在

---

❶ 谭翊飞．"中文发"借卡拉 OK 监管平台获利 KTV 版权利益分配浮出水面 ［EB/OL］．（2010 – 03 – 25）［2017 – 12 – 01］．http：//www. infzm. com/content/42972/1；郑洁．卡拉 OK 版权费分配实现"零"的突破 ［EB/OL］．（2010 – 02 – 01）［2017 – 12 – 01］．http：//finance. ifeng. com/roll/20100201/1780132. shtml.

❷ 徐词．我就要来保护你：著作权法修改草案陷入争议漩涡 ［N］．南方周末，2012 – 04 – 19（22）．

透明度不够的问题"❶。

　　基于此，笔者试图以信任理论为逻辑指引，以我国著作权集体管理"信任机制"的缺失和构建为中心，从信任关系建立的决定性因素——法律制度（《著作权法》第三次修正的法律文本和著作权集体管理的行政法规）为突破口，剖析法律规范、法律规则、法律关系层面的制度缺陷和实践困境，找准我国著作权集体管理信任困局的症结，继而提出建议和对策。

二、"信任基础不牢"：法律制度体例与内容检视

　　社会学家尼古拉斯·卢曼（Von Niklas Luhmann）将信任划分为人际信任和制度信任两大类，传统社会中信任主要依靠人际关系取得，但随着社会的转型，人们必须依靠合约和相对公平的制度来形成信任。❷ 在现代化的陌生社会中，版权交易双方信任机制的建立和信任关系的确立，需要以制度信任的视野和逻辑来构建契约制度和法律体系。法律制度是著作权集体管理信任机制的基础性和决定性因素，良好的法律制度体系会促进著作权集体管理信任机制的建立，反之亦然。

（一）《著作权法》修正中的制度体系及其变迁

　　我国现行著作权集体管理制度遵循了"法律作原则性规范 + 行政法规作具体性规定"的立法体例，即《著作权法》第 8 条对著作权集体管理活动进行原则性规范，《管理条例》进行具体性规定。基于社会经济变革的现实需求，我国自 2011 年启动

---

❶ 田晓玲. 著作权集体管理的适用范围和相关问题研究：以著作权法第三次修改为视角 [J]. 知识产权，2015（10）：89 – 96.

❷ 李莹，林功成. 制度信任和政治兴趣对政治参与的影响：以香港为个案 [J]. 新闻与传播研究，2015（1）：24 – 37.

《著作权法》第三次修正工作，此次修正涉及面广且争议较大，《修改草案》历经第一稿、第二稿、第三稿和送审稿，在著作权授权机制、交易规则和救济措施等制度上历经反复、褒贬不一。在授权机制部分，"为充分发挥集体管理制度的作用，既最大限度地保护数量最大但自身却又'无维权意识、无立法话语权、无维权能力'的广大著作权人权利，又破解使用者'愿意遵守法律、愿意通过合法途径获得作品授权、愿意承担付酬义务'但又不可能从'分布广、数量大'的权利人手中获得海量作品授权的困境"❶，著作权集体管理制度成为本次修法的重点，从第一稿到送审稿征求社会意见过程中引起产业界、学术界和社会公众的极大反响。

《修改草案》第一稿、第二稿和第三稿中的著作权集体管理制度如下：

第一稿形成了著作权集体管理制度单独成节的体例，增设了延伸性集体管理制度。体例上，第一稿用 5 个条文对著作权集体管理组织的概念、性质与监管部门、延伸性集体管理、使用费的收取与异议处理、共同使用费收取、另行规定作出规定；规则上，将"著作权集体管理组织取得权利人授权并能在全国范围代表权利人利益的，可以向国务院著作权行政管理部门申请代表全体权利人行使著作权或者相关权，权利人书面声明不得集体管理的除外"这一延伸性集体管理制度纳入法律。

第二稿对集体管理组织的管理权限进行了限定，对延伸性集体管理制度进行了优化，对集体管理组织的监督体系进行了完善。

---

❶ 国务院法制办. 关于《中华人民共和国著作权法》（修订草案送审稿）的说明 [EB/OL]. (2014 – 06 – 10)［2017 – 08 – 25］. http://www.gov.cn/xinwen/2014 – 06/10/content_2697701.html.

管理权限限定为"难以行使和难以控制"的著作权或相关权;将延伸性集体管理的适用范围限制在"广播电台、电视台的使用"和"自主点歌经营者的使用"两种情形;增加了国务院著作权行政管理部门和国务院其他主管部门的监督职权。

第三稿再次调整了延伸性集体管理制度,增加了权利人通过集体管理组织获得报酬的权利,增设了使用费异议、裁定和分配规则。延伸性集体管理的适用范围仅限于通过"自助点播等方式向公众传播已经发表的文字、音乐或者视听作品";规定了追续权人、视听作品权利人、表演者和录音制作者的获酬权因权利人难以行使或控制而由著作权集体管理组织予以行使;使用费方面增加了使用费裁定专门委员会和共同使用费合理分配的规定。

《修改草案(送审稿)》中的著作权集体管理制度如下:

第一,送审稿中著作权集体管理制度体系初步形成,制度内容更加合理。送审稿中著作权集体管理法律条文共计9条,内容涵盖了法定许可获酬权的集体管理、著作权集体管理组织的概念、权限与法律地位、使用费的制定标准与异议处理、延伸性集体管理、难以行使获酬权权利的集体管理、共同使用费及单一收费窗口制度、主管机关、审批与监管、另行规定和诉讼判赔免责条款,其中第61条至第67条单独成节为"著作权集体管理",第50条和第74条分别置于权利的限制和权利的保护章节中。

第二,送审稿与现行《著作权法》相比,无论形式上还是内容上均有较大变动。形式上,将著作权集体管理单独成节,放至第五章权利的行使部分,更加符合权利运行的基本规律。内容上,进一步细化了组织的概念、性质、法律地位、主管机关、监督管理、使用费制定等具体规则;增加了延伸性集体管理制度,对其适用范围进行了严格的限制；增加了应当通过著作权集体管理组织获得报酬权的具体情形；增加了诉讼判赔免责条款并优化了法定许可获酬权的集体管理制度。

（二）送审稿中的制度缺陷及其实施困境

从法的制定角度看，著作权法中的著作权集体管理制度要遵循立法的一般原则和传统价值，这决定了法律体系的体例结构和具体内容。我国立法的基本原则涵盖了宪法原则、法治原则、民主原则和科学原则，其中法治原则强调立法活动应当"有利于保障人们的各种权利和社会的发展进步"，科学原则的核心是立法的科学化和现代化问题。再者，我国属于典型的大陆法系国家，民事法律规范的立法有着可供遵循的逻辑价值和立法技术路径。法的制定的原则、价值和技术在著作权集体管理制度的立法活动中应体现为以下三个层面：其一，我国《著作权法》中的著作权集体管理制度应按照法律关系的逻辑价值展开，保证各个条文之间的秩序和协同。权利系私法的中心概念，以权利义务为内容的法律关系的整体构成了法律制度，因此法律制度的核心是以权利义务为内容的法律关系。法律关系处于一种动态过程，包括了权利义务的产生、行使履行和保护归责，因此，制度体系的构成应当恪守法律关系所展现出的秩序和协同要求。其二，在制度体例上，我国《著作权法》与《管理条例》之间应展现"抽象—具体"或"一般—特殊"的科学性和立法技术路径。或以总则—分则形式，或以通则—细则形式布局的民事法律立法体例乃大陆法系立法的一般惯例，"总则编是法学长期发展的产物，充分展现德意志民族抽象、概念、体系的思考方法；通则化的立法技术，对于了解民

法的结构体系及解释适用甚为重要"❶，此种体例系建立在"抽象
—具体"或"一般—特殊"的立法技术之上的。其三，在制度内
容上，著作权法在提炼和萃取著作权集体管理制度时应彰显时代
性和针对性的价值取向，保障制度的现代化和科学性。纵观著作
权法的立法历程，"权利范围和权利客体的扩张问题是著作权法领
域最大的议题之一"❷。在著作权制度不断更新和扩张的进路中，
"适应时代与技术发展需求"和"针对实践发展问题"始终是其不
断调适的准则和依据。在著作权创造、传播和交易从纸媒时代进
入数字化时代后，表现更甚。❸

　　根据上述以立法原则、价值和技术为基准的判断，我国《著
作权法修改草案（送审稿）》中的著作权集体管理制度存在着立法
体例和制度内容上的缺陷。

　　第一，送审稿中著作权集体管理制度立法体例上的缺陷。送
审稿中有关著作权集体管理制度的条文一共 9 条，其中第 50 条
"法定许可获酬权的集体管理"和第 74 条"诉讼判赔免责条款"
分别归置于"权利的限制"和"权利的保护"章节，第 61 条至
第 67 条共 7 条构成"著作权集体管理"一节。其一，从立法的
秩序与协同价值视角考察第 61 条至第 67 条，并未发现"权利义
务产生—权利义务行使履行—权利义务保护归责"的逻辑进路，
也未展现条文间的秩序性和协调性。其二，从"抽象—具体"
的立法技术科学性视角考察，第 61 条至第 67 条的制度安排除
了第 61 条关于著作权集体管理组织的概念、权限与法律地位

❶ 王泽鉴. 民法总则 [M]. 台北：元照出版社，2014.

❷ DRASSINOWER A. A Note on Incentives, Rights, and the Public Domain in Copyright Law [J]. Notre Dame Law Review, 2011, 86 (5)：1869 – 1884.

❸ JENSEN C. The More Things Change, the More They Stay the Same：Copyright, Digital Technology, and Social Norms [J]. Stanford Law Review, 2003, 56 (2)：531 – 570.

属于抽象性和一般性的规定外，其余各条均属对《管理条例》的简单提取，并未有"抽象—具体"立法价值的体现，而是立法者依据价值判断将著作权集体管理法律关系中自认为重要的事项纳入《著作权法》。

第二，送审稿中著作权集体管理制度内容上的不足。信任问题作为现阶段我国著作权集体管理组织面临的最大掣肘，理应得到法律制度的重点关注，方能彰显法律制度的现代化和科学性，而送审稿中的著作权集体管理制度在信任机制构建上至少存在以下不足：其一，在权利人与集体管理组织之间的信任构建上，一方面对入会、退会、专属授权、授权管理合同、管理费等与权利人利益密切相关的事项送审稿未予以规定；另一方面，对于非会员的权利人，集体管理组织是否以及如何进行延伸性管理也是极度关切的问题，但送审稿中延伸性集体管理制度的合理性和可行性却遭遇了诸多质疑。其二，在使用者与集体管理组织之间的信任构建上，使用者与组织之间的许可使用合同、使用费费率、使用费支付是使用者最为关切的话题，应予以详细规定，而送审稿中的相关规定尚须完善。其三，在组织社会公信力的构建上，对于具有天然垄断地位和非营利属性的集体管理组织来说，内部机构设置的科学合理性是构筑公信力的前提，组织内部治理体系的良性运转得益于内部机构的合理设置和有效运行，而送审稿却未对此作出规定；对集体管理组织的外部监督管理也是提升其公信力的有力保证，因外部监督管理的多主体和多层次特点，故《著作权法》应当对监管制度作出原则性的规定，而送审稿中却未见相关条款。

法律的生命不在于逻辑，而在于经验。著作权集体管理法律制度在规范维度（法的制定）的缺陷必然会导致其在实践层面

（法的实施）的困扰。著作权集体管理制度立法体例上的缺陷本质上属于立法技术不成熟的表现，而立法技术水平的高低直接影响着一个国家或地区的法制质量和文明程度。著作权集体管理制度立法体例上的瑕疵无疑从整体上降低了我国版权市场的法制品质和现代化水平，对于守法、执法、司法、法律监督等法的实施环节产生负面影响，导致法律实施效果在总体有益性上大打折扣。再者，著作权集体管理制度内容上的不足会直接影响社会公众、著作权人和使用者的心理预期和经济利益。法律的实施和适用即是法律对利益的确认、协调和分配的过程，良好的制度安排会充分保障各法律主体的利益并实现利益调整的公平和正义，反之法律制度上的漏洞则会损害各相关主体对制度表现的评价和涵盖了经济绩效和社会福利的制度治理绩效的感知。概言之，著作权集体管理制度和内容上的不足导致的实践问题均指向了信任问题——信任基础不牢。因为在信任来源研究者看来，获得信任包括了文化解释和制度解释两种范式，前者强调信任来源于文化特质、规则意识、文明程度和思想观念等外生性社会资本，后者认为信任源自治理绩效、经济利益、社会福利等与信任主体利益密切相关的内生性要素。❶ 由于《著作权法》中集体管理制度体例上的不足导致的实践问题使得信任关系构建的文明程度、规则意识、法制水平等外生性因素出现偏差，同时制度内容上的漏洞导致的实践问题又使得信任关系构建的制度绩效、经济利益等内生性因素无法实现，从而动摇了著作权集体管理信任机制构建的基础。

---

❶ MISHLER W, ROSE R. What Are the Origins of Political Trust? Testing Institutional and Cultural Theories in Post – communist Societies［J］. Comparative Political Studies, 2001, 34（1）: 30 – 62.

三、"组织公信力不够"：内部治理与外部监督反思

非营利组织的公信力一般是指组织在与公众互动过程中的信任联系，本质上属于信任的范畴。公信力是非营利组织的生命，是非营利组织的品牌和核心竞争力。❶ 非营利组织社会公信力的构建需从内部的组织能力建设和外部的组织监督管理两个方面着手：良好的内部治理体系所形成的组织能力和绩效是其公信力的基础，系统、多维且严格的外部监督机制则是其公信力持续的保障。

（一）"治理规则缺位、组织能力不足"的信任问题

非营利组织的社会信誉即是组织的能力，组织的良性运转是以基于诚实正直和效率而产生的声誉为基础的，少数毁坏声誉的行为会对整个组织产生负面影响。❷ 我国著作权集体管理组织社会公信力需以强化组织内部治理体系、壮大组织自身能力为前提。对于会员制的著作权集体管理组织而言，"内部治理机制是其会员行使控制权的主要机制"❸，"更重要的是，会员作为利益相关者为组织的成就贡献了大量的时间、精力和金钱，他们有极大的兴趣知道他们的贡献是否被有效利用了。"❹ 组织的法律地位、设立、机构章程和内部机构构成著作权集体管理组织内部治理体系的基本元素，因此相应的法律地位界定、设立要件、机构章程内容和

---

❶ 杜兰英，石永东，康乐，等. 关于非营利组织公信力评估指标体系的探讨［J］. 经济纵横，2006（13）：47－49.

❷ BARR A，FAFCHAMPS M，OWENS T. The Governance of Non－governmental Organizations in Uganda［J］. World Development，2005，33（4）：657－679.

❸ CANDLER G，DUMONT G. A Non－profit Accountability Framework［J］. Canadian Public Administration，2010，53（2）：259－279.

❹ BEHN B K，DEVRIES D D，JING L. The Determinants of Transparency in Nonprofit Organizations：An Exploratory Study［J］. Advances in Accounting Incorporating Advances in International Accounting，2010，26（1）：6－12.

内部机构设置均需在著作权集体管理制度中予以规定。通过对《管理条例》的法教义学分析，发现我国著作权集体管理内部治理相关制度存在模糊、缺位、缺失和滞后的现象，继而导致实践中组织管理能力、自律能力、学习能力和适应变革能力的欠缺，产生信任危机。

　　第一，组织法律地位界定模糊，组织设立条件缺位。在法律地位界定上，我国《著作权法修改草案（送审稿）》第 61 条和《管理条例》第 3 条分别将著作权集体管理组织界定为非营利性社会组织和社会团体。著作权集体管理组织在绝大多数国家属于非营利性的法人组织。❶ 送审稿将非营利性加入法律条款中的做法值得肯定，进一步明示了著作权集体管理组织的功能和作用，也符合《民法典》第 87 条关于非营利法人"为公益目的或者其他非营利目的成立"的规定。但，将著作权集体管理组织定性为社会组织却暴露了立法在组织法律地位界定上的模糊性：《著作权法》中相关概念的使用应当遵循民事立法的通用概念，我国《民法典》并未对社会组织这一主体予以规范，其内涵与外延无法从民法制度体系中找到根源；社会组织一词属口头或学理用语，意指社会团体、基金会、民办非企业等的统称，其在制度上的使用出现在我国原民政部颁布实施的《社会组织评估管理办法》这一部门规章中，将其用于界定属于民事主体的著作权集体管理组织有失妥当。另外，组织的发起人是组织设立中最重要的环节，发起人的个人声誉决定了组织的信誉，而无论是《著作权法》还是《管理条例》均未对发起人的资格予以规范，说明我国著作权集体管理

❶ KRETSCHMER M. Access and Reward in the Information Society：Regulating the Collective Management of Copyright［EB/OL］.［2017 – 12 – 10］. http：//eprints. bournemouth. ac. uk/3695/.

制度在发起人要件上存在缺位。

第二，组织章程法律条款不够完备，存在重要事项缺失的情形。按照我国《民法典》第91条"设立社会团体法人应当依法制定法人章程"，法人章程是法人组织的"宪章"，组织的基本要素、内部机构、组织成立、运行和终止等事项均需在章程中呈现。而且，章程是社会公众、权利人和使用者了解集体管理组织最重要的渠道之一，作为"对外窗口"，章程对组织公信力的建立至关重要。《管理条例》第8条规定了章程应该包括名称及住所、设立宗旨、业务范围、组织机构及其职权、会员大会的最低人数、理事会、管理费提取及使用办法、会员加入和退出程序及条件、章程修改程序和组织终止等10项内容。以世界各主要国家的普遍做法为参照，我国组织章程的规定至少存在三个方面的缺失。其一，未记载会员的权利义务。制度层面法律未规定章程应记载会员的权利义务，实践层面5家著作权集体管理组织在章程中均未记载会员的权利义务。其二，内部机构设置的规定不科学。会员大会、董事会、监事会和申诉委员会的设置和运行是章程的主要内容之一，而我国则仅规定章程应记载会员大会、理事会及其他组织机构的设置和运行，未规定监事会和申诉委员会的设置和运行。其三，费用方面的规定不合理。我国只规定章程应载明管理费的提取和使用办法，对使用费及其分配办法并未要求载入章程。会员的权利义务、组织的内部机构和费用问题事关权利人的权益与负担、组织的运行以及权利人和使用者的经济利益，乃组织运行的基石，此三项内容的缺失无疑让集体管理组织公信力的构建失去了制度基础。

第三，内部机构设置相关制度滞后，不符合发展需求和趋势。著作权集体管理组织内部机构设置的科学性决定着组织运行的品质，也是衡量其对外服务质量好坏和权利人与使用人对其公信力评价的重要依据。《管理条例》在第三章中仅用两个条文（第17、18条）对会员大会和理事会的性质、运行和职权进行了规定，确立了会员大会是组织最高权力机构，由理事会执行会员大会的决议。综观世界各国集体管理组织的内部机构设置，不论是竞争性还是垄断性集体管理模式，其机构设置均要体现"权力机构—执行机构—监督机构"三者制衡以确保组织正常运行的基本模式和路径。即便是竞争性的以公司化手段运营的著作权集体管理组织，除了接受法律、社会和政府的监督外，组织机构内部的监督亦是必不可少的。譬如，为呼吁给予小型餐馆和酒吧更多的音乐许可公平权益，有人专门针对以竞争性模式为代表的美国著作权集体管理组织的透明性和监督性不足的问题提出了疑问。❶ 概言之，我国《管理条例》仅仅规定会员大会和理事会而忽略监事会和申诉委员会的制度安排，与现实需求和发展趋势不符，严重影响组织社会公信力的构建。

　　组织内部治理规则上的缺陷必然会导致其实践运行中的问题：组织的各项能力缺乏，致使其运行绩效低下，无法获得社会公众和利益相关主体的信任认可。即非营利组织的学习能力、管理能力、适应变革能力和自律能力至关重要，能力的弱化会伤及组织的绩效表现，从而影响其社会公信力。❷ 其中，组织法律地位界定模糊可能导致其在具体的业务活动中超越职权界限，为非法交易

---

❶ SENSENBRENNER J. Bring Fairness to Music Licensing［EB/OL］.［2017 – 12 – 10］. http://thehill. com/blogs/congress – blog/politics/282896 – bring – fairness – to – music – licensing.

❷ STEPHENSON Jr, MAX O, SCHNITZER M H, et al. Nonprofit Governance, Management, and Organizational Learning: Exploring the Implications of One "Mega – Gift"［J］. The American Review of Public Administration, 2009, 39（1）: 43 – 59.

行为提供制度空间，也可能导致组织因法律地位不清晰而无法根据相应的行业规范来科学合理地构建其管理框架，降低管理能力和学习能力。组织设立条件的缺位尤其是发起人条件的缺位将会为不具备发起人资格的主体提供机会，直接影响组织的对外声誉，降低社会公众对组织的评价，尤其是对其管理能力和自律能力的评判。组织章程重要事项的缺失，一方面会员权利义务条款的缺失会让著作权人失去对组织的信任，产生心理上的不确定感和不信任感，导致组织缺乏代表性的实践难题；另一方面，费用条款的缺失则直接对权利人和使用者的利益产生冲击，利益相关主体对组织绩效会产生极大质疑，权利人担心自己的权利和利益无法得到有效保障并实现，使用者则会担忧交易价格存在欺骗或交易费用过高等。内部机构设置不合理是削弱组织能力、降低组织绩效、损害组织公信力最集中的原因之一。"权力机构—执行机构—监督机构—申诉机构"的科学配置是保证组织良性运转的基本要求，但我国著作权集体管理组织内部监督机构的缺失致使这一配置体系失衡，组织的自律能力、管理能力和适应变革能力无法得到保障，组织的对外绩效也会大打折扣，同时组织的公信力也会因此丧失。

（二）"监督规则错位、组织监管不严"的信任问题

内部治理体系与外部监督体系相互协同，共同促成著作权集体管理组织的良性运转，提升组织的公信力。相比于企业组织，更全面的监管要求可以成为提高非营利组织公信力的有效机制，持续改善非营利组织的监督、透明度和问责制对于组织公信力的构建具有重大的实践意义。❶ 作为典型的非营利组织，著作权集体

---

❶ Arshad, Roshayani, et al. Board Composition and Accountability of Non - Profit Organizations [J]. Journal of Applied Business Research, 2013, 29 (4): 1021 - 1030.

管理组织不同于以利益驱动为目标的营利组织，其以任务驱动为目标，组织任务的执行者或管理者因缺乏利益追求的经济诱因从而缺少了执行任务或良性管理的动力。此外，著作权集体管理组织因其法律上的或事实上的垄断性特征凸显了对其进行外部监督的必要性。世界各国的著作权集体管理组织，除"意大利、荷兰和西班牙等国家法律明确阻止集体管理组织之间的竞争"形成法律上的垄断情形外❶，缘于运营经验和市场需求形成的事实上的垄断较为常见。域外实践表明，无论是市场自由设立模式还是政府批准设立模式，对垄断性的集体管理组织的监督不存在是与否的差别，只存在是"通过反垄断法或竞争法的司法监督"还是"通过知识产权行政管理机关的行政监督"的监督方式差异。❷ 著作权集体管理组织的非营利性质和垄断特征天然地决定了要提升组织的公信力，强有力的监督管理不可或缺。

我国著作权集体管理组织属于典型的非营利性组织，由政府机关批准设立，既属于法律上的垄断，也构成事实上的垄断。其中，《著作权法》第 8 条和《著作权法修改草案（送审稿）》第 61 条均明确规定了著作权集体管理组织为非营利性组织；《管理条例》在第 42 条中也明令禁止其从事营利性经营活动。在设立模式上，根据《管理条例》第 6 条和第 7 条的规定、《国家版权局关于制止未经批准从事集体管理活动的通知》以及司法实践"深圳声影网络科技诉无锡侨声娱乐侵害作品复制权、表演权纠

---

❶ RICCIO G M, Giannone Codiglione G, Copyright Collecting Societies, Monopolistic Positions and Competition in the EU Single Market ［J］. Masaryk University Journal of Law & Technology, 2013, 07（3）: 287–302.

❷ GERVAIS D J. Collective Management of Copyright and Neighbouring Rights in Canada: An International Perspective ［J］. Canadian Journal of Law and Technology, 2002, 01 （2）: 21–50.

纷案"判决结果来看，❶ 我国著作权集体管理组织的设立模式为典型的政府批准设立模式。此外，《管理条例》第 7 条规定，设立著作权集体管理组织"不与已经依法登记的著作权集体管理组织的业务范围交叉、重合"，形成法律上的垄断；实践中的 5 家著作权集体管理组织均为其业务领域内的唯一组织，构成事实上的垄断。有基于此，《管理条例》用 9 个条文（第 30 条至第 38 条）对著作权集体管理组织的监督进行了具体规范，初步形成了较为完整的监督制度体系。其一，监督理念上，实行了较为严格的监督制度，并将监督与管理融合起来。监督制度在整个《管理条例》中所占的比例较高，且监督主体多元化和监督方式多样化，并在《管理条例》第五章中规定了诸多监督与管理融合的具体规则。其二，监督主体上，包括了著作权行政管理部门、民政部门和其他有关部门的行政机关监督，权利人和使用者的利益相关民事主体监督，非利益相关的公民、法人和其他组织的社会公众监督。其三，监督方式上，依据监督来源的差异区分为"依检举的监督"❷和"依职权的监督"❸ 两种方式。

但从构建著作权集体管理组织信任机制、提升组织公信力和强化组织代表性来看，我国著作权集体管理组织的外部监督制度仍存在着偏差。

第一，监督体系相对完备，但监督目标尚不明确，致使实践中的信任困局无法得到有效治理。

《管理条例》在监督目标的确立上，更偏重于保证著作权集体

---

❶ 胡姝阳. 非法著作权集体管理被叫停 [N]. 中国知识产权报，2016 – 01 – 27（9）.

❷ 依检举的监督是指由权利人、使用人或其他人的检举而进行的监督，包括三种情形，具体参见《管理条例》第 33 条、第 34 条和第 35 条。

❸ 依职权的监督是指国务院著作权行政管理机关或其他部门依据自己的职权进行的监督，涵盖两种情形，具体参见《管理条例》第 37 条和第 38 条。

管理机制的"平衡性"目的而忽略了其运行的"透明性"目标。具有垄断地位的集体管理组织，在实践运行中天然地占据了优势地位，为了平衡组织与权利人和使用者法律关系中的地位。立法者在制定《管理条例》时便明确了监督制度体系乃"为了防止著作权集体管理组织利用其优势地位，损害权利人和使用者的合法权益"❶。立法者在制度创设之初是依据集体管理机制在世界上大多数国家所遭遇的"竞争与垄断问题"和"法律关系不平等问题"进行的制度安排与规则设计，然而著作权集体管理机制在中国近30 年的运行实践却呈现了另一番景象：信任危机带来的集体管理组织公信力的缺失，尤其是权利人对于集体管理机制和组织的不认同导致的集体管理组织代表性缺乏成为我国著作权集体管理运行绩效不佳的最大掣肘。回溯集体管理制度的历史，可以发现其制度价值并非一成不变，而是根据版权产业发展中不断出现的新问题而调整和丰富。❷ 故之，我国著作权集体管理监督制度应及时调整监督管理的目标价值，在平衡性目的基础上更加注重透明性目标的实现，从著作权集体管理组织运行的资金公开监督和信息公开监督两个层面去构建监督制度体系，继而解决现实中的信任困局。

第二，组织的资金和信息公开监督制度存在偏差，致使实践中组织透明度不够，影响公众对组织的信任程度。

在信息技术不断发展的背景下，世界各国著作权集体管理组织均遭逢着透明性的质疑，为此很多国家或地区通过立法或修法

---

❶　中国版权年鉴编委会. 中国版权年鉴 2009 ［M］. 北京：中国人民大学出版社，2010.

❷　熊琦. 著作权集体管理制度本土价值重塑 ［J］. 法制与社会发展，2016（3）：96 – 108.

方式来完善著作权集体管理的资金公开和信息公开监督制度。譬如，针对美国市场化的著作权集体管理体制机制，有人提出"艺术家们应当从创作中获得经济补偿，然而艺术家获得报酬的过程却是不透明的，这主要归因于集体管理纷繁复杂的运转方式和付费过程"❶；欧盟于2014年实施的《欧盟版权集体管理指令》即以"加强欧盟境内版权集体管理组织的透明度"为立法目的之一，其立法背景主要是因为"欧盟各国关于版权集体管理透明度与治理程度不同，各集体管理组织在国外著作上经常出现损害权利人权益的情形，连带导致集体管理组织的透明度遭到使用者的质疑"❷；2016年生效的英国《版权集体管理组织法》乃近年来英国首度通过专门立法来监督管理著作权集体管理组织，这一立法的关键缘由即"英国政府常常接到使用者对集体管理组织的申诉，尤其是中小企业使用者抱怨集体管理组织授权进程烦琐冗长、质疑授权不公和怀疑组织透明性不足等问题日渐高涨"，为此立法中明确规定了"集体管理组织应每年提交营利以及财务报表方面信息，提交年度透明报告"❸。

反观我国著作权集体管理制度，在资金与信息公开监督上存在诸多不足，与提升组织透明性和公信力的监督目标存在偏差。总览《管理条例》的规定，无论是组织资金还是运行信息的监督管理主要由著作权行政管理部门、民政部门、权利人、使用者等

❶ Bring Fairness to Music Licensing [EB/OL]. [2017-12-10]. http://thehill.com/blogs/congress-blog/politics/282896-bring-fairness-to-music-licensing.
❷ European Commission. Collective Rights Management Directive [EB/OL]. [2017-12-31]. https://ec.europa.eu/digital-single-market/en/collective-rights-management-directive.
❸ The Collective Management of Copyright [EU Directive] Regulations [EB/OL]. (2016-02-21) [2017-12-31]. http://www.legislation.gov.uk/uksi/2016/221/pdfs/uksi_20160221_en.pdf.

利益相关主体执行，呈现出强烈的"对内"倾向。而在"对外"方面，即不特定社会公众或利益不相关主体的监督方面则明显不足，仅有《管理条例》第31条"每个会计年度向外公布审计结果"，以及第35条"权利人和使用者之外的其他人认为集体管理组织违反本条例规定的可以检举"的原则性规定。对照《欧盟版权集体管理指令》的相关规定，针对社会公众和利益不相关主体，第21条"向公众披露信息"（Disclosure of Information to the Public）规定了"集体管理组织应在网站上公布章程、会员条款、授权条件及费率、分配方法、管理费、申诉程序等信息，并随时更新"，第22条"年度透明报告"（Annual Transparency Report）规定了"集体管理组织应于会计年度结束后的8个月内，制作年度透明报告并公告于网站，报告内容包括财务报表、使用报酬收入、扣除额的运用等，并供社会大众在网站上查询5年内的年度透明报告"。❶

四、"信任关系缺失"：权益保障与交易机制质疑

信任隐含着一方主体对另一方主体能力的认可和正面的预期，能力认可和正面预期对双方信任的建立起决定性作用。具体到著作权集体管理的信任关系，能力的认可即是组织公信力，而正面预期则体现为著作权集体管理组织能够满足权利人和使用者的利益需求。对于权利人，通过大量成本投入获取的著作权能够在交易中获得精神和经济层面的合理回报是其最大预期；对于使用者，多元的交易方式、便捷的交易渠道、灵活的费用机制和可靠的异

---

❶ European Commission. Collective Rights Management Directive ［EB/OL］. ［2017 - 12 - 31］. https://ec. europa. eu/digital - single - market/en/collective - rights - management - directive.

议途径是其主要需求。著作权集体管理组织只有满足了权利人和使用者的需求和预期，方能建立起良性的信任关系，从而真正发挥信任在版权交易市场中的"润滑剂"作用和"简化交易复杂性"效用。

（一）权利人与著作权集体管理组织：权益保障失衡

虽然不同的著作权集体管理组织之间存在着较大差别，但它们的基本流程是相同的，包括获得作者授权、设定许可协议与费率、使用数据的收集及费用分配。❶获得作者授权是著作权集体管理组织开展集体管理活动的前提，授权的多寡也直接决定了组织代表性的强弱。权利人与著作权集体管理组织间的法律关系构成了以"权利人—集体管理组织—使用者"为主体逻辑构造的集体管理行为的基础，获得权利人的信任和管理授权是著作权集体管理组织得以存在和发展的首要任务，"集体管理组织与其会员（权利人）之间是建立在信任基础上的"❷。权利人对著作权集体管理组织的良性认知与价值认同是世界各国著作权集体管理制度顺畅运行与健康发展的先决要件，世界各国的运行实践也表明了著作权集体管理制度的相关争议大多发生在使用者与集体管理组织之间。而我国著作权集体管理制度自实施以来，矛盾却更多集中于著作权人和集体管理组织之间，著作权集体管理组织始终因权利人的抵制而缺乏广泛代表性。❸质言之，权利人与著作权集体管理

❶ GERVAIS, DANIELD（EDT）. Collective Management of Copyright and Related Rights［M］. Kluwer Law International, 2014.

❷ JIANG F, GERVAIS D. Collective Management Organizations in China: Practice, Problems and Possible Solutions［J］. Journal of World Intellectual Property, 2012, 15 (3): 221 - 237.

❸ 熊琦. 著作权集体管理制度本土价值重塑［J］. 法制与社会发展, 2016 (3): 96 - 108.

组织之间信任机制的缺失是我国著作权集体管理机制无法产生预期制度绩效的主要矛盾，解决这一矛盾的前提则是从制度源头上厘清关系并找准症结。在权利人与著作权集体管理组织构建信任的进程中，"著作权人作为集体管理制度的直接受益者，强调对著作权的尊重和许可收益的最大化"❶。具言之，著作权人在著作权集体管理活动中最为关注的，一是权利是否得到尊重，二是权益能否得到保障。

权利尊重维度，现有制度设计对于著作权人的限制过多，导致实践中权利人在权利管理授权上缺乏私人自治之自由。其一，在授权主体的选择上，《管理条例》第 7 条 "设立著作权集体管理组织不得与已经依法登记的著作权集体管理组织的业务范围交叉、重合"确立了不同作品领域著作权集体管理组织的唯一性，著作权人失去了根据意思自治选择不同集体管理组织的自由。其二，在授权范围的选择上，现行法律规定的模糊导致法律适用上的困难，以及集体管理组织在实践运行中的垄断优势地位，使得权利人在权利处分中丧失了依自己意思形成其私法上权利义务关系的自由。《管理条例》第 4 条通过"列举加概括"的方式确定了著作权集体管理组织的权利管理范围，这一规定既引起了理论解读的分歧，也导致了实践运行的曲解：《管理条例》第 4 条 "权利人自己难以有效行使的权利"基于不同理论方法和价值标准存在着不同的解释结论；"权利人在参与决定集中许可的谈判中，几乎没有对许可方式和价格协商的空间"❷。此外，有关著作权人在权利管

---

❶ 熊琦．论著作权集体管理中的私人自治：兼评我国集体管理制度立法的谬误 [J]．法律科学（西北政法大学学报），2013（1）：142－149．

❷ 熊琦．著作权集体管理中的集中许可强制规则 [J]．比较法研究，2016（4）：46－59．

理授权中的授权国家或区域、授权时间期限和授权利用方式，在实践中由于著作权集体管理组织的垄断性优势地位，本属私权自治的授权内容变为由著作权集体管理组织单方决定。其三，在授权形式的选择上，著作权人对著作权集体管理组织的授权属于典型的法定专属授权，即《管理条例》通过法律规定的方式禁止权利人在授权给著作权集体管理组织后再就授权内容和范围自行或者委托他人行使权利。❶ 法定专属授权致使权利人将权利授权给著作权集体管理组织后即失去了对权利控制、行使和实施自由，其法律效果无疑是负面的，既进一步强化了著作权集体管理组织在双方法律关系中的优势垄断地位，又压缩了网络时代下与大规模授权并存的小范围授权的市场空间，还让处于观望态度的更多其他著作权人对著作权集体管理组织失去信任与信心。

权益保障维度，现行管理费制度过于抽象且脱离实际，导致著作权人的权益无法得到充分保障，进一步加深了权利人和社会公众对组织的不信任。现行的管理费制度为本就因垄断地位而缺乏"拉拢"权利人诱因的著作权集体管理组织提供了更大操作空间，其在实践中或以含糊其词的方式规定管理费比例，或将管理费的具体开支不予公开，致使信任危机加深。遵照法教义学"以法律文本为基础，聚焦正有效实施法律的解读与适用，以法律概念为逻辑起点分析制度体系"的方法，❷《管理条例》在第 8 条、第 17 条、第 28 条、第 29 条、第 32 条、第 33 条和第 40 条对管理费进行了规制。以管理费乃著作权集体管理组织维持正常管理业务所需费用为概念逻辑起点，《管理条例》分别对管理费的设立目

---

❶ 关于著作权权利人与集体管理组织之间的法定专属授权，可参见《管理条例》第 20 条。

❷ 张翔. 形式法治与法教义学 [J]. 法学研究，2012（6）：6 - 9.

的、决定主体、费率规则、信息公开、监督管理进行了规范，形成了管理费的制度体系。其一，关于管理费的设立目的，《管理条例》第 28 条规定管理费的收取"用于维持其正常的业务活动"，与世界各国关于管理费的规范并无差异。其二，关于管理费的决定主体，《管理条例》第 17 条确立了由会员大会决定提取管理费的比例，符合私权自治的基本原则。但我国著作权集体管理组织会员大会的代表性及其运行的科学性因信息不公开而无法查证，基于我国著作权集体管理组织浓厚的官方特征以及对国外著作权集体管理组织会员大会科学运行的感性认知可以初步判断，❶ 会员大会在确定具体管理费比例中多大程度上代表了全体会员的利益有待质疑。其三，关于管理费的费率，《管理条例》第 28 条规定为"使用费的一定比例"以及其变动"随着使用费收入的增加而逐步降低"。这一规则基本遵循了国际普遍采取的"从使用费中扣除一定比例费用用于权利管理"和"组织成立之初管理费较高、组织成熟运行后管理费逐步降低"的传统和规律，但其在制度设计和实践运行中仍存在较大瑕疵。制度设计上，相比于《德国著作权集体管理组织法》在第 31 条"权利收入的扣除"第（1）项规定了"权利收入的扣除应当具有合理性（Reasonable）且应当以客观标准（Objective Criteria）为基础"，第（2）项规定了"用于管理著作权或者相关权的扣除部分不应超出合理的和文件记载的管理费"，而且德国联邦最高法院在司法实践中确立的"集体管理

---

❶ 譬如德国音乐作品表演权、复制权集体管理协会（GEMA）将会员分为一般会员、特别会员和附加会员三种，目的在于避免过多业余艺术家参与集体管理团体的决策事项，从而导致业余作曲家操控集体管理团体的不当情形。此外，会员大会中的投票方式依据职业分成作曲家、作词家、出版商等三组，目的在于维护各类别的权益。德国邻接权使用管理有限公司（GVL）权利人大会系由权利人所组成，但需连续三年获得报酬分配的权利人方能参与权利人大会，其理由与 GEMA 相同，目的是避免过多业余权利人参与集体管理组织的行政运作。

组织应当在管理作品的过程中尽可能减少管理的额外开支，尽可能优化管理结构，降低管理费的比例，将管理费控制在可预期的范围内"原则，❶ 我国对管理费收取标准的规制并未给予"合理性"、"客观性"或"预期性"的制度和司法实践限制。实践运行中，管理费过高一直是困扰我国著作权集体管理机制顺畅运行的最大障碍之一，也是构建我国著作权集体管理信任机制的主要问题之一。现行著作权集体管理组织管理费相关信息并未对公众公开，而已有的报道大多是管理费收取过高的消息，❷ 进一步激化了权利人和社会公众对著作权集体管理组织的信任危机。

此外，关于管理费的信息公开和监督管理，《管理条例》第 8 条规定集体管理组织应在章程中载明提取办法，第 32 条和第 33 条规定权利人和使用者有权查阅管理费提取情况且权利人有针对管理费提取情况的检举权。由此可知，对于一般社会公众而言，获取管理费提取信息的渠道仅为组织章程；而查阅管理费具体提取情况的主体则仅限于会员和使用者。通过实证考察发现：我国现行 5 家著作权集体管理组织均在章程中对管理费提取予以了规定，但所有的规定均是对《管理条例》的简单照抄，并无更加详实的提取规则；5 家集体管理组织中有 3 家对管理费比例规定了"不超过使用费的 30%"的上限，2 家引用了《管理条例》中的"一定

❶ 李陶．论著作权集体管理组织的反垄断规制［J］．知识产权，2015（2）：34－40．

❷ 有关我国著作权集体管理组织收取过高管理费的报道主要参见：蓝方，任重远．解析中国式集体管理［J］．财新周刊，2012（15）；谭翊飞．"中文发"借卡拉 OK 监管平台获利 KTV 版权利益分配浮出水面［N］．南方周末，2010－03－02（1）；徐词．我就要来保护你：著作权法修改草案陷入争议漩涡［N］．南方周末，2012－04－19（22）；张贺．音著协为何不招待见［N］．人民日报，2013－04－26；中国新闻周刊．新著作权法是鼓励音著协收黑钱？［N］．中国新闻周刊，2012－04－06．

比例"的措辞；除了中国音乐著作权协会 1 家在网站公布其年度财务报告外，其余 4 家均未公布其年度财务报告，且中国音乐著作权协会公布的财务报告仅有每年的版税收入总额及支出总额，具体收入包括哪些项目、管理费支出包括哪些项目、管理费具体支出数额、权利人获得版税收入额度等关涉权利人主要权益的信息并未显示，且年度财务报告中显示的分配额有多少比例分配至权利人也未显示。故之，对于一般社会公众而言，根本无从了解著作权集体管理组织在管理费提取方面的具体信息，著作权集体管理组织以其强烈的"神秘感"正一步步加剧社会公众和权利人对组织的信任危机。反之，观察德国著作权集体管理组织法有关管理费信息公开制度，第 56 条"向公众披露信息"明确规定著作权集体管理组织应当在其网站向社会公众公布的信息包括从权利收入中扣除管理费的一般政策，第 58 条年度透明报告及该条款指向附件的年度透明报告明确规定，年度透明报告的财务信息应当涵盖与权利管理相关的运营和财务成本，包含从权利收入中扣除的管理费，且需根据权利管理的类别对管理费的支出进行分类，社会公众有充分的途径了解集体管理组织在管理费提取上的各种信息，基于信息公开产生信任并形成监督。

（二）使用者与著作权集体管理组织：交易机制失灵

使用者与著作权集体管理组织之间通过签订许可使用合同形成民事法律关系，私法自治理应构成双方法律关系的基本原则，在许可使用合同中也应充分体现缔结自由、相对人自由、内容自由和方式自由。然而，制度和实践的演绎脉络却呈现出对这一私法关系逐步加以规制的景象，在兼顾公平性和效率性的价值指引下，营造自由竞争的市场环境、保障权利人利益最大化、回应财产权的社会义务成为双方法律关系的制度目标。追踪世界各国著作权集体管理制度和实践的发展历程，使用者和著作权集体管理组织之间私法关系变革使得著作权使用许可交易机制展现出以下特性：许可方式逐步多元化，交易渠道日趋现代化，版税机制逐渐市场化，费率异议日益成熟化。其一，在许可方式上，各国通过判例法或成文法的途径从一开始的单一许可逐渐发展到现今的多元许可。譬如美国从最初的"概括许可"逐步发展到如今包括"概括许可"、"按节目许可"、"关联许可"和"按片段许可"在内的多元许可方式供使用者自由选择。以美国音乐著作权集体管理组织为例，ASCAP 和 BMI 有义务向使用者提供"概括许可"之外的其他许可方式，当电视台或者广播电台向其提出书面使用请求时，其必须提供"按节目许可"的方式作为选择；如若互联网音乐使用者或音乐服务提供者提出许可请求，则必须提供"按片段许可"方式以供选择。❶ 其二，在交易渠道上，使用许可从传统交易途径逐步过渡到数字化、信息化和人性化的互联网或移动互联网途径，利用现代信息技术手段开发更加贴近使用者需求的交易渠道，构建综合性的著作权使用许可技术平台，成为全球各著作权集体管理组织的普遍做法。美国版权结算中心（Copyright Clearance Center）为了更好地应对和简化数字化环境下著作权集体管理的交易特意开发了 Rightslink 交易技术平台，使用者可以通过电脑或手机使用该平台获得使用授权，并记录使用情况以供权利人查询，极大地降低了许可成本，提升了许可效率。❷ 英国为了应

---

❶ KATZ A. The Potential Demise of Another Natural Monopoly：Rethinking the Collective Administration of Performing Rightsl［J］. Journal of Competition Law and Economics，2005.

❷ Copyright Clearance Center（CCC）. Rightslink for Permissions［EB/OL］. ［2018 – 01 – 10］. http://www. copyright. com/rightsholders/rightslink – permissions/.

对数字化时代知识产权管理和授权的巨大困难也开发了版权结算中心（Copyright Hub）这一技术平台用于著作权信息获取和使用授权，❶ 澳大利亚版权代理有限公司（Copyright Agency Limited）还专门针对教科书的授权使用开发了 Learningfield 技术平台。❷ 其三，在版税机制上，充分尊重使用者在定价机制上的意思自治，因循市场需求变革逐步优化版税标准构成了使用许可版税机制的发展规律，使得相对单一和固化的定价机制与版税标准发展到现今市场化、灵活性和多样型的版税机制。无论是以英美法系为代表的美国和英国，还是以大陆法系为代表的德国和我国台湾地区，在交易客体的定价机制上都充分尊重使用者的自由意志，在使用费的制定上以双方合意为基础；而且由著作权集体管理组织根据使用方式、频率、规模、市场合理价值等要素多元组合提供不同类型的版税标准亦是常态。❸ 其四，在费率异议上，随着产业实践的不断深入，有关使用费率异议的实体和程序规则逐步完善，通过设置专门受理对使用费率异议的监督机构已然是通行做法。

---

❶ Copyright Hub. The Technology of Copyright Hub ［EB/OL］. ［2018 – 01 – 10］. http://www. copyrighthub. org/technology/.

❷ Copyright Agency Limited（CAL）. Learningfield Teach & Inspire & Grow ［EB/OL］. ［2018 – 01 – 10］. https://learningfield. com. au/.

❸ 以美国音乐著作权集体管理使用许可的定价机制和版税标准为例，当使用者与 ASCAP 及 BMI 发生费率争议时，则可向纽约南区地方方法院请求解决争议，若使用的著作不属于上述集体管理组织所管理，则多透过市场机制自由协商以决定费率；以英国美术著作权集体管理为例，英国有三个美术集体管理组织，分别为设计与艺术家著作权协会（DACS）、艺术家集体管理组织（ACS）和图像产业集体管理组织（PICSEL），它们会根据权利类型、使用次数、使用目的、使用途径和使用形式等不同要素组成种类繁多的使用报酬目录；以德国音乐著作权集体管理为例，使用费率的制定也是以"概括合同"为基础，然后结合营业场所、客流大小等要素予以制定；我国台湾地区更是在 2010 年的著作权制度修改中将使用费费率审议的规则由事前审议变为现行的事后备查，并新增暂付款、单曲费率、共同使用报酬率和单一窗口制等制度。

美国司法部门的同意判决、德国的仲裁委员会、英国的著作权仲裁庭、加拿大的著作权委员会、法国的文化部以及我国台湾地区的"著作权审议及调解委员会",均有专门处理费率异议的基本职能、配套制度和科学程序。

总结上述使用者与著作权集体管理组织交易机制变革现象,不难发现,适应市场需求和防止市场垄断构成交易机制革新的内在驱动因素。要厘清使用者与著作权集体管理组织交易机制上存在的弊端,必须先弄清我国著作权交易市场在"市场需求"和"市场垄断"上的现状。其一,在市场需求层面,我国版权市场呈现出以下基本特征:规模方面表现为市场份额大、增长速度快,结构方面体现为受众分散、多元并行,动力方面展现为内容驱动强、技术作用大。规模部分,《2017 中国网络版权产业发展报告》显示:"2016 年中国网络核心版权产业的行业规模突破 5000 亿元,增长了 31.3%,且在 2006 年至 2016 年十年间,行业规模从 163.8 亿元增长到 5086.9 亿元,年增长率保持在 30% 以上。"❶ 结构部分,行业发展数据报告显示:"互联网内容产业营收结构各细分领域中,游戏、音乐及广告收入占比略有下降,视频、动漫占比提升,电竞、直播、VR 等新兴业态会有大发展,这些调整变化是内容产业各细分领域发展更加平衡的结果。"❷ 动力部分,版权产业的未来发展"对于重头优质 IP 布局而言,大规模'跨界跨次元'发展是必然趋势"❸,即优质内容和新型技术成为引领产业前行的两大引擎。其二,在市场垄断维度,著作权集体管理组织在版权

---

❶ 国家新闻出版广电总局.2017 中国网络版权产业发展报告 [R/OL]. http://www.sapprft.gov.cn/sapprft/contents/6582/329934.shtml.

❷❸ 腾讯研究院.2016 年中国互联网内容产业全景数据解读 [EB/OL].(2017 – 05 – 31)[2018 – 01 – 11]. http://www.tisi.org/4903.

大规模集体交易中占有绝对的垄断地位，这一绝对性通过法律制度、市场现状和司法实践得以充分显现。如上文所述，基于《管理条例》第6条和第7条的规定，我国著作权集体管理组织通过法定方式确立了垄断地位，也形成了市场上的垄断格局，而且司法实践通过诉讼判决排除版权代理公司的集体管理行为则进一步强化了其垄断性。综上可知，多样化的消费需求、新型传播技术引领发展、市场机制起决定作用和集体授权领域垄断现象严重构成了现阶段我国版权市场的基本特性。

理应通过制度安排和机制调适来回应我国版权市场多样化、技术性、市场化和垄断性特征的著作权集体管理使用许可体系，却呈现出许可方式单一、交易技术滞后、版税机制僵化和费率异议制度缺失的现状，致使使用者与集体管理组织之间的交易机制失灵。市场需求与交易体制机制供给之间的矛盾使得使用者在许可使用过程中无法通过便捷、合理、自由的方式完成交易，导致了使用者对著作权集体管理组织的信任危机。在许可方式和类型上，《管理条例》第23条第1款"应当与使用者以书面形式订立许可使用合同"的合同形式要求、第2款"不得与使用者订立专有许可使用合同"的合同内容要求、第3款"不得拒绝使用者合理合同要求"的合同缔约要求和第4款"2年期限与届满可以续订"的合同期限要求对于保障使用者权利和维护公平合理市场秩序大有裨益。但在我国著作权集体管理组织处于绝对垄断地位的情形下，该条款并未要求著作权集体管理组织提供多样化、多类型的许可使用方式供使用者选择以保障交易的合理性和公平性。且实践中由著作权集体管理组织向使用者提供格式合同是行业的普遍做法，而不是根据市场情势和使用需求提供最优许可方案。在交易技术方面，移动互联网在中国的普及及其在市场交易中的普遍运用是不争的事实，我国基于互联网和移动互联网衍生的交易方式和商业模式在全球属领先地位，但反观我国著作权集体管理组织现行的交易技术和渠道，从组织设立之初就投入使用的通过官方网站进行查询和交易的渠道，至今从未有过技术上的革新和更加具体的渠道设计，也未顺应移动互联网技术的发展，开发任何用于智能终端设备的交易软件或渠道。在版税机制方面，一是《管理条例》第13条直接将使用者的意志排除在使用费制定标准之外，二是我国现行不同类型作品的具体使用费标准有较为明显的行政干预迹象，使用者基本失去了根据自由意志和市场价格的议价和协商空间。现实交易中，使用费标准基本上是根据《管理条例》第25条"根据国务院著作权管理部门公告的使用费收取标准"进行定价，包括了《使用音乐作品进行表演的著作权许可使用费标准》、《广播电台电视台播放录音制品支付报酬暂行办法》、《电影作品著作权集体管理使用费收取标准》、《教科书法定许可使用作品支付报酬办法》和《使用文字作品支付报酬办法》。在费率异议方面，作为防止著作权集体管理组织市场垄断最为有效的方法和制度，我国现行《著作权法》和《管理条例》并未规定这一制度。但在《著作权法》第三次修正过程中，《著作权法修改草案（送审稿）》第62条规定了对费率有异议的，由国务院著作权行政管理部门组织专门委员会予以裁定，这一进步也有待实体上和程序上的进一步完善。

五、著作权集体管理授权信任机制的路径选择与制度建设

正如社会信任研究先驱乔治·齐美尔（Georg Simmel）所言，互动是社会构成的起点，整个社会的运行离不开互动中的信任。著作权集体管理模式在中国的良性运转有赖于信任机制的构建，

在著作权人、使用者和社会公众与著作权集体管理组织的互动中构筑起信任关系。我国著作权集体管理组织所面临的信任危机正一步步蚕食着市场各方的信心，化解这一危机并重新维系起著作权集体管理法律关系中各主体间的信赖网络是当前亟待解决的难题。制度作为实践之指引，可以成为破解实践困局的切入口。法律规范层面《著作权法》中的著作权集体管理制度、法律规则层面《管理条例》中的组织治理与监督制度，以及法律关系层面规制各利益相关主体的制度，构成搭建著作权集体管理信任机制的核心制度体系。笔者以制度的完善改进为先导，并将剖析的视角引向实践问题，遵循从法制到法治的思维，找准了我国著作权集体管理存在的"信任基础不牢"、"组织公信力不够"和"信任关系缺失"等关键性的信任难题。在此基础上，试图从著作权集体管理授权模式的路径选择、机构改革的正确应对、法律规范的科学设计、法律规则的修正对策和法律关系的制度调整等方面来构筑我国著作权集体管理的信任机制系统。

（一）我国著作权集体管理授权模式的路径选择

综观世界各国著作权集体管理的运行模式，无外乎两条路径：市场主导型和政府监管型。两者的区分以著作权集体管理组织的设立、监管和垄断地位为标准。市场主导型的路径以美国模式为代表，其著作权集体管理组织的设立无需政府主管机关的特别审批或核准，符合组织形态（公司、非营利协会或组织）的相关法律制度即可；对著作权集体管理组织的监督也以司法途径为主，允许同一领域设立多家集体管理组织以形成竞争状态，主要通过反垄断法规制集体管理组织的垄断行为。政府监管型的路径以德国模式为代表，其著作权集体管理组织的设立必须经过德国专利商标局的审查批准，组织的运行受到行政管理部门、法律和媒体等多方位的监督，著作权集体管理组织与使用者关于使用费的纠纷须先经德国专利商标局内设的仲裁委员会仲裁方能提起民事诉讼，除了影片领域外的其他领域的集体管理组织均具有垄断地位（影片领域虽存在多个集体管理组织，但主要业务范围不尽相同），且由著作权专门法和反垄断法共同规制集体管理组织的垄断行为。除此之外，日本在立法上从著作权中介业法到著作权事业管理法的嬗变即经历了从政府监管型到市场主导型的路径转换，其根据市场需求和实践发展需要，变组织设立的许可制为备案制、变垄断性的集体管理模式为竞争性的集体管理模式，这一路径选择的转换也收到了良好效果。从路径选择的视阈观察我国著作权集体管理模式，我们应当保持理性思维并秉持客观态度，以中国的基本国情为基准来完成路径抉择。其一，两种路径并不存在孰优孰劣之分，只有适合与不适合之差。其二，我国著作权集体管理模式的实践运行在 30 多年的时间里一直沿袭政府监管型模式，政府、著作权人、市场主体和社会公众均已形成认知惯性，路径转换的成本是必须考量的要素。其三，虽然运行多年的政府监管模式在中国的实践因信任机制的缺失并未取得预期效果，但并非代表该模式完全不适应中国著作权集体管理市场的实际状况，关键制度规则设计上的漏洞、相关制度执行上的软弱与运行体制机制上的不作为和不健全才是造成信任困局的关键。其四，德国著作权集体管理组织基于其超过百年的管理运行经验，经历法律上的独占垄断地位和现在的事实垄断地位，为了避免同一作品领域存在两个集体管理组织导致的管理成本过高和取得授权不便等问题，从而形成了现今的政府监管模式，这一经验为我国著作权集体管理政府监管模式的路径选择提供了宝贵的参照价值。

（二）版权机构改革与著作权集体管理授权的挑战和机遇

在推进国家治理体系和治理能力现代化的目标导向下，中共中央印发的《深化党和国家机构改革方案》中明确提出由"中央宣传部统一管理新闻出版工作""中央宣传部对外加挂国家新闻出版署（国家版权局）牌子"。至此，在本轮深化党和国家机构改革中，行使著作权管理职能的国家版权局由原来的国务院直属机构国家新闻出版广电总局主管划归中央宣传部主管。关于本次国家版权局机构改革，在理论上已有学者以 40 年来我国文化类管理机构的演变规律为基准进行过阐释和预测，即"随着国务院文化大部制改革的推进，大部门的职责边界会不断扩张，其职权会越来越触及中宣部这一权力'天花板'"❶。学者针对本次国家版权局划归中央宣传部主管持乐观态度，认为"要借助中央宣传部统管大文化的便利，将版权之于文化事业和产业的更大作用发挥出来"❷。

笔者认为，应当对本次涉及国家版权局的机构改革持客观理性态度，一方面国家版权局由中央宣传部管理将会促进版权工作与宣传思想文化工作的融合，从而加强版权管理工作的权威性，另一方面通过机构改革实现版权管理"组织再造"向"服务再造"的深刻转变还有很长的路要走。概言之，在新的机构改革大背景下，著作权管理的职能由"国务院直属机构管理"变为"中央宣传部管理"既是挑战，亦是机遇。具体到著作权集体管理领域，版权管理工作权威性的加强会增加著作权集体管理法律法规在立

---

❶ 靳亮，陈世香 . 四十年来国务院文化类管理机构的演变与前瞻 [J] . 理论与改革，2017（5）：139 - 148.

❷ 丛立先 . 国家版权局机构改革与职能调整的法治保障 [J] . 中国出版，2018（7）：10 - 13.

法和执法上的效率，著作权法律法规的修改完善工作效率会更高，而且与市场发展需求极不吻合的《管理条例》的修改工作有可能会更加高效。同时，著作权保护的力度、措施会进一步增强，著作权与宣传思想文化工作的融合会促使形成更加良好的著作权意识和尊重著作权的社会风尚，在根源上对于促进著作权的大规模集体授权交易会起到更加积极的效用。版权管理权威性的强化还会在很大程度上使著作权集体管理组织的外部监督更加有力，对于增强组织的公信力和提升组织绩效都大有裨益。与此同时，由于版权管理与宣传思想文化管理的渗透与融合，著作权集体管理这一更多涉及文化产业发展的工作如何与意识形态、舆论引导、思想宣传、文明传播等涉及文化事业发展的工作平衡，在管理中不被边缘化是必须予以关注的。此外，在新的机构定位和职能下，如何更好地处理版权管理中的政府与市场关系，如何杜绝我国机构改革存在的重视过程（机构的结构与形式）而不重视结果（服务的质量与水平）的不足，如何让著作权集体管理组织得到更加充分的发展、提供更好的社会服务，如何从公民视角而非政府视角去客观评价和矫正机构改革的实际效果，都有待实践的有益探索。

（三）《著作权法》中著作权集体管理制度完善建议

其一，应理顺《著作权法》中著作权集体管理制度的价值体系，保证各个法律条文之间具备一定的逻辑关系，并在制度体系上体现秩序与协同价值。在秩序与协同价值的指引下，使得《著作权法》中的著作权集体管理制度与《管理条例》中的著作权集体管理具体规则之间符合"抽象—具体"的立法传统和精神。其二，在具体的制度安排上，要以构建现代化和科学性的法律制度为目标，以解决信任困局、构建信任机制作为制度内容设计的序参量。将著作权集体管理法律关系中著作权人和使用者最为关切的问题，以及最能树立起包括权利人和使用者在内的一般社会公众对于著作权人集体管理组织公信力的相关条文纳入《著作权法》中去。基于上述分析，笔者建议修改现行《著作权法》通过第 8 条对著作权集体管理予以规定的格局，而是在《著作权法》单独设立"著作权集体管理"一节，具体条文包括著作权集体管理组织的概念、权限与法律地位，著作权集体管理组织内部机构设置，会员入会、退会及非专属授权，授权管理合同与许可使用合同，延伸性集体管理与权利人要求的强制管理，难以行使的权利的获报酬权，共同使用费制度，使用费与管理费的原则性规定，监督管理著作权集体管理组织的原则性规定和法律责任、主管机关与另行规定。据此，十个条文所构成的"著作权集体管理"一节在逻辑上遵循了著作权集体管理法律行为的一般顺序，基于法律行为所构建的制度体系与《管理条例》之间亦体现了"抽象—具体"立法技术惯例，各法律关系主体最为关注的权益保障、交易机制、治理体系、监督管理等涉及信任机制构建的相关问题均在著作权法中得以呈现和彰显。

（四）著作权集体管理组织内部治理与外部监督制度完善建议

其一，明晰著作权集体管理组织的法律地位，增加组织设立发起人资格的相关条文。法律地位界定上，在《著作权法》和《管理条例》中明确著作权集体管理组织为"非营利性社会团体法人"。这样既与《民法典》关于法人的规定顺畅衔接，也符合组织运行的实践；发起人资格上，在《管理条例》中增加有关发起人资格的法律条文，将民事行为能力存在缺陷、组织管理能力存在缺陷和社会公信力存在缺陷的相关主体排除在外。其二，完善关于著作权集体管理组织章程的法律规定，构筑更为完备的章程内容。在《管理条例》第 8 条的基础上，增加关于"会员的权利与义务"、"组织机构设置"和"使用费收取情况及分配办法"三项章程内容，为组织公信力的构建提供制度基础。其三，更新关于著作权集体管理组织机构设置的法律条款，形成"权力—执行—监督"相互协调的机构运行链条。扩充现有法律规范仅设置会员大会和理事会的内部机构格局，在《管理条例》第三章中增加关于监事会的相关法律条款，以明确监事会的法律地位和基本职责，并将这一规定抽象为原则性规范纳入《著作权法》。其四，在政府监管模式的路径选择下，确立兼具平衡性和透明性的监管目标，进一步加强对著作权集体管理组织的资金和运行信息方面的监督。具体规则方面，一是要将监督管理的目标、主体、职责等原则性规定放至《著作权法》中；二是在现有内部监督体系较为完备的基础上，在《管理条例》第五章中增加"向公众披露信息"和"年度透明报告"相关法律条款，以强化对组织的外部监督，为社会公众、权利人和使用者深入知晓并了解著作权集体管理组织运行情况和构建著作权集体管理组织社会公信力提供渠道。

（五）著作权集体管理组织与权利人和使用者法律关系制度优化建议

其一，给予权利人更多私人自治的自由，放开现有制度对权利人的诸多限制，以示对权利人的充分尊重。在本文所构思的著作权集体管理制度的授权管理合同与许可使用合同条款中，加入授权管理合同意思自治的原则性规定，并可明确禁止著作权集体管理组织依据垄断优势地位在签署授权管理合同中的不尊重权利人意思表示的行为；删除《管理条例》第 20 条关于权利人专属授权的规定，并在《著作权法》中加入"非专属授权"条款以明示权利人可在授权著作权集体管理组织后自行或者委托他人行使权利，以显示法律对权利人权利的尊重和保护。其二，充分保障权利人的权益，完善使用费的决定主体、费率规则和监督管理制度。在《著作权法》中可将管理费与使用费的原则性规定合为一条予以规范，对权利人和使用者最为关心的问题作出制度回应。使用费的信息公开是防止著作权集体管理组织乱收费、消除权利人认为管理费过高疑虑的最佳办法，因此可在《管理条例》中明确规定著作权集体管理组织必须通过互联网等渠道公开管理费费率的决定主体和决定过程，管理费的费率、金额和使用明细等信息，以增强著作权集体管理组织的透明度，提升权利人对著作权集体管理组织的信任度。其三，改变现有使用者与著作权集体管理组织之间许可方式单一、交易技术滞后、版税机制不灵活和费率异议制度缺失的状况，通过制度优化形成方式多样、技术先进、机制灵活和异议顺畅的版权交易机制。许可形式上，可在《管理条例》第23条中加入著作权集体管理组织应当根据市场需求和使用者要求提供多样化的许可方式之条款，并增加著作权集体管理组织应当在互联网上公开其许可形式的条款；交易技术上，国务院著作权行政管理部门作为著作权集体管理组织的批设单位和监管主体，应该督促具有垄断地位的著作权集体管理组织顺应互联网和移动互联网技术发展趋势，发挥我国在"互联网＋"上的技术优势，更新网站建设、开发交易渠道、拓展交易平台；版税机制上，在《著作权法》和《管理条例》中将"使用者的意思表示"加入使用费的制定标准中去，尊重交易双方的意愿，扩大使用者在版税制定中的议价空间，形成更加灵活有效的版税机制。

第七章

教科书法定许可授权制度的检视与优化

法定许可制度是我国《著作权法》重要的权利限制制度，在著作权使用流转市场中发挥着重要作用，尤其对出版等行业的影响重大。该项制度在我国《著作权法》第三次修正中得到了完善：一是将适用目的的"九年制义务教育"变更为"义务教育"；二是将适用的例外规定"除作者事先声明不许适用的外"予以删除；三是在适用的作品类型中增加了"单幅的图形作品"；四是为了保持法律的一致性对相关主体的表述进行了改进。❶ 上述修正进一步优化了我国法定许可制度体系，有利于该制度价值的实现，且为教科书出版市场给出了更加明确和科学的指引。但与此同时，也有两个亟待解决的难题：一是教科书法定许可制度的定价机制、网络适用等

---

❶ 黄薇，王雷鸣. 中华人民共和国著作权法导读与释义［M］. 北京：中国民主法制出版社，2021.

问题；二是 2013 年 10 月制定的《教科书法定许可使用作品支付报酬办法》（以下简称《支付报酬办法》）的修订问题。现有关于教科书法定许可制度的研究，大多专注于其概念辨析❶、域外考察❷和优化路径❸，认为不清晰的教科书概念❹与不完善的报酬支付机制❺是教科书法定许可在实践中的最大阻碍。但对于上述制度在理论上的学理问题、实操中的适用问题以及配套的《支付报酬办法》的修订问题，已有研究存在不够深入或鲜有触及的弊端。基于此，从系统论视角，详实梳理我国教科书法定许可制度的演绎历程，精准定位教科书法定许可制度的价值取向，实证检视《著作权法》和《支付报酬办法》的规则缺陷，并提出优化思路和修改建议，能够为我国教科书法定许可从治理制度优势转化为良好治理效能提供智力贡献。

一、教科书法定许可授权制度的历程回溯

我国《著作权法》设有教科书法定许可的专门条款，《支付报酬办法》则为实操环节中的付费事项作出了具体规定。为了深入研究此项制度，有必要厘清教科书法定许可制度的起始与演变历程。

（一）法律层面：《著作权法》中教科书法定许可条款的变迁

我国 1990 年版《著作权法》第二章第四节"权利的限制"部

❶ 陈波，马治国．著作权法定许可中"教科书"的概念辨析［J］．南京社会科学，2012（12）：86－89.

❷ 黄善煐．韩国教科书法定许可制度考察［J］．知识产权，2014（6）：99－104.

❸ 谢琴，段维．网络版权作品法定许可制度分析［J］．出版发行研究，2013（4）：73－75.

❹ 张杰．我国《著作权法》中"教科书法定许可制度"的现状及立法完善［J］．中国编辑，2014（3）：63－65.

❺ 李照东，郭谦．论著作权法定许可制度的完善：以《著作权法》第 23 条为例［J］．山东社会科学，2018（2）：159－163.

分仅对合理使用作出规定，第四章第一节"图书、报刊的出版"中也不存在教科书法定许可的依据。直至 2001 年，《著作权法》完成了第一次修正，其中第 23 条奠定了教科书法定许可制度的法律基础，为我国教育事业的发展扫清了部分障碍。在《著作权法》（2010 年修正）中，教科书法定许可条款被一字不差地保留，制度的延续性与稳定性得以彰显。

在我国《著作权法》第三次修正期间，教科书法定许可制度的文本表述发生了较大变化。在《修改草案》阶段，第一稿第 44 条删除了"①出版；②除作者事先声明不许使用的外；③应当按照规定支付报酬，指明作者姓名、作品名称，并且不得侵犯著作权人依照本法享有的其他权利；④前款规定适用于对出版者、表演者、录音录像制作者、广播电台、电视台的权利的限制"；同时增加了图形作品。第二稿第 46 条将第一稿第 44 条的内容完全保留。第三稿第 46 条删除了"国家教育规划"和"作品片段"。送审稿第 47 条仅将第三稿中的"九年制义务教育"改为"国家义务教育"，其余部分沿用第三稿表述。在修正案阶段，草案将"九年制"删除；二次审议稿在草案的基础上作出两处修改：在"指明作者姓名"后增加"或者名称"，同时将"出版者、表演者、录音录像制作者、广播电台、电视台的权利"统称为"与著作权有关的权利"；三次审议稿相比二次审议稿，在"应当按照规定"后增加"向著作权人"。

总体上看，教科书法定许可制度在第三次修正中得到了完善。其一，义务教育的时长限定被删除，为教育年限与经济发展水平保持一致留足空间；其二，可供编写、出版教科书的作品类型得到扩张，顾及了理科教科书的编写需要，❶ 为教科书编制素材的多

---

❶ 王迁.《著作权法》修改：关键条款的解读与分析（上）[J]. 知识产权，2021
（1）：20 – 35.

元化提供了保障；其三，果断删除声明保留的规定，回应了学者"我国部分'法定许可'实际上属于'默示许可'，背离了法定许可制度的立法目的"❶ 的疑问，明晰了法定许可与默示许可的界限；其四，"向著作权人支付报酬"得以被强调，加固了著作权人的核心地位，强调了《著作权法》的激励作用。

（二）法规层面：以《支付报酬办法》为轴心的嬗变

国家版权局《关于颁发〈出版文字作品报酬规定〉的通知》（现已失效）可以帮助我们理顺教科书法定许可法规渊源的嬗变历程。该文件指出："在书报刊使用作品付酬方面，仍沿用国家版权局1990年7月修订的《书籍稿酬暂行规定》。《书籍稿酬暂行规定》是依据文化部1984年颁布的《图书、期刊版权保护试行条例》制定的，该规定的基本原则和具体规定都与现行著作权法有较大的差距。"❷ 即《图书、期刊版权保护试行条例》（1984年）、《书籍稿酬暂行规定》（1990年）、《出版文字作品报酬规定》（1999年）共同构成了教科书法定许可制度的法规依据。其中有两点值得注意：一是，根据《图书、期刊版权保护试行条例》第16条的规定可知，教科书法定许可的前身是一项合理使用制度。二是，《出版文字作品报酬规定》的约束性大于《书籍稿酬暂行规定》。

由于上述规定与经济社会发展水平脱节，国家版权局开始了新一轮教科书法定许可报酬支付方案的修订工作。国家版权局从2002年开始考虑制定《支付报酬办法》，并且向全国教育系统和新闻出版系统征求意见，但是由于种种原因该办法并没有出台。这也导致了

---

❶　王国柱，李建华. 著作权法定许可与默示许可的功能比较与立法选择 [J]. 法学杂志，2012（10）：150–154.

❷　国家版权局关于颁发《出版文字作品报酬规定》的通知 [EB/OL]. [2021–07–08]. https://www.pkulaw.com/chl/fda00466531cf397.html.

《著作权法》（2001 年修正）建立的"教科书法定许可制度"在实践中运行得并不客观。❶ 相隔十年，国家版权局相继发布《支付报酬办法》（征求意见稿）和《支付报酬办法》。至 2013 年，以解决教科书法定许可报酬支付问题为核心的法规体系基本确立。

2013 年 10 月 22 日，国家版权局与国家发改委联合公布了《支付报酬办法》，并于 2013 年 12 月 1 日正式实施。该办法共 11 条，对适用范围、作品类型、各类作品的报酬标准、报酬分配原则、报酬支付期限、支付对象、著作权集体管理组织转付义务及行为规范、违规支付报酬的民事责任等均作出了详尽规定。该办法的出台不仅预示着出版社免费使用作品、拖延支付法定报酬时代的终结，更体现了国家整治教科书出版市场的决心和引导全社会尊重创新的积极努力。

综上，脱胎于 1984 年《图书、期刊版权保护试行条例》的教科书法定许可制度，最终构建起以《著作权法》专项条款为核心依据、以《支付报酬办法》为具体规则的制度体系。而"编写、出版教科书"从一项"合理使用"演变为"法定许可"的立法取向变化，引导我们进一步探索教科书法定许可制度的价值秉性，为制度优化提供指引和出路。

二、教科书法定许可授权制度的价值秉性

对法的应然性的研究，主要研究法的价值，能够为改革和完善法律制度提供指导原则和理想模式。❷ 在著作权法的语境中，讨论教科书法定许可制度的价值秉性，能够为评价和完善制度提供

---

❶ 李照东，郭谦. 论著作权法定许可制度的完善：以《著作权法》第 23 条为例 [J]. 山东社会科学，2018（2）：159 – 163.

❷ 张文显. 法哲学范畴研究 [M]. 修订版. 北京：中国政法大学出版社，2001.

指引坐标。

（一）利益平衡原则中的公平价值

教育公平事关社会的公平正义，这其中最主要的是提供机会公平，而在机会公平中，教育公平是最大的公平。● 教科书法定许可制度出于对"受教育权"以及"公众对文化知识的合理需求"的考量，在限制著作权人许可意志的同时赋予法定获酬权，在私权和公益之间实现双赢。一方面，使用他人作品编写教科书应当尊崇著作权人在是否授权以及如何定价方面的意志，但考虑到教科书的特殊性以及作品许可使用费、教科书定价、出版社盈利之间的联动关系，著作权法从源头上限制著作权人定价的自由，从而在一定程度上消除受教育者因各自支付能力的差异而接受不平等教育的现象。另一方面，即使是出于公共利益的考量对著作权人进行限制，也应当再行权衡权利主体的利益修复与受益主体的适当付出、基础权利的顺利实现与出版产业的健康发展之间的平衡，著作权人法定获酬权显得尤为重要。质言之，教科书法定许可制度作为教育公平理念在著作权法中的具体落实，应当体现法律对教育事业的特别关怀：在公平价值的指引下，致力于实现"让广大受教育群体不再受著作权人或是传播者的制约和干涉，只需支付适当的对价即可享有教科书并获得知识"的目标。

基于公平价值，教科书法定许可必须在权衡私益与公益后公平分配利益与负担，在保护私权与关注社会合理需求之间构建"精妙的平衡"，即为了实现作品、知识的无障碍传播，有必要限制著作权人对作品的绝对控制；同时，为了保全著作权人继续创作的动力，

● 中华人民共和国中央人民政府 . 李克强：机会公平中教育公平是最大的公平［EB/OL］. （2021 – 03 – 23）［2021 – 07 – 08］. http://www.gov.cn/xinwen/2021 – 03/23/content_5595090. htm.

必须确保其法定获酬权的实现。这就要求制度的定价与支付机制必须具有充分的科学性和灵活性：其一，法定许可使用费的报酬标准应与著作权人的权利预期基本一致，著作权人获得报酬的渠道应当畅通无阻且便捷高效；其二，报酬标准应当真实反映市场的供需关系并能够根据市情作出适时调整；其三，为无法实现法定获酬权的著作权人提供可靠的救济方式，并对违规支付报酬的使用人施以惩罚。因此，教科书法定许可的制度安排必须做到：确保知识的正常传播以满足社会教育的需求、保障知识获取的自由，同时不偏不倚兼顾多方主体的利益，才能实现其所追求的社会目标。

（二）责任规则视域下的效率价值

在整个法律价值体系中，效率价值居于法律资源配置上的优先位阶。❶ 从某种程度上看，教科书法定许可制度就是效率的代名词。一般而言，以著作权人决意为中心的许可方式往往会给使用者带来高昂的交易成本。而法律必须以提高效率的方式分配资源，并以权利和义务的规定保障资源的优化配置和使用。❷ 责任规则作为一种适用于"有人愿意为破坏初始权利支付客观且确定的价格"❸ 情形下的效率型规范，对于理解教科书法定许可制度的效率价值具有启发意义。若每一次版权交易都需要以谈判、协商的方式进行，谈判双方的意愿虽然能够得到充分释放，但交易效率必然受到压制，以至于作品传播带来的经济效益、公共利益实现社会效益都沦为空谈。教科书法定许可制度的出现，不仅节省了市场主体为获得价值信息所花费的交易成本，而且为交易确定了可

---

❶ 王莲峰. 商业标识立法体系化研究［M］. 北京：北京大学出版社，2009.

❷ 张文显. 法学基本范畴研究［M］. 北京：中国政法大学出版社，1993.

❸ CALABRESI G, MELAMED A D. Property Rules, Liability Rules, and Inalienability: One View of the Cathedral［J］. Harvard Law Review, 1972.

反复适用的标准与模式，提高了交易的频率与效率。

具言之，教科书法定许可制度应当致力于实现：一方面，公开信息、降低交易成本。基于此，教科书法定许可制度应当通过设定交易主体双方的行为规范与义务规范来降低交易中的信息成本和谈判成本，将与著作权人确定报酬标准的依据、支付与转付的方式、使用作品的情况等内容相关的信息公开、接受公众监督，使交易双方在付诸较低成本的情况下即可判断是否满足交易的基本条件，从而免去因确定价格、许可条件产生的诸多成本。另一方面，提高付酬机制的运作效率。教科书法定许可制度应当关注著作权市场的交易周期，立足于尽快填补著作权人合法利益、确保其创作动力不受影响的基本点，尽可能缩短著作权人获得法定报酬的周期，以实现其"简便作品传播手续，促进信息和知识在社会不同层面快速流动"❶ 的制度目标。

三、我国现行教科书法定许可授权制度的缺陷

教科书法定许可制度作为教育与法律的复合形态，应当在促进社会公平的同时，鼓励和促进作品的传播，即应然地具备公平与效率双重秉性。前者是教育与著作权法的共同价值，后者则是教科书法定许可制度的个性价值。由《著作权法》和《支付报酬办法》共同构成的制度体系仍存在瑕疵，导致了表述不规范、认知不统一、定价不科学、实施不顺畅、机制不健全、考虑不充分的问题。

（一）表述失范导致制度失真

1. 逻辑上，关系判断有失准之嫌

"为实施义务教育和国家教育规划"是对使用他人已发表作品

---

❶　张曼. 论著作权法定许可的正当性基础 [J]. 知识产权，2013（1）：48-53.

编写、出版教科书的目的限制。尽管"义务教育"的前置修饰在不同版本的著作权法中有所变化，但始终与国家教育规划同时出现并以"和"字相衔。由此，可以推断《著作权法》专项条款认为义务教育与国家教育规划系并列关系。然而，此与教育领域的重要文件相冲突。《国家中长期教育改革和发展规划纲要（2010—2020 年）》明确将教育规划分为学前教育、义务教育、高中阶段教育、职业教育、高等教育、继续教育、民族教育、特殊教育八个部分，义务教育隶属于国家教育规划，二者是包含关系而非《著作权法》所主张的并列关系。《教育信息化十年发展规划（2011—2020 年）》《国家教育事业发展"十三五"规划》亦是如此。此外，通过北大法宝的关键词全文检索功能搜索"义务教育和国家教育规划"，仅获 8 条记录且限于著作权领域，说明该表述并没有为其他规范性文件所认可。因此，笔者有理由认为《著作权法》对义务教育与国家教育规划关系的判断有误。

2. 内容上，关键概念有偏差之瑕

作为一项约束著作权人的规范，教科书法定许可制度有必要对"教科书"这一关键概念作出明确且符合通常认知的解释，从而较为清晰地划定私权与公益的界限。然而，《著作权法》历次修改从未重视此问题；《支付报酬办法》第 2 条❶对教科书的解释模糊不清，其排除的方式是否能达到尽举的目的尚未可知，对"保

---

❶ 《支付报酬办法》第 2 条规定：本办法适用于使用已发表作品编写出版九年制义务教育和国家教育规划教科书的行为。本办法所称教科书不包括教学参考书和教学辅导材料。本办法所称九年制义务教育教科书和国家教育规划教科书，是指为实施义务教育、高中阶段教育、职业教育、高等教育、民族教育、特殊教育，保证基本的教学标准，或者为达到国家对某一领域、某一方面教育教学的要求，根据国务院教育行政部门或者省级人民政府教育行政部门制定的课程方案、专业教学指导方案而编写出版的教科书。

证基本的教学标准，或者为达到国家对某一领域、某一方面教育教学的要求"的判断亦缺少可行的标准。另外，教育领域与著作权领域对教科书的理解存在偏差。在教育领域，工具说认为教科书是一种作为教学工具的书，是为一定的教育目的服务的、承载着特定学科内容的教学用书，而综合说认为教科书既是课程的核心内容和教学的支持工具，也是文化、政治和经济间权力博弈的产品❶；教科书是在学科课程的范畴之中系统编制的教学用书❷。由此，《支付报酬办法》对教科书的注解不仅忽视了其所具有的社会学意义，而且与教育领域的释义发生冲突，以至于著作权法律规范排除的"教学参考书和教学辅导材料"反而能够被"教学用书"这一教育学概念所接纳。可见，著作权法律规范对教科书概念的模糊性、偏差性释义，为法定许可的适用设定了障碍。

（二）内在阻碍导致执行困难

1. 定价机制滞后，挫伤创作动力

法定许可"将著作权人的某些权利由一种绝对权降格成为一种获得合理使用费的权利"❸，已然降低了著作权人的合理期待，而"法定许可使用中的使用者多以营利为目的，使用知识产品的数量较大，在市场上与知识产权的授权使用构成了竞争"❹，著作权人仅能占据有限市场。因此，在双重限定下，确定合理的报酬标准尤为重要，过高的标准将成为使用人的负担，反之则会遭到著作权人的反对。然而，既有付酬标准是根据 2000 年以来物价上

---

❶ 王攀峰，宋雅琴. 论教科书的内涵与属性 [J]. 当代教育科学，2018（1）：7–12.

❷ 钟启泉，崔允漷，张华. 基础教育课程改革纲要（试行）解读 [M]. 上海：华东师范大学出版社，2001.

❸ 韦之. 著作权法原理 [M]. 北京：北京大学出版社，1998.

❹ 吴汉东. 知识产权总论 [M]. 北京：中国人民大学出版社，2020.

涨指数和工资浮动倍数确定的，即，文字作品为每千字 300 元，不足千字的按千字计算；音乐作品为每首 300 元；美术作品、摄影作品为每幅 200 元，用于封面或者封底的，每幅 400 元；在与音乐教科书配套的录音制品教科书中使用的已有录音制品为每首 50 元。此标准适用了 11 年一直未经修改，与当前的经济发展水平严重脱节。同时，考虑到版权交易市场的复杂性，仅参考"物价上涨指数"和"工资浮动倍数"两项因素很难得到科学的支付标准。此外，《支付报酬办法》的定价逻辑缺少对情势变更的必要关注。因此，现有的定价机制欠缺对社会发展实际的应有考量，导致支付标准偏低，著作权人的创作热情很难得到维持。

2. 支付机制阻塞，加塞付酬渠道

《支付报酬办法》第 6 条规定了支付报酬的频率与起算时间、迟延支付的时限及方式、著作权集体管理组织的转付义务及相关措施，但也为教科书法定许可实施的不顺畅埋下了隐患。其一，支付报酬周期长。第 6 条第 1 款、第 2 款已然规定了支付报酬的频率和期限，第 3 款却在未详细列举延付理由的情况下允许延迟支付。据此，结合全国开学的正常时间（3 月及 9 月正式开学），在 1 月和 7 月前出版教科书的出版社均能有超过两个月的支付期间。其二，支付报酬起算时间的合理性有待探讨。向作者支付报酬的时间起算点理应是作品被教育部门确认为教科书内容的时间，而非教科书实际出版的时间。否则，著作权人因权利限制制度遭受的损失将难以得到及时填补。其三，转付期限不明确。第 3 款连用两个"及时"却始终未对其进行限制，模糊了著作权集体管理组织向入会著作权人履行义务的期限。综上，第 6 条作为教科书法定许可支付机制的核心条款存在诸多拖延支付的隐患。

（三）监督缺位导致实效成疑

1. 事前——尚未建立科学的作品名录制度

教科书法定许可作品名录是著作权人及时获悉其作品是否被纳入教科书的重要信息源，也是其向使用者求偿的关键依据。然而，我国目前尚不存在此种制度。尽管教育部发布的《义务教育国家课程教学用书目录》《全国中小学教学用书目录》等文件能够反映教科书的具体编写出版单位，但此类文件旨在规范各学科教科书的版本，著作权人无法从中直接获得"作品是否被教科书使用"的核心信息。而且，各著作权集体管理组织尝试制定名录，但难以克服全面性不足的缺陷。以中国摄影著作权协会和音像著作权集体管理协会为例，前者将教科书中所涉及的摄影作品以学科为标准分册罗列示明，但是未考虑到人民教育出版社以外的其他出版社使用作品的情况；后者统计权利人、使用教材、报酬等信息，但仅考虑到人民教育电子音像出版社在义务教育阶段的使用情况，未考虑到其他出版社在国家教育规划中的使用情况。

2. 事中——信息公告制度和编制报酬收转记录制度流于纸面

《支付报酬办法》第 6 条第 3 款、第 4 款分别规定了著作权集体管理组织在转付报酬情形下建立使用作品情况信息公告制度和编制报酬收转记录的义务。然而，制度的落实却不尽如人意。以中国文字著作权协会为例，官网的公示信息板块仍处于在建状态，以"报酬收转记录"作为关键字进行检索查无结果；其稿酬查询与认领板块忽视了协会并非强制性集体管理组织的事实，导致非会员作者获酬渠道的闭塞。以中国音乐著作权协会为例，虽建立了作品公示名单，但歌曲检索的查询结果是歌曲的权利主体而非作品的使用情况，此行为不免存在擅自将著作权集体管理组织的公告义务转变为权利人自担搜索成本的嫌疑。在编制报酬收转记录方面，使用费认领服务并不涉及教科书法定许可这一使用方式，是中国音乐著作权协会在著作权管理方面存在的巨大漏洞。

3. 事后——责任承担方式措置失宜且单一简略

《支付报酬办法》第 9 条仅为"未按照本办法规定支付报酬"的行为规定了四种民事责任，且"停止侵权"这一责任形式对于已经编写出版的教科书而言不具有科学性。若对出版社适用停止侵权的民事责任，暂停使用已经大量复制发行的教科书，不仅会影响教学进度，而且会造成大量社会资源的浪费。此外，仅以单一的民事责任评价未按规定支付报酬的行为忽视了对编写出版教科书背后出版产业市场秩序的考量，难以震慑未按规定支付报酬的恶劣行为。因此，现有规范中责任承担方式的合理性与严肃性都有待探讨。

（四）网络适用存在缺漏

学者大多将《著作权法》中的专项条款理解为"非网络适用环境下"的教科书法定许可，而将《信息网络传播权保护条例》第 8 条❶视为教科书法定许可在网络领域延伸的依据。这一逻辑暗含的前提是，后者是遵循"法的位阶原则"下对前者的有益补充，即"制作课件"能够被"编写、出版教科书"包容。这就需要厘清课件与教科书之间的关系。根据《辞海》的解释，课件的内涵广于教科书，且能够包含被《支付报酬办法》排除的"教学参考书和教学辅导材料"。因此，互联网环境中的教科书法定许可依据

---

❶ 《信息网络传播权保护条例》（2013 年修订）第 8 条规定：为通过信息网络实施九年制义务教育或者国家教育规划，可以不经著作权人许可，使用其已经发表作品的片断或者短小的文字作品、音乐作品或者单幅的美术作品、摄影作品制作课件，由制作课件或者依法取得课件的远程教育机构通过信息网络向注册学生提供，但应当向著作权人支付报酬。

表述欠妥，未能与上位法形成有效衔接。此外，支付报酬标准欠缺对互联网特殊性的考量。伴随互联网传播技术的发展，所有作品和制品均能以数字形式进行传播。这为出版产业节省了实体发行的成本，但也为作品的网络传播埋下了侵权泛滥的种子。因此，数字出版教科书的行为在载体、成本、传播效率等方面的特征要求其应当与实体出版有所区分。然而，《支付报酬办法》并没有体现出这样的差异，导致分属虚拟与实体环境中的行为被相同对待，造成了实质上的不公平。

此外，教科书法定许可作为一项权利限制制度，为确保著作权人、传播者和最终消费者之间的平衡，在目的、使用方式、适用对象等方面均设有限制。然而，法律规定总是与现实情况存在差距。教科书法定许可"为实施义务教育和国家教育规划而编写出版教科书"的目的限定，导致以草根创作、趣味学习、实时分享等为主要特征的"互联网＋"教科书大部分不符合条件，因而也就无法享受法定许可的便利❶；使用方式仅限于汇编和制作课件，无法满足教育信息化所提倡的互动性、交互式、多样式教学的需求；适用对象尽管有所拓展，但有限的作品类型显然没有为互联网教育产业的发展与革新留足必要空间。

四、教科书法定许可授权制度的优化路径

优化教科书法定许可制度应当从制度的内外部着手，即在遵循上位政策、法律法规的前提下，消减制度内部的不合理因素；同时与社会观念、行业惯例等相兼容，积极改变立法滞后、实施阻却和思维定式造成的制度绩效外部性现状。

---

❶ 李宗辉. 论"互联网＋"教育中的版权限制制度 [J]. 科技与出版，2015（12）：55 – 58.

（一）规范与表述层面：修缮制度依据的文本表达

首先，删除"义务教育"的表述。由于"义务教育"从属于"国家教育规划"，"义务教育和国家教育规划"的表述会误导公众对二者关系的认识，建议将表述改为"为实施义务教育等国家教育规划而编写出版教科书"。

其次，明确"教科书"的内涵。为克服教科书概念的模糊和偏差，有必要结合一般观念以及教育领域的认知对其重新定义。即，教科书是根据国家或省级的课程方案、教学指导方案，为实施义务教育、高中阶段教育、职业教育、高等教育、继续教育、民族教育、特殊教育而系统编制的教学用书，具有教学工具和价值导向的双重属性。

再次，破除"作品类型"的限制。考虑到教育产业正处于互联网时代转型升级的重要阶段、公共卫生事件防治常态化的社会现实以及作品类型与使用方式之间的紧密关系，所有能够以数字化呈现的作品、数字出版涉及的所有环节都应当成为教科书法定许可制度的适用对象、适用环境，以满足互联网虚拟教学的产业需求和"交互式网络教学"的社会需求。然而，由于我国《著作权法》第三次修正工作已经结束，只能期待下一次修法考虑上述三点意见。

最后，限制"转付报酬"的期限。将《支付报酬办法》第6条第2款改为"报酬自作品被纳入教科书之日起2个月内向著作权人支付"，以确保著作权人的合法利益得到及时填补；将第3款前半部分改为"教科书汇编者应当将其应当支付的报酬连同邮资以及使用作品的有关情况交给相关的著作权集体管理组织"，删除延迟支付的规定以回应支付报酬周期过长的问题；将第3款后半部分改为"著作权集体管理组织应当按合同规定向著作权人转付，在其网站上按季度公告教科书汇编者使用作品的有关情况"，明确著作权集体管理组织履行义务并接受公众监督的时间节点。

（二）制度与机制层面：更新付酬定价要素并补齐支付配套机制

1. 事前——名录制度与支付标准的确定和修改

建立使用作品名录制度。为完善教育部办公厅发布的《义务教育国家课程教学用书目录》仅写书名而无涉具体课本内容，解决著作权集体管理组织对非会员主体的转付难题，建议教育部协同著作权集体管理组织建立《教科书法定许可使用作品名录》，以一种公开的信息制度为著作权人请求出版社支付法定报酬提供直接依据，从根源上消除权利人与使用人信息不对称的现象。具言之，该名录应于教育主管部门确定教科书内容之时出台，并于次年结合教科书内容的增添、删减作同步修正；整合《义务教育国家课程教学用书目录》、出版社使用录作品法定许可报酬统计表等内容进行编制，内设项目包含但不限于：学科名称，编写、出版单位，教科书名称及 ISBN 编号，册次，使用年级，选用作品的作者姓名或者名称，选用作品的名称，税费，应收报酬等关键信息。对于著作权人授权著作权集体管理组织使用的作品还应当标明管理费。

支付标准的确定及规则。学者之所以诟病法定许可制度的定价机制，是因为其"使著作权交易的发生并非基于私人市场议价和当事人信息成本交换，而是以一种非市场化的渠道完成资源的配置和作品效用的发挥"❶。其直接导致法定交易条件成为对作品

---

❶ 蒋一可. 数字音乐著作权许可模式探究：兼议法定许可的必要性及其制度构建［J］. 东方法学，2019（1）：147－160.

价格的限制，进而阻碍了作品价值的实现。❶ 笔者认为，更新报酬支付标准和确立标准修改规则能够有效弥补上述缺陷。其一，支付报酬标准应当在 2013 年版《支付报酬办法》的基础上，考察与定价相关的多元因素。即以近年物价上涨指数和工资浮动相较于2012 年的倍数为现行支付标准的乘数基础，参考权利人预期收益、创作成本、作品使用范围、消费者支付能力、上下游及关联市场的联动效应、行业惯例、国外定价等因素确定支付标准。其二，支付标准应当每年定期调整以适应国家经济发展水平和公众支付能力。调整时间可定为年度物价上涨指数、国民经济增长率、城乡居民消费水平等关键因素确定之后。另外，疫情期间线上教育需求剧增，出版社多以免费的方式提供数字化的国家教育规划教科书。结合公共卫生事件对社会的深远影响，尤其考虑到为出版企业纾难的必要性，应当为支付标准确立情势变更的例外以及时调整权利人、出版社、最终消费者之间的利益分配，确保出版社在特殊时期不会因过重的法定许可支付义务而难以正常运转。

构建教科书法定许可报酬标准听证制度。信息对称是法定许可定价机制得以有效运转的前提。政府经调研确定的价格必须向公众公开，并及时收回著作权人和社会公众的反馈意见，才能够实现科学的定价、平衡各方主体利益的目标。而价格听证制度作为一种重要的价格决策规则，能够解决政府单方面定价从而脱离市场供求关系的缺陷。具言之，为了避免"普通消费者代表往往因处于信息劣势地位而无法与经营者就实质问题展开辩论"且"垄断行业经营者就会本能地利用其所固有的技术优势和信息优势

---

❶ 熊琦. 著作权法定许可的正当性解构与制度替代 [J]. 知识产权，2011（6）：38 – 43.

干扰价格听证的实际运作"❶ 的问题，应当从教科书消费者、主要教科书出版社、著作权主管部门以及物价局代表、经济、技术及著作权领域的专家学者中随机选取听证会代表，着力解决教科书法定许可定价机制中的专业问题，并切断在有关问题上可能存在的利益链；对没有正当理由拒绝公开教科书定价信息的出版单位予以惩戒，对于以商业秘密为由拒绝与其他听证会人员分享信息的出版单位进行审查与核实。此外，须将定价的重心向消费者适当倾斜，允许著作权人主动提出教科书法定许可的支付标准；将著作权人和教科书消费者提出的价格意愿或承价范围纳入听证记录并及时向社会公开。

2. 事中——以"提存机构"为核心重塑支付机制

《著作权法修改草案（第一稿）》第 48 条第 1 款第 3 项曾使著作权集体管理组织成为作者获得法定报酬的唯一途径。然而，此项规定在事实上构成了"延伸管理"——不论著作权人是否加入集体管理组织，其取得法定报酬必须经著作权集体管理组织转付。此种单渠道的获酬方式尽管在此后的版本中得到纠正，但既有的"并行式"支付机制（向著作权人直接支付和通过集体管理组织转付）仍难以解决非会员转付与孤儿作品的问题。当出版社无法联系著作权人而诉诸著作权集体管理组织时，后者面临两种选择：其一，在不区分该著作权人是否是会员的情况下接受支付并发布认领公告，通知成功则向其收取管理费并转付报酬；反之该项报酬将留置组织内部。其二，以该著作权人不属于会员为由拒绝接收。第一种方式要求非会员缴纳管理费才可获得法定报酬，本质上是强迫非会员主体接受组织管理。就通知不能的情形来看，著

---

❶ 章志远. 价格听证困境的解决之道 [J]. 法商研究，2005（2）：3–12.

作权集体管理组织无权管理也无法保障非会员的合法权益，❶ 留置法定报酬将成为其中饱私囊的途径。这种结果不仅无益于著作权激励机制的有效发挥，而且会导致著作权集体管理组织的消极转付。第二种方式无疑是合理的，但会严重损害著作权人的合法利益。此外，该方式会因为无法在使用人和著作权人之间搭建有效的连接机制而使法定许可具备合理使用的外观——在特定情况下无偿使用他人作品，从而导致著作权内部机制的紊乱。

可见，一旦涉及"非会员"和"无法联系著作权人"的情况，既有支付机制都会呈现出瘫痪状态。对于具有天然垄断地位和非营利属性的集体管理组织来说，内部机构设置的科学合理性是构筑公信力的前提，组织内部治理体系的良性运转得益于内部机构的合理设置和有效运行。❷ 但考虑到著作权集体管理组织在内部机构设置上的不完备以及在内部治理中出现的"信息公告制度和编制报酬收转记录制度流于纸面"现象，笔者认为应当诉诸外部机构重塑支付机制，即建立一个管理上独立于著作权集体管理组织又可以获取所有权利人（包括会员与非会员主体）名单，同时能与著作权人进行有效接洽的机构——法定的、非营利性的"许可报酬提存机构"。该机构的具体运作方式是：其一，由出版社判断是否能够联系著作权人。若该著作权人属著作权集体管理组织的会员，则出版社向著作权集体管理组织支付费用，反之则直接向著作权人支付报酬。其二，若出版社无法与该著作权人取得联系，则须将报酬交付至提存机构，由提存机构负担起寻找著作权人的

---

❶ 刘东升，李德利. 反思与重构：法定许可制度下的付酬机制－兼评《著作权法（修订草案送审稿）》第五十条 [J]. 中国广播电视学刊，2015（4）：8－11.

❷ 张祥志. 破解信任困局：我国著作权集体管理"信任机制"的法治关注 [J]. 新闻与传播研究，2019（3）：51－74.

责任。若著作权人属暂时性无法联系的，则在寻得后转付报酬；若属永久性（自开始联系之日起 50 年）无法联系的，提存机构按比例收取运作费后，将剩余报酬上缴至国家著作权主管部门。

3. 事后——增加行业惩治性规范

根据《支付报酬办法》第 9 条、《著作权集体管理条例》（2013 年修订）第 40 条的规定，未按时支付教科书法定许可支付款项的出版社、著作权集体管理组织，将分别承担民事责任和行政责任。然而，仅以赔偿和责令改正的形式处理不规范的支付（包括转支付）行为是远远不够的，即以罚金为主的惩治方式无涉出版社的核心利益，而且欠缺威慑力并停滞于事后。笔者认为，应当响应《中华人民共和国国民经济和社会发展第十四个五年规划和 2035 年远景目标纲要》第二十章 "建设高标准市场体系" 第四节 "健全社会信用体系" 的号召，可将 "未按照规定支付教科书法定许可报酬" 列为社会失信行为。具言之，可根据过往的教科书法定许可报酬支付情况对教科书市场内的出版单位进行等级分类，并在充分调研的基础上形成 "违规支付黑名单" 并施以行业信用联合惩戒措施；将信用等级、是否被纳入黑名单、是否接受过行业惩戒等内容与出版单位获得补助、补贴、贷款等福利相挂钩，取消失信单位评优、获得资助和执业的资格。

（三）认识与解读层面：重审法定许可的网络可适用性

根据上文所述，将《信息网络传播权保护条例》第 8 条作为教科书法定许可制度的网络适用依据难以与《著作权法》中的教科书法定许可专项条款产生有效衔接，理应对制度网络适用的法律依据进行重新审视。考虑到我国《著作权法》（2020 年修正）已经施行，因此有必要在不修改法律文本的前提下诉诸解释方法，从而避免法律在内部逻辑上的冲突与不协调。体系解释 "在制定法体系内部进行无矛盾性的逻辑探寻，所能解决的主要问题就是克服法律规范体系之内的逻辑矛盾"❶，能够为著作权法体系内部的逻辑缺陷提供解决思路。著作权语境中的"出版"包含"复制"与"发行"两个行为。《著作权法》第三次修正将"数字化"写入复制权，意味着作品数字化、将数字化作品再行制作为一份或多份的行为都属于复制权规制的行为。由此，在复制权被赋予更丰富内涵的前提下，脱离实体环境的、以互联网为传输媒介的"编写、出版"教科书行为能够直接以《著作权法》第 25 条为依据，上述"课件与教科书"之间的矛盾关系以及"网络课件"仅能适用于虚拟环境、"教科书"仅能适用于实体环境的认知，也会因为教科书概念的更新与该制度适用依据的改变而不复存在。

此外，技术保护措施的规则导致《著作权法》修正之前的声明保留制度（即除作者事先声明不许适用的外）"名存实亡"，将为教科书法定许可的网络适用造成阻碍。在《著作权法》第三次修正完成之前，已有学者认为，我国《著作权法》现行规定的法定许可实质上是"准法定许可"，全面的法定许可是使用者无论如何都不必经著作权人事先授权许可，只需付酬即可使用。❷尽管该条款已被删除，著作权人在作品传播过程中的主导权看似愈发羸弱，但是其仍可以事实行为——采取技术措施来排除任何未经许可的使用行为。这也意味着获取教育、知识资源前的技术限制使知识消费者丧失了阅读机会，法定许可甚至是著作权权利限制制度的大门被人为地关闭。考虑到现有技术措施并不具备目的识别

❶ 陈金钊. 体系思维的姿态及体系解释方法的运用 [J]. 山东大学学报（哲学社会科学版），2018（2）：69 – 81.

❷ 陶鑫良. 网上作品传播的"法定许可"适用探讨 [J]. 知识产权，2000（4）：11 – 15.

的功能，在结果上与声明保留条款具有一致性，笔者认为有必要考虑以技术对抗技术的方式解决个人意志阻断法定许可使用的问题。

教科书法定许可以《著作权法》中的专项条款和《支付报酬办法》为基石。在利益平衡原则和责任规则的指引下可以发现，教科书法定许可以促进教育事业的发展与国民学识的提高为目的，为保护信息控制和保障信息自由之间提供最低阈值——保留著作权人获得经济利益的权利，也为受教育群体争取了平等获取教育信息的机会；同时降低了交易成本，在著作权人、出版社、教育受众之间真正形成"闭环式"的知识高效传输生态，满足经济学对"效率"的追求。但不可否认的是，既有制度在表述、认知、定价、实施、机制、考虑因素等方面的不科学性冲淡了其所秉持的效率、公正价值。基于此，还需通过修改和优化制度内的机制、规则，并与外部环境形成良性互动，才能实现"一致性"的理论追求。对此，应当从规范与表述、制度与机制、认识与解读三个层面予以修缮，充分释放教科书法定许可制度的社会效益。需要指出的是，笔者为稳固教科书法定许可制度公正与效率价值所作出的努力仍是一种尝试，出于教育公益的法定许可并不意味着权利人预期利益必须作出退让或必要牺牲，此间为人所知的利益争夺只是冰山一角，尚待更深层的剖析。

第四篇

侵权救济制度与机制

第八章

著作权侵权判定之"实质性相似"的司法实践解构

　　文化产业的创新和改革使得人人都有机会成为创作者，发表属于自己的作品。但是"随着作品数量的激增，又囿于人类创作行为必然吸收、借鉴或整合同时代以及前人智力成果"❶，导致稍有不慎就可能因非法使用他人的智力成果而构成著作权法上的侵权，近年来全国各级法院受理的著作权侵权纠纷案件数量呈井喷式增长即是最好的证明。"实质性相似"的判断在著作权侵权救济制度中处于核心地位，但由于其本身的开放性和相关判断标准未明文予以规定等，在司法实践中出现"法官主观性的判断占比很大"❷ 的弊端，饱受学界和产业界的质疑。

---

❶　冯晓青. 公共领域保留视域下作品著作权保护研究：以作品中不受保护事实、题材为考察对象 [J]. 湖南大学学报（社会科学版），2021，35（1）：131-139.

❷　梁志文. 版权法上实质性相似的判断 [J]. 法学家，2015（6）：37-50.

因此，在文化产业持续繁荣创新、侵权行为愈发复杂、保护需求不断增强的形势下，解读和构建司法实践中"实质性相似"判断的司法逻辑，变得愈发重要。

一、实质性相似判断的重要意义

（一）关乎文化产业发展之兴衰

近几年来我国互联网版权产业发展迅猛，2020 年其市场规模更是突破 10 000 亿元，达到 11 847.3 亿元[1]。根据最高人民法院公布的 2020 年十大知识产权案件中有关著作权案件的入选意义词，法院在对比诉争作品时，通过创新对当下热门游戏软件的实质性相似判断方式来确定被诉游戏是否侵犯他人享有的著作权，为今后的著作权侵权案件审理提供了新思路，是维护相关行业长远健康发展、妥善处理涉互联网著作权保护新问题的鲜活司法实践。正如熊琦教授所言，文化产业的发展离不开好的制度，著作权法是利益的平衡法，它协调着权利人的著作权和社会公众相应的权益[2]。但利益平衡只是手段，其最终的目的还是要促进文化事业的繁荣和文化产业的发展。倘若天平向权利人倾斜，则可能会导致某种意义上的垄断而提高公众获取作品的成本，最终不利于文化科学事业的繁荣；若天平向公众倾斜，则会打击创作者的创作热情，长此以往也会导致文化科学事业的衰弱。此外，文化产业的发展繁荣更离不开好的制度的适用与执行。随着科技的不断发展，面对日新月异的新型"作品"和复杂的权利群，法官通过对著作

---

[1] 国家版权局. 2020 年网络版权报告 [R/OL]. （2021－06－09）[2021－07－05]. http://www.ncac.gov.cn/chinacopyright/upload/files/2021/6/9205f5df4b67ed4.pdf.

[2] 熊琦. 著作权的法经济分析范式：兼评知识产权利益平衡理论 [J]. 法制与社会发展，2011（4）：36－47.

权法的把握而进行实质性相似的判断及其作出的判决不仅影响胜败双方，更是整个行业甚至是广大公众。最高人民法院在其发布的《人民法院知识产权司法保护规划（2021—2025年）》中指出，要在加大著作权等相关权利的保护力度的基础上，同时细化明确相关领域司法保护规则。在我国目前的法律体系中，实质性相似判断规则并没有明文规定，于是该规则的理解与适用便落入法院自由裁量的范畴。在法律没有对侵权判定规则予以明确时，如何适用法律在很大程度上都有赖于具体承办的法官个人。而法官本人的观点往往来源于其生活经历，而生活经历的不同会导致对同一问题的看法或观点的差异。此即，法官常依据自己主观倾向性形成内心的确信，从而对某些模糊问题进行解释适用。因此在处理著作权侵权纠纷当中，根据不同领域、不同类型的作品确定适宜的保护力度，梳理实质性相似判断司法逻辑，使之最终更加统一、合理，以此通过司法救济途径为我国文化产业的长远发展保驾护航。

（二）奠定作品法律保护之基石

要讨论实质性相似的判断规则离不开"思想表达二分法"和独创性理论。值得注意的是，它们三者之间又有着微妙的联系。"思想表达二分法"是著作权法中识别保护对象的基础理论，其与独创性理论一起便可确定哪些作品或者作品的哪些部分著作权人享有权利，又与实质性相似相结合划定了社会公众使用作品的行为自由。"思想表达二分法"系借鉴国外判例经验总结而来的理论原则，首次以成文形式出现在美国1976年的著作权法中❶。著作

---

❶ 熊文聪. 被误读的"思想/表达二分法"：以法律修辞学为视角的考察 [J]. 现代法学，2012（6）：168－179.

权法保护延及表达而不延及思想就是其核心。以汇编作品为例，虽然汇编作品的构成要素大部分为著作权法不予保护的，但是只要作者在对于内容进行选择和编排的过程中形成了自己独创性的表达，那么该汇编作品仍然能够获得著作权法的保护。也就是说，在前述情况下，如果有人对于同主题内容的汇编选择的结果和前者一样或者构成实质性相似，此时法院可以认定侵权成立。虽然汇编作品所使用的材料大多属于"思想"的范畴，当然使用受著作权法保护的材料的情形于此不予讨论，然而，在作者富有个性和创意的选编之后又形成了新的表达，后形成的新表达便能获得著作权法的保护。也就是说，独创性理论在特殊情形下为"思想表达二分法"开辟了新的道路。而独创性理论和实质性相似判断规则是"思想表达二分法"的具体体现，必须是表达才有必要进行实质性相似的对比判断，独创性理论才能确定是不是表达以及需不需要对比判断，这已经成为学界的共识。具言之，法官在办案过程中运用"思想表达二分法"区分权利作品中哪些是表达，哪些是应该被著作权法排除在外的"思想"或是公有领域的元素，再将权利作品的表达与被诉作品进行实质性相似的对比。"思想表达二分法"因其包含着法官的取舍而被归于价值评价范畴❶，而价值判断或价值评价并不来源于逻辑推理，而是来源于经验和直觉，加之每个人的生活经验都不相同，因此正如美国的汉德大法官所说："思想和表达之间存在着一条不可逾越的鸿沟，未曾有人也不会有人能够划出一条清晰的界限。"❷ 但其实包括"思想表达二分法"、独创性理论、实质性相似在内等规则乃至整个著作权法制度

---

❶ 卢海君. 论思想表达两分法的法律地位［J］. 知识产权, 2017（9）: 20－26.

❷ 宋戈. 著作权范围的模型建构与学理界定［J］. 广西民族大学学报（哲学社会科学版）, 2017（3）: 159－165.

都是有相应价值取向的。用冯晓青教授的话说，著作权法被公平和效率两个基本价值所支配❶，隶属于著作权法的"思想表达二分法"、独创性理论、实质性相似等规则也要遵循这两个基本价值。一个形象的比喻即法官在实质性相似的判断过程中像是戴着镣铐在跳舞。❷换言之，法官是带着"有色眼镜"在判断诉争作品之间是否构成实质性相似。这副"有色眼镜"是在识别著作权客体，厘清权利人的保护范围的基础上给他人重新表达的机会，在此基础上强调权利人保护和公众表达自由的平衡。而理顺实质性相似判断规则的司法逻辑有利于司法裁判者对"思想表达二分法"的理解更加深刻。

　　法官在解决纠纷的过程中是以其对著作权法律制度的理解去进行实质性相似判断的，而法官对于独创性表达边界的理解都各不相同，更有甚者，在同一案件中，二审法官直接推翻一审判决。独创性理论体现了作者的个性与独特选择，反映了作者的创作偏好，而对作品构成侵权的实质性相似也正是因为使作者失去了与他人区分开来的标志❸。判断一部作品是否具有独创性是处理著作权侵权案件的第一步，当作品之间存在某种相似可能性时，如果权利作品缺乏独创性，因为其失去了保护的根基而极有可能败诉。虽然独创性三个字已经被写入各国著作权法里，但是很少国家的法律对其直接清楚地界定。在模糊的规则下，普通法系国家例如美国基本上是靠法官在一个个判例中不断地"走出"独创性这条路的轨迹。也就是说，

---

❶　冯晓青，刁佳星. 从价值取向到涵摄目的："思想/表达二分法"的概念澄清 [J]. 上海交通大学学报（哲学社会科学版），2021（2）：27－39.

❷　熊文聪. 被误读的"思想/表达二分法"：以法律修辞学为视角的考察 [J]. 现代法学，2012（6）：168－179.

❸　郑英龙. 著作权独创性之鉴衡：基于符号学视角 [J]. 浙江学刊，2013（2）：153－158.

理顺实质性相似判断规则的司法逻辑还有利于丰富独创性理论。

二、实质性相似的概念溯源与学理阐释

（一）实质性相似的概念溯源

实质性相似是美国司法审判机关在多年办案经验中总结出来的侵权判断规则，后来被我国法院普遍接受并适用。除了实质性相似之外还有一个重要因素就是接触。具体而言，若被告有可能接触到原告的作品，在未经原告同意的情况下，又能得出被告作品与原告作品构成实质性相似的结论，便可推定被告复制了原告的作品，侵犯了其著作权。但是由于接触更多的是事实层面的判断，而笔者更多关注价值层面的实质性相似的判断，因此接触方面在此不予讨论。

相似生于对比，而对比是著作权侵权之诉中重要的一环。如前所述，著作权保护的是作品当中具有独创性的表达部分，通常也被称为"实质性部分"，因此实质性相似的判断便在著作权侵权案件中尤为关键。著作权发展历史悠久的美国被认为是实质性相似规则的发源地，但是实质性相似这一概念并非在第一起著作权侵权纠纷发生之时就被创设。

在美国的著作权法历史上，先有"显著性相似"这一概念，而"实质性相似"是经历漫长的审判才被总结出来。在美国法院经常用所谓的"两步法"来判定是否构成侵权。即在事实层面的审理中，一是要确定被告是否存在复制原告作品的行为；二是这种复制是否超出了法律所允许的边界。在"两步法"中，证明存在复制行为是最初始的，即使两个作品之间非常相似，若不存在复制行为这一基点，那么侵权便是无稽之谈❶。根据"两步法"，

---

❶　陈剑玲．美国版权法案例选评［M］．北京：对外经济贸易大学出版社，2012.

先要证明接触这一要件，然而原告一旦发表作品之后，以当时的技术来说，难以确定被告是在看过自己的作品之后复制表达还是恰好雷同。实践当中的案件似乎总是给法官出难题。如果原告不能证明被告接触了作品，但两个表达雷同的概率又微乎其微，便陷入了矛盾之中。后来法官便发明出"显著性相似"的概念作为旁证来推定被告接触了原告的作品，从而解决了这一问题。然而，需要指出的是，任何推定的证据都可以被推翻。另外，两个作品必须达到极其的相似，比如相同的错误和标记以至于排除了独立创作、巧合等种种可能。换句话说，"显著性相似"要达到一种除了解释为复制而不可能有其他解释的程度。

在美国司法实践中，实质性相似曾有两种含义：一种用来表示复制行为的存在，另一种是认定复制行为超越了法律所设定的边界。但随着司法实践的不断深入，侵权诉讼事实与价值"两步走"的观念愈发清晰，为了避免同一词语不同含义的使用引发判决的混淆，美国司法界接受了已故的安伦·兰特曼（Anaren Lanterman）教授提出的"初步相似"（probative similarity）概念，后来实质性相似一般被认为是第二种含义。[1]"初步相似"又被称为"证明性相似"，它得不出被告是否侵犯了原告的著作权的结论，其作用仅在于判断被告的作品是否是独立创作的[2]。此即是说，"初步相似"仅关涉复制的事实问题，其与接触相辅相成，如果能够证明符合接触要件，那么就无须再证明"初步相似"，反之亦然。

比较是人类最古老但也最有效的学习方法之一，正如古代哲人所言，光明只有在黑暗的衬托下才有其意义，概念只有在与其

---

❶　黄小洵. 作品相似侵权判定研究［D］. 重庆：西南政法大学，2015.

❷　王雪梅. 小说作品"实质性相似"认定问题研究［D］. 蚌埠：安徽财经大学，2018.

相近或相反概念的比较之下才能愈发明晰。"初步相似"和"显著性相似"其实本质上是一样的，两者都是事实层面上的判断，只不过"初步相似"更注重于全面的相似内容，而"显著性相似"则更侧重于特殊的内容如错误，或是具有作者特征的个性化标记印记等。实质性相似与"初步相似"的概念区别在于，"初步相似"只是事实层面的判断，只判断存在复制行为与否；而实质性相似则属于价值层面的判断，主要用于判断是否构成非法使用。此外，"初步相似"中两作品相似的内容包括原告作品的独创性表达以及那些受著作权法保护范围之外公有领域的素材，甚至是共同的错误等；而实质性相似所包含的内容仅为作品当中的独创性表达。

从属于知识产权制度的著作权制度是市场经济的产物。在没有知识产权制度的时代，人类一切智力劳动成果都处于公有领域中，一旦创造出来就成为人人都可以取而用之的东西。但随着所有权制度的发展和观念的转变，人们在享受他人的智力劳动成果的同时却鲜有人去生产这些"产品"，因为在没有著作权法的年代，一旦作者发表了其作品，就不可能像在自己的地盘上一样竖起藩篱将"入侵者"阻挡在自己的财产之外。这样一来，创作者从一开始就会不太愿意投入时间、金钱和精力去进行智力创作，人类社会也因为缺乏创作动力，长远来看便会落入"文化枯竭"的尴尬境地。为了避免这种尴尬局面，肩负着某种特殊使命的知识产权法即被创造出来，并经过英国哲学家洛克的劳动理论或知识产权自然法理论不断丰富，形成知识产权制度。随着时间的推移，当今时代最能为知识产权制度正名的功利主义理论成为主流观点。其核心思想在于法律授予创造者有限度的垄断权，从而为其带来经济利益，进而激励、促使其愿意投入更多时间、精力去创作，努力为社会创造出丰富而有价值的知识产品供公众使用，最终造就整个社会文化的繁荣与进步❶。就知识而言，因为从根本上说知识产生的基础来源于他人，来源于社会。换句话说，某项知识的产生必然要利用前人及他人创造的知识。在著作权法历史早期，法官在进行侵权判断时往往有求必应，通常会判定原告胜诉。但后来，这种做法遭受到越来越多的疑问甚至反对。在著作权法上，如果过度保护权利人，对于社会公众来说是极为不公平的，因为该作者的作品就是以前人或他人的知识为基础而创作出来的，一个人是没有理由将他人的思想、观点"据为己有"并阻止他人使用其作品的，除非他（她）获得了全体社会成员的同意。于是，19世纪的法官们又为了化解知识的个体性和社会性的矛盾而创设了"思想表达二分法"和独创性理论。到今天，普遍接受的观点是著作权法保护的是作者具有独创性的表达。正是因为独创性表达提供了作者独特的视角和感受，对于人类智力宝库有所贡献，才需要著作权法保护，如果他人想要使用则要经过作者或权利人的同意并支付相应报酬。如果非法使用他人受著作权法保护的表达，则有可能被法院判定为侵权。因为与他人受保护的表达构成实质性相似，有可能危及鼓励创新这一立法根基❷。从这个角度说，著作权法是一种人为的制度设计，其目的是刺激引导人们创造出更多的作品及其他智力成果，因此实质性相似的判断天生地带有价值评价的烙印。我国著作权法的制度设计，也要回归"创新"，这是最终目标，并且要通过能动地干预或控制来达到保护权利人和公众利益的平衡去实现这一目标。❸

---

❶　饶明辉. 当代西方知识产权理论的哲学反思 [M]. 北京：科学出版社，2008.

❷　吴汉东. 试论"实质性相似＋接触"的侵权认定规则 [J]. 法学，2015（8）：63－72.

❸　梁志文. 版权法上实质性相似的判断 [J]. 法学家，2015（6）：37－50.

（二）实质性相似判断的学理阐释

作为源自美国版权法理论和司法实践的舶来品，虽然实质性相似被我国司法实践所采纳并广泛适用于裁判当中，但究竟是什么？吴汉东教授认为，实质性相似的法律本质是保护作品的独创性思想表达❶；也有观点指出，实质性相似是用来确定被告作品构成侵权的裁判标准❷，其回答的问题是复制到哪种程度构成侵权。而与其说实质性相似是一个标准，毋宁讲它是一种结论❸。其一，实质性相似本身就是一个开放的、模糊的概念；其二，实质性相似的判断关涉价值取舍，很难不带有主观色彩。将一个主观的、经验的判断说是构成侵权的标准属实勉强。说它是一种结论的原因在于，如果被告的作品复制了原告的作品，达到了非法占用的程度，两部作品就会表现为相同或者实质性相似。换句话说，非法占用和实质性相似本质上是一回事。非法占用是从作品的角度上说的，而实质性相似是从作品读者的角度出发的，即读者在比较了两部作品后，如果感到两者之间存在着实质性相似，则很有可能构成侵权，反之则不构成侵权。

在实质性相似的判断中，从谁的角度来判断就成了一个关键问题。李明德教授指出，一般读者（包括听众和观众）是关键判断主体❹。这一做法是将著作权法保护的范围和著作权的经济利益联系在一起，因为当读者感到两部作品存在实质性相似时，部分

❶ 吴汉东. 试论"实质性相似＋接触"的侵权认定规则［J］. 法学，2015（8）：63－72.
❷ 王雪梅. 小说作品"实质性相似"认定问题研究［D］. 蚌埠：安徽财经大学，2018.
❸ 黄小洵. 作品相似侵权判定研究［D］. 重庆：西南政法大学，2015.
❹ 李明德. 美国知识产权法［M］. 北京：法律出版社，2014；韩成军. 著作权侵权行为的判定［J］. 河南师范大学学报（哲学社会科学版），2010（1）：78－81.

读者可能会去购买侵权作品,从而夺走原作作品的部分市场。杨红军教授的观点❶与李明德教授的观点相一致,他在谈到著作权法领域引入理性人标准的问题时提到:作品间实质性相似的判定,应从理性人即普通观众或听众的视角来进行,完全不懂作品的人或对作品非常熟悉的专家意见不应左右着最终认定结果。梁志文教授也认为读者是判断实质性相似的最终标准❷,不过他进一步指出大致有三类主体:一般读者、作品所针对的读者和具有较高注意力的读者,要根据作品独创性的高低和作品的技术属性去选择哪一类判断主体。而袁锋❸则在价值基础、所属群体的范围、认知水平和实现成本四个要素综合考量的情况下,指出相关作品领域的目标受众是著作权侵权判定中的最佳拟制主体。

选好了从谁的角度来进行判断,接下来要解决的是用什么方法去判断。首先是在几种实质性相似的判定方法中,现行研究中的主流观点是两种判定方法,这两种方法或两种原则❹均源于美国的版权司法实践,属于舶来品。而国内绝大多数学者对其名称都各有说法,本文为了更好地论述,采用吴汉东教授提出的称谓,即"抽象观察法"和"整体观察法"。前者由美国汉德法官在尼科尔斯(Nichols)案中创制,在 Nichols 案中采用解构主义的方法,通过抽象和过滤限定了著作权法保护对象的范围,在将不受著作权法保护的要素抽象、过滤之后留下的部分再进行对比。而"整

---

❶ 杨红军. 理性人标准在知识产权法中的规范性适用 [J]. 法律科学(西北政法大学学报),2017(3):161–168.

❷ 梁志文. 版权法上实质性相似的判断 [J]. 法学家,2015(6):37–50.

❸ 袁锋. 论著作权法中的拟制主体 [J]. 电子知识产权,2020(12):17–33.

❹ 卢海君. 论作品实质性相似和版权侵权判定的路径选择:约减主义与整体概念和感觉原则 [J]. 政法论丛,2015(1):138–145.

体观察法"与"抽象观察法"大相径庭，该方法最早由美国联邦第二巡回上诉法院于 1946 年审理的阿恩斯坦（*Arnstein*）案中提出，该方法是从"整体概念和感觉"出发，将所有作品要素作为一个整体，以确定被告作品与原告作品是否构成实质性相似❶。由于"整体观察法"从整体感觉出发来判定两作品是否构成侵权，而整体感觉又是十分主观性的概念，因此有学者指出"整体观察法"在侵权判定的适用上有扩大版权保护范围之嫌，即作品包括受著作权法保护和不受著作权法保护的部分，但实质性相似的比对却将思想或公有领域等元素囊括了进来；而使用"抽象观察法"来认定侵权的话，有可能会出现到最后没有什么内容是受版权法保护的极端情况❷。

　　虽然作品当中有不受版权法保护的部分，但是正如梁志文教授所言，一个作品的整体并不是其各个部分的简单相加。而且有些作品恰恰是以不受版权法著作权的素材为主要内容的。因此，在"整体观察法"和"抽象观察法"的主次顺序上众说纷纭。主张优先适用"抽象观察法"的代表性观点有以下几种：吴汉东教授从整个知识产权制度的角度出发，指出在判定原被告作品之间是否存在实质性相似时，一般而言，应以抽象观察法（解构主义）为主，整体观察法为辅❸；龙云辉指出通过三段论侵权认定法（抽象观察法）对比之后，两作品仍存在实质性相似时，才可以认定侵权指控可能成立❹。殷贵山等人则主张在司法实践中，应该以部分比较法（抽象观察法）为主，以整体比较法为辅。

❶❸　吴汉东. 试论"实质性相似 + 接触"的侵权认定规则［J］. 法学，2015（8）：63 – 72.

❷　梁志文. 版权法上实质性相似的判断［J］. 法学家，2015（6）：37 – 50.

❹　龙云辉. 美术作品侵权判断的特殊性问题研究［J］. 学海，2008（4）：184 – 188.

他进一步指出在讨论一部文字作品是二度创作还是重新创作的问题时，将不可避免地涉及两部作品间的比较，即若两者有相似之处，首先要对相似部分作思想和表达的区分；其次如果属于作品的表达，则要确定这些表达是在先作品独创的表达，还是前人广泛采用的表达；如果属于在先作品独创性表达，则考虑两部作品的相似是否属于实质性相似❶。韩成军教授也认为应该先将原告作品中的思想等不受著作权法保护的因素剔除之后再认定两作品是否存在实质性相似❷。无独有偶，江南等人指出判断两作品间是否存在内容上的实质性相似，则要先判断出作品哪些内容需要作对比❸。严苏在其文章中写道："……当经过前两步的'抽象'与'过滤'之后，我们能够找出网络游戏作品受保护的'表达'，再将诉争作品的表达部分进行对比，看是否构成实质性相似，进而判断是否构成侵权。"❹ 这表明其也赞成应当以抽象观察法为主要的判定方法。然而"整体观察法"阵营里的代表性观点则有以下几个：许波指出作品间存在相同或相似内容并不必然导致其构成实质性相似，若读者在阅读时由被告作品整体联想到原告作品，便可认定构成实质性相似❺。王雪梅主张在具体个案中，对涉诉的两部小说进行"实质性相似"的认定时，首先要做的是以直接读

---

❶ 殷贵山，邱立民．文学作品实质性相似的司法判定方法评析［J］．出版发行研究，2017（10）：83－85.

❷ 韩成军．著作权侵权行为的判定［J］．河南师范大学学报（哲学社会科学版），2010，37（1）：78－81.

❸ 江南，刘远山．"接触加实质性相似"原则在著作权侵权判定中的运用：以"琼瑶诉于正案"为主样本［J］．吉首大学学报（社会科学版），2017（S2）：41－47.

❹ 严苏．网络游戏的著作权侵权研究［D］．武汉：华中科技大学，2016.

❺ 许波．著作权保护范围的确定及实质性相似的判断：以历史剧本类文字作品为视角［J］．知识产权，2012（2）：28－34.

者的视角运用整体观感法，判断两部小说是否有实质性相似的可能性❶。

值得注意的是，还有很多学者都认为应该区分不同作品类型从而适用不同的认定方法。例如冯颢宁就将作品分为文艺作品和科学作品以及专业作品和非专业作品两大组，并且提出这四类作品分别适合用哪种方法来认定实质性相似❷；郑万青等人则指出抽象观察法更普遍地适用于文字作品，而整体观察法更适合视觉艺术作品❸。除此之外，也有学者综合这两种方法或原则来进行实质性相似的认定。于丽臣主张在认定电视节目的实质性相似时，既要从节目各个细节方面认定，又要从节目整体效果方面来考虑，其实质就是要综合这两种方法来认定电视节目的实质性相似❹。张文馨认为两种方法均为思想表达二分法原则的体现，因此在适用上，不应分主次，应互相包容，互相融合❺。张乾指出在运用"整体观察法"认定作品之间是否构成侵权时，应先将不受著作权法保护的要素排除在外，再进行整体观感比较❻。苏志甫则提出作品中所呈现的画面整体以及局部的细节，均有机结合在一起共同形成完整的表达。整体和细节如鸟之两翼，只有兼顾两者比对情况

❶ 王雪梅. 小说作品"实质性相似"认定问题研究 [D]. 蚌埠：安徽财经大学，2018.

❷ 冯颢宁. 论版权法中实质性相似认定标准的选择 [J]. 中国版权，2016（6）：77–80.

❸ 郑万青，丁媛. 作品"实质性相似"的判断与认定：从"琼瑶诉于正"谈起 [J]. 中国出版，2017（21）：43–46.

❹ 于丽臣.《中国新歌声》版权模式的法律解析 [J]. 青年记者，2017（5）：27–28.

❺ 张文馨. 著作权侵权中"实质性相似"的判定研究 [D]. 兰州：兰州大学，2018.

❻ 张乾. 互联网时代"洗稿"现象的可责性及保护路径 [J]. 出版广角，2020（5）：38–40.

的实质性相似的结论才更让人信服❶。

在以上文献的梳理过程中，笔者发现绝大多数学者都认为在认定实质性相似时应以"抽象观察法"为主，或者先运用"抽象观察法"去剔除一些不受著作权法保护的部分，再来将涉诉作品进行对比。有学者认为存在某些误解，即"抽象观察法"不是认定实质性相似的方法。该方法只是用来区分何者系应受著作权法保护的要素，何者系不应受著作权法保护的要素的方法。严格来说，它其实是侵权认定的方法，而且侵权认定是实质性相似的上位概念。即构成侵权必然包含实质性相似，但实质性相似并不必然构成侵权，被告仍有可能会以合理使用等理由提出抗辩❷。但笔者不认同此观点，"抽象观察法"虽然是用来区分是否要对某元素予以著作权法上的保护，但仍然要进行后面的对比来确定两作品是否构成实质性相似。因此，应该说思想表达二分法才是区分著作权法保护要素的方法或原则，而"抽象观察法"是由其延伸到侵权领域的方法。

三、我国司法实践中"实质性相似"判断的实证考察

（一）"实质性相似"判断的案例样本

作品"实质性相似＋接触"规则是我国各级法院对著作权侵权判定所普遍采用的规则。通过对当前我国法院审判案件的数据统计可以发现，近年来法院对作品"实质性相似＋接触"规则适用的频率逐年上升，并且广泛适用于一切作品类型的著作权纠纷

---

❶ 苏志甫. 利用他人作品元素改编行为的判断思路与逻辑展开：从"武侠 Q 传游戏"侵害改编权及不正当竞争案说起［J］. 法律适用，2020（18）：141－149.

❷ 卢海君.《人在囧途》诉《人再囧途之泰囧》案：基于著作权法的分析［J］. 中国出版，2013（7）：23－26.

案件之中。近年来，随着网络的全民普及，公众接触作品的机会呈倍数扩大，但随之而来的是作品侵权成本的极大降低，而基本上侵权作品都能在网络上找到，因此法院近年的判决书中有关信息网络传播权的案件数量增长迅速。在中国裁判文书网上输入"民事案件、信息网络传播权、判决书"进行检索，发现 2019 年和 2020 年审结的相关案件均突破 2 万件，远远超过适用实质性相似规则的案件。而适用实质性相似规则的案件情况如图 8 – 1 所示。

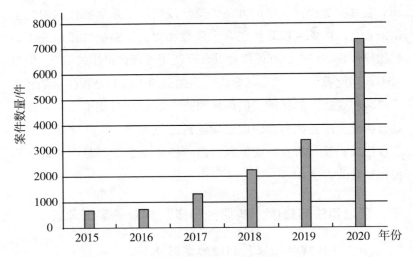

图 8 – 1　2015—2020 年全国法院适用实质性相似规则的案件情况图

如图 8 – 1 所示，通过"北大法宝"检索案例，先以"知识产权权属、侵权纠纷"为案由，再以"民事案件"为案件类型，选择判决书的文书类型，最后以"实质性相似"为关键词进行全文检索，得到检索的基础数据。2015—2020 年，全国法院适用实质性相似规则的案件总数达到 1.7 万余件，并且案件数量呈现逐年攀升的趋势，由 2015 年 675 件直接飙升到 2020 年的 7355 件。这其中还有两个值得关注的时间节点。第一个节点就是在 2017 年，可以看到相关案件数量首次突破了 1000 件，原因在于突然爆发的"群体性"诉讼。比如包括中国音像著作权集体管理协会、深圳市华强方特集团等在内的众多主体就几十家上百家企业、商超提起的侵权之诉使得该年的案件数量多了一倍。另一个值得关注的节点是 2020 年，案件数量达到 7355 件，整整比 2019 年的数字翻了一番。在越来越多"群体性"诉讼案件的基础上，伴随着互联网的普及和发展，网络版权市场更加细分，出现了大量的网络游戏等新型"作品"纠纷。当然也正是网络的发达，侵权成本进一步降低，引发了更多的纠纷，是案件数量翻番的主要原因。

此外，在 1.7 万余件案件当中，一审案件数量为 14 550 件，二审、再审案件数量为 2712 件。在案件的地域分布上，京津冀、长三角、珠三角等沿海经济发达地区占据近八成的比例，这从某个角度说明知识产权与经济发展水平的同步性。但从另一个角度来说，近八成比例案件由沿海经济发达地区的法院审理，存在着司法资源地域分配的巨大差异。笔者将与实质性相似无关的信息网络传播权纠纷和适用其他规则作为断案依据的判决予以排除，同时，将同一诉讼主体提起的"群体性"诉讼，如广东原创动力文化有限公司、万达儿童文化发展有限公司等基于同一个动漫形象所享有的著作权向全国未经许可使用其动漫形象的民事主体提起的侵权之诉，同样予以筛除。这类案例因为诉争标的是同一个或是同类型的标的，即便不同法院的判决当中适用实质性相似规则对比部分也基本上相同，就失去了参考价值或者不具有代表性，笔者只保留其中一篇说理较充分的判决书作为代表；除此之外，还有一些是同一案件，即诉讼主体均相同的案件，但是同一法院会给出很多不同案号的判决书。虽然案号不同，但是判决书里的内容却相同，因此也不具有代表性而予以筛除。

　　笔者旨在通过司法案例的分析总结归纳司法实践的逻辑并对其进行研究，因此在案例的选取上必须具有代表性。在此理念下，笔者优先选择指导性案例、公报案例或经典案例，如最高人民法院发布的 2015—2020 年度知识产权十大案例中著作权领域的案例就是实质性相似规则的适用案例，著名的"陈某诉于某案"等位列其中；公报案例也有不少，包括"中国科学院海洋研究所、郑某仪诉刘某谦等侵犯著作权纠纷案""上海美术电影制片厂与电子工业出版社等著作权权属、侵权纠纷案"等。案例中不仅包括最高人民法院的十大案例、公报案例，也包括 2015—2020 年度北京法院知识产权十大案例、上海法院知识产权十大案例；此外，还有广州、杭州、宁波、苏州、成都、青岛、合肥等经济发达城市法院的著作权典型案例。如前所述，实质性相似规则运用的方法会根据作品类型和特征的不同而体现出较大的差异，笔者基于此在北大法宝网上分类型在适用实质性相似规则的案例中检索。具体的分类是美术作品、文字作品、摄影作品、计算机软件作品、影视作品［即《著作权法》（2020 年修正）所称的视听作品］、图形作品、音乐作品。

　　其一是美术作品，在北大法宝网以"知识产权权属、侵权纠纷"为案由，选择判决书为文书类型，再以"美术作品 实质性相似"为关键词进行全文检索。检索共得 8398 篇裁判文书，其中公报案例和典型案例共 19 篇，另外从 43 篇经典案例中选取 11 篇广州、浙江、江苏等发达地区法院的案例，组成 30 篇美术作品的案例组。其二是文字作品，在案由和文书类型相同的基础上，以"文字作品 实质性相似"为关键词进行全文检索。检索共得 1435 篇裁判文书，其中公报案例等合计 31 篇，选取其中 30 篇组成文字作品的案例组。其三是摄影作品，按照同样的方法，以"摄影作

品 实质性相似"为关键词进行全文检索。检索共得 226 篇裁判文书，由于典型案例等较少，仅有 4 篇，就在推荐案例中选择北京、广州、深圳等发达地区的案例 26 篇，组成 30 篇摄影作品的案例组。其四是计算机软件作品，在上文的检索条件下，以"计算机软件 实质性相似"为关键词进行全文检索。检索共得 1656 篇裁判文书，其中典型案例等有 24 篇，另在推荐案例中选取 6 篇北京、深圳等地的案例，组成 30 篇计算机软件作品的案例组。其五是影视作品，这里所说的影视作品也就是《著作权法》（2020 年修正）所称的视听作品，包括电影作品和以类似摄制电影的方法创作的作品（以下简称"类电作品"）。由于影视和网络游戏行业兴起，法院倾向于通过电影和类电作品来保护该行业的进一步发展。因此以"影视作品"和"网络游戏"加"实质性相似"为关键词在上文的检索条件下进行全文检索，检索共得 974 篇裁判文书，其中公报案例等 22 篇，再从推荐案例中选取北京、上海等地的案例 8篇，组成 30 篇影视作品的案例组。其六是图形作品，仍在上述的检索条件下，以"图形作品 实质性相似"为关键词进行全文检索，检索共得 549 篇裁判文书，其中典型案例等有 13 篇，另外在推荐案例中选取上海、江苏等地的案例 17 篇，组成 30 篇图形作品的案例组。其七是音乐作品，仍在知识产权权属、侵权纠纷的判决书当中以"音乐作品 实质性相似"为关键词进行全文检索，检索共得 1706 篇裁判文书，其中典型案例等有 19 篇，另在法宝推荐案例中选取经济发达地区的案例 7 篇，组成 26 篇音乐作品的案例组。其余的舞蹈作品以及戏剧、曲艺、杂技等作品因为相关案例太少，像杂技作品更是检索不到案例，以至于不能进行案例分析并总结归纳这些作品的实质性相似的司法逻辑，在此不予讨论。

（二）不同类型作品"实质性相似"判断的司法实践考察

单独谈作为著作权法上处理侵权问题的核心难题❶——实质性相似，司法逻辑是空洞的，只能结合独创性理论和思想表达二分法给出一些很原则性的判断，从而失去了司法实践的指导意义，就好像在空谈一个抽象的人怎么样才能成为一个好人一般。实质性相似作为著作权侵权判定规则，在适用于不同类型作品时，具体化为不同的操作方法并且相似对比的重点因作品不同特点也会有所不同❷。笔者基于上述分类结合理论文献和实践案例，归纳出实质性相似在具体适用场景下的司法逻辑和判断的重点。

1. 文字作品

我国《著作权法实施条例》第 4 条规定"文字作品，是指小说、诗词、散文、论文等以文字形式表现的作品"。文字作品进一步又可以划分为文学作品和非文学作品，非文学作品的典型代表有各类说明书、策划方案等，它们的作用更偏实用一点，而非像文学作品一样注重表达作者的情意。在文学作品的实质性相似判断当中，学者殷贵山等人提出可以结合抽象观察法和整体观察法两者进行综合比较，称为"综合比较法"❸。无独有偶，王雪梅也在其文章中提出应采用"综合检测法"去判断。"综合检测法"所指的具体含义是以"大众读者"的视角切入，对案涉的小说作品，在主要构成要素的"抽取—过滤—对比"三步分析的基础上再结合作品的整体观感，进行综合的实质性相似判断，进而确定被告作品是否构成侵权。比如在判断两部小说是否构成实质性相似时，

---

❶　梁志文. 版权法上实质性相似的判断 [J]. 法学家，2015（6）：37 – 50.

❷　黄小洵. 作品相似侵权判定研究 [D]. 重庆：西南政法大学，2015.

❸　殷贵山，邱立民. 文学作品实质性相似的司法判定方法评析 [J]. 出版发行研究，2017（10）：83 – 85.

第一步是以直接读者的视角运用整体观察法去感受两部作品是否有实质性相似的可能性。如果明显无相似之处,也许说明著作权人存在滥用权利之嫌;反之,若作品之间存在证明性相似,就有必要结合抽象观察法来进一步判断❶。而温晓红则认为在判断影视剧剧本的实质性相似时,应将具体情节等细节和故事脉络、人物特征和关系作为一个整体进行有机判断❷。

在具体司法实践中,法院在判断文字作品是否存在实质性相似的过程中,更多的还是立足于思想表达二分法对作品的思想和表达进行区分。比如当时备受关注的"琼瑶(原名陈某)诉于正(原名余某)案",初审法官的裁判思路是先基于思想表达二分法作出思想与表达的划分,再用部分对比与整体对比等方式进行实质性相似的判定,最后再结合观众体验❸。在"胡某年诉九州公司、国话公司案"中,法院在排除打拐主题的基础上对该剧本具有独创性的表达予以保护,并认为该案中,电影《我要回家》中的主要人物及人物关系与涉案剧本完全一致,同时至少存在 30 个包含相同或相似对话的具体场景。电影《我要回家》所体现的整体剧情亦与涉案剧本相似。因此从主要人物及人物关系、多个具体场景所使用的对话和用语、整体的故事情节等方面看,电影《我要回家》均使用了涉案剧本的独创性表达,与涉案剧本构成实质性相似❹。在"陈某挺诉陈某贵案"中,法院在甄别出民间故事素材的基础上将二剧本进行比对,《杏林始祖》在人物设置、剧情

❶ 王雪梅. 小说作品"实质性相似"认定问题研究 [D]. 蚌埠:安徽财经大学,2018.

❷ 温晓红. 影视剧剧本著作权的保护 [J]. 青年记者,2016(35):94–95.

❸ 参见:北京市高级人民法院(2015)高民(知)终字第 1039 号民事判决书。

❹ 参见:江苏省高级人民法院(2020)苏民终 380 号民事判决书。

发展编排以及老虎保护杏林等具体情节设计、语言表达以及"猛击"治病的细节设置上，与《董奉传奇》构成实质性相似❶。值得注意的是，在 30 个案例的案例组中，有 22 个案例都进行了具体语言或表述的对比，其中也有 12 个案例针对剧情或整体结构进行对比，可见虽然具体表述是重中之重，但同时不能脱离剧情、人物和整体结构等去孤立对比表达或细节。基于上述文献和案例，可以归纳出法院在文字作品的实质性相似判断过程中，首先是根据思想表达二分法区分出不受保护的思想部分和受保护的表达部分，在此基础上，重点结合人物关系、故事情节对比其中具体的语言或表述。对比进行到此时，若具体的表述或情节相同或类似，就很有可能被判定为实质性相似，进而可能构成侵权。换言之，文字作品的实质性相似的判断离不开整体观察法，毫不夸张地说，将思想和表达区分开来是进行实质性相似判断的前提性工作❷，而如果仅用这一方法的话，难免会出现过滤之后表达所剩无几的情况。此时也应该结合整体观察法去审查被诉侵权作品的表达会不会使大众产生某种混淆，使得抢走原告作品的一部分读者市场。市场因素其实也是美国法院在侵权判定中考虑的关键因素之一❸。

值得注意的是，实质性相似不仅会出现在文字作品之间，也会出现在文字作品和影视作品之间。影视作品，包括电影和类电作品，通常是指把文字作品通过技术手段变成荧屏形式，动态呈

---

❶ 参见：福州市中级人民法院发布 2018—2019 年福州法院知识产权司法保护十大案例之六：陈某挺与陈某贵著作权权属、侵权纠纷案。

❷ 郑万青，丁媛. 作品"实质性相似"的判断与认定：从"琼瑶诉于正"谈起 [J]. 中国出版，2017（21）：43–46.

❸ 阳贤文. 美国司法中实质性相似之判断与启示 [J]. 中国版权，2012（5）：46–49.

现其内容的视听作品❶。也就是说，两者的区别就在于表现手法上的不同。但是影视作品，不管是电影电视剧还是类电作品，都会有情节、人物及人物关系等与文字作品组成部分一样的元素，因此在判断影视作品的实质性相似时运用的方法和文字作品所运用的方法存在异曲同工之妙。

2. 美术、摄影作品

将美术作品和摄影作品放在一类是因为它们之间天然存在的"亲属关系"：一是它们都是静态的，这一点和影视作品就有根本区别；二是它们都是作者对客观世界的某种主观感受，只不过以前人们用画笔记录下来，现在人们用相机拍摄下来，换了一种储存形式罢了。有人将它们统称为视觉艺术作品❷。值得注意的是，这些所谓的艺术作品，在判断是否构成实质性相似时并不用考虑其艺术层面的价值，考量的出发点仍是其是否具有独创性。正如王迁教授所言，作品不仅是指"阳春白雪"，也包括"下里巴人"。❸

对于美术、摄影作品的实质性相似判断，学者龙云辉指出，在美术创作领域，一行为（如临摹）是否构成侵权，就要看该行为产生的"新作品"是否具有独创性……三段论侵权法正是通过层层过滤，以查明被告作品的独创性。如果三个步骤都通过，则可以判定不构成侵权，反之，任何一个步骤不通过，都有可能被判定构成侵权❹。笔者不认同其观点，主要在于该观点将判断作品是否受著作权法保护的标准理解为侵权认定的标准，这是有关独

---

❶❷ 黄小洵. 作品相似侵权判定研究 [D]. 重庆：西南政法大学，2015.

❸ 王迁. 知识产权法教程 [M]. 北京：中国人民大学出版社，2019.

❹ 龙云辉. 美术作品侵权判断的特殊性问题研究 [J]. 学海，2008 (4)：184 – 188.

创性与侵权认定之间关系的最大误解。因为一件被告作品具有独创性与是否构成侵权并无必然联系。换言之，该作品完全可能既构成作品，又侵犯他人的著作权。学者杨巧亦持此观点，在文章中直言："至于侵权人在剽窃的过程中可能投入了创造性的劳动，甚至完成了一部新的演绎作品，这并不影响其侵权之成立。"❶ 其同时主张应采用抽象观察法去判断是否构成实质性相似。

在司法实践中，法院更多地从美术作品的构成要素或细节去进行比对，而对于摄影作品中着重比对的对象是其中的内容（人物），其实美术作品中的构成要素和摄影作品中的内容本质上是一样的，而且在美术和摄影作品的案例组中，法院都提到不仅要注意细节的比对，同时也要注意整体构图或整体感觉上的相似。以"创客互动公司诉力昇玩具厂、如鱼公司著作权权属、侵权纠纷案"❷ 为例，法院将被诉侵权产品与该案作品进行比对，除脚部大小、个别产品的短袖 T 恤颜色外，在整体风格、形象塑造和服饰上均基本一致，可以判定被诉侵权产品再现了该案作品富有独创性的审美表达细节以及整体视觉形象。虽然该案的被诉侵权产品在脸型、眼鼻嘴耳和脚部的细节部分，着装的颜色上与该案作品存在差异，但该差异占整体表达内容的比例较小，也未造成整体审美风格的变化。通过综合判断，一审法院认定被诉侵权产品与该案作品构成实质性相似。此外，经典案例"上海美术电影制片厂诉珠海天行者文化传媒有限公司侵犯著作财产权纠纷案"❸ 中，一、二审法院均认为被控侵权的孙悟空人物形象与《大闹天宫》

---

❶ 杨巧. 美术作品相似是否构成"剽窃"的认定：对一起文字画作品侵权案的思考 [J]. 知识产权，2010（4）：52 – 56.

❷ 参见：广东省高级人民法院（2020）粤民终 494 号民事判决书。

❸ 参见：上海市高级人民法院（2012）沪高民三（知）终字第 67 号民事判决书。

动画影片中孙悟空人物形象美术作品在主要特征方面构成实质性相似，进而判定被告侵害了原告的著作财产权。

正是因为美术作品和摄影作品如此"亲密"的关系，现实中也存在将美术作品转化成摄影作品或者将摄影作品演绎成美术作品的案例。在全国首例美术作品涉嫌剽窃侵权诉讼"《重庆大轰炸》油画案"中，法院首先对涉案两幅同名油画《重庆大轰炸》进行了思想和表达的区分，对比之后认为两幅作品只存在取景角度相似，而在关键内容，整个画面色彩的处理和对火、烟、云等具体要素的表现手法以及其他细节上都有很明显的区别；因此，两幅作品的整体观感差异很大，最终判决被告不构成对原告作品的剽窃❶。

在"薛某克诉燕某娅案"中，法院通过将《次仁卓玛》与《阿妈与达娃》进行比对，两幅作品表现的画面主体均为一名坐在房间内哺乳孩子的藏族妇女，二者不论是在整体构图、场景布局等整体观感上还是在人物细微的姿势、神态、服饰特征以及物品摆放等细节方面均相同，只是油画的画面较为模糊。法院经审理认为，通过对比，燕某娅的油画与薛某克的摄影作品存在高度相似。❷ 综上，也可以大致归纳出美术作品和摄影作品实质性相似判断的司法逻辑，即首先将不受著作权法保护的思想元素如风格、创作手法等排除在外，其次重点对比作品中的构成要素或内容的相似性，并可以从各种构成要素如角度、色彩搭配、布局等细节的对比中反推出诉争作品在整体上视觉效果近似，由此，通过整

---

❶ 参见：重庆市高级人民法院（2006）渝高法民终字第 129 号民事判决书。

❷ 参见：北京市法院 2012 年知识产权诉讼十大案例之三：《次仁卓玛》摄影作品著作权案。

体和细节双重"关卡"来进行实质性相似的判断。

3. 计算机软件作品

我国《计算机软件保护条例》第2条、第3条规定，计算机软件是指计算机程序及其有关文档。计算机程序，是指为了得到某种结果而可以由计算机等具有信息处理能力的装置执行的代码化指令序列，或者可以被自动转换成代码化指令序列的符号化指令序列或者符号化语句序列。计算机软件虽然能够体现一定的阅读性❶，但计算机软件的最大特征是其自身的工具性或曰功能性。用学者王丽洁的话说就是"作品"是通过作用于人的视听感官表现出来的，而普通人难以直接从一堆代码序列中获取感官上的认识，而且计算机软件事实上常常被视为某种技术工具，其自身又包含着某种实用技术的解决方案，这是计算机软件所特有的双重性❷。也正因此，此类作品侵权之诉中不能机械地适用实质性相似的判断方法，因为其双重性会使得软件当中的思想和表达交融混合，从而难以区分判断。基于此，学者肖声高给出的方法是在判断软件之间的实质性相似时，应当区分软件中的文字性内容和非文字性内容。计算机软件的文字性内容一般是指软件的源代码和目标代码，也构成计算机软件作品的实质性部分❸。段志秀也提出应当注重源代码在保护计算机软件著作权中不可替代的作用，理由是源代码在程序注解、软件开发、分析与使用等方面都存在着重要作用，源代码是软件工程中重要的内容，可以存储至文档文本，而从文本又可以追踪至源代码❹。邓恒也指出计算机软件的鉴

---

❶❸　肖声高. 以 SAS 案为例论计算机程序著作权的保护范围 [J]. 西安电子科技大学学报（社会科学版），2013（1）：90 – 97.

❷　王丽洁. 计算机软件侵权认定的特殊性 [J]. 社会科学辑刊，2006（4）：79 – 81.

❹　段志秀. 计算机软件的著作权保护研究 [D]. 兰州：兰州大学，2019.

定范围是源代码（源程序）❶。不过，也有人提出，在判断计算机软件作品之间的实质性相似时，不能仅看其源代码是否相同或近似，而应看两个程序的结构、顺序、组织（SSO❷）是否相似。源代码就好比小说作品中的文字，SSO 就好像是小说作品中的情节❸。笔者以为，此观点有一定道理，但是仍属于本末倒置，因为只有源代码（源程序）才是软件作品中最具有独创性的表达，有些软件虽然功能（目标程序）相同，但是源代码完全不同，因此根据思想表达二分法原则，在判断时着重对比诉争软件的源代码是比较有效的方法。但必须承认该观点稍微拓宽了我们的思路，即在侵权诉讼中也不能只看源代码，必要时对比 SSO 作为辅助可能起到事半功倍的作用。

上述学者的主流观点也能在司法实践中找到呼应。在最高人民法院审理的"北京闪亮时尚信息技术有限公司与不乱买电子商务（北京）有限公司侵害计算机软件著作权纠纷上诉案"中，基于比对结果及技术分析可知，源代码抽样比对的绝大部分程序文件在程序逻辑和结构方面实质相同，函数变量命名特点相同或相似，且闪亮时尚信息技术有限公司不同文件的代码中多次出现与不乱买电子商务（北京）有限公司程序中相同的注释错误，该现象难谓巧合。据此，可以确定闪亮时尚信息技术有限公司与不乱买电子商务（北京）有限公司的上述程序文件实质相似的比例较高❹。在

---

❶ 邓恒. 计算机软件著作权案件审判实务问题研究：由一起侵犯计算机软件著作权纠纷案引发的思考 [J]. 中国版权，2014（3）：35–39.

❷ 程序的结构就是程序各个组成部分的构成以及数据结构；程序的顺序就是程序各部分在执行过程中的先后顺序，也就是所谓程序的"流程；程序的组织就是程序中各结构及顺序之间相互关系的总体安排。

❸ 王丽洁. 计算机软件侵权认定的特殊性 [J]. 社会科学辑刊，2006（4）：79–81.

❹ 参见：最高人民法院（2019）最高法知民终 663 号民事判决书。

"蔡某彬等与合力亿捷（北京）信息技术有限公司等侵害计算机软件著作权纠纷案"中，一审法院指出诉争软件前端代码（目标代码）高度相似；权利软件的后端代码（源代码）与原审法院调取代码相比，相同或实质相同的代码行数亦占有一定的比例，且二者在开发者及开发时间、注释内容、文件命名、目录结构等个性化信息存在完全相同或基本相同的情况，已经超出了巧合的范畴❶。此外，还有法院在原告可以提交但拒不提交其软件源程序的情况下，无法通过司法鉴定程序对两者源程序的相似比例以及是否构成相同或实质相似作出认定❷。也有法院在当事人不主张被诉侵权软件程序本身侵害其软件著作权的情况下，仅仅凭说明书或用户手册，显然不足以作出该实质性相似的认定结论❸。这些判决看似是举证责任的问题，实则于无形中承认并强调了源代码在软件实质性相似判断中的地位。

计算机软件作品虽然有其特点，即有时思想和表达会互相渗透，但是抽象观察法仍然可以适用于软件作品的实质性相似判断当中，毕竟不是所有的思想会和表达造成混淆，还是可以在总结共性的基础上抽象概括，最终确定下来一些如主要目的、模块、操作方法或数学概念等。确定思想部分的目的是确定软件作品中受著作权法保护的部分，而源代码和目标代码就是最接近表达的元素❹，因此我国法院在判断此类作品的实质性相似时在抽象过滤的基础上着重对比诉争软件的源代码或源程序以及目标代码（目标程序）❺。在

---

❶ 参见：北京市高级人民法院（2019）京民终 79 号民事判决书。
❷ 参见：深圳市中级人民法院（2015）深中法知民终字第 1418 号民事判决书。
❸ 参见：最高人民法院（2019）最高法知民终 773 号民事判决书。
❹ 段志秀. 计算机软件的著作权保护研究［D］. 兰州：兰州大学，2019.
❺ 在关于计算机软件的 30 个案例组中有 23 个案例主要对比的是源代码和目标代码。

实质性相似的判断中以源代码和目标代码为主并非意味着只对比这两个元素，如前所述，程序的 SSO 的相似也可以作为辅助证据和其他证据组成一个证据闭环，从而得出侵权的结论。当然，并非每一个案件都需要对比源代码等。如果被告作品中存在和原告作品一模一样的具有原告个性化特征符号、标记甚至错误，比如"广州纤姿美容仪器有限公司与上海千美健康管理咨询有限公司侵害计算机软件著作权纠纷案"中，被诉侵权软件还保留了 KC 公司的标识和痕迹，抄袭的迹象明显。根据民事诉讼高度盖然性的证据认定标准，原审法院认为，即便不进行源代码比对，也可以认定被诉侵权软件与案涉 KC 检测仪软件构成实质性相似❶。也就是说，被告作品出现明显特征或错误时在被告无证据证明排除巧合的情况下，也能推定两软件作品构成实质性相似。

4. 图形作品

我国《著作权法实施条例》第 4 条第 12 项规定，图形作品是指为施工、生产绘制的工程设计图、产品设计图，以及反映地理现象、说明事物原理或者结构的地图、示意图等作品。产品设计图、工程设计图等实用性更强的图形化表达，之所以受到著作权法保护，"与其设计方案以及与其对应的工程和产品的技术实用性毫无关系，而是因为工程和产品设计图是由点、线、面和各种几何图形组成的，包含着设计者眼中严谨、精确、简洁、和谐与对称的科学之美"❷。但图形作品中包含技术方案或反映事物原理的事实是无法回避的，其实质性相似的判断便不能仅仅从法律或规范的角度去孤立地看待。❸ 如何准确地区分图形作品中的技术与表

---

❶ 参见：最高人民法院（2020）最高法知民终 319 号民事判决书。

❷ 王迁. 著作权法 [M]. 北京：中国人民大学出版社，2015.

❸ 凌宗亮. 图形作品的著作权保护及其权利边界 [J]. 人民司法（案例），2016（8）：80 – 84.

达，确保著作权法仅保护其中的"科学之美"，就成了一个难题。我国的既有研究本来就对图形作品涉及较少，更何况结合具体的抽象观察法和整体观察法。❶

在对案例组进行梳理中发现，法院在进行图形作品的实质性相似判断时并不注重抽象观察法的运用，而更加注重诉争作品在整体上的相似或差异。在上诉人长垣县孟岗镇人民政府（以下简称"孟岗镇政府"）因与被上诉人河南省汇斯瑞会展服务有限公司（以下简称"汇斯瑞公司"）著作权权属、侵权纠纷上诉案中，河南省高级人民法院指出孟岗镇政府在2018年5月24日至26日长垣博览会期间搭建制作的展台与汇斯瑞公司的"孟岗镇特装展台设计图"，在色彩选择搭配、整体布局、装饰、配置设施方面整体相同，两者均是以白色与棕色为搭配，以白色墙梁包围棕色纵木，整体布局上有前后左右四个方向均有门口，正前方有三个门口（一大两小）……两者在整体结构方面不存在视角差异，构成实质性相似❷。在"侨龙专用汽车有限公司诉陈某著作权侵权纠纷案"中，法院经比对双方的产品设计图，图中所显示的产品主要由汽车本体、水管、水泵等组成，除了图案中的汽车本体基本相似外，双方图案中各要素之间的排列顺序差异明显，其他装置的种类和数量也都不同，双方的产品设计图总体给人感觉并不构成相似❸。此外，也有根据整体上的差异从而否决实质性相似之存在的案例，在"上海优鸿装饰设计工程有限公司诉深兰科技（上海）有限公司、上海维迈建筑装饰集团有限公司著作权侵权纠纷案"中，法

---

❶ 谢晴川. 论独创性判断标准"空洞化"问题的破解：以科技类图形作品为切入点 [J]. 学术论坛，2019（5）：46-56.

❷ 参见：河南省高级人民法院（2019）豫民终246号民事判决书。

❸ 参见：福建省高级人民法院（2015）闽民终字第990号民事判决书。

院经对比认为两作品功能区布局相似；前台及沙发的形状和摆放位置相似。但两者图纸整体差异较大，差异主要包括：汇报厅的外围边界不同，汇报厅内桌椅形状、数量、摆放位置不同；室内其他区域的桌椅形状、数量、摆放位置也有较大差异。此外，屋顶花园的布局、设备不同。因受建筑本身结构的限制及深兰科技（上海）有限公司对整体布局的要求，功能区的划分及其表达方式有限，工程设计图中功能区布局相似并不一定构成著作权法意义的实质性相似❶。在"深圳市建筑设计研究总院有限公司诉深圳市交通运输委员会等著作权侵权纠纷案"中，法院经对比认为，首先，从整体观感而言，两张图给人的整体效果截然不同。其次，从细节方面而言，两者在具体的要素上及对各要素的排序和组合上，都形成了各自独特的表达。因此判定诉争作品不构成实质性相似❷。由此可以看出司法实践中法院在判定实质性相似时首先会从整体感觉上进行分析，如果原被告作品在整体视觉效果上给人带来相同或相似的感觉，仅有部分细节不同，并且被告不能给出合理解释的情况下，很有可能会被判定构成实质性相似；若整体上感觉不相似，则再对比图形作品中具有独创性的表达部分，甚至是运用错误对比法❸去考察原告作品中违背日常生活逻辑的明显错误。如果同样出现在被告作品中，除非被告给出有力的解释，否则基本可以推定构成侵权。如四川省高级人民法院在龙安华诚建筑设计有限公司等与北京国科天创建筑设计院成都分院的著作权侵权纠纷上诉案❹中经过对比双方图纸指出，同一建筑物的设计

---

❶　参见：上海知识产权法院（2020）沪73民终175号民事判决书。
❷　参见：深圳市中级人民法院（2017）粤03民初1455号民事判决书。
❸　杜健. 利用软件不当剪贴他人美术作品构成侵权［J］. 人民司法，2011（14）：38－41.
❹　参见四川省高级人民法院（2014）川民终字第226号民事判决书。

图纸在内容上除了排版、构件尺寸及配筋略有不同外，其余相同，尤其是北京国科天创建筑设计院成都分院在设计图纸上出现的笔误、修改，龙安华诚建筑设计有限公司在其图纸上存在相同笔误、修改，在龙安华诚建筑设计有限公司未提出任何足以证明其是独立创作证据的情况下，判定原被告作品构成实质性相似。

5. 音乐作品

我国《著作权法实施条例》第 4 条第 3 项规定，音乐作品，是指歌曲、交响乐等能够演唱或者演奏的带词或者不带词的作品。因此这里所说的音乐作品并不包括 MTV。MTV 当中虽有音乐，但本质还是电视，更注重视觉上的感受，司法实践中法院也更倾向于将其视为视听作品［《著作权法》（2020 年修正）所称的视听作品］进行保护。在音乐界，之前有流传连续八个小节❶相同（雷同）或连续六个小节相同（雷同）则构成抄袭的判断标准，但是因其不够严谨合理而被法学学者所舍弃，其均主张"实质性相似 + 接触"的规则。但如何判断实质性相似又各有主张。崔立红从量和质的要求两方面阐释实质性相似的判断：法院要确定被复制或使用的内容在原告作品中所占的比例和价值，是否充分到构成侵权。数量和品质的考虑是互相依存的，单纯看数量不能确定侵权成立，必须同时具备重大的价值才能认定。而需要注意的是，如果被复制或使用的内容分量极少，却是原告作品中的精华所在，也可能构成实质性相似❷。黄小洵指出在对比两首音乐是否构成实质性相似时，不能单纯依靠乐谱的乐音符号来判断，而应将音乐

---

❶ 百度百科. 小节（音乐术语）［EB/OL］.［2022 – 03 – 02］. https://baike. baidu. com/item/% E5% B0% 8F% E8% 8A% 82/24414887#viewPageContent.

❷ 崔立红. 音乐作品抄袭的版权侵权认定标准及其抗辩［J］. 山东大学学报（哲学社会科学版），2012（1）：103 – 108.

作品的声音表现出来的立体旋律进行比较后再作判断，并且应以听觉判断为主，以视觉判断为辅❶。万程建议以成文化的形式固定以下方法：判断被诉音乐作品与在先音乐作品是否构成实质性相似，一般应满足一定比例或数量；同时，应综合使用多种比对方法，将细节元素的对比与整体比对相结合❷。此外，他认为由音乐领域的专家建立第三方的法定鉴定机构，在当事人认为难以判断实质性相似时申请法院或法院依职权对两作品进行鉴定，以此解决判断主体的问题。

司法实践中法院判断音乐作品实质性相似的逻辑大致是在区分思想和表达的基础上词曲结合❸，从细节到整体综合考察。在经典案例"王某与朱某本等侵犯著作权纠纷上诉案"中，原审法院指出在对比不同的音乐作品时，主要观察其旋律、结构、创作技法等诸方面因素。而在有些特殊情形下音乐的风格、主题和表达的感情比前述几方面更为重要。并且在词曲结合的考察下，二审法院认为虽然朱某本在创作《十送红军》（以下简称"《十》曲"）前接触过《送同志哥上北京》（以下简称"《送》曲"），且《十》曲与《送》曲有 4 个小节相同，但未构成一个完整乐句，故认定两作品不构成整体或部分实质性相似❹。而在"王某鑫诉华谊兄弟音乐有限公司侵犯著作权纠纷案"中，法院认为王某鑫主张著作权的歌词《请不要对我说 sorry》与被控侵权的同名歌词相比对，两首歌词均是表达一个女孩失恋后的心情，此种相同属于作品在主题和思想情感上的相同，而主题、情感不属于著作权法保护的

❶ 黄小洵. 作品相似侵权判定研究［D］. 重庆：西南政法大学，2015.

❷ 万程. 音乐作品著作权侵权问题研究［D］. 北京：中国政法大学，2020.

❸ 音乐作品的案例组中均为带词音乐作品，不带词的纯音乐纠纷寥寥无几。

❹ 参见：北京市第一中级人民法院（2005）一中民终字第 3447 号民事判决书。

范围，故不能据此认定后者构成剽窃❶。

有的案例是以考察歌词为主，如"肆意文化传播有限公司诉鑫一线文化传媒有限公司、徐某薇著作权权属、侵权及不正当竞争纠纷上诉案"，一审法院指出其中"长得丑活得久；长得帅老得快；我宁愿做一个丑八怪淘气惹人爱。长得丑活得久；长得胖生活旺；我宁愿做一个小胖仔留在你身旁"部分不仅歌词极为相似，曲调也几乎一致。这部分歌词字数分别占两首歌曲歌词总字数的51.1% 和46.22%，因此，《长得丑活得久》虽有其原创的部分内容，但与《我愿意平凡的陪在你身旁》实质相似的部分已经超过了合理引用的范围，属于抄袭、剽窃行为，侵犯了肆意公司的著作权❷。在"九五动画公司诉浙江广电集团侵害作品信息网络传播权纠纷上诉案"中，一审法院经对比被控侵权音乐和涉案音乐作品，两者的歌词均为"啦"字。两个音乐作品的核心旋律、音调、节奏均一致，被控侵权音乐虽然时长较短，但不影响整体观感，从综合判断的比对视角来看，两个音乐作品构成实质性相似❸。值得注意的是，案例组中法院在进行实质性相似判断时并未特别提及判断主体，可能是因为有观点认为类似专家鉴定意见仅限于作品对比的事实判断，而是否构成实质性相似，涉及价值判断，应由法院来认定❹。此即是说，法院已默认接受以普通观众（听众）的眼光进行对比，专家或鉴定机构的意见只作参考。换句话说，法院在进行实质性相似的判断中更在乎比较的内容，而不是以谁的眼光比较。

---

❶ 参见：北京市朝阳区人民法院（2013）朝民初字第02543号民事判决书。
❷ 参见：厦门市中级人民法院（2020）闽02民终3728号民事判决书。
❸ 参见：杭州市中级人民法院（2020）浙01民终2854号民事判决书。
❹ 梁志文. 版权法上实质相似的判断［J］. 法学家，2015（6）：37–50。

四、"实质性相似"司法裁判的瑕疵与改进

按照著作权法原理来说，作品之间实质性相似判断规则的核心是考察原告作品中的实质性部分有没有被不当使用，但实际上我国法律法规并未直接予以规定，因此这一"利剑"最终仍然落到审理案件的法官们手中。尽管上文已归纳出五类作品的司法逻辑，但反观整体案例，其中仍有同一作品类型判断方法不统一、计算机软件作品判断专家意见或鉴定报告等事实审查代替价值判断等不足，亟待解决。

（一）瑕疵一：同一作品类型判断方法不统一

包括吴汉东、卢海君、郑万青、梁志文等众多学者在内的观点以及司法实践的案例表明，实质性相似判断的两种最具代表性的方法（即抽象观察法和整体观察法）之间的关系并不是互斥关系，而是可以互相兼容，结合使用。学者之间观点的不同仅仅是顺位问题，即先用哪种方法再结合另一种方法。比如吴汉东教授认为在判定讼争作品之间是否存在实质性相似时，一般而言，应以抽象观察法（解构主义）为主，整体观察法为辅❶；而卢海君则指出在音乐作品中，音乐作品在本质上还是属于听觉艺术，因此还是需要注重"听起来"怎么样，由此抽象观察法（约减主义）相对于整体感觉原则，在音乐作品侵权认定时就应排在第二顺位❷。

但司法实践中对于同一作品类型，法院关于两种方法的顺位都比较混乱，没有做到相对统一。就美术作品而言，前文所述司

---

❶ 吴汉东．试论"实质性相似＋接触"的侵权认定规则［J］．法学，2015（8）：63－72．

❷ 卢海君．论作品实质性相似和版权侵权判定的路径选择：约减主义与整体概念和感觉原则［J］．政法论丛，2015（1）：138－145．

法逻辑是法院更多地从美术作品的构成要素或细节去进行对比，同时也要注意整体视觉上的相似。即首先适用抽象观察法找出原告作品的独创性表达，再来看整体上的相似。但在"咏声动漫有限公司诉马某红侵害著作权纠纷上诉案"❶ 中，一审法院指出就上述作品与被诉侵权标识相比，虽然两者并不完全一致，但从整体上的人物形象结构及各部分的线条、色彩来看，构成元素基本一致，两者构成实质性相似；在"陈某诉趣乐公司著作权权属、侵权纠纷案"❷ 中，法院认为无论是长宽比例、位置布局等细节，还是整体效果，两图均基本一致，趣乐公司在其网站上使用的标识虽然添加了公司名称网站，颜色上也有所区别，但二者表达形式并无太大的区别，故认定两者构成实质性相似。由此可见，判断方法的不统一也反映出美术作品的司法逻辑中或多或少存在问题，即美术作品作为艺术作品，其中的线条、色彩等虽不受著作权法保护，但是两者是有机融合的整体，如果草率地将其过滤掉，难免会出现不当削减原告作品的保护范围的情况，出现汉德大法官所说的如果分离作品的各个部分，仅对受保护的内容进行比较，可能导致没有什么内容是可以受保护的❸。另外，当下便捷的科技使得著作权侵权成本低而维权成本高，如果过分追求抽象观察法对于权利人来说是不公平的。

（二）瑕疵二：专家意见、鉴定报告等事实审查代替价值判断

在计算机软件作品的实质性相似判断中，由于计算机软件是

---

❶ 参见：江苏省高级人民法院（2020）苏民终 656 号民事判决书。

❷ 参见：福建省福州市马尾区人民法院（2019）闽 0105 民初 492 号民事判决书。

❸ See Boisson a. Banian Ltd. , 273 F. 3d 262, 272（2d Cir. 2001）.

由一系列复杂的算法、计算机语言与数据结构等技术性的概念所组成，因此被称为技术疑难案件。而我国法院的绝大多数法官们是没有计算机或软件的教育经历的，可以说是该领域的"门外汉"。基于此情况，我国某些法院在审理案件时就直接采用相关的鉴定意见或结论代替自己的判断，如"赛德曼公司与中科恒朝公司侵害计算机软件著作权纠纷上诉案"❶ 中，公证书中的软件与中科恒朝公司软件的安装目录、用户界面等基本一致，且公证书中的软件有中科恒朝公司住所地等信息。故可以认定公证书中的软件与中科恒朝公司软件构成实质性相似。另外，在"东方云通公司与关务通公司侵害计算机软件著作权纠纷上诉案"❷ 中，法院根据关务通公司提供的［2016］数鉴字第 27 号《电子数据鉴定意见》，可以证明东方云通公司服务器上运行的软件与关务通公司的涉案软件的源代码实质性相似。在"载力公司与科诚公司等侵害计算机软件著作权纠纷上诉案"❸ 中，法院依据鉴定意见：（1）科诚公司 2015 年 4 月 21 日完成开发的源代码编译生成的目标代码与目标代码实质性相同；（2）科诚公司 2015 年 4 月 21 日完成开发的目标代码与一审法院证据保全的取得的目标代码 Aviproject. dll 实质性相同而直接判定两作品构成实质性相似。以上案件都有一个共同点即直接以专家或者第三方机构提供的鉴定意见作为自己的结论，而对于作品中独创性表达等受保护的部分却没有进行进一步的讨论。换句话说，在此类案件中，部分法官已经失去了自己作为司法裁判者的判断。虽然部分法官在面对计算机软件时比较陌生，但是司法鉴定中"实质性相似判断"是纯事实的判断，是

---

❶　参见：北京市高级人民法院（2019）京民终 22 号民事判决书。
❷　参见：福建省高级人民法院（2019）闽民终 448 号民事判决书。
❸　参见：江苏省高级人民法院（2019）苏民终 173 号民事判决书。

鉴定人员依照其在该领域的常识，并通过一系列技术手段作出鉴定意见的活动❶，与法律意义上的实质性相似判断存在本质区别。前者属于事实审查，而后者带有价值判断，司法实践中不能仅凭鉴定意见，判断实质性相似往往还需将司法政策和法律价值纳入其考量的范围❷。

（三）优化一："整体观察" + "抽象观察"的综合运用

科技使得当下的作品犹如泉涌，著作权相关产业蓬勃发展。今天著作权制度已从孩提变得愈发成熟，但其初心和目的从未改变。唯有作者独创而形成的表达才能获得著作权法保护是我们始终坚持的价值立场。从这一价值基点出发，结合人类创作必然借鉴他人或公共空间素材的特征，找出原告作品中具有独创性的部分就是著作权侵权案件中最为重要的一环。但从另一个角度而言，一部新作品中虽然的确吸收或借鉴了他人的素材，但一部作品中并不仅仅是他人的或共有的素材，而且正是其对这些素材的选择才构成了整部作品，其作品是一个有机的整体。因此，在实质性相似的判断阶段，应当采取先抽象观察再通过整体观察的基本方法。这是根据"复制—不当挪用"❸ 的逻辑思路而展开的。换句话说，某种对原告作品的复制行为只有上升到不当挪用的层次才会被判定为实质性相似。具体而言，抽象观察法在确定作品中受著作权法保护的元素的同时也在考察被告作品是否使用了原告作品的独创性表达；其次整体观察法以整体的视角主要考察这种使用

---

❶ 参见：《司法鉴定执业分类规定（试行）》第 16 条。

❷ 邓恒. 计算机软件著作权案件审判实务问题研究：由一起侵犯计算机软件著作权纠纷案引发的思考 [J]. 中国版权，2014（3）：35 – 39.

❸ 吴汉东. 试论"实质性相似 + 接触"的侵权认定规则 [J]. 法学，2015（8）：63 – 72.

或复制独创性表达的行为是否达到不当挪用及其对原告作品的侵害性程度。

然而，先抽象观察后整体观察只是实质性相似判断的基本方法，并非放之四海皆准，可以说这是"母公式"。在坚持基本方法的司法逻辑中，还应当根据不同的作品类型给出不同判断方式和重点的具体适用，即"子公式"。值得注意的是，这里所说的"子公式"并非全部按照"母公式"的判断逻辑进行的，根据不同作品的类型特征，"子公式"可能会与"母公式"相左。美术、摄影及图形作品就是典型的例子。美术、摄影作品都是属于静态的视觉艺术作品，按照纯粹的理论来说，在进行实质性相似的判断之前，需要明确原告作品中受保护的独创性表达部分，但是实践中如果在视觉艺术作品的判断上机械地适用理论，很容易缩减著作权保护范围，形成一种"弱保护"的局面，很显然是不合适的。因此，在面对美术、摄影及图形作品的侵权案例时，司法逻辑应该是将整体画面和细节布局等结合起来进行比对。因为作品中所呈现的整体视觉效果以及局部的特殊安排，均属于作品表达的有机组成部分，不能孤立地去看待它们。❶

（四）优化二：不同作品类型裁判方法的优化路径

文字作品由于其素材是最大众化的，因此为了实现思想表达二分法的目的，有必要对文字作品进行抽象并过滤掉那些不受著作权法保护的元素，再进行对比。司法逻辑应为首先根据思想表达二分法区分出不受保护的部分和受保护的表达部分，在此基础上，重点结合人物关系、故事情节对比其中具体的语言或表述。

---

❶ 苏志甫. 视觉艺术品著作权司法保护中的几个典型问题［J］. 中国版权，2014
（3）：29-34.

值得注意的是，这里所说的结合人物关系、故事情节对比具体表述就是在整体上进行判断，因为虽然属于公有领域或者有限、唯一的表达或者不受著作权法保护的其他部分，不构成实质性相似，但是这些部分有机联合整体只要体现独创性，仍然应当受到著作权法的保护，可以构成实质性相似。❶

计算机软件因为具有功能性和阅读性的双重属性，其作品中的思想和表达难免会变得混淆一些，于是乎利用思想表达二分法中的混同原则或场景原则去进行区分何者受保护，何者不受保护就显得至关重要。可以总结计算机软件的判断"子公式"是在抽象过滤的基础上着重对比诉争软件的源代码或源程序以及目标代码（目标程序）。需要说明的是，虽然软件作品因带有技术性而使很多法官摸不着头脑，但是这方面的专家意见以及相关鉴定报告和结论绝不能代替法官的价值判断。

音乐作品的基础要素是旋律，旋律当中最能表达作者思想的就是曲调。但同样的旋律，运用不同的表现手法，就会产生不同的听觉感受。然而，音乐的构成要素如音符是有限的❷，不能让少数人对原本有限的东西合法地垄断，因此在判断音乐作品是否构成实质性相似时必须先过滤掉属于公有领域的元素，在区分思想和表达的基础上词曲结合，从细节到整体综合考察。

此外，被告作品中出现原告作品带有个性化的标注甚至是错误的地方即错误对比法，也是司法实践中经常被适用的判断实质性相似的有效方法。它可以结合上述基本方法一起适用，在基本方法及各"子公式"的基础上如能适用错误对比法，则可以大大

---

❶ 参见：北京市高级人民法院（2015）高民（知）终字第 1039 号民事判决书。

❷ 崔立红. 音乐作品抄袭的版权侵权认定标准及其抗辩 [J]. 山东大学学报（哲学社会科学版），2012（1）：103 – 108.

提升被告侵犯原告著作权的高度盖然性，使得著作权的侵权判断也能更加准确、令人信服。不过，这个方法是民事侵权推定性法则在著作权法中的具体运用，如果被告能够提出有力的证据证明其作品中确为自己创作或者自己未接触过原告的作品，则该侵权推定也是能被推翻的，从而使原告败诉。

得益于互联网科技的发展以及国家有关部门的不断努力，我国版权市场得到了快速的发展，但是相比于欧美发达国家来说才刚刚起步。法律被人类创造出来，其使命乃为人类所用并能增益于人类。著作权法也不例外，通过实现对创作者给予适当的保护和保障社会公众获取知识的权利的平衡，促进社会文化的整体繁荣。法院在实质性相似判断的司法实践中掌握着自由裁量权，因此是其中关键一环。法律是人们的行为规范，而司法的过程就是告诉人们什么样的行为符合法律精神和价值，何者又与其精神相违背，可以说司法的判决在紧紧牵动着相关行业以及公众的心。在我国版权市场快速发展的关键期，司法机关更应该从著作权法的终极目标出发，结合思想表达二分法以及独创性理论，总结司法经验，给出合理的、可预期的司法逻辑，以更好地引导我国相关行业的进一步发展繁荣。

第九章

著作权侵权救济之行政保护的正当性论证与再优化建议

　　2021 年 1 月，习近平总书记在其发表的《全面加强知识产权保护工作 激发创新活力推动构建新发展格局》文章中强调"要加大行政执法力度，对群众反映强烈、社会舆论关注、侵权假冒多发的重点领域和区域，要重拳出击、整治到底、震慑到位"❶。版权行政保护作为知识产权侵权救济"双轨制"渠道之一，在《著作权法》第三次修正完成（2021 年 6 月 1 日实施）和《行政处罚法》第三次修订完成（2021 年 7 月 15 日实施）的大背景下，迎来了新的理论讨论空间和实践操作功课。详实梳理版权行政保护在我国《著作权法》第三次修正中的情况，深度剖析论证版权行政保护的正当性，以消除"行政权作为公权介入私权属性的版权缺失法理基础"的

---

❶ 习近平. 全面加强知识产权保护工作 激发创新活力推动构建新发展格局 [J]. 求是，2021（3）.

疑问，并以《行政处罚法》的最新修订为基准进行制度优化，是顺应当下构建知识产权大保护格局、提升文化产业版权保护水平必须解决的理论和制度问题。

一、著作权行政保护的正当性论证

（一）《著作权法》第三次修正中的版权行政保护

2020 年 11 月 11 日，全国人大常委会正式通过《关于修改〈中华人民共和国著作权法〉的决定》，标志着历经十年（2011 年 7 月 13 日国家版权局启动）的《著作权法》第三次修正尘埃落定，《著作权法》2020 年修正案已于 2021 年 6 月 1 日开始实施。《著作权法》第三次修正进程中，经全国人大或国家版权局官方公布的草案包括《修改草案（第一稿）》（2012 年 3 月）、《修改草案（第二稿）》（2012 年 7 月）、《修改草案（第三稿）》（2012 年 10 月）、《修改草案（送审稿）》（2014 年 6 月）、《修正案（草案）》（2020 年 4 月）、《修正案（草案）（二次审议稿）》（2020 年 8 月）、《修正案》（2020 年 11 月）等 7 个版本。其中，有关版权行政保护的相关条款成为产业界、学术界和社会公众关注的焦点。

其间，《修改草案（送审稿）》第 77 条将版权行政保护的前置要件"同时损害公共利益"予以删除，引起大家的广泛讨论并引发学者"行政介入范围的扩张意图和政府全面干预著作权市场的倾向"❶ 的疑问；随后，"损害公共利益"要件在《修正案（草案）》第 52 条中重新出现，并被《修正案（草案）（二次审议稿）》保留，成为《著作权法》（2020 年修正）第 53 条版权行政

---

❶　熊琦，朱若含．论著作权法中的"行政介入"条款［J］．山东大学学报（哲学社会科学版），2020（1）：113－122．

保护的必备前提。

有学者将版权行政保护的立法演绎过程评价为"版权行政执法公共利益要件的'泛公共利益化''去公共利益化'以及'对去公共利益化的纠正'",并认为删除"损害公共利益"要件是"异化的版权行政执法"。❶ 基于上述争论和疑问,梳理国内有关版权行政保护的研究成果,发现其主要围绕版权行政保护制度的建立与发展、缺陷与完善、挑战与机遇、"公共利益"界定、未来趋势预判等维度展开。而且,相关学者基于"著作权本质上属于私权,行政权的介入通常会对侵权人课以更重的法律责任"❷"知识产权司法保护的'单轨制'模式为世界各国所普遍采用,是国际通行的知识产权保护模式"❸ 等理由,主张"削弱甚至废弃知识产权行政保护"❹ 或"构建以司法保护为主导、行政保护为辅助"❺ 的保护模式。可见,在我国知识产权司法保护与行政保护"双轨制"运行的惯例和传统下,有关知识产权行政保护的正当性问题(存与废问题),一直是学界争论的焦点。

笔者认为有必要对版权行政保护的正当性进行阐释,以消除版权行政保护"去与留"的疑问,更多地将研究视角转向对版权行政保护"劣与优"的讨论,为法律实施提供更多理论支撑和实践素材。笔者试图从历史叙述、现实注脚和远景诠释三个

---

❶ 王洪友. 论版权行政执法的公共利益要件:以制度异化为视角 [J]. 中国出版, 2020 (1):36-40.

❷ 李雨峰,等. 知识产权行政执法机制改革研究 [M]. 北京:知识产权出版社, 2020.

❸ 管荣齐,李明德. 中国知识产权司法保护体系改革研究 [J]. 学术论坛, 2017 (1):111-117.

❹ 易玲. 中国知识产权行政保护"存与废"之路径 [J]. 求索, 2011 (1):175-176.

❺ 吴汉东,锁福涛. 中国知识产权司法保护的理念与政策 [J]. 当代法学, 2013 (6):42-50.

维度，全面梳理版权行政保护的立法史料，实证剖析版权行政执法对产业高质量发展的有力支撑，深度观察国内外知识产权和版权行政保护的发展趋势，以此来系统论证版权行政保护的正当性，为我国版权行政保护的理论解释和治理实践提供智力支撑。

（二）正当性的历史叙述：版权行政保护与著作权立法惯例

著作权"双轨制"保护模式似乎是在《著作权法》制定后得以确立的，但通过反溯《著作权法》的立改过程，可以发现，我国版权行政保护的实践早于司法保护，而且版权行政保护是我国《著作权法》的立法惯例和传统。

1.《著作权法》立法之前版权行政保护已经在实践中得以运行

由于我国《著作权法》在立法之初没有相关理论可供参考，立法呈现出"先有法律实践，后来才出现有关理论研究"的特点。❶ 在我国当时强行政、弱司法的体制下，中国知识产权行政保护特色制度并没有经过很多争论就很容易地在相关知识产权法律中得到了明确规定，从而得以建立。❷ 可见，在《著作权法》正式施行以前，司法保护的实践认可度低于行政保护；加之在改革开放初期"政府主导"的时代背景下权利人倾向于求助政府，尤其在1985年行政系统中出现了专门管理版权事务的国家版权局，行政保护成为权利人维权方式的首选。因此在1990年《著作权法》制定并实施以前，版权行政保护是我国版权保护实践中

---

❶ 王月辉. 中国对知识产权法律保护的理论与特点 ［J］. 国际经贸研究，1996（2）：15－22.

❷ 邓建志. 中国知识产权行政保护特色制度的发展趋势研究 ［J］. 中国软科学，2008（6）：63－73.

唯一有效的保护方式。❶

2. 版权行政保护条款在《著作权法》三次修法过程中得以保存并延续

以时间轴为参考，可以清晰地发现版权行政保护在我国著作权立法中的惯性和传统（参见表 9 – 1）。《著作权法》（1990 年）第 46 条规定，针对应当承担民事责任的侵权行为，著作权行政管理部门可以给予行政处罚。此条赋予版权行政管理部门对构成著作权民事侵权的行为进行处罚的权力，是著作权"双轨制"保护最早的法律依据。但是，此条并未给版权行政保护设定任何"前置要件"，以至于版权行政管理部门对构成民事侵权的行为均享有行政处罚权，不仅造成现实中版权行政保护的过度膨胀，而且导致著作权侵权行为民事责任与行政责任、司法权与行政权的纠缠不清。《著作权法》（2001 年修正）第 47 条和《著作权法》（2010 年修正）第 48 条均为版权行政保护加设了"同时损害公共利益"这一前置要件。如此修改，意味着只有导致公共利益受损的著作权侵权行为才需承担行政责任，即民事责任与行政责任之间存在位阶上的高低。这一前置要件的规定，让民事责任与行政责任得以严格区分，同时也限制了行政权在规制侵权行为过程中的过度行使。《著作权法修改草案》第一稿第 73 条和第二稿第 73 条将"同时损害公共利益的"的既有表述修改为"同时破坏社会主义市场经济秩序的"，试图对曾经的表述作出更为明确的界定。《著作权法修改草案（第三稿）》和《修改草案（送审稿）》则删除了版权行政保护的前置要件，回归到《著作权法》1990 年版本。《著作权法修正案（草案）》第 52 条、《修正案（草案）（二次审议稿）》

---

❶ 王立新，王之晓. 版权行政保护的边界及其与司法保护的衔接论［J］. 出版广角，2019（19）：34 – 36.

第 53 条和《著作权法》（2020 年修正）第 53 条将"损害公共利益"重新纳入版权行政保护的构成要件中，再一次将民事责任、行政责任予以区分，避免了公权在规制侵权行为时的任意性。

表 9 – 1　版权行政保护条款在著作权法中的具体体现

法律及其修订版本	版本	版权行政保护条款定位
《著作权法》	1990 年版	第 46 条
	2001 年版	第 47 条
	2010 年版	第 48 条
	2020 年版	第 53 条
《著作权法修改草案》	第一稿	第 73 条
	第二稿	第 73 条
	第三稿	第 75 条
	送审稿	第 77 条
《著作权法修正案》	草案	第 52 条
	草案二次审议稿	第 53 条

通过对法律文本的梳理，可以发现版权行政保护的法律依据非但没有受到质疑，反而可以从"前置要件"和"执行手段"看出其在渐趋科学化的同时得到巩固加强的趋势。无论是删除"公共利益"要件或是试图对"公共利益"进行具象化释义，抑或赋予行政主体更丰富的执法方式、对行政罚款作出更细致的规定，都是立法者对版权行政保护制度的基础考量。质言之，在对著作权侵权违法行为的惩治中，行政保护一直存在且得以不断延续和完善。因此，版权行政保护具有的"立法惯性"验证了此种保护方式存在的正当性与实际价值。

（三）正当性的现实注脚：版权行政保护与产业高质量发展

保护只是手段，促进发展才是终极目的。我国版权行政保护在市场运行和产业发展中的绩效，是证明其正当性、有效性的最有力证据之一。近年来，尤其是"十三五"时期我国版权行政保护在维护文化产业发展、助推文化产业创新上的成绩，为版权行政保护的正当性给出了扎实的现实注脚。

1. 保障权益，营造文化产业健康营商环境

版权行政保护在我国版权市场已运行 30 余年，在法律框架内积极运作并积累了丰厚经验。通过对国家版权局公开信息的考察可以发现，版权行政保护在我国具有不可替代的保障权利和优化营商环境的效用。据国家版权局官网发布，"十三五"期间，国家版权局共公布重点影视作品预警名单 42 批、678 部重点作品，下线盗版链接 100 余万条；共联合挂牌督办 249 起重大侵权案件；全国各地版权行政执法部门共查办侵权盗版案件 1.3 万余件，收缴各类侵权盗版制品超过 4000 万件，依法关闭侵权盗版网站 7763 个，删除侵权盗版链接 690 余万条。

通过梳理近年来我国版权行政保护的实践，可以将其在权益保障和环境优化上的表现和成效归纳为三个方面：一是积极查办大案要案，维护版权市场基本秩序。如国家版权局自 2014 年至 2020 年连续发布"剑网专项行动十大案例"，通过"以案释法"的形式全面整顿游戏、影视、软件、音乐、图书等文化市场。二是坚持分域监管模式，持续推进重点领域整治。如 2018 年中国短视频行业发展迅速，国家版权局等四部门及时靶向新兴产业，对短视频版权问题进行专项整治；2019 年"视觉中国黑洞照片案"发生之后，国家版权局将"规范图片市场版权保护运营秩序"写入重点整治内容，以时事热点作为规范图片市场和普及法律知识的契机。三是保护方式开放创新，推动构建共治保护格局。一方面，国家版权局会同全国"扫黄打非"工作小组办公室、公安部、

最高人民检察院、最高人民法院等部门以联合挂牌督办的形式查办案件，支持地方进行部门协作和跨区联合执法，在机制内部形成高低合力；另一方面，国家版权局向社会公布投诉举报受理方式，并按照《举报、查处侵权盗版行为奖励暂行办法》对举报人予以奖励。此外，在网络文学、APP、网络广告联盟等领域建立"黑白名单"制度，分批发布"版权保护预警名单"；约谈主要网络音乐服务商及境内外音乐公司，要求其对网络音乐作品全面授权，避免独家授权；推动成立财经媒体版权保护联盟、网络文学版权联盟等行业自治组织。通过创新激励机制和预警方式调动公众参与监督的积极性，丰富、提高侵权盗版线索的取得与查处效率；充分尊重企业和行业联盟的自主性与立场，推动行业合作与自治共识的形成与实践以加强行业自律。

2. 需求导向，顺应产业特色化、高质量发展要求

版权行政保护具有天然的快保护优势，更能满足市场主体的维权需求。一方面，单一的司法保护在产业变革中不足以一己之力应付现有技术对权利人的冲击，也难以兼顾产业对于效率的迫切需求。相比之下，不同于司法保护对技术"祛魅"的本质，以主动性和强制性为特征的行政保护具有明显的效率优势且对新技术更具"亲和力"。以广东省为例，省广播电视局将"时间戳"作品首创时间登记系统引入著作权保护格局[1]；广州市文化市场综合行政执法总队运用"取证航母"等网络设备进行取证[2]。切实将网络技术运用到版权行政保护工作中，实现了对侵权盗版行为的精

---

[1] 广东省广播电视局. 版权保护在广东：广州瞄准版权示范城市标准着力抓好创建工作［EB/OL］. （2010 - 04 - 26）［2022 - 03 - 02］. http://gbdsj. gd. gov. cn/zxzx/ztbd/2010/bqbh6/bqbhzgd3/content/post_1761215. html.

[2] 广州文化执法总队：守护版权净土 勇当文化卫士［EB/OL］. ［2022 - 03 - 02］. http://www. ncac. gov. cn/chinacopyright/contents/518/395816. html.

准打击。另一方面，站在产业主体的立场，从"成本—收益"角度予以考虑，通常情况下产业主体作为"理性经济人"以追求收益与成本间的最大差值为目标。在构建市场预期收益模型存在难度时，将成本降至最低是最直接的方式，而成本必然包含维权成本。行政保护对于产业主体的吸引力在于，这种保护方式的启动不需其承担"权利发起"的成本——仅需向相关版权管理部门提交侵权线索即可开展。

此外，版权行政保护作为版权工作中重要抓手"全国版权示范城市"建设的重要组成部分，近年来在助推城市特色文化产业高质量发展上，也取得了较好的成绩。譬如，杭州作为我国首个"全国版权保护示范城市"，将行政保护融入产业发展，成为产业效益的助推器。以其动漫产业为例，杭州市在第六届中国国际动漫节期间，制定了《杭州市第六届中国国际动漫节版权保护工作实施方案》，对展会期间的保护工作事先部署；设立会展版权保护工作领导小组办公室，对接展会期间参展企业的法律咨询、举报投诉和侵权案件受理工作，向经审核拥有原创动漫作品版权的本地企业提供免费登记服务，并与参加本届动漫节的在杭参展企业签订知识产权保护协议，共同打击展会侵权行为。❶ 而且，版权行政保护在为新兴产业带来效益的同时也为传统文化的传承创新作出贡献。景德镇市版权局联合工商、公安、质监等部门综合执法，在陶瓷市场中构筑起联防监管体系，并安排专员对创新陶瓷产品进行版权申报登记、颁发权利证书。❷ 通过加强行政部门对陶瓷市

---

❶ 国家版权局. 杭州为动漫节撑起版权保护伞 [EB/OL]. [2022 – 03 – 02].
   http://www. ncac. gov. cn/chinacopyright/contents/518/134466. html.
❷ 国家版权局. 景德镇市大力保护陶瓷作品版权 [EB/OL]. [2022 – 03 – 02].
   http://www. ncac. gov. cn/chinacopyright/contents/518/134385. html.

场中侵权行为的监管、打击力度和便利版权登记办理的方式，净化交易市场环境，提高产品交易效率，确保陶瓷产业的健康发展和有序竞争。

（四）正当性的远景诠释：版权行政保护与国际社会保护态势

就国内来看，《国家知识产权战略纲要》《深入实施国家知识产权战略行动计划（2014—2020 年）》《中共中央　国务院关于完善产权保护制度依法保护产权的意见》《"十四五"国家知识产权保护和运用规划》《知识产权强国建设纲要（2021—2035 年）》等纲领性文件均对版权行政保护提出明确要求，行政保护作为知识产权工作中除司法保护外的有力抓手，必然会在知识产权"严保护、大保护、快保护、同保护"的格局下得到更大的重视。在此基础上，不妨将版权行政保护这一议题放在更为宏大的国际社会保护趋势语境中进行检验，从远景趋势的视阈诠释其正当性。

1. 国际条约与贸易协定中的版权行政保护趋势

TRIPS 作为全球性的知识产权保护国际条约，在相关条款中也对知识产权行政保护作了原则性的规定。其中，第 49 条"行政程序"（Administrative Procedures）规定"在以行政程序确认案件的是非并责令进行任何民事救济时，该行政程序应符合基本与本节之规定相同的原则"。该条款作为 TRIPS 中有关知识产权行政保护的基本条款，与第 42 条至第 48 条共同构成 TRIPS 第三章第二节之"民事与行政程序之救济"。鉴于在谈判时国家利益博弈和成员方秉持的实用主义倾向，TRIPS 并未对知识产权行政保护的具体范围、行政保护与司法保护之间的界限等问题作出具体规定，但肯定了行政权力的介入并要求行政保护的程序应与司法保护程序基本相同。这为知识产权行政保护的正当性奠定了国际条约领域的法理基础。

此外，以《中华人民共和国政府和美利坚合众国政府经济贸易协议》（以下简称《中美经贸协议》）为代表的双边或多边贸易协定中，有关知识产权（版权）行政保护的条款也在逐渐增多并被重视。以《中美经贸协议》为例，在知识产权专章中提出：中美双方同意确保对商业秘密和保密商务信息的有效保护，并对侵权行为进行有效执法；各自打击电商市场内的侵权假冒行为并为电商平台提供有效执法，同时确保电商市场中的合法内容能够得到著作权法保护，合作打击网络侵权以促进电子商务的发展。中方将权利人收到反通知后提出行政投诉的期限延至 20 个工作日，针对屡次未能遏制假冒或盗版商品销售的电子商务平台考虑吊销其网络经营许可证，以优化程序和加重责任；同时增加实体市场中执法行动数量，减少假冒和盗版商品以打击实体市场中的著作权侵权行为，并与美方在合适时考虑开展边境执法合作。中美双方的知识产权执法合作将为"跨国执法"提供宝贵经验。

2. 欧盟及英美等国家的版权行政保护态势

欧盟知识产权局在其发布的《2025 年战略规划》（*Strategic Plan 2025*）❶ 第一个战略驱动因素中提出：增强知识产权执法以保护权利人和社会。同时，欧盟知识产权局将借助专业研究和数字工具帮助执法当局，与包括欧洲刑警组织（Europol）和欧洲检察官组织（Eurojust）在内的其他机构形成更密切的联系；借助执法小组高层的支持，在促进执法当局、权利人、企业、虚拟市场等不同角色互换数据、信息的基础上，建立一个更加协调且密切配

❶ European Union Intellectual Property Office. Strategic Plan 2025 ［EB/OL］. ［2022 – 03 – 02］. https：//euipo. europa. eu/tunnel – web/secure/webdav/guest/document _ library/contentPdfs/about_euipo/strategic_plan/SP2025_en. pdf.

合的知识产权执法系统。欧盟知识产权局将知识产权执法置于战略层面，借助技术和信息支撑执法系统的生态构建，并在鼓励"信息共享"的前提下追求与其他行政执法机构建立紧密关系，通过执法主体能力的完善与执法体系的优化两个层面切实保护著作权人和社会公众。这种跨部门"联动"的方式与我国国家版权局联合工商、信息部门联合执法的方式较为相似，不仅是保护意识的提升、执法方式的创新，也是技术发展新形势下强化知识产权行政保护的必然选择。

英国知识产权办公室 2019 年 10 月 28 日发布的《2018—2019 年知识产权犯罪和执法报告》（*IP Crime and Enforcement Report 2018 to 2019*）❶ 中显示，英国与欧洲执法部门共享信息情报的能力将在脱欧之后受到影响，而英国知识产权执法存在的不足将为"危险且假冒的商品大规模渗透"提供机会。因此，执法方面应继续提倡在情报交换的基础上进行全国范围内执法调查和突击行动。英国将知识产权犯罪与执法联系，主张从"公众意识"和"执法行动"两个方面保护知识产权。可见，由于知识产权犯罪行为的客观且顽固的存在，加强行政保护将成为英国知识产权日后工作的重要部分。美国作为知识产权司法保护体系最为完备和成熟的国家之一，也非常重视知识产权的行政保护，近年来"不断加强知识产权行政执法力量"❷。一方面，美国近年来连续发布了《优化知识产权资源与组织法案》《美国知识产权执法联合战略计划》（每 3 年向国会提交一次）等法案或计划；另一方面，在"管理与

---

❶　Intellectual Property Office, UK. IP Crime and Enforcement Report 2018 to 2019 ［R/OL］. ［2022 – 03 – 02］. https://assets. publishing. service. gov. uk/government/uploads/system/uploads/attachment_data/file/842351/IP – Crime – Report – 2019. pdf.

❷　赵梅生. 试析美国政府机构加强知识产权执法的态势与原因［J］. 电子知识产权，2013（4）：99 – 102.

执法"分离的知识产权保护体制下，虽然美国专利商标局和国会图书馆的版权局不直接行使执法权，但美国联邦贸易委员会（FTC）、国际贸易委员会（ITC）、美国贸易代表办公室（USTR）、司法部（DOJ）、食品药品管理局（FDA）、农业部（USDA）、海关及边境保护局（CBP）等作为其主要的执法机关，近年来在知识产权执法中发挥了越来越重要的作用。

可以看到，版权行政保护作为国际常态，无论是国内机构联合执法还是跨国执法合作，都足以体现行政保护在著作权保护实践层面的地位和价值。由以上国际社会知识产权行政保护的动向可知，强化行政保护、发挥公权在私权保护中的强作用力是国际社会的共同趋势。尽管各国社会制度不同，采取的具体措施不尽相同，但基于行政保护的独立价值，其已然成为著作权保护不可分割的部分。

2020 年 11 月，习近平总书记在中央政治局第二十五次集体学习会上强调，"要加大知识产权行政执法力度，对群众反映强烈、社会舆论关注、侵权假冒多发的重点领域和区域，要重拳出击、整治到底、震慑到位"❶。版权行政执法作为维护文化市场秩序和优化文化营商环境的重要保障，是知识产权行政执法的核心组成部分。在文化强国建设持续深化的背景下，"版权行政执法的研究视角应从'存与废'的争论尽快推向'弊端与优化'的讨论"❷。《行政处罚法》作为版权行政执法的重要法律依据，在 2021 年 1 月完成第三次修订，并于 2021 年 7 月 15 日起实施。新修订的《行政处罚法》为版权行政执法制度和机制的调适与优化提供了基本

---

❶ 习近平. 全面加强知识产权保护工作 激发创新活力推动构建新发展格局 [J]. 求是，2021（3）.

❷ 张祥志，徐以恒. 著作权法第三次修改中的版权行政保护及其正当性论证 [J]. 中国出版，2021（12）：50 - 54.

遵循，笔者试图以其为参照坐标，厘清版权行政执法制度和机制存在的瑕疵，并提出针对性的优化对策，为版权行政执法的完善建言献策。

二、著作权行政执法上位法《行政处罚法》的修法亮点

《行政处罚法》的第三次修改"从 2018 年启动，增加了 22 条，修改了 50 多条，删除了 1 条，增加了行政处罚的概念、主观过错要件、赋权乡镇街道实施行政处罚，扩张了行政处罚的种类等"❶，"在原行政处罚法规定的基本原则、主要制度和基本框架的基础上，取得了较大制度进展"❷。《行政处罚法》此次修订，与版权行政执法密切相关的亮点主要体现在三个方面，即引进行政执法"三项制度"、确立柔性执法规则和延伸行政处罚权至基层。

（一）行政执法有尺度——引入行政执法"三项制度"

行政执法"三项制度"，即执法公示制度、执法全过程记录制度和重大执法决定法制审核制度，是进一步规范执法行为、提升执法水平、促进执法法治化的重要尺度。新修订的《行政处罚法》新增了第 39 条和第 48 条的行政处罚"事前公示"和"事后公示"规则、新增了第 47 条的行政处罚全过程记录规则和修改完善了第 58 条的重大处罚决定法制审核规则，"将行政执法'三项制度'纳入行政处罚法，一是明确公示要求，二是体现全过程记录，三是细化法制审核要求"❸。行政执法"三项制度"作为党和国家法

---

❶ 袁雪石. 中华人民共和国行政处罚法释义 [M]. 北京：中国法制出版社，2021.

❷ 黄海华. 新行政处罚法的若干制度发展 [J]. 中国法律评论，2021（3）：48 – 61.

❸ 张桂龙. 全国人大：行政处罚法主要修改内容 [EB/OL]. [2022 – 03 – 02]. http://www. npc. gov. cn/npc/c30834/202102/e4dca001adea 4d27afb27d0d9637382a. shtml.

治建设的重要决策，在《中共中央关于全面推进依法治国若干重大问题的决定》和《政府工作报告》等顶层设计中被屡次提及，而且自 2017 年《国务院办公厅关于印发推行行政执法公示制度执法全过程记录制度重大执法决定法制审核制度试点工作方案的通知》颁布以来，国务院组织了 32 个试点地方和部门开展试点工作。此次《行政处罚法》新增"三项制度"即是落实党中央重要决策和吸纳试点工作重要经验的具体体现。版权行政执法作为文化市场执法的关键组成，是文化产业高质量发展和文化营商环境优化的基本保障，理应在落实党中央有关行政执法的重要制度上先行先试。故之，《行政处罚法》（2021 年修订）"三项制度"为版权行政执法的优化和完善指明了方向。

（二）行政执法有温度——确立柔性和人性化执法规则

《行政处罚法》新确立的柔性和人性化执法规则主要涵盖了"首违不罚"规则、"过错推定"规则和"从旧兼从轻"规则。"首违不罚"规则，即《行政处罚法》第 33 条第 1 款新增的"初次违法且危害后果轻微并及时纠正的，可以不予行政处罚"；"过错推定"规则，即《行政处罚法》第 33 条第 2 款新增的"当事人有证据足以证明没有主观过错的，不予行政处罚。法律、行政法规另有规定的，从其规定"；"从旧兼从轻"规则则体现在《行政处罚法》新增的第 37 条中，明确了以当事人实施行为时的法律规定作为判断其行为违法性的标准，若作出处罚决定时法律规定已被修改或废止，且新的规定处罚较轻，出于弱化惩罚和有利于行为人的目的，则适用处罚较轻的法律。上述规则充分体现了对待行政相对人的包容审慎态度、人性化倾向和从轻处罚立场，是合理原则、过罚相当原则和惩教结合原则的具体体现。就法理而言，行政处罚的目的不是罚而罚，有效实施行政管理、保障各主体基本权益、维护公共利益和社会秩序才是其根本宗旨所在，因此柔性和人性化执法规则有助于减少或消除过度处罚现象，实现教育目的，从而优化执法环境，提升行政执法效果。在文化市场管理领域，产业创新和版权保护之间天然存在博弈的矛盾，过强的保护会损害文化商品的传播，过弱的保护亦会挫伤文化创造者的积极性，互联网等新型技术则进一步强化了这一对弈关系。故之，版权保护的制度设计和规则演变不断考验着立法者的智慧。在版权行政执法中，行政机关如何在包容与监管、硬性与柔性、惩罚与教育中做到科学决策、有效执法，《行政处罚法》（2021 年修订）的柔性规则为其给出了有效指引。

（三）行政执法有梯度——延伸行政处罚权至乡镇街道

为了解决实践中"看见的管不了，管得了的看不见"现象，提升行政执法高效便民的效能，《行政处罚法》新增了将行政处罚权下沉至乡镇街道的新规则，即第 24 条授权省、自治区、直辖市根据当地实际情况来决定乡镇街道实施行政处罚。该条款明确了行政处罚权下放乡镇街道的三个要件，且为了保障乡镇街道等基层组织能够"放得下、接得住"，规定地方人民政府及其部门应当对下放的行政执法权进行业务指导和执法监督。❶ 该项新规则是基于经济发展现实即经济发达镇基层治理改革的现实需要而产生，是国家治理体系和治理能力现代化在行政执法领域的展现，也凸显了行政执法在梯度上的科学分布。该新规则与版权行政执法的关联在于：一方面，文化振兴作为乡村振兴的关键，乡镇一级的版权行政执法对于乡村文化振兴具有重要意义；另一方面，随着文化强国建设的不断深入，以街区园区为载体的文化产业集群模

---

❶　黄海华. 新《行政处罚法》制度创新的理论解析［J］. 行政法学研究，2021（6）：
　　3－15.

式几乎成为文化发展的普遍模式，授权街道一级以版权执法权限更贴合文化发展实际和文化保护需求。

三、《行政处罚法》（2021年修订）视角下著作权行政执法的问题检视

我国版权行政执法规范体系主要分布在《著作权法》《著作权法实施条例》《信息网络传播权保护条例》《计算机软件保护条例》《互联网著作权行政保护办法》和《著作权行政处罚实施办法》等法律、行政法规和部门规章中，基本形成了"法律和行政法规作原则性规定、部门规章作具体性规定"的格局（参见表9-2）。其中，原则层面的版权行政处罚的适用范围、处罚原则、实施机关、处罚基本种类、证据收集等制度，主要由《著作权法》《信息网络传播权保护条例》等予以规范；操作层面的版权行政处罚的管辖、适用、程序、执行等制度，则主要由《著作权行政处罚实施办法》（以下简称《实施办法》）予以规定。从时间维度观察，不难发现我国版权行政执法制度大多未及时更新而具有滞后性，导致其与2020年修正完成的《著作权法》不相匹配，且与2021年修订完成的《行政处罚法》不相协调，极易产生制度上的"下位法抵触上位法"和实施上的"行政执法不合法"的问题。

表9-2 我国版权行政执法规范体系

法律规范	修改年份	法律位阶	版权行政执法相关条款
《著作权法》	2020年	法律	第7条、第53条、第55条
《著作权法实施条例》	2013年	行政法规	第36条、第37条
《计算机软件保护条例》	2013年	行政法规	第24条

法律规范	修改年份	法律位阶	版权行政执法相关条款
《信息网络传播权保护条例》	2013 年	行政法规	第 13 条、第 18 条、第 19 条、第 25 条
《互联网著作权行政保护办法》	2005 年	部门规章	第 1 条至第 19 条
《著作权行政处罚实施办法》	2009 年	部门规章	第 1 条至第 45 条

（一）程序之瑕疵：版权行政执法的过程规范还有待完善

首先是执法透明度的公示制度方面，版权行政执法缺少完整的执法过程公示制度。《实施办法》中没有版权行政执法的公示条款，仅在第 25 条和第 26 条中规定了处罚决定作出后提交报告和告知当事人的义务；相较之下，《行政处罚法》在第 39 条和第 48 条分别规定了行政执法的事前公开制度与事后公开制度。塑造版权执法"阳光型"政府形象，需要充分保障行政相对人和社会公众的知情权、参与权和监督权，执法不公示就会为权力"寻租"提供可能，版权行政执法的公正性和合法性将大打折扣，从而损及保护效力和保障效能。

其次是执法公信力的过程记录制度方面，版权行政执法规范还存在缺失的情况。以《行政处罚法》第 47 条"行政处罚全过程记录"规则为遵照，版权行政执法全过程记录制度是将执法过程以可视化方式记录留存的"执法痕迹化"制度。我国版权行政执法规范体系中未规定该项制度，可能导致处罚结果被相对人以"程序或手段不正当"为由抗辩，且过程记录的缺失必然会形成执法行为监督上的漏洞，为非法执法提供空间。譬如，在"快播案"❶ 中，快播

---

❶ 参见：广东省高级人民法院（2016）粤行终 492 号行政裁定书。

公司以执法机关违反《实施办法》第 25 条的规定为由申请版权行政处罚无效。

最后是执法监督力的处罚决定法制审核制度方面，版权行政执法的审核制度还存在偏差。《实施办法》第 29 条规定的审查制度是基于行政首长负责制对是否予以行政处罚决定的审查，是传统的行政机关内部监督模式；而《行政处罚法》第 58 条规定的审核制度是在法定情形下由专业审核人员对案件执法内容的专业法律审核制度。从审核范围来看，《实施办法》的版权行政处罚决定审核更多表现为"普遍审核"，而《行政处罚法》的审核则表现为"重大处罚审核"。版权行政执法法制审核模式、主体、范围等的偏差，会在一定程度上削弱对版权行政执法的监督。

（二）适用之弊端：版权行政执法的处罚适用还有待更新

有关"不予行政处罚"的适用，版权行政执法规范体系在《实施办法》第 29 条规定了两种情形，即第 2 款的"违法行为轻微并及时纠正，没有造成危害后果的"和第 3 款的"违法事实不成立的"；而《行政处罚法》对"不予行政处罚"和"可以不予行政处罚"的适用，则规定了 6 种情形，即第 30 条规定的"不满十四周岁的未成年人有违法行为的"、第 31 条规定的"精神病人、智力残疾人在不能辨认或者不能控制自己行为时有违法行为的"、第 33 条第 1 款规定的"违法行为轻微并及时改正，没有造成危害后果的"、第 33 条第 1 款规定的"初次违法且危害后果轻微并及时改正的"、第 33 条第 2 款规定的"当事人有证据足以证明没有主观过错的"和第 57 条规定的"违法事实不能成立的"。对比可知，《实施办法》相较于《行政处罚法》的主要缺失在于"首违不罚"（初次违法且危害后果轻微并及时改正的情形）和"过错推定"（当事人有证据足以证明没有主观过错的情形）制度。

　　针对"首违不罚"制度，从立法技术论的角度看，其产生的后果是"可以不予行政处罚"而非"不予行政处罚"，代表行政机关在执法中享有罚或不罚的裁量权，构成"首违不罚"亦须严格符合"初次违法""危害后果轻微"和"及时改正"三要件，且《行政处罚法》在新增这一制度时并未给予单行法以补充或例外规定的空间。从立法价值论的视角看，该制度设立的初衷是"落实和完善包容审慎监管。对新技术、新产业、新业态、新模式，要按照鼓励创新原则，留足发展空间"❶，体现了立法者对行政处罚"预防论"而非"惩罚论"的价值偏向，且《行政处罚法》在第33 条第 3 款也特别强调了不予行政处罚的，行政机关应当对当事人进行教育。基于此，以及版权行政执法所指向的文化市场具有的新技术、新业态、新模式特征，该项制度理应成为版权行政执法规范体系的应有之意。

　　针对"过错推定"制度，版权行政执法规范体系并未作此规定。作为"我国行政处罚制度实施近 20 年来的一次重大制度改革"❷，《行政处罚法》引入了过错推定制度，版权行政执法规范体系及《实施办法》是否需要予以借鉴吸收，关涉到版权行政执法的科学性和完备性。《行政处罚法》采取"普遍过错推定 + 单行法补充"模式给单行法预留了空间，知识产权直接侵权行为一般无须以主观过错为构成要件，并且《著作权法》第 53 条规定的 8 种侵权行为已经明确指出了不同侵权行为的主观要件等理由，笔者认为版权行政执法对于"过错推定"制度的引入应持谨慎态度。此外，针对"从旧兼从轻"制度，作为行政处罚适用新增的基本

❶　参见：《国务院关于加强和规范事中事后监管的指导意见》（国发〔2019〕18 号）。

❷　杨东升，刘恺. 论行政处罚主观过错归责原则：《行政处罚法》（修订二审稿）第 31 条评析［J］. 南昌大学学报（人文社会科学版），2020（6）：79 – 86.

原则，在价值层面体现出的保障当事人权益的宗旨，版权行政执法不应有所缺失，应以《行政处罚法》（2021 年修订）为基准及时进行制度的变革和更新。

（三）管辖之迟滞：版权行政执法的管辖权限还有待拓展

按照《著作权法》第 7 条"县级以上地方主管著作权的部门负责本行政区域的著作权管理工作"的规定，以及版权行政执法隶属的文化综合执法依据《文化市场综合行政执法事项指导目录（2021 年版）》的规定，实践中一般由县级行政机关实施版权行政执法权力。然而，《行政处罚法》（2021 年修订）在第 24 条中新增了"交由能够有效承接的乡镇人民政府街道办事处"行使行政处罚权的规定，将行政处罚的管辖权限下沉至乡镇街道一级，并基于审慎理念将下沉管辖权限的条件限定为"省、自治区、直辖市根据当地实际情况""基层迫切需要"和"乡镇街道能够有效承接"三个方面，以保证基层行政处罚"放得下、接得住、管得好"。该制度的初衷源于"顺应基层行政执法体制改革的需要，发挥基层执法在联合执法、综合执法、'吹哨报到'、'接诉即办'等方面的优势"❶，即基层经济发展的需要、综合执法的需要和市场主体的需要。

针对版权行政执法是否应当将管辖权限拓展至乡镇街道一级，以避免管辖的迟滞，可以从上述《行政处罚法》新添这一制度的原因进行对比剖析。其一，基层经济发展的需要维度。北京大学文化产业研究院发布的《中国文化产业发展报告（2021）》显示，版权行政执法所保障的文化产业的发展，在 2020 年表现出"乡村

---

❶　金国坤. 基层行政执法体制改革与《行政处罚法》的修改 [J]. 行政法学研究，2020（2）：63–74.

消费促产业升级""文旅扶贫助力攻坚"和"传统文化活化传播"等特征,呈现为"县域美学经济兴起""下沉市场引领文化普惠"和"文化遗产价值创新转换"等态势,可见文化市场正逐步向乡镇街道下沉,因此版权行政执法保护也应相应地向基层拓展。其二,综合执法的需要维度。文化市场综合执法是发展要求更是大势所趋,文化和旅游部发布的《"十四五"文化产业发展规划》明确提出要"健全综合执法制度机制""全面落实文化市场综合执法改革任务,完善权责明确、监督有效、保障有力的综合执法体制"和"加大文化产业相关知识产权保护力度"。因此,将版权行政执法纳入乡镇街道一级的基层综合执法体系,是文化产业发展的现实需要。其三,市场主体的需要维度。将行政处罚的管辖权限下沉至乡镇街道,是基层执法"吹哨报到""接诉即办"等实践经验的成果,因此快捷、便民、高效是基层执法的最大优势,也是最大源头。将这一需求归置于版权领域,版权具备了"经济、文化、社会等多元特征,而且在数字化背景下使得大规模、高效率的复制与传播盗版作品变得非常容易"●,因此将版权行政执法权限拓展至乡镇街道也具有可行性和必要性。

四、《行政处罚法》(2021 年修订) 基准下著作权行政执法的完善建议

按照法的位阶理论和《立法法》的规定,下位法不得与上位法相冲突,当冲突发生时须遵循下位法依照上位法修订冲突条款的解决规则。《行政处罚法》(2021 年修订)作为版权行政执法规范体系(除《著作权法》外)的上位法,应该成为弥补和调适版

● 王骞. 多元维度下版权适当保护之思考:基于我国版权行政执法的考察 [J]. 电子知识产权,2020(3):41–50.

权行政执法瑕疵、弊端和迟滞的基准。当然,《著作权法》作为与《行政处罚法》同一位阶的法律,《行政处罚法》中基于发展现实需要和未来态势新加入的相关制度也可被《著作权法》吸纳。

(一)增设版权行政执法"三项制度"

行政执法"三项制度"作为党中央法治建设的重要决策,在版权行政执法中的体现可以放置于法律位阶最高的《著作权法》中,而重大执法决定法制审核制度主要是针对版权行政处罚决定,因此可在专门对行政处罚予以规范的《实施办法》中增设。其一,增设版权行政执法公示制度,要求事前、事中和事后全公示。事前编制并公开版权行政执法公示事项目录,且统一公示内容的标准、格式等;公开版权行政执法流程图,以解决公众不信任执法合法性和公平性的困境;事后公示制度要求在执法决定作出之日起 20 个工作日内,向社会公布执法机关、执法对象、执法类别、执法结论等信息,接受社会监督。其二,增设版权行政执法全过程记录制度,实行执法过程痕迹化管理。细化文字记录如文书模板的规定,对涉及重大版权权益的现场执法活动和执法办案场所,推行全程音像记录,对文字记录能够全面有效记录执法行为的,可以不进行音像记录,所作记录个案归档留存。根据上述建议可在《著作权法》第 55 条中增加一款,即"主管著作权的部门依法行使前款规定的职权时,应当遵守执法公示和执法全过程记录相关规定",并在《实施办法》中予以细化。

此外,应在《实施办法》中增设重大版权行政处罚决定法制审核制度。在审核机制上,审核归由市级以上版权行政执法小组完成。其中,版权行政执法法制审核小组的人员设置应严格要求专业资质,确保每一审核组至少有 1 名法律专业人才或聘有 1 名以上执业法律顾问。审核范围限定为涉及重大公共利益、可能造成重大社会影响或引发社会风险、直接关系行政相对人或第三人重大权益、经过听证程序作出行政处罚决定以及案件情况疑难复杂、涉及多个法律关系等情形。审核的内容是重大版权行政处罚决定的合法性，既包括执法主体、资格、案件事实等决定之前的事项，也包括执法流程和违法行为是否涉嫌犯罪、需要移送司法机关。审核结果由版权行政执法机关负责人负责。

（二）吸纳版权行政执法"首违不罚"和"从旧兼从轻"制度

"首违不罚"和"从旧兼从轻"制度均属于版权行政处罚的适用制度，因此应置于"适用与决定"一章中。我国现行的《实施办法》将原属于行政处罚适用和决定的相关条款全部置于"处罚程序"一章中，一方面导致整部法规结构失衡，另一方面出现了章节与条文内容错位的瑕疵。基于此，笔者建议调整《实施办法》现有章节体例，在"处罚程序"后增加"适用与决定"一章，以均衡章节结构布局和理顺章节条款逻辑。其中，可以将新增的"首违不罚"条款、"从旧兼从轻"条款以及现行《实施办法》第29条至第37条全部置于"适用与决定"一章。

具体的条款建议方面，一是新设版权行政执法"首违不罚"制度。具体而言，由国家主管著作权的部门制定版权首违不罚目录清单，再由省级行政部门细化目录清单。行政机关已通过实践证明该制度具有科学性和可行性，如山东省印发的《山东省轻微违法行为不予行政处罚和一般违法行为减轻行政处罚事项清单》。"首违不罚"将给文化产业预留出一定的市场调节空间，避免行政权力"管得过多"，助推打造信任化版权文化交易市场。二是增加"从旧兼从轻"条款。具体而言，版权行政处罚应当遵循"法不溯及既往"原则，但为了更好地保护公民、法人和其他组织的权益，依照新法处罚较轻时可以溯及既往。换言之,对于横跨新旧法的版权侵权行为,理应分段考量,从有利于当事人的角度适用从旧兼从轻原则,更能体现人性化版权行政执法。

（三）优化版权行政执法管辖制度

将版权行政处罚管辖权拓展至乡镇街道一级,具有一定的前瞻性,在当下的中国还不具有普遍适用性,尤其中西部部分省份的乡镇街道在执法能力、执法队伍、执法水平上还不具备承接能力。因此,版权行政执法规范体系在吸收借鉴这一制度时,仍应秉持审慎和理性的态度。

在制度增设的法律位阶上,可将"交由乡镇街道行使行政处罚权"的条款置于《实施办法》中,以避免放置在《著作权法》中导致部分地区无法适用而沦为"无用条款"。该条文可具体增设为《实施办法》第6条第2款,增加乡镇街道版权行政处罚的级别管辖条款。在具体的条文内容上,应严格遵循《行政处罚法》对"交由乡镇街道行使行政处罚权"规则的限制条件,将"省、自治区、直辖市根据当地实际情况""基层迫切需要""基层能够有效承接""定期组织评估""将决定公布""承接的基层应加强执法能力建设""地方政府加强协调、指导和监督""建立健全配合机制""完善评议考核制度"等9项约束性条件均纳入,形成科学完备的乡镇街道版权行政处罚权限制度。

第十章
著作权侵权救济之行刑衔接难题与应对

知识产权"双轨制"保护模式作为具有中国特色的知识产权保护路径，在实操中还面临着诸多难点和堵点，尤其是行政保护与司法保护之间的衔接问题，近年来成为学界和业界关注的重要论题。其中，"两法衔接"——行政执法与刑事司法之间的衔接在现实中还存在"以罚代刑""有案不移"等问题，行政机关与司法机关之间的案件衔接路径受阻。现有的《著作权法》《商标法》《专利法》等知识产权法律法规中关于"行刑衔接"的规定在很多情况下无法起到协调、连接知识产权法与刑法的作用，甚至导致实践中故意不移交涉嫌构成知识产权犯罪案件的情况。❶《刑法》中有关著作权犯罪的规定概念不清、逻辑不明，这成为某些行政执法机关不移

---

❶ 于冲，郁舜. 知识产权案件"行刑衔接"机制的构建思路：以《中国知识产权保护状况白皮书》的统计数据为分析样本 [J]. 知识产权，2016（1）：112.

送涉罪的著作权侵权案件的"避风港"。为此，找准著作权"行刑衔接"保护的关键症结所在，并从程序和实体两个维度展开深入剖析，继而给出衔接畅通机制，对于强化著作权侵权救济、理顺双轨保护渠道关联、满足产业发展保护需求，具有重要意义。

一、行刑衔接的理论解释及必要性解读

（一）行刑衔接的相关概念与主要特征

1. 行刑衔接的概念阐释

行刑衔接指行政执法与刑事司法之间的相互衔接机制。[1] 其中行政执法是指行政主体为了执行法律、行政法规、规章和其他具有普遍性约束力的决定及命令，直接对特定的行政相对人和行政事务采取措施，影响行政相对人的权利义务，单方面作出具有法律效力的具体行政行为。刑事司法是指国家司法机关对具有严重社会危害性行为的调查、立案、侦查、逮捕、起诉、审判、执行等一系列的司法程序和司法活动，并对犯罪行为进行惩罚的刑事行为的总称。[2] 行政执法机关执法活动所依据的法律主要为《行政处罚法》，刑事司法机关所依据的主要法律为《刑法》及《刑事诉讼法》。两机关之间无论是在办案流程或是法律条文依据方面均存在很大差异，但又存在一定程度上的关联性。即行政执法机关和刑事司法机关行使权力的最终目的都是维护社会秩序，保障人民合法权益。

行政执法与刑事司法的衔接主要包含两个部分：其一，行政执法机关在执法工作中发现的可能涉嫌违法犯罪的案件，应当及

---

[1] 汪涵. 我国食品安全领域行刑衔接机制研究［D］. 苏州：苏州大学，2019.
[2] 高新新. 论行政执法与刑事司法的衔接［D］. 北京：北京交通大学，2016.

时将案件及其相关证据材料移交至刑事司法机关，由公安机关、检察机关及法院对案件进行审查并依法作出刑事查处。其二，行刑衔接的机制不仅涉及行政执法机关向刑事司法机关进行案件及材料线索的移送，还包括刑事司法机关在依法对案件作出认定时，认为不应当受到刑事处罚，而应当予以行政处罚的情况，将案件及时移送至行政机关。两大机关之间的衔接配合对于案件的公正解决具有重大意义，也是目前亟需解决的重大难题。

2. 行刑衔接的主要特征

基于上述有关行刑衔接的表述，可总结出行刑衔接具有以下几点主要特征。

第一点，行刑衔接的参与主体广泛。一方面，行刑衔接所涉及的行政主体不仅指依法享有行政权的主体，还应包括依法受行政机关委托的组织。而行刑衔接所涉及的刑事司法主体不仅包括直接与行政执法机关相对接的公安机关，还包括检察机关、法院。因此，行刑衔接涉及的主体较多，对其相互之间的权责界限明晰至关重要。笔者认为，行刑衔接多个主体之间的权责明晰应当以涉罪案件在两机关的顺利流转为主线，即行政执法机关在发现涉罪案件时起的处理，以及公安机关的有效对接、检察院的审查监督和法院的审判认定均与案件在行政执法机关与刑事司法机关之间的顺利流转密切相关。因而，行刑衔接机制是行政执法部门与刑事司法部门之间的协作，亦是案件移送后公安机关与检察机关、法院之间的有效配合。而其中，行政执法机关最初对于案件是否进行移送的决定与公安机关对于案件的侦查受理对涉罪案件的公正处理起着重要作用。刑事司法机关对案件进行审查判定并向行政机关释明相应问题，使得行政执法机关对涉罪案件的理解更加深入，直接提高对涉罪案件的处理效率。

第二点，行刑衔接机制涉及实体法和程序法两方面内容。从表层意思而言，行刑衔接仅涉及的是衔接的部分内容，应当仅涉及程序法领域，或是以程序法为主的研究领域。比如案件的移送标准、证据的合理转化、刑事诉讼体系的完善等都是行刑衔接机制的重要内容。然而，程序机制的构建离不开实体法的指引。比如《著作权法》与《刑法》中关于作品的列举、《行政处罚法》与《刑法》中关于犯罪的规定等对于涉罪案件的移送及认定均极为重要。若仅仅对程序法作出完善，而不对其权责进行明确划分，不对理论研究进行深入探讨，那么行刑衔接的研究难以形成一个完整的体系，难以取得实效。因此，行刑衔接机制的构建应当从理论和实践、程序和实体等角度出发，从宏观上整体把握，不仅应对证据等程序法内容作出完善，也应当对大的实体法层面作出理论探讨，使其权责更加明晰。

第三点，行刑衔接案件的移送具有双向性。❶ 目前学界中对于行刑衔接案件的论述主要为行政机关有案不移、以罚代刑，而对此种现象的原因分析多从行刑衔接的源头，即行政执法机关主体行为责任方面去探讨，并未对其进行全局性剖析。而要真正解决行刑衔接案件的移送机制问题，势必要结合行政执法机关与刑事司法主体的各自权责范畴及相互协作配合方面去探究。行刑衔接不仅包括行政机关将涉罪案件移交至司法机关的正向移送，还应当包括反移送机制，即司法机关在发现案件不应作犯罪处理，而应予以行政处罚时，应当及时将案件移交至行政机关。不仅如此，在行政执法机关将案件移送后，刑事司法机关应当将对该案件的后续司法处理情况及时反馈至行政机关，以便行政机关的知情及

---

❶ 汪涵. 我国食品安全领域行刑衔接机制研究 [D]. 苏州：苏州大学，2019.

配合。因此，行刑衔接机制应当是对涉罪案件的全面治理，对违法犯罪行为进行彻底打击，维护良好的社会公共秩序。

（二）著作权侵权案件行刑衔接的必要性

1. 打击违法犯罪行为的必然要求

通过上述对行刑衔接概念的界定分析不难看出，行刑衔接机制对涉及行政违法或刑事犯罪的案件，能够使行政执法机关、公安机关、检察院、法院等各个职能部门充分发挥发现、侦查、惩治违法犯罪行为。以食品安全为例，一方面，食品安全涉及从农田到餐桌等诸多流转环节，监管工作涉及农业、环保、卫生、质检、食品药品监管以及公安、检察院等。实践中对食品安全违法违规行为认定、查办，往往存在着各监管部门各自为政、日常执法信息交流不畅等问题，而食品安全监管领域又恰恰存在交叉性和模糊性等特点，使得食品安全监管无法真正做到无缝对接，为危害食品安全的违法犯罪行为提供了灰色发展地带，严重威胁公众的生命健康安全。而加强行刑衔接机制的建立，有利于整合行政执法与司法资源，对形成高效合力开展违法犯罪行为打击工作有着重要的疏通和促进作用。另一方面，实践中存在"有案不移、以罚代刑"做法，难以有效震慑违法犯罪行为，有的行政执法机关或出于部门利益考虑，或因专业知识欠缺而不认为是犯罪行为，往往以涉案金额不高为由对行为人直接罚款了事，而不考虑其情节、结果等其他涉及犯罪的判定因素，从而放纵犯罪，造成犯罪行为屡禁不止。将行政执法过程中发现涉嫌犯罪的案件纳入刑事司法程序，提高犯罪成本，严密法律网络，将行政立法与执法的政策要求与刑事立法和司法底线相结合，形成相互配合、相互制约、资源整合的违法犯罪行为的提前预防机制与打击违法犯罪行为的合力。

2. 推进司法改革的必然要求

"法律是治国之重器，良法是善治之前提。"党的十八大以来，全面推进依法治国作为重大战略部署，而司法改革作为建设社会主义法治国家的重中之重，严格执法的行政执法机关是良法得以实施的重要主体保障。鉴于刑法的"谦抑性原则"，对于危害后果比较轻微的行政违法行为，主要采取行政制裁的手段而非刑罚。行政权力的主动性特征使得行政机关成为推动法律法规有效实施的重要主体，在需要保证严格执法，积极维护社会秩序的同时，也要避免行政权力扩张对公众社会生活或者市场经济秩序等粗暴干预的负面影响，因此需要司法权力对行政权力进行科学有效的制约与监督，将行政权力限缩在一定范围内，从而推动社会法治进程稳步前进。而有效解决行刑衔接中关于违法犯罪案件的界定问题，行政处罚与刑罚的衔接问题，以及移送、立案、处理等程序问题，使行刑衔接工作常态化、规范化、科学化，将有利于保障行政机关严格执法，司法机关公正司法，维护国家法治权威。

3. 制约行政机关权力的必然要求

我国正处于传统型政府向创新型政府转型阶段，在创新方式和模式上必须坚持以人为本的服务理念，将服务贯彻于社会管理当中。由于行政权力是一种包含广泛社会管理权力的公权力，性质上又具有扩张性和主动性，一旦出现权力滥用或腐败将会产生较为严重的影响，因此必须加强对行政权力的制约与监督。赋予检察机关在行刑衔接工作中对案件移送的监督权力，才能充分发挥行政执法打击违法犯罪的前置性过滤作用。同时，可保持刑法的谦抑性原则，以确保行政执法与刑事司法达到合理限度。通过完善行刑衔接制度，进一步强化司法机关的监督职能与地位，有效制约行政权力，将权力限缩在笼子里，防止行政权力过度扩张损害公民合法权益，阻碍社会秩序良性发展以及法治社会的平稳推进。

4. 保障人民群众切身利益的客观要求

社会秩序的有序运行得益于权力的正确行使。实践中存在的有案不移、以罚代刑、执法不严、有罪不究等问题，降低了违法犯罪的成本，无法真正有效遏制违法犯罪行为的发生。然而，越是行政执法领域涉及犯罪的问题，越是关乎广大人民群众生活与切身利益。完善"两法衔接"机制，不仅能够完善我国司法制度，充分发挥行政机关与司法机关的法定职能，而且还能最大限度地保障公民合法权益，大大减少乃至杜绝侵害其合法权益的现象发生。总之，实现两法的有效衔接，是充分发挥行政机关与司法机关各自职能、依法准确追究违法者法律责任、切实维护公民合法权益、保护社会公共利益的必然要求。只有将行刑衔接机制不断完善并落到实处，才能真正维护法律的尊严。因此，行刑衔接之效果一定程度上可以作为衡量一个国家法治现代化水平的重要参考因素。

二、著作权侵权案件移送的基本情况及主要特点

（一）全国涉著作权犯罪案件移送情况的实证分析

较其他国家不同，我国在理论及实践中对著作权侵权行为的规制主要划分为两个领域，即行政执法领域、刑事司法领域。目前行政执法权力与刑事司法权力在著作权保护方面有失协调，现实中仍存在"有案不移""以罚代刑"现象。观乎著作权保护有关的实体法规则可知，《著作权法》、《行政处罚法》以及《刑法》对目前著作权保护工作中的"行刑衔接"内容规定较为散乱，在

根本上缺乏对"行刑衔接"工作体系上的调整，无法应对司法实践中所遇到的问题。这也在一定程度上为某些行政机关不主动移送涉嫌犯罪案件的行为提供了借口。

鉴于上述现实中所存在的不足，笔者依据 2011—2020 年十年期间"剑网行动"中行政机关所立案查获的著作权违法案件数量以及就涉嫌著作权犯罪案件移送数量的统计结果，对上述情况进行进一步分析，力求找出著作权违法犯罪案件行刑衔接受阻的深层原因并尽可能提出应对之策。在此需要特别说明的是，表 10－1 中 2014 年、2017 年、2019 年"剑网行动"中涉嫌著作权犯罪案件移送的具体数量在《中国知识产权保护状况》白皮书中没有明确，因此导致个别数据上的缺失，但这并不影响下列数据在宏观上的完整性以及对现实情况所反映的真实性。

表 10－1 2011—2020 年"剑网行动"中行政执法
机关移送涉著作权犯罪案件结果统计❶

项目	年份									
	2020	2019	2018	2017	2016	2015	2014	2013	2012	2011
立案查处侵犯著作权案件数量/件	724	450	544	543	514	383	440	513	282	1187
涉嫌犯罪移送数量/件	177	/	74	/	33	59	/	93	72	36
涉嫌犯罪案件移送比例	24%	/	14%	/	6%	15%	/	18%	26%	3%

如表 10－1 所示，"剑网行动"中行政机关对涉嫌著作权犯罪

---

❶ 数据来源于国家知识产权局 2011—2020 年发布的《中国知识产权保护状况》白皮书。

案件的移送数量占立法查处的侵犯著作权案件数量比例普遍偏低。在 2011 年的"剑网行动"中行政机关立案查处的侵犯著作权案件数量相对较高，为 1187 件，其移送至刑事司法机关的案件数量仅为 36 件。2015 年、2016 年、2018 年"剑网行动"中行政执法机关立案查处数量分别为 383 件、514 件、544 件，移送至刑事司法机关的案件数量分别为 59 件、33 件、74 件，涉著作权犯罪案件移送比例基本保持在 15% 及以下。除此之外，2012 年、2020 年案件移送比例相对较高，分别为 26% 和 24%。

　　上述数据分析结果可反映出以下几点问题。从宏观来看，所选取"剑网行动"十年期间的涉嫌著作权犯罪案件的移送占比极小，可以窥见部分涉罪案件未能移送至刑事司法程序中去，著作权违法犯罪案件行刑衔接工作机制存在不畅。从微观分析，其一，在保护著作权的过程中，行政执法机关对著作权违法案件的打击力度较强，尤其在过去的 2020 年里，行政机关对著作权违法案件的立案查处数量陡增，为 724 件。但从另一方面对比可以看出，著作权的刑事保护力度不足，对于著作权的刑事保护制度还需进一步健全。其二，通过 2016—2020 年"剑网行动"中涉嫌犯罪案件移送比例的变化可知，行政执法机关与刑事司法机关之间有关著作权违法犯罪案件的衔接工作正在逐步完善，但相关案件移送的数量的确存在过少的问题。反观现实中著作权侵权案件多发、行为愈加多样，社会危害性较大，而最终通过移送受到刑事规制的著作权犯罪案件却是极少数。这与社会现实情况并不相符，同时也反映出涉著作权犯罪案件"行刑衔接"上存在一定阻碍，因此，有必要进行进一步的探讨与解决。

　　（二）江西省涉著作权犯罪案件移送情况的实证考察

　　上文基于全国性涉嫌著作权犯罪案件的移送情况进行了分析

并得出了与之相应的结论。但全国性的数据具有概括性，在一定程度上无法直接反映出具体省份的著作权案件办理情况。因此为了更进一步精准把握在涉著作权犯罪案件办理过程中所存在的问题，笔者选取了江西省在 2016 年至 2020 年间有关著作权违法犯罪案件的处理情况展开探讨。

1. "行刑"保护实践失衡

第一，单就江西省范围内的办案数据来看（如表 10 - 2 所示），该省行政机关历年立案登记的著作权违法案件稳定在 100 件左右，2016—2019 年，涉著作权犯罪案件移送占比变化不大，均为 4 个百分点以下。值得注意的是，2020 年涉著作权犯罪案件移送占比约为 12 个百分点，创五年内新高。这一骤变固然可喜，但关乎往年结果而言，该一年数据并不具备说服力。经计算可得，每 100 案件中仅有 2 件左右被移送至司法机关，移送占比微乎其微，尤其在 2017 年里，125 件著作权违法案件中仅 2 件被移送至刑事司法机关，其所存在的问题可略窥一二。

表 10 - 2　2016—2020 年江西省行政执法机关对著作权违法案件的处理情况

年份	案件数量（立案）/件	移送数量/件	移送比例/%
2020	129	16	12.4
2019	110	2	1.82
2018	90	3	3.33
2017	125	2	1.60
2016	97	2	2.06

第二，比照全国范围内行政机关有关著作权违法案件的办理情况来看（如表 10 - 3 所示），江西省行政机关 2020 年立案查处的著作权违法案件数量为 129 件，全国范围内立案查处的著作权违

法案件数量为 724 件，仅江西省的著作权违法案件立案数量就占据了全国范围近乎 1/7 的比例。因此江西省对于著作权违法案件的立案查处数量要高于全国各省案件立案查处的平均值，但在涉著作权犯罪案件的移送比例方面，江西省 2020 年仅为 12.4% ，而全国为 24% 。可见江西省关于涉著作权犯罪案件的移送比例远低于全国范围内涉著作权犯罪案件的移送比例。再分析 2018 年的情况，2018 年江西省立案查处的著作权违法案件数量为 90 件，全国著作权违法案件的立案查处数量为 544 件，江西省占全国数量近乎 1/6，但江西省 2018 年的涉著作权犯罪案件移送比例仅为 3.33% ，而全国的移送比例为 14% 。同样地，对比其余年份亦会呈现如此趋势。

表 10 - 3　2016—2020 年江西省与全国著作权违法案件立案数量对照情况

单位：件

项目	年份				
	2020	2019	2018	2017	2016
全国立案查处侵犯著作权案件数量	724	450	544	543	514
江西省立案查处侵犯著作权案件数量	129	110	90	125	97

　　上述的数据分析可以反映出以下几点问题。其一，由江西省 2016—2020 年行政机关对著作权违法案件的立案查处数量可知，江西省的著作权违法案件立案查处数量并不多，但相比于全国来看，占比很高（比如 2020 年仅江西省的著作权违法案件数量在全国数量总和中占比就近乎 1/7）。这可以反映出，在著作权违法犯

罪案件的查处中，全国各省行政机关对著作权违法犯罪案件的打击力度和立案查处情况参差不齐。而就涉著作权犯罪案件的移送情况而言，行政机关对相关案件的处理一般先于刑事司法机关，因此此种现象在一定程度上影响了刑事司法机关对涉著作权犯罪案件的办理。其二，通过前文中的分析可知，江西省对著作权违法案件立案查处的数量相较于全国而言较大，说明江西省行政机关的版权保护意识较为强烈，但与之形成反比的是，江西省的涉著作权犯罪案件移送比例远低于全国平均移送比例。可见，江西省的著作权保护意识虽然强烈，但在涉著作权犯罪案件的移送方面却存在不足，这也反映出江西省对著作权刑事保护与行政保护的重视程度存在一定差距。从更深层次也可得出不仅要保证涉著作权犯罪案件的行刑衔接程序流畅无阻，而且应解决现实中著作权的刑事保护与行政保护不平衡的问题，注重"两法"的协调统一。

2. "罚款"与"罚金"两极分化

为进一步了解著作权的保护情况，笔者对著作权的行政处罚与刑事处罚情况进行了对比分析。根据江西省的著作权行政执法数据可知（如表 10 – 4 所示），除 2016 年外，2017—2020 年行政机关所作出的罚款总金额在 100 万—700 万元不等，而 2017—2020 年的案件数量仅为 87—123 件不等，可见行政执法机关对侵犯著作权类案件一般会处以较高罚款。而在对涉著作权犯罪案件的处理实践中，江西省法院对侵权人判处的罚金数额通常相近于其违法所得数额（如表 10 – 5 所示）。比如，2018 年的永新县人民法院（2018）赣 0830 刑初 207 号判决中，罚金为 6.5 万元，而当事人非法获利 10 万余元。还有在永新县人民法院（2018）赣 0830 刑初 29 号判决中，所作出的罚金数额为 50 万元，而犯罪人违法所得为 40 万元。可以看出，即使在犯罪情节严重的情形下，法院所作出的罚金数额也相对较低。比如，在峡江县人民法院（2019）赣 0823 刑初 75 号判决中，网络侵权作品已然超过 500 部，但法院所作出的罚金数额仅为 6000—7000 元。除此以外，在湖口县人民法院（2019）赣 0429 刑初 115 号、湖口县人民法院（2019）赣 0429 刑初 112 号判决中，法院对犯罪人作出的罚金数额分别为 89 万元、116 万元，而犯罪人的实际违法所得分别为 100 余万元、116 万余元。与具体的犯罪情节相比，法院判处的罚金刑并不重。

表 10-4　江西省 2016—2020 年著作权行政违法案件罚款处理情况

项目	年份				
	2016	2017	2018	2019	2020
案件数量/件	95	123	87	108	113
罚款数/万元	63.7	665.1	497.2	116.1	235.3

表 10-5　2016—2020 年江西省侵犯著作权罪案件罚金刑适用情况❶

年份	案号	罚金刑	犯罪主要情节
2020	九江市浔阳区人民法院（2020）赣 0403 刑初 237 号	1.5 万元	非法获利 6906 元
	九江市濂溪区人民法院（2020）赣 0402 刑初 58 号	1 万元	非法获利 4000 余元
	鹰潭市月湖区人民法院（2020）赣 0602 刑初 17 号	8 万元	侵权 1142 部（集）

---

❶ 来源于中国裁判文书网 2021 年 7 月 29 日 15 点 23 分检索结果，检索词为"侵犯著作权罪""江西省"等。据裁判文书网搜索结果显示，2017 年江西省法院有关著作权犯罪案件的审理数量为 4 件，均为刑事裁定书，因此对 2017 年的案例检索结果不予采用。

年份	案号	罚金刑	犯罪主要情节
2019	峡江县人民法院（2019）赣 0823 刑初 75 号	程某 1：6000 元	侵权作品 600 部
		李某 1：6000 元	侵权作品 600 部
		陈某 2：7000 元	侵权作品 600 部
	湖口县人民法院（2019）赣 0429 刑初 115 号	刘某 89 万元	非法获利 100 余万元
		秦某 5 万元	非法获利 1.5 万元
	湖口县人民法院（2019）赣 0429 刑初 112 号	116 万元	非法获利 116 万余元
2018	新余市渝水区人民法院（2018）赣 0502 刑初 397 号	1 万元	侵权 1162 部（集）
	景德镇市昌江区人民法院（2015）昌刑初字第 66 号	无罪	
	永新县人民法院（2018）赣 0830 刑初 29 号	50 万元	非法所得 40 万元
	永新县人民法院（2018）赣 0830 刑初 207 号	6.5 万元	非法获利 10 万余元
2017	/	/	/
2016	南昌市东湖区人民法院（2016）赣 0102 刑初 351 号	2 万元	侵权作品 3535 册

　　因此，根据以上分析结果可以得出以下结论。其一，行政机关在对著作权违法案件的实际处理中，一般会对侵权人作出较高的罚款决定。其二，在按照违法所得数额进行认定时，法院对犯罪人通常所作出的罚金数额为其违法所得数额的一倍左右，❶ 可见

---

❶　而《最高人民法院、最高人民检察院关于办理侵犯知识产权刑事案件具体应用法律若干问题的解释（二）》（以下简称《解释》）第 4 条规定，罚金数额一般在违法所得的一倍以上五倍以下，或者按照非法经营数额的 50% 以上一倍以下确定。

法院在对犯罪人判处罚金刑时适用了最低规定标准。其三，在按照侵权作品数量进行认定时，即使犯罪情节严重，法院对犯罪人所判处的罚金刑也会相对较轻，比如，江西省峡江县人民法院（2019）赣0823刑初75号刑事判决中，仅分别对犯罪人作以6000元、6000元、7000元的处罚。❶

3. 自由刑适用参差不齐

除了对广范围的著作权违法案件的罚金、罚款方面进行比较外，在著作权刑事案件处理的微观方面，笔者对2016—2020年江西省侵犯著作权罪案件的有关自由刑判决结果单独进行探讨研究，并在必要时借助广东省的有关实际判决数据情况作为辅助进行分析，以便于更深层次揭露出目前实践中所存在的问题。

在江西省2016—2020年所作出的有关侵犯著作权罪案件的判决结果中（如表10-6所示），湖口县人民法院（2019）赣0429刑初115号判决结果与永新县人民法院（2018）赣0830刑初207号判决结果悬殊。在湖口县人民法院（2019）赣0429刑初115号判决中，秦某以侵害他人著作权的方式非法获利1.5万元，后自首投案，法院判处其有期徒刑2年，缓刑3年。而在永新县人民法院（2018）赣0830刑初207号判决中，犯罪人通过侵害他人著作权的方式非法获利10万余元，同样具有自首情节，法院却仅对其单处罚金。除此以外，鹰潭市月湖区人民法院（2020）赣0602刑初17号判决结果与新余市渝水区人民法院（2018）赣0502刑初397号判决结果亦存有差距。该两个案件中，犯罪人的非法侵权作品数量分别为1142部（集）与1162部（集）且均具备坦白情节，但

---

❶ 《最高人民法院　最高人民检察院　公安部关于办理侵犯知识产权刑事案件适用法律若干问题的意见》第13条规定，通过信息网络传播侵权作品数量合计在500件（部）以上属于"严重情节"。

在鹰潭市月湖区人民法院（2020）赣0602刑初17号判决中仅对犯罪人单处以罚金刑，而新余市渝水区人民法院对案件侵权人还判处了其自由刑。

　　根据以上分析可知，实践中法院对同类相似刑事案件的认定存在较大差异，对相类似、相同情节下的案件判决结果并不一致。有关自由刑的具体适用标准是否应当具体化，便于司法机关统一适用，有必要进行研究与反思。

表 10 - 6　2016—2020 年江西省侵犯著作权罪案件自由刑适用情况

年份	案号	主刑	犯罪主要情节	酌定情节
2020	九江市浔阳区人民法院（2020）赣0403刑初237号	拘役5个月，缓刑6个月	非法获利6906元	坦白
	九江市濂溪区人民法院（2020）赣0402刑初58号	拘役5个月	非法获利4000余元	坦白
	鹰潭市月湖区人民法院（2020）赣0602刑初17号	单处罚金8万元	侵权1142部（集）	坦白
2019	峡江县人民法院（2019）赣0823刑初75号	程某，拘役5个月，缓刑9个月	侵权作品600部	坦白
		李某，拘役4个月，缓刑9个月	侵权作品600部	自首
		陈某，拘役6个月，缓刑10个月	侵权作品600部	坦白

续表

年份	案号	主刑	犯罪主要情节	酌定情节
2019	湖口县人民法院（2019）赣0429刑初115号	刘某，有期徒刑3年9个月	非法获利100余万元	/
		秦某，有期徒刑2年，缓刑3年	非法获利1.5万元	自首
	湖口县人民法院（2019）赣0429刑初112号	有期徒刑4年	非法获利116万元	坦白、未缴罚金
2018	新余市渝水区人民法院（2018）赣0502刑初397号	拘役5个月	侵权1162部（集）	坦白
	景德镇市昌江区人民法院（2015）昌刑初字第66号	无罪	/	/
	永新县人民法院（2018）赣0830刑初29号	有期徒刑2年，缓刑2年	非法所得40万元	自首
	永新县人民法院（2018）赣0830刑初207号	单处罚金6.5万元	非法获利10万余元	自首
2017	/	/	/	/
2016	南昌市东湖区人民法院（2016）赣0102刑初351号	有期徒刑2年，缓刑2年	侵权作品3535册	自首

三、著作权侵权案件行刑衔接机制的现状描述

（一）著作权涉罪案件行刑衔接的实体与程序法现状

1. 行刑衔接机制的实体法规则

行政执法与刑事司法衔接的法律规定源于 1996 年《行政处罚法》，但其中仅对行政执法与刑事司法的衔接机制进行了原则性规定。❶ 因此，由于规定并不具体，司法实践中对于具体案件的移送与否难以把握。随着 2001 年《行政执法机关移送涉嫌犯罪案件的规定》《人民检察院办理行政执法机关移送涉嫌犯罪案件的规定》等文件相继出台，行政机关向刑事司法机关移送的材料内容也逐渐明确并完善。2004 年、2006 年、2011 年又出台了行政机关与刑事司法机关衔接工作的相关意见，比如《关于在行政执法中及时移送涉嫌犯罪案件的意见》《关于加强行政执法与刑事司法衔接工作的意见》。我国关于行刑衔接中的规定和意见虽然确立了行政执法与刑事司法衔接机制的基本框架，但是原则性规定多，实务性规定少，缺乏可操作性，对于案件何时移送、移送前如何进行行政处罚等问题没有明确规定。❷ 并且现有的规定散乱、不具有统一性等问题也成了行刑衔接工作中的一大障碍。比如，在判断某种行为究竟是行政违法还是犯罪，缺乏统一依据和操作的可行性，也导致现实中案件移送标准不明确、证据标准不统一等问题，从而在一定程度上影响了行政执法与刑事司法衔接的工作效果。❸ 在

---

❶ 武晓慧，王文有. 行政证据在公安机关刑事执法中的转化与应用问题研究：以物证为例［J］. 铁道警察学院学报，2014（3）：98 –102.

❷ 耿刚，范昌龙，王毅. 行政执法与刑事司法衔接问题研究：以程序衔接机制为视角［J］. 行政与法，2011（2）：101 –104.

❸ 唐文娟. 反思与推进：我国行政执法与刑事司法衔接机制刍议［J］. 江西师范大学学报（哲学社会科学版），2016（4）：79 –85.

两法衔接的实体法中，对一个涉罪案件的犯罪性判断应当首先判断其社会危害性，这是首要前提。但是严重的社会危害性具体应当是一个怎样的判断标准，现有的实体法不仅没有进行明确，而且相关的部分规定多是存在于行政法规层面，内容相对较为散乱。依目前来看，实体法很难针对社会危害性给出一个统一的判断准则。再者，《行政处罚法》第8条第2款规定的"违法行为构成犯罪，应当依法追究刑事责任，不得以行政处罚代替刑事处罚"可视为行刑衔接的渊源。该条强行性规则看似无选择余地，但"违法行为构成犯罪"这一假定条件，事实上赋予了执法机关对违法行为是否涉嫌犯罪的斟酌、判定之权力。❶ 行政执法机关如何行使这一裁量权对案件的结果来讲有着极其重要的影响。但也是由于这一规定，行政机关在涉罪案件的移送方面拥有极大的自主权。由于该规定具有一定的模糊性，所以看似是沟通两法衔接的桥梁，实则也是两法衔接的一大阻碍。

《刑法》与《著作权法》在对著作权的保护方面也存在较大差异。比如，《著作权法》中明确列举的一些犯罪行为在《刑法》中没有相应的条文可遵循，形成法律之间的脱节，反映出《刑法》的滞后性。❷ 并且《著作权法》明确规定，作者的著作财产权和人身权同等重要，应受到法律充分保护。但是反观我国的《刑法》则是选择侧重保护作者的著作财产权，而仅将美术作品的署名权归入《刑法》保护的著作人身权范围。❸ 可见，《刑法》与《著作

---

❶ 周学文. 版权执法行刑衔接的实体要素分析：以行为定性与处罚权限为面向［J］. 河南机电高等专科学校学报，2019（1）：62－66.

❷ 余高能. 对我国侵犯知识产权犯罪刑事立法系统性的考量［J］. 知识产权，2013（12）：61－65.

❸ 黎梁安琪. 著作权刑事司法保护的现状、问题与反思：基于100份刑事判决书的实证分析［J］. 法制与经济，2020（5）：11－14.

权法》在保护的客体范围方面也存在不一致的情形。由于《刑法》目前对著作权客体的保护范围较小，又具备一定的稳定性，司法解释或者立法解释原则决定了其只能在之前法律限定的范围内进行解释，而不能根据实际需要任意或者扩大解释，否则就是变相立法，❶ 因此，这也限制了对著作权的进一步保护和完善。

2. 行刑衔接机制的程序法规则

从目前来看，我国并没有在行刑衔接的程序法方面进行统一的规定，反而相关的具体规则散见于各个部门的有关法律文件中。各个部门之间的立场有所不同，也势必导致各个法律文件对于具体案件的处理规制方面并不协调。并且有关行刑衔接的界限多是以司法解释的方式确定的，对于具体的行刑衔接操作方式并未作明确规定，比如移送的对接机关、移送期间、移送的证据种类、违反移送规定所应承担的责任。由于移送程序上的缺失，在操作上出现了移送司法机关追究刑事责任比例少、刑事案件行政处理多等现象。❷ 在实践中，一般由行政执法机关在发现有关著作权违法案件后决定是否应当将案件移送至刑事司法机关，若决定移送，则公安机关对其进行侦查后将案件移送至检察机关，由检察机关进行审查并向法院起诉，法院对相关案件作出相应的处理。自此，涉著作权犯罪案件的行刑衔接运行流程基本完成。但是，有关该程序的现有规定多是停留在单向的行刑衔接机制中，类似于简单的流水线作业。待行政机关将涉著作权犯罪案件移送至有关司法机关后，公安机关、检察机关乃至法院并没有适时将案件向行政

---

❶ 罗隆绪. 以法国为参考谈我国著作权刑事保护制度之完善 [J]. 中国出版，2013 (16)：45 – 48.

❷ 唐文娟. 反思与推进：我国行政执法与刑事司法衔接机制刍议 [J]. 江西师范大学学报（哲学社会科学版），2016（4）：79 – 85.

执法机关进行反馈。关于案件的后续处置，有时案件已经移送至
检察机关却因某种缘由被退回，然而行政机关无法知悉其办理情
况。除此以外，检察机关具有监督职责，但关于行政管理部门具
体办案时间段、行政执法机关向刑事司法机关移送案件时间段以
及公安机关接受移送案件后的办案处理时段，法律并没有对检察
机关提出明确具体的要求。因此实践中检察机关也未介入著作权
行政管理部门、公安机关各项办案内容的法律监督过程。换言之，
各机关之间缺乏必要的监督制约。❶

　　在行刑衔接机制的程序性规定方面，除了《关于加强行政执
法与刑事司法衔接工作的意见》之外，《国务院关于行政执法机关
移送涉嫌犯罪案件的规定》是考虑比较周全的规范，对案件的条
件、基本程序及工作时限、违规责任等都作了明确规定。但对案
件移送到刑事司法阶段，在行政执法过程形成的证据的法律地位
没有也不可能作出规定，❷ 而《刑事诉讼法》中对于行政证据是否
能转化为刑事证据方面并没有明确具体的规定，这造成了行刑衔
接工作中证据转化方面的障碍。特别是电子证据方面，我国《刑
事诉讼法》第 54 条第 2 款规定了行政执法过程中的电子数据等实
物证据在刑事诉讼程序中的证据资格，但立法没有详细规范行刑
衔接机制中电子数据的提取、保管、移送、审查规则，❸ 而行政机
关移送的电子数据证据又无法重新收集，刑事司法机关该如何对
其进行认定也无章可循。

---

❶　张守良. "行刑衔接"：北京顺义的试点与提升 [N]. 检察日报，2012 - 04 - 24（3）.

❷　张光力，张蕾. "行政执法与刑事司法衔接"工作中的问题及对策 [J]. 现代经
　　济信息，2014（3）：272.

❸　柳永. 大数据背景下电子数据行刑衔接机制研究 [J]. 行政法学研究，2018
　　（5）：127 - 135.

（二）侵犯著作权行为行刑衔接的现实情况

1."行为认定"上的现实情况

根据《关于在打击侵犯著作权违法犯罪工作中加强衔接配合的暂行规定》第10条可知，行政机关应当向公安机关及时移送涉嫌犯罪的著作权"案件"，而不是"行为"。一个案件中可能存在多个违法行为，有些行为涉嫌犯罪，而有些并不涉嫌犯罪。在实践中，各地各部门行政机关对此理解不一，有的将一般违法行为与涉嫌犯罪的行为作出区分，只移送后者；有的则不作区分，一并移送。❶ 因此，如何把握好移送界限，成为现实中一大困境。

除此之外，导致"以罚代刑"情形出现的另一原因则是受传统习惯的影响。在行为的认定方面，即使权利人意识到侵害行为可能构成犯罪，一般情形下还是会先向行政机关提出控诉。根据上文所提到的行政机关向司法机关的移送占比可知，行政机关很少会将已经受理的案件移送给司法机关办理。可见，此种情形的出现已然将"行为认定"这一要件架空，更多的是"先入为主"。这必然导致侵权人未受到应有的惩处，法律缺乏威慑力，以致侵权行为不断发生。

TRIPS第61条规定了构成刑事犯罪所应具备的条件，即"商业规模"。而我国《刑法》对于侵权行为的认定为"违法所得数额较大或者有其他严重情节"等情形。由此可见，我国对于著作权犯罪行为的认定条件更为严苛，不仅要求具备一定的商业规模，还要在此基础上造成一定的危害后果。这无疑是提高了侵权行为的入罪门槛，在一定程度上加剧了侵权行为的泛滥。

---

❶ 周学文.版权执法行刑衔接的实体要素分析：以行为定性与处罚权限为面向 [J].河南机电高等专科学校学报，2019（1）：62−66.

2. "案件移送"上的现实情况

实践中，由于知识产权保护的特殊性，往往先由知识产权行政管理部门对知识产权违法行为进行查处，在处理过程中发现情节严重已经构成了犯罪的案件，本应当向公安机关、检察机关进行移送却没有移送或无法移送，本应当受到刑事处罚的犯罪行为被当作一般行政违法行为予以处理，构成行政与司法的隐形冲突。❶ 在这一过程中，司法机关并没有提前介入相关案件中，使得其没有及时掌握好有效犯罪信息，导致案件处理上存在问题，极大地浪费了公共资源。

关于行政机关移送案件数量少，"以罚代刑"普遍存在，❷ 另一个根本原因则是在案件移送过程中对于证据的要求。侵害著作权行为若要构成刑事犯罪，需具有未经著作权人许可的相关证明，多数司法机关要求行政机关在移送案件时要提供"未经著作权人许可"这一证据。而现实中，案件可能涉及多个权利人，要提供每一个权利人的未授权证明是不现实的。这就导致案件从行政机关向刑事司法机关移送的过程中出现障碍。即使移送成功，由于对"未经著作权人许可"这一要件的理解上存在差异，最终以侵犯著作权罪处理的案件也会变少。

3. "证据转化"上的现实情况

行政行为相较于刑事侦查行为更具有灵活性与优益性，公安司法机关有时为了以后案件的顺利进展与证据收集的便利，往往会在案件没有进入刑事立案程序时以行政行为的名义对案件进行

---

❶ 姜芳蕊. 知识产权行政保护与司法保护的冲突与协调 ［J］. 知识产权，2014（2）：76 - 81.

❷ 郑时根. 对建立和完善行政执法与刑事司法衔接机制的实践与思考 ［J］. 中国工商管理研究，2011（9）：27 - 28.

调查，以行政执法为名行刑事侦查之实，这样就可以规避司法活动烦琐的程序要求与相应的制约机制。❶ 但行政执法所要求的证据标准并没有刑事证据所要求的证据标准高，并且证据收集主体、收集流程、证明标准并不一致。这往往会导致行政执法机关移送的证据资料过于简单，浮于表面，证明力不足，不符合司法机关的立案要求，公安机关将移送的案件退回。❷

对于行政机关收集到的证据能否直接转化为刑事司法证据这一问题，学界中尚有争议。部分学者认为，行政机关收集的证据具有合法性，并且基于效率的考虑，应当认定其可以直接转化为刑事证据使用。还有部分学者认为，行政机关所收集的证据并不符合刑事诉讼法中对于证据的要求，不能直接作为刑事证据使用。学界中还存在着一个比较折中的观点，对具体个案的证据作具体分析。比如，在经济类的犯罪中，很大程度上都会依赖于鉴定意见。出于司法实务的需要，查处经济违法行为中作出的鉴定意见往往带有追究行政相对人责任的主观性，缺乏鉴定机构必备的中立性，❸ 这也导致了鉴定意见中刑事证客观性较强的证据应予以转化，反之，则不能转化。可见，学界中尚对此问题存在适用时的矛盾。然而，在司法实践中，出于效率的考量，对于行政机关移送至司法机关的鉴定意见，司法机关往往也会直接将其作为对侵权人进行惩处的依据。

---

❶ 王东升. 行政执法证据与刑事证据衔接制度研究 [D]. 上海：上海师范大学，2016.

❷ 易玲. 对涉嫌知识产权犯罪案件移送机制的探讨 [J]. 湖南大学学报（社会科学版），2012（3）：152–156.

❸ 郑圣果. 行政执法与刑事司法衔接机制若干问题研究：以检察机关的法律监督权为核心 [J]. 经济研究导刊，2010（23）：194–195.

4. "信息共享"上的现实情况

在行刑衔接工作机制中，检察机关与其他行政执法机关实际上呈现为一种平行参与、相互配合的关系，❶ 相互沟通、交流、共享就显得尤为重要。而现实中行政机关查处案件的情况并不及时充分向外界公开，仅当事人和执法主体知情。❷ 司法机关并不能直接全面地了解信息，仅能从行政机关所移送的相关案件资料中得知情况。这就暴露了在向司法机关所移送的案件中，行政机关存在着较大的主观性。现有关于行刑衔接的规定要求行政机关具备一定程度的刑事判定能力，无疑加重了行政机关的负担，从而影响了其处理相关案件的积极性。并且在披露信息与移送案件方面，行政机关并不享有直接利益和责任，这种纯依赖行政机关自觉性的机制自然是无法前行的。

抛却上一因素，我国的经济发展状况也是信息共享机制建设的一大阻碍。我国的贫富差距大，平台之间的相互交流方式各异。很多地区依然用传统文件的方式进行相互之间的交流。尤其是落后地方的司法机构与行政机构的网络及其硬件设施落后，更新速度也比较缓慢，❸ 这就使得沟通交流不畅，司法机关对于全案证据的采集不及时，延误最佳办案时机，严重阻碍了各机关之间协作的办案效率。

5. "移送方式"上的现实情况

关于移送对象，国务院 2020 年发布了最新修订的《行政执法机关移送涉嫌犯罪案件的规定》，其中对需移送的相关材料进行了

---

❶ 孙锐. 从行政执法与刑事司法的衔接看人民检察院职权的完善 [J]. 山西高等学校社会科学学报，2011（12）：68-72.

❷ 郑时根. 对建立和完善行政执法与刑事司法衔接机制的实践与思考 [J]. 中国工商管理研究，2011（9）：27-28.

❸ 杨静. 我国知识产权行政保护与司法保护衔接问题研究 [D]. 郑州：中原工学院，2018.

规定❶，但这一规定中并没有对具体证据材料进行一一列举。根据这一规定，行政机关向司法机关移送的案件需要满足"涉嫌犯罪"，但"涉嫌犯罪"的具体标准并没有明确。参考《刑法》中所规定的"情节严重"等用语，并不能让行政机关、司法机关很好地掌握其界限，从而阻碍了两机关之间案件的移送。

关于移送时间，司法部门往往只要求移送案卷材料，在没有确定立案的时候，或者案件查处没有一定结果的时候，对强制措施扣留不予接收，这就会造成行政执法部门在具体处理案件过程中，案件已经移送了，但强制措施还没有解除的情形。❷ 由于案件的移送时间并不明确，在实践中司法机关对于简单的、仅涉及犯罪的案件需要及时向司法机关进行移送是明确的，但若一个行为既涉嫌犯罪，又涉嫌违反行政法规，案件该如何进行移送，目前行政机关无法把握。理论界也存在着一定争议，主要有三种观点：第一种观点认为应当在作出行政处罚前就进行移送。第二种观点是先行政后刑事。第三种则是一种比较折中的观点，即根据案件的具体情况确定移送的时间点。第三种观点虽具有灵活性，但具体适用情形抽象，难以确定。因此，理论界对其争议较大，实践操作则更会在具体时间把控上具有一定难度。

6. "行刑处罚"上的现实情况

根据《行政处罚法》可知，判处著作权侵权行为人罚金后则不可对其再作出罚款处理。但在司法实践中，由于行政执法机关的积极执法与刑事司法机关的被动性决定了大量案件最先都是由

---

❶ 《行政执法机关移送涉嫌犯罪案件的规定》第6条规定："行政执法机关向公安机关移送涉嫌犯罪案件，应当附有下列材料：（一）涉嫌犯罪案件移送书；（二）涉嫌犯罪案件情况的调查报告；（三）涉案物品清单；（四）有关检验报告或者鉴定结论；（五）其他有关涉嫌犯罪的材料。"

❷ 周舟.知识产权行政执法与刑事司法衔接机制研究 [J]. 北京政法职业学院学报，2011（1）：26－32.

行政执法机关介入进而移送至司法机关的。这就产生了在实践中，往往某一违法犯罪行为在被定罪量刑前就已经被行政机关处以罚款并执行了。❶ 审判机关依照职权规定并不能对行政机关依法作出的行政处罚进行撤销。此时存在两种可能结果：如果审判机关作出的罚金判决数额高于行政机关作出罚款数额，那么可以进行折抵；但若审判机关所作出的罚金数额低于罚款数额，对于折抵后超出罚金数额的部分，是否应当将其返还至当事人，现今并无相关具体规定。但在实践中行政执法机关一般对著作权侵权人处以"巨额"罚款，因此远远超出罚金数额的部分与当事人存有极大的利害关系。

根据广东省 2013—2019 年对涉及贩卖盗版光碟行为的判决结果（如表 10 – 7 所示）可知，法院对侵犯著作权行为所作出的罚金数额与行政执法机关所作出的罚款金额相比较少。2013—2019 年，审判机关对该行为所作出的罚金数额为 1 万元及以下，其中北流市人民法院所作出的罚金数额仅为 3000 元。可见，行政执法机关所作出的罚款数额远远高于罚金数额。因此，在进行折抵后，超出罚金数额的部分，仍然可能会是一笔巨款，进而如何进行后续处理，极有必要进行进一步研究。

表 10 – 7　2013—2019 年广东省对侵犯著作权罪案件中
犯罪情节相近案件的判决情况

案号	光碟数量/张	主刑	罚金刑	从轻或减轻情节
深圳市龙岗区人民法院（2019）粤 0307 刑初 2790 号	3910	有期徒刑 1 年 6 个月	7000 元	未遂，如实供述

---

❶　赵明娇. 行政执法与刑事司法衔接制度研究 [D]. 长春：吉林大学，2014.

案号	光碟数量/张	主刑	罚金刑	从轻或减轻情节
宁波市海曙区人民法院（2014）甬海刑初字第6号	3467	有期徒刑3年	5000元	未遂，如实供述
东阳市人民法院（2014）东刑初字第1687号	3631	有期徒刑9个月	1万元	未遂，如实供述
崇州市人民法院（2018）川0184刑初105号	3587	有期徒刑2年	7000元	未遂，如实供述
钟山县人民法院（2013）钟刑初字第107号	3339	有期徒刑3年，缓刑4年	1万元	未遂，如实供述
北流市人民法院（2014）北刑初字第244号	3092	有期徒刑3年，缓刑4年	3000元	如实供述
中山市第一人民法院（2015）中一法知刑初字第33号	3119	有期徒刑3年，缓刑3年	8000元	如实供述
宁波市鄞州区人民法院（2013）甬鄞刑初字第152号	3201	有期徒刑3年，缓刑3年	5000元	如实供述
宁波市鄞州区人民法院（2013）甬鄞刑初字第153号	3390	有期徒刑3年，缓刑3年	5000元	如实供述
中山市第一人民法院（2015）中一法知刑初字第33号	3119	有期徒刑3年，缓刑3年	8000元	如实供述

在 2015—2019 年广东省对侵犯著作权罪所作出的判决结果统计中，侵犯著作权罪行为人被判处 1 年以下（含 1 年）有期徒刑的案件数量占侵犯著作权罪案件总量的 46%，被判处 1 至 3 年有期徒刑（含 3 年）的侵犯著作权案件占侵犯著作权案件总量的 39%，免予刑事处罚的占 7%，被判处 3 年以上有期徒刑的仅占 3%，对比我国《刑法》对侵犯著作权罪的刑罚规定可知，2021 年之前我国《刑法》规定的最高法定刑为 10 年有期徒刑，而广东省 2015—2019 年对侵犯著作权罪案件所作出的刑事判决结果显著较轻。《刑法修正案（十一）》顺应了社会实践的发展，将第 217 条侵犯著作权罪的第 2 档法定刑调整为 3 年至 7 年。虽然调整了侵犯著作权罪的法定刑范围，但据考察 2015—2019 年广东省法院所作出的侵犯著作权罪案件的判决结果，适用了第 2 档法定刑的案件仅占比为 3%。而随着科学技术的发展，侵害著作权行为所带来的社会危害性以及主观恶性逐渐加大，因此，尽管《刑法修正案（十一）》为适应司法实践而作出了相应调整，但其与司法实践作出的判决仍存在一定差距，两者的协调适应仍需一定的过程。

根据表 10 - 7 可知，在广东省 2013—2019 年所作出的侵犯著作权罪案件中选取了贩卖盗版光碟数量相近案件，并对其判决结果作了列举，进而发现法院对相类似、相同情节下的案件判决结果并不一致。比较突出的有，东阳市人民法院（2014）东刑初字第 1687 号判决书与崇州市人民法院（2018）川 0184 刑初 105 号判决书在侵害著作权人贩卖光碟数量基本相同、当事人均属未遂的情形下，判决结果分别为有期徒刑 9 个月、有期徒刑 2 年。虽然两起案件判决均属依法作出，但结果相差甚大，使民众难以信服。因此，关于是否应当统一司法裁判标准，以及如何进行统一，有必要进行研究与反思。

四、著作权侵权案件行刑衔接机制实体法上的障碍及原因

(一)"行刑衔接"机制实体法上的障碍

由于我国二元化的刑事立法体系,实践中对于著作权案件的处理不可避免地会存在两法重叠。而行政法相较于刑法具有前置性,因此一个著作权侵权违法行为产生后,首先会对其进行行政法上的价值评价,如果超过一定严重社会危害程度,才会对其进行刑法上的价值评价。看似有先来后到、井井有序,但在实践处理中,行政机关对知识产权涉嫌犯罪案件宁可处以巨额罚款,也很难考虑到移送问题。比如,2014 年 3 月 18 日,腾讯公司举报快播公司侵犯其《北京爱情故事》等 24 部作品的著作权事件,深圳市市场监督管理局认定快播公司非法经营额为 8671.6 万元人民币,对快播公司处了 3 倍的罚款,即 26014.8 万元人民币。❶ 既然认定非法经营额为 8671.6 万元,但首先想到的不是能否移送问题,而是怎样进行罚款计算的问题。

究其原因,虽在法律上对涉及的行政处罚和刑事处罚作出了界限区分,但是区分界限却模糊不清、解读不一。比如,针对"严重的社会危害性",具体怎样体现,却没有具体说明。而想要将行政违法行为界定为犯罪行为,就需要从刑法的评价体系去对该行为进行评价。其一是违法性,这一点不难理解。既然在移送司法机关前,行政机关已经对该违法行为进行了认定,那么在刑法上对这一点毋庸置疑,应亦认定为违法行为。其二是社会危害性,还应进行深层次的探究。只有法律能够适应社会的发展,才会实现它的有效性价值。但是在现实生活中,也会不可避免地出

---

❶ 参见:广东省高级人民法院(2016)粤行终 492 号行政裁定书。

现法律滞后于现实发展的情况。比如，在法律法规层面，行政机关对于侵权物品的价格难以认定时，一般以市场中间价进行确定，这也是行政机关的通常做法。但实践中，司法机关通常并不这样认定，公安机关一般会以相关物品的实际价格进行认定。❶ 因为在司法机关内部，公安机关如果以侵权物品的市场价格认定后移交至检察院，检察院在进行处理中极有可能会查清其平均价格，将案件退回公安机关。即使案件已经移送至法院，也有可能会被查清实际价格。因此，为了避免不必要的麻烦，公安机关通常是按照侵权物品的实际价格计算。但相关物品的价值按照这两种计算方式则会出现天壤之别。有的假冒物品本身价值极为低廉，但如果按照所侵权物品的中间市场价进行认定，则可能会出现"天价"。如果犯罪嫌疑人一直不供述相关物品的实际售价，直到法庭审理过程中才将销售价格供出，造成案件一再拖延，这也是在行政机关与司法机关对接案件过程中所遇到的难题。

而比较《著作权法》和《刑法》可得，两者区分的具体界限就在于"情节严重""数额较大""影响恶劣"等词语的规定。这也使得《著作权法》和《刑法》具有相同的调整对象，著作权犯罪属于行政犯，但其又存在着行政违法与刑事违法性的重叠与交叉。❷ 这样的弹性规定是刑法为了适应知识产权在当代科技下发展迅猛的现象，但也使得有关知识产权的行刑衔接工作难度加大。

（二）原因一："两法"价值定位存在差异

相较于"私权"而言，行政执法机关与刑事司法机关都具有

---

❶　张道许. 知识产权保护中"两法衔接"机制研究 [J]. 行政法学研究，2012（2）：103 – 108.

❷　谷永超. 论我国著作权犯罪实体性行刑衔接制度之建构 [J]. 中国出版，2018（19）：39 – 42.

公共属性，其保护的是"公共利益"，共同致力于对社会良好秩序的维护与发展。但二者又有本质不同，在价值层面，刑事司法权所追求的首要价值为"公正"，其侧重于揭露案件的真实性，保障犯罪人在每一个案件中能够被公正地对待。因此，刑事司法机关对案件所要求的证据标准更高，必须做到每一个事实都有证据支持并且必须排除合理怀疑。而行政权的行使更加侧重于效率，通常表现为在一定的期限内能够尽快结案。比如《行政处罚法》中规定了行政案件的查处期限为两年，如果两年内违法行为未被发现，则不再给予相关处罚，这也是考虑到对于已过时间较长的违法行为查处难度较大，损耗的时间过长，影响行政办案效率。在该价值理念的指导下，行政机关在实践中能够具有较高的主动性，但同时在收集证据方面尚达不到刑事证据的收集标准，这也成为案件在行政机关与刑事司法机关之间顺利流转的阻碍。

（三）原因二：有关"两法"衔接的依据效力层级不高

现有关于知识产权"两法衔接"的法律性文件主要是行政法规、部门规章及司法解释，其适用范围有限，法律效力等级偏低，约束性也就较弱。❶ 司法机关与行政机关在制定相关规章时，更多是立足于各自部门内部的角度，并且其制定的相关规范性文件都旨在约束部门内部人员的行为。依权责划分而言，行政机关制定的文件并不能规范司法机关人员的行为，反之亦是。因此，目前的专门针对知识产权行政执法衔接的规范性文件，其颁布主体多种多样，在《立法法》上的效力位阶较低，加之又没有出台相应细则，导致基层执法人员对适用哪种法规难以适从，这会使行政

---

❶ 陈波. 知识产权"两法衔接"机制的立法完善 [J]. 西安财经学院学报，2015（1）：99－106.

执法部门陷入执法困境。❶

（四）原因三：客体及对象保护范围过窄

顾名思义，侵犯著作权罪的保护客体是作者的著作权。我国《刑法》将侵犯著作权罪规定在破坏社会主义市场经济秩序这一章中，注重的是对知识产权经济价值的保护。根据《刑法》中具体条文规定来看，《刑法》对著作权人的财产权保护远大于其人身权，就著作权人的人身权而言，《刑法》仅规定了作者的美术作品署名权，而依据《著作权法》第10条规定，对于著作权的保护应当从人身权和财产权两方面进行保护。因此，对于著作权的实质保护范畴，《刑法》对于著作权的客体保护范围远小于《著作权法》对其客体的保护范围，导致"两法"衔接不畅。

关于著作权人的技术保护措施，主要有以下两点问题需要探讨。第一点，《著作权法》与《刑法》对侵害或避开技术措施的入刑门槛规定不一致。新出台的《刑法修正案（十一）》对其进行了规定，在选排位置上，《刑法》将对著作权人技术保护措施的内容规定在了第217条第6项中，这意味着侵害或规避著作权人技术保护措施的侵权人同样也必须具备主观"故意"＋"营利性目的"＋情节严重或其他，这在一定程度上对侵害著作权人技术保护措施行为人设置了较为严格的入罪门槛。与《刑法修正案（十一）》之前的侵犯著作权罪有所不同，侵害或规避著作权人技术保护措施的行为属于纯网络犯罪的一种，所带来的社会危害性比传统的侵权行为方式产生的影响要大。学界中对于著作权犯罪应当区分传统与网络空间的呼声较高，无论该种观点是否能够很好地解决

---

❶ 宗艳霞 . 网络环境下知识产权"两法衔接"机制完善思考 ［J］. 辽宁行政学院学报，2016（11）：17 - 21.

现实中所存在的问题，但值得肯定的是，学界中大部分人已经意识到网络犯罪所带来的危害性要明显高于传统领域犯罪。并且现实中侵害或规避著作权人技术保护措施的案件并不在少数，在OpenLaw 网站中检索关键词"技术保护措施""著作权""判决书"可发现，全国法院已经作出判决的利用技术保护措施侵害著作权的案件有 946 件，其中 2018 年 155 件、2019 年 100 件、2020 年更是高达 216 件。❶ 就此种情况而言，《著作权法》第 53条中对侵害或规避权利人技术保护措施行为进行了规定，确定了该种侵害行为在造成严重危害结果时应当由《刑法》予以规制。❷但随着《刑法修正案（十一）》的出台，侵害或规避权利人技术保护措施的行为有了严格的入罪门槛，从而对那些危害后果严重但未能明确构成犯罪的侵害行为只能对其进行行政处罚，这未免有失公允。第二点，《刑法修正案（十一）》有关权利人技术保护措施的规定主要规定了两种行为手段，一是"故意避开"，二是"破坏"。对于"破坏"行为入罪无须探讨，而对于"规避"行为需要展开以下讨论。首先可以理解的是规避行为是直接针对作者技术保护措施的行为，在侵犯著作权方面，仅规避行为并不会对"复制发行"造成影响。既然此种规避行为都可以入罪，那预备行为是否更应当入罪。相较于仅"规避"行为来讲，预备行为为后续的侵权人提供了软件产品或装置等工具，并且这种预备行为是规避技术保护行为的源头，是保证规避行为顺利进行的关键，反观

---

❶ 检索来源自 OpenLaw 网站，检索时间为 2021 年 8 月 31 日 11 时 52 分。

❷ 《著作权法》第 53 条规定了构成犯罪的，依法应当追究刑事责任的情形，其中第 6 项规定的情形为：未经著作权人或者与著作权有关的权利人许可，故意避开或者破坏技术措施的，故意制造、进口或者向他人提供主要用于避开、破坏技术措施的装置或者部件的，或者故意为他人避开或者破坏技术措施提供技术服务的，法律、行政法规另有规定的除外。

仅实施"规避"行为并不能直接对著作权犯罪造成影响，而此种"预备行为"在网络空间领域"直接而紧迫"，更应该对其进行打击。至于是否会违反刑法谦抑性原则，首先刑法谦抑性原则是指如果能够用其他法律进行规制，尽可能不动用刑法进行规制。但该解释本就是个伪命题，试问何为能够用其他法律进行规制，对此又有何标准进行衡量？而通过前文可知，该种犯罪中，"准备行为"比"规避行为"更具刑法上的危害性与紧迫性，"规避行为"既已入罪，"准备行为"因何不能？这也是实践中需要进一步探讨并解决的问题。而对于这些问题的进一步解决将直接影响到有关著作权违法犯罪案件是否应当移送的问题。

关于数据库，《刑法》第 217 条规定了侵犯著作权罪保护的对象，❶ 并以"其他作品"进行兜底。但因"法无明文规定不为罪"，因此对数据库的保护在实践中存在争议。就数据库而言，法国在专门的知识产权法典中，已经列为保护对象。我国《刑法》并未对数据库进行明确规定，因此，司法实践中，处理数据库的侵权案件时将数据库视为汇编作品进行保护。❷ 比如在"上海徐溪商务咨询有限公司与海南经天信息有限公司著作权纠纷上诉案"❸

---

❶ 《刑法》第 217 条对侵犯著作权罪的情形作了如下规定：（一）未经著作权人许可，复制发行、通过信息网络向公众传播其文字作品、音乐、美术、视听作品、计算机软件及法律、行政法规规定的其他作品的；（二）出版他人享有专有出版权的图书的；（三）未经录音录像制作者许可，复制发行、通过信息网络向公众传播其制作的录音录像的；（四）未经表演者许可，复制发行录有其表演的录音录像制品，或者通过信息网络向公众传播其表演的；（五）制作、出售假冒他人署名的美术作品的；（六）未经著作权人或者与著作权有关的权利人许可，故意避开或者破坏权利人为其作品、录音录像制品等采取的保护著作权或者与著作权有关的权利的技术措施的。

❷ 范楠楠. 侵犯著作权罪在网络环境下的适用问题 [D]. 上海：华东政法大学，2016.

❸ 参见上海市高级人民法院（2004）沪高民三（知）终字第 122 号民事判决书。

中，法院判决海南经天信息有限公司对其开发的数据库享有著作权。判决部分，法院对汇编作品进行了释明，肯定了该数据库在编排上具有独创性。再如，在"《中国学术期刊（光盘版）》电子杂志社诉赵某萍等著作权纠纷案"❶ 中，法院对该项数据库也是依照汇编作品进行了认定。依《著作权法》规定，汇编作品应当具备独创性，而数据库的特点更多的是在于其涵盖范围的全面性，若在内容涵盖的庞大性基础上再去强调其独特性，根本不符合实际情况。因此，刑事实践在对数据库的处理上与《著作权法》的规定相矛盾，加大了行刑衔接工作难度。

《刑法》条文关于著作权的规定在对象方面存有逻辑不清的弊病。❷《著作权法》中，文字作品是一类作品，音乐、戏剧、曲艺、舞蹈、杂技艺术作品是一类作品，电影作品和以类似摄制电影的方法创作的作品是一类作品，计算机软件也是一类作品。❸ 因此相同类型的作品合在一起形成了一个属概念，而在《刑法》规定中，却将文字作品与电视、音乐作品等进行并列，这显然是犯了属种不清的弊病，与《著作权法》中的规定逻辑不一，在实践中易对具体规定的内容形成误解。

（五）原因四：客观方面认定存疑

第一，犯罪数额的计算方面。从传统领域来讲，根据《刑法》第 217 条的规定，"违法所得"的认定对行为人刑事责任的大小、有无，具有极其重要的影响。但《刑法》中并没有明确指出违法

---

❶ 参见上海市黄浦区人民法院（2006）浦民三（知）初字第 15 号民事判决书。
❷ 赵星，董士昙. 论我国知识产权犯罪立法缺陷及其完善 [J]. 山东社会科学，2008（1）：147 - 149.
❸ 廖晓虹. 完善侵犯著作权罪的犯罪构成要件 [J]. 特区经济，2010（2）：254 - 256.

所得的含义以及如何计算违法所得的数额，正是如此，学界中关于"违法所得数额"颇有争议，比如有观点认为公众遵守法律的动因在于内心的道德谴责，而不在于违法成本高于犯罪利益，根本原因在于实施犯罪行为会被社会抛弃。❶ 除此类争议外，实践中也一直存在着关于违法所得数额计算方式上的分歧。从第一层面来讲，设置"违法所得"并没有考虑到被害人实际受到的损失。虽然最新的司法解释规定了对知识产权犯罪的罚金刑应当综合考虑违法所得数额、非法经营额、权利人损失等，但也只是用了"考虑"一词，关于如何考量，并未对其具体标准进行进一步的规定，目前实践中主要沿用的依然是违法所得标准。依刑法目的来看，依违法所得数额标准，其主要是针对犯罪的打击而忽略了人民具体权益的保护。依现实情况而言，"违法所得数额"一般难以查清、耗时费力，但是被害人的损失相对来说较易确定。因此，"违法所得"设置的本身就存有一定争议。就第二层面而言，"违法所得"的字面含义存有很大疑问。一种观点认为，"违法所得"不应扣除成本。主要理由是：没收违法所得仅是对当事人非法财产的剥夺，即使当事人持有的非法财产是其合法资本的物化，但因为其具有违法性，因而必须剥夺，其形式便表现为由法定行政机关没收并上缴国库。❷ 可见，此处"违法所得"的认定更多是强调行为主体作出的违法行为，通过违法行为收获的利益均认定为非法利益。第二种观点则认为，对于"违法所得"的认定不应当包含成本，其认定根据则是相关的司法解释将"违法所得"解释为非法获利，这一解释排除了成本价值。从第三层面来讲，对于

---

❶ KAHAN, DAN, M. Response: Between Economics and Sociology: The New Path of Deterrence [J]. Michigan Law Review, 1997, 95 (8): 4-4.

❷ 林清红. 侵犯知识产权犯罪中数额的认定 [J]. 犯罪研究, 2012 (4): 67-70.

经济类的犯罪，不应只将损害结果作为主要认定标准，还应包括国家经济管理制度和市场经济秩序。❶ 参考西方关于著作权犯罪的规定，不仅只对该罪的性质作出说明，更是对该种类型的犯罪量刑标准作出了相对清楚的责任界分。依据《刑法》第 217 条对侵犯著作权罪的规定，我国单纯参考"违法所得数额"和其造成的损害结果来定性刑事责任的大小，是否有欠考量，值得深思。

从网络领域来讲，在司法实践过程中对违法所得数额进行具体认定时常面对无法进行有效计算的困境，2004 年《最高人民法院、最高人民检察院关于办理侵犯知识产权刑事案件具体应用法律若干问题的解释》中增加了"非法经营数额"作为侵犯著作权罪的量刑标准，在一定程度上缓解了该矛盾。❷ 2011 年又发布了《最高人民法院　最高人民检察院　公安部关于办理侵犯知识产权刑事案件适用法律若干问题的意见》（以下简称《意见》）对网络环境中的侵害行为进行具体规范。比如，"注册会员数""点击量"的规定，初步解决了网络环境中出现的问题。但由于网络技术的复杂性，这些规定仍不能有效保护著作权人的利益。比如，在"孙某、成都五二天科技有限公司侵犯著作权罪案"中，❸ 二审法院对原判机关认定的侵权作品在网络中的被点击数 15 万次不予认可，其认为在证据不能达到确实充分并排除一切可能性的情况下，对被点击数的统计结果不应作事实上的认定。可见，在网络环境下"点击数"的认定方式存有一定的限制。在网络环境中用户只要点击鼠标就能够对数字化作品进行大量复制，"点击量"和"注

---

❶ 刘远山. 论我国著作权犯罪的定罪和处罚及其刑法完善［J］. 河北法学，2006（4）：19 – 27.

❷ 梅孝银. 网络环境下侵犯著作权罪司法适用问题研究［D］. 呼和浩特：内蒙古大学，2020.

❸ 参见：成都市中级人民法院（2019）》川 01 刑终 94 号刑事判决书.

册会员数"虽然方便了司法机关的认定，但这种量化模式无法应对数字化作品复制件的情况，对于压缩包的一次点击可以传播海量的作品数，可以对著作权人造成巨大的损失并产生不可估测的危害。❶ 除此之外，有学者认为将点击量作为计算方式的一种，难免会将"临时复制行为"误解为具有刑法意义的"复制"行为，会不当扩大著作权的刑法保护范畴。因此，目前对侵害著作权行为危害后果的界定标准难以应对具体实践问题，亟须作出进一步改变。

第二，"复制发行"表述不合理。在《刑法》对侵犯著作权罪作出修改后，新增了"通过信息网络传播"行为，最新修改的条文将其与"复制发行"行为并列，这在一定程度上很好地回应了之前有关司法解释将"信息网络传播"行为解释为"复制发行"的争议，促进了法律的进一步完善。尽管如此，在给"复制发行"解绑后，《刑法》仍无法改变其所固有的弊病。弊病一，"复制发行"依照文义解释进行理解，通常仅表示"既复制又发行"的含义，除了这层意思外，难以使人联想到还代表着"复制""发行"两项独立行为。弊病二，我国《刑法》第 217 条有关复制发行的规定是基于过去互联网应用并不普遍的情况下，侵权人若想通过侵犯著作权的方式进行牟利，必须对其作品进行复制并销售的行为。在过去，利用传统刻录、印刷方式进行侵权的犯罪方式较多，因此规定"复制发行"具备其合理性，但在网络如此发达的今天，"复制发行"的规定似乎显得不合时宜。其一，"复制"与"发行"在绝大多数情况下更多地表现为两种独立的行为方式。比如侵权人将实体作品以数字化的方式在电脑中储存从而永久性地进

---

❶ 李婕. 技术风险与 P2P 服务刑法归责之限制：以 P2P 传播未经他人授权的作品为
视角［J］. 江汉论坛，2018（5）：114-120.

行固定。除此以外，网络环境中存在着大量的临时复制行为，仅仅只是对某一网页进行浏览，也通常会产生临时复制行为，这两种复制方式与发行并无多大关联。其二，《著作权法》中的"复制、发行"中间已经用符号进行隔开，在文字表达上与所要表达的真实含义更加贴切，在《著作权法》已经作出完善的情形下，《刑法》仅是通过司法解释的方式来不当扩大其"复制发行"的具体内涵，不仅有失得当，更有违罪刑法定之嫌。

第三，权利管理信息不协调。现如今为了对自己的作品进行更好的保护，很多作者都会在作品中表明相应的作品权利以及可供使用的年限等信息，以此使用者能够明确具体的权利人以及可获得作品的具体相关权益。但随着网络技术的发展，越来越多地出现删除，甚至是更改作品权利管理信息的行为，使得权利人一定程度上失去作品的管理权且损害了具体使用人的知情权。鉴于这种行为所带来的危害性较强，部分国家都已经将该种侵害作者权利管理电子信息的行为纳入刑法的规制范畴。比如，美国就已经对伪造、更改、删除作者权利管理信息的行为规定了相应的徒刑。而我国关于作者权利管理信息的保护，在《著作权法》第53条中对其作有规定，❶ 确定了该种侵害行为在造成严重危害结果时应当由《刑法》予以规制。但我国《刑法》中并未对侵害权利管理电子信息的行为作出规定，导致行政机关在实际查处中，无法将侵害权利管理电子信息的行为移送至刑事司法机关，从而使得侵害后果严重的违法行为逃脱了法律制裁，尤其在网络时代下作

---

❶ 《著作权法》第53条规定了构成犯罪的，依法应当追究刑事责任的情形，其中第6项规定的情形为：未经著作权人或者与著作权有关的权利人许可，故意避开或者破坏技术措施的，故意制造、进口或者向他人提供主要用于避开、破坏技术措施的装置或者部件的，或者故意为他人避开或者破坏技术措施提供技术服务的，法律、行政法规另有规定的除外。

品数量剧增，呈现出作品泛化的特点。权利管理电子信息记载了作品的有关信息，能够对特定作品宣明主权，有利于作者权利的保护，因此对于将作者权利管理电子信息进行篡改、删除等的侵害行为在必要时应当将其纳入刑法的规制范畴。

第四，"行刑"严重程度判定领域存在交叉。对于侵害著作权违法行为的严重程度判定标准，在行政责任和刑事责任的规定中存在交叉。《刑法》中将侵权行为所造成的危害后果，依照"违法数额较大"和"严重情节"划分为两个标准，分别为3万元以上和5万元以上。而《著作权法实施条例》则对行政处罚设置了两个格次，分别是"非法经营额5万元以上"与"没有非法经营额或者非法经营额5万元以下"。❶ 可见，两者对于情节严重程度的划分存在较大差异，致使侵犯著作权行为所产生的行政责任和刑事责任存在竞合，不利于行政执法与刑事司法工作的展开。同样地，《意见》第13条对网络环境中侵害著作权行为的认定方式进行了规定，比如点击量、注册人数等，但与之对应的《信息网络传播权保护条例》并未规定出相应的行政责任衡量标准。这会导致行政执法机关在对相关违法行为进行认定时缺乏相应行政准则，直接依照《刑法》进行认定，难免会扩大侵权人所要承担的刑事风险。

第五，考量标准存在无序性。2011年的《意见》对网络环境下侵犯著作权行为的"其他严重情节"进行了规定，❷ 虽然明确了其具体的认定标准，但却未规定该四种界定标准的适用顺序，因

---

❶ 周学文. 版权执法行刑衔接的实体要素分析：以行为定性与处罚权限为面向 [J]. 河南机电高等专科学校学报，2019（1）：62-66.

❷ 2011年《最高人民法院　最高人民检察院　公安部关于办理侵犯知识产权刑事案件适用法律若干问题的意见》第13条中规定了四种"其他严重情节"，分别为非法经营数额、侵权作品数量、侵权作品的实际被点击数、注册会员数量。

而导致实践中标准适用的随意性。比如，宗艳霞学者曾指出，实践中，在抽样选取的 100 件网络著作权刑事案件中，司法机关均选择依据非法经营数额或者侵权作品数量定罪。❶ 可见，无论新型标准如何规定，大部分法官仍会选择较为传统的标准作为判定依据。法官对规则的适用已是如此，更难强求行政执法人员对相关涉罪案件进行精准剖析。这也加剧了行政执法机关在发现涉著作权犯罪案件后向刑事司法机关移送的难度。

第六，新类型侵权行为规范不一致。随着网络环境的发展，《刑法》已经无法应对新出现的犯罪行为方式。比如，私服，顾名思义就是私自开设的网络游戏服务器，指未经网络游戏著作权人许可，非法获取或破坏游戏本身的技术保护措施，控制网络游戏软件服务端的程序，并通过互联网向玩家提供网游客户端程序，私自运营他人网络游戏牟取非法经济利益的行为。❷ 比如，外挂，主要对游戏的程序进行实时性的改编，并将通过外挂改变后的数据传送给原游戏服务器。❸ 这两种侵害行为均会对网游公司的著作权利造成损害。在美国主要是依据版权法规制外挂行为，认为无论是网络游戏运行中的即时数据抑或是游戏用户在游戏过程中创造的内容均受版权法的保护，而外挂的目的归根结底就是避开网游的反外挂技术措施，侵害了权利人的著作权。❹ 我国民法及行政法规亦对私服、外挂等行为作出了相应的规定，但目前的刑法并

---

❶ 宗艳霞. 网络环境下知识产权"两法衔接"机制完善思考 [J]. 辽宁行政学院学报，2016（11）：17 – 21.

❷ 何渊，荣学磊，王欢. 网络游戏私服行为的刑法定性分析 [J]. 科技与法律，2011（5）：61 – 64.

❸ 范楠楠. 侵犯著作权罪在网络环境下的适用问题 [D]. 上海：华东政法大学，2016.

❹ SHIKOWITZ R. License to Kill：MDY v. Blizzard and the Battle Over Copyright in World of Warcraft [J]. Brooklyn Law Review，2009.

没有对相关侵害行为进行明确。这也导致了行政法规与刑法规制上的脱节，在私服、外挂造成了一定程度的损害结果后无法对其采取相应的刑事措施，不利于对网络空间著作权犯罪的治理。为了进一步保护知识产权，鼓励知识创新，有必要对新出现的网络侵权行为作以分析，进而考虑将危害后果较大的侵权行为纳入刑法规制范畴。

（六）原因五：主体方面罪责单一

2011 年发布的《最高人民法院关于审理非法出版物刑事案件具体应用法律若干问题的解释》第 2 条第 2 款中对"其他严重情节"的规定区分了单位和个人，其中单位非法经营额为个人的五倍，该种量刑情节存在以下不足：

第一，现实中，单位犯罪和个人犯罪所造成的危害结果可能相同，但单位犯罪具有一定的规模性，其造成的社会影响更为严重，并且单位犯罪具有更大的主观恶性。此种情形下，于情于理，应对单位犯罪降低门槛、加大处罚。而该解释却相对拔高了单位犯罪门槛，不利于罪责刑的统一。

第二，基于现有的关于单位与个人犯罪的区别性定性惩处规则，现实中的许多人为了逃避刑事制裁而注册公司来进行犯罪，企图以单位行为为由规避刑事处罚，❶ 从而获得更大的商业利益。

第三，TRIPS 强调应对形成商业规模的侵犯著作权类行为进行刑事处罚，该协议一定程度上也是单位和个人犯罪，强调对单位犯罪应进行更严厉的打击。而基于我国现有规则解释，与之恰恰相反，与社会实际不吻合。

---

❶　廖晓虹. 完善侵犯著作权罪的犯罪构成要件 [J]. 特区经济，2010（2）：254 – 256.

（七）原因六：主观方面认证困难

《刑法》第 217 条对侵犯著作权罪行为人的主观要求为具备营利性的目的，即实施侵害著作权行为的人希望发生侵害著作权的危害结果，为自己带来一定的经济效益，具备了积极追求这种结果发生的意志因素。❶ 但由于主观意志方面的因素具有一定的潜在性，通过行为进行识别具有一定难度，因此也为部分犯罪嫌疑人逃离刑事处罚提供了良好契机。除此之外，我国《刑法》中关于侵犯著作权罪的主观方面认定还存在着以下几点缺陷：

第一，一般来讲，侵犯著作权行为属于经济类犯罪，行为人非法贩卖盗版光碟、书籍等通常是为了谋求生计，因而在此种情况下可以认定侵权行为人主观上具有营利性目的。但现实情况中也存在着其他情形，比如，部分行为人侵害著作权的目的仅仅是名誉，又或者是报复或者毁坏他人的声誉，并不具备主观营利性目的。此种情形下，行为人侵害著作权的行为同样具备一定的社会危害性，被害人亦遭受到了损失，但若只因其主观上不具备营利目的而不对该行为进行刑事制裁，于犯罪嫌疑人而言，难以进行惩处教育，于一般民众来讲，亦难达到犯罪预防之效。

第二，与侵害著作权行为相较而言，侵犯商业秘密、假冒注册商标类犯罪行为在追求商业利益方面更为显著。依客观来看，给侵犯商业秘密罪、假冒注册商标罪这两罪的主观构成要件方面加之"以营利性为目的"未尝不可，但我国刑法对此两罪的主观方面只要求具备"故意"即可，却对侵犯著作权罪在主观方面规定了比假冒注册商标罪更为严厉的限制性规定，这在对知识产权

---

❶ 廖晓虹. 完善侵犯著作权罪的犯罪构成要件 [J]. 特区经济，2010（2）：254 - 256.

的刑事立法保护体系中有失协调。

第三，TRIPS 第 61 条要求成员方打击"故意伪造商标或盗版的行为"，仅以故意为要件，并无以营利为目的的要求。只要行为人存在故意，即符合第 61 条的主观要件，构成犯罪。❶ 综观各国相关刑事立法，多数国家也并未规定营利性构罪要件，反而一些曾规定了相关营利性构成要件的国家逐渐对该要件进行了取消。可见，我国规定的"以营利性为目的"门槛过高，并不符合未来发展趋势。

（八）原因七：刑罚规制不合理

第一，自由刑的适用裁量权过大。根据前文可知，实践中有关自由刑的适用不仅存在相似案件判决结果差异较大的问题，而且存在法院实际判决过于轻缓化的现象。不论是何种出发点还是无意而为之，归根结底均是由于自由刑的裁量空间过大而造成。根据《刑法》相关条文可知，我国关于侵犯著作权犯罪的规定，设置了两档自由刑，在《刑法》未作修改前，侵犯著作权罪的第二档法定刑为 3 年至 7 年，但经前文论证得出，相较于实践，刑罚空间幅度"绰绰有余"，因为 5 年以上 7 年以下徒刑的适用情况寥寥无几（前文已证）。而最新一次对侵犯著作权罪的修改中却将其刑罚幅度进一步扩大至 3 年至 10 年，虽提高了徒刑设置的上限，一定程度上对愈加严重的侵犯著作权行为作出了刑法上的积极回应，表明了对侵犯著作权罪的严厉打击态度，但这与具体的司法实践差距越来越远。要更适当地对该类犯罪进行打击，理论必须与实践相配套。因此，必须对有关该罪名中愈加扩大的法官自由裁量权予以合理的限制，使制度能够随具体实践的发展而作出更

---

❶　万丽红. 著作权刑事保护的不足与完善建议［J］. 人民检察，2011（11）：46.

为符合实际的改变，以期达到罪责刑相适应之效。

第二，罚金刑规定笼统化。由于著作权犯罪具有经济属性，因而无论是美国、德国等发达国家还是我国，目前学界中都认可罚金刑在应对著作权犯罪中的重要作用。但相较于自由刑，我国在相应罚金刑的规定上较为简单，并未对有关罚金刑的具体适用进行更加细化的规定，因此导致司法实践中对于罚金刑的适用存在较大差异。

目前我国有关侵犯著作权罪的罚金刑规定较为抽象，仅规定了一倍至五倍罚金，未进行进一步的细化。相关规定的不明确引发了具体实践中的一系列问题。其一，容易导致民众信赖度降低。我国有关自由刑的规定明确而具体，比如，关于盗窃罪的规定，对应的刑期分别为3年以下有期徒刑、拘役或管制，3年至10年有期徒刑与10年以上有期徒刑乃至无期徒刑。且对于具体刑罚对应的犯罪情节规定比较细致，对情节严重或情节特别严重的情形，通过说明加列举的方式使得具体行为对应的刑罚标准更为清楚明了，人们通过分析犯罪者犯罪情节的严重程度基本可以对犯罪行为对应的处罚格次进行预测，从而对案件的公正与否作出自己的判断，进而对案件起到一定程度的监督作用。但有关罚金刑的规定并没有如此细致的规定，民众一般无法从对犯罪者所判处的罚金刑中合理地推导出刑罚适用的公正与否，加之罚金刑在现实中的适用存在较大差异，因而容易造成民众对之不信赖的局面。其二，与具体量刑涵义相背离。在自由刑中一般对量刑的减轻、加重情节有具体的适用规定，法官在对该种因素进行衡量时，能够据此对案件事实作出判定，并将具体影响量刑的情节写入裁判理由中去，而由于罚金刑的适用并无具体衡量事实因素，因此法官对具体情节认知不同，罚金刑的具体适用也就出现不同，这样依赖于法官主观性认知所作出的罚金刑判决自然与明确而具体的量刑规则在具体内涵上相去甚远。其三，罚金刑的适用存在较大差距。罚金刑缺少具体的衡量标准，在适用过程中更多地依赖于法官的自由裁量权，而法官专业水平的高低以及人生阅历的不同均会导致具体案件中罚金刑适用结果的不同。比如在新余市渝水区人民法院（2018）赣 0502 刑初 397 号判决书中，侵权人侵权作品数量为 1162 部（集），对其判处罚金数额为 1 万元。而在鹰潭市月湖区人民法院（2020）赣 0602 刑初 17 号判决书中，侵权作品数量为 1142 部（集），对侵权人作出的罚金数额为 8 万元，相应的判罚依据难以具体衡量。

第三，缺乏相应资格刑。无论在网络环境下还是传统领域内，对于侵犯著作权的行为来讲，具有营业资质的网络服务商或卖家所造成的侵害后果更加严重。原因在于，其一，具有相应资格的厂商或卖家由于其曾取得合法的资质因此更易受到买家的信赖，并且通过日常积累具有一定流量的客户或销售渠道，更容易对市场秩序造成严重破坏。其二，作为具有资质的网络服务商或卖家，更有义务对其所销售的作品进行检查核实或者对其所提供的网络服务平台进行监管，因而其对著作权的侵权行为更是对自身义务的违反。所以对于此类违法侵害著作权的人群应当设置较普通人更为严厉的惩罚。由于网络的快速发展，商品流通对象范围变大，流通环节变短，进而侵害著作权所造成的危害性更强，亟须进行有效规制，而传统的刑罚具有一定程度的滞后性，仅是对罪犯已经作出的犯罪行为进行评价，起不到犯罪预防的效果。而资格刑对于该种犯罪来讲，不仅能够达到实际的效果，且同样符合我国当前所提倡的严而不厉刑事政策，对于进一步改造罪犯有实际意义，有必要进行增设。

（九）原因八：行刑案由认定存在差异

行政执法机关将涉及著作权犯罪案件移送至刑事司法机关需要有明确的案由。实践中，行政机关执法人员常常将知识产权犯罪、非法经营罪和生产销售伪劣产品罪混为一谈。[1] 在具体的著作权违法犯罪案件中，侵犯著作权罪与销售侵权复制品罪易产生混淆。实践中，刑事司法机关在具体案件的认定中，会出现混淆认定侵犯著作权罪与销售侵权复制品罪的情形，更难要求行政执法机关在移送相关案件时对案件的犯罪性质作出准确界分。比如，"姜某某侵犯著作权罪案"中，[2] 被告人对法院的判决不服，主要争议点为有关"复制发行"的认定。被告人认为，仅销售侵权复制品的行为应当被认定为"发行"，原因在于"复制发行"包括"复制""发行""既复制又发行"。而法院认为之所以单独规定销售侵权复制品罪，是将仅发行的行为独立出来，因此其认为不可以将该"发行"行为与侵犯著作权罪中的"复制发行"进行混淆。可见，即使在刑事司法机关内部对著作权的侵害行为认定也存有较大争议。在过去，行政机关常常会将犯罪对象及行为方式上存有交叉关系的罪名之间认定混淆，将罪名认定错误的案件向刑事司法机关进行移送，但常常会被原谅。[3] 但随着新司法解释的不断发展，罪名与罪名之间的区分愈加精准，因此行政机关的往常做法在当下无非成为行刑衔接工作新的阻碍。

---

[1] 张道许. 知识产权保护中"两法衔接"机制研究［J］. 行政法学研究，2012（2）：103–108.

[2] 参见湖南省邵东县人民法院（2015）邵东刑再初字第1号刑事判决书。

[3] 熊理思. 知识产权刑事保护与其他法律保护之间的关系协调［D］. 上海：华东政法大学，2016.

五、著作权侵权案件行刑衔接机制程序法上的障碍及原因

（一）"行刑衔接"机制程序法上的障碍

有关涉著作权犯罪案件行刑衔接程序应当分为三个阶段：第一阶段为涉罪案件移送前行政机关对案件的处理，第二阶段为涉著作权犯罪案件移送时行刑交接的处理，第三阶段为案件移送至刑事司法机关后的后续处理。因此，对行刑衔接机制的运行不应作偏狭义的理解，行政执法机关与刑事司法机关的分工、配合均对涉著作权犯罪案件的行刑衔接起着重要作用。对此，有关涉著作权犯罪案件行刑衔接机制程序法上的障碍应当从以下三阶段出发进行研究。

第一阶段：移送前——行政执法机关对涉著作权犯罪案件的处理

一般来讲，违法案件与犯罪案件存在着"质"的不同，这种质的标准是比较容易作出判断的。但在著作权侵权案件中，违法行为和犯罪行为仅存在"度"的不同，因此较难区分清楚。现实中，对于涉著作权犯罪类案件一般先由行政机关评判后再交由司法机关进行处理，因此行政执法机关在处理该类案件方面掌握着较大主动权，刑事司法机关则显得尤为被动。但相比较于刑事司法，行政执法无疑更易受到地方政府和外界因素的干预影响。❶ 行政执法机关对于案件的处理行为及其结果与自身部门的利益以及相应工作人员的各种福利密切相关，行政执法人员对部分本该移送的涉罪案件经过利益考量后，可能就不会再将其移送。现实中，有些机关会设立罚款"指标"，致使部门工作人员为了完成

---

❶ 钟民. 浅议行刑衔接 [J]. 工商行政管理, 2017 (1)：43.

指标，疲于寻找可罚事项，出现行政执法前半年松、后半年紧的不公平现象。❶ 因此，行政执法机关常常将大量依法应当移送的涉嫌犯罪案件，进行降格处理，使很多涉嫌犯罪案件在行政执法程序中得以"消解"。很多时候凡是涉及行政没收、行政罚款等案件，有关行政执法机关就会不管案件是否属于涉嫌犯罪的案件，而一律先进行行政处罚；只有行政处罚难以进行、行政处罚难以执行或者遭遇到抗法阻碍时，行政执法机关才会考虑案件的移送。❷ 这导致著作权涉罪案件多是被降格处以巨额罚款。除此之外，犯罪性案件与一般性违法案件相比，所需证据要求较为严格，且案件的行刑流转所需手续更为繁杂，因此该类情况一定程度上也导致了行政执法机关对涉罪案件"以罚代刑"的现象时有发生。

第二阶段：移送时——涉著作权犯罪案件的交接应对

在涉著作权犯罪案件的移送程序中，其一，需要指出的问题就是案件的交接主体规定较为混乱。在著作权涉罪案件的移送中，与行政执法机关对接的主体当属公安机关内部的治安管理部门，治安管理部门一般涉及的是有关危险物品、特种行业等治安防范类工作，其处理的事务较为繁杂。相对而言，经侦部门一般处理的是经济类犯罪案件，而我国刑法对著作权的保护侧重于其财产属性方面，因此经侦部门进行著作权涉罪案件的接收再好不过。我国刑法对商标类犯罪案件优先进行保护的也是商标所具有的财产属性，但商标类案件目前由经侦部门负责，同理，著作权类犯罪案件是否也应当由经侦部门负责，值得深思。其二，在证据的

---

❶ 周林. 试论行刑衔接制度之完善［J］. 法学杂志，2011（11）：55–58.

❷ 张兴武. 行政执法机关移送涉嫌犯罪案件存在问题及对策［J］. 辽宁公安司法管理干部学院学报，2012（4）：34–35.

收集、固定及证据的衔接方面，行政机关与公检法机关对于证据的要求并不一致。相对而言，行政机关对于证据的要求较低。因此，如果依照行政机关自身的要求对证据进行收集、固定，那证据移送至公安机关后，可能导致无法顺利移送至检察机关。如果行政机关在移送时依照刑事证据的要求进行收集固定，那可能会导致部分证据遗漏，结果造成司法机关反复要求行政机关补充移送相关证据的局面。无论何者结果，都会对行政机关和司法机关在证据的衔接方面造成障碍。其三，证据的移送时间也是造成证据转化不畅的又一因素。行政机关对于发现的涉嫌犯罪案件在第一时间能够移送是再好不过的，但如果行政机关由于各种因素对案件是否涉嫌犯罪认知的敏感性不高，长时间依照行政案件对待，这就使得案件在移送司法机关后错失良机，无法及时补足案件所需要的证据。比如，案件移交至公安机关时主要犯罪嫌疑人已逃跑，主要证据已被毁灭，原有的案件线索和证据链条已经断裂，使案件陷入侦查僵局。❶

第三阶段：移送后——刑事司法机关对著作权涉罪案件的后续处理

在著作权涉罪案件进入到刑事司法程序后会存有以下三点问题。其一，由于执法人员素质参差不齐、部门利益壁垒等原因，行政执法机关最初移送的案件材料可能并不规范，如缺少相应的行政处罚文书、鉴定意见等，公安机关常采取先非正式接受案件，然后等待行政执法机关补齐应移送的材料，再履行正式的交接程序，直接退回的情况较少。❷ 但这一做法在一定程度上会导致案件

---

❶　张钧，孙晓慧. 版权行政执法与刑事执法衔接若干问题及建议［J］. 中国版权，2010（4）：60.

❷　王巧苓. 关于刑事立案过程行刑衔接问题的思考［J］. 公安研究，2017（1）：40.

的积压，回避了公安机关有关案件的立案期限规定，影响办案效率。其二，行刑衔接机制的运作是一个双向联合运作的过程，不仅需要行政执法机关向司法机关提供案件材料信息，还需要刑事司法机关在接收案件后对案件的处理进行实时的反馈，两机关的联合运作、配合才能保证案件处理的顺畅、公平。因此，这离不开信息共享机制的建设。但现实中，在推进衔接机制建设方面，往往停留于发个联合文件、开几次联席会议的层面，缺乏实质性的运作。❶刑事司法机关在接受案件后难以对立案之前的情况进行分析，行政机关也难以对司法机关对案件的具体后续处理情况进行了解。公安机关在对案件进行审查后，如果情况顺利，后续案件的处理将会涉及检察机关、审判机关。反之，案件可能会被退回，由于信息阻塞，可能会出现行政机关只知案件已被退回，但并不明了案件被退回的具体缘故以及具体处理细节，这均会导致涉罪案件行刑衔接上的阻塞。其三，《刑事诉讼法》对公安机关监督立案的规定界定为对"公安机关立案之后的行为"的监督，但对于公安机关是否依照法定程序接受并审查案件以及如何确定案件是否应立案等程序和实体方面的操作、是否应当监督以及如何监督，并没有明确作出规定。❷对于行政执法机关违法不移送、公安机关违法不立案等情况，检察机关尚无法完全介入其中进行法律监督，这也是导致有案不移的又一因素。

（二）原因一：案件移送标准不明

第一，"公共利益"概念模糊。损害"公共利益"的案件一般

❶ 宋跃，曹国华，陶伯进. 构建行政执法与刑事司法网上衔接信息共享机制的实证研究：以检察机关的法律监督为视角 [J]. 河南工业大学学报（社会科学版），2011（2）：82–88.
❷ 李卫刚，姜雨奇. 行政执法与刑事司法衔接机制实证分析：以新疆为例 [J]. 新疆师范大学学报（哲学社会科学版），2012（5）：55–61.

由行政机关进行管理，但在《著作权法》中仅仅规定了侵权公共利益，并没有具体指出"公共利益"的含义。实践中，人们生活的环境一定程度地存在着错综复杂的关系，任何一个侵权行为的发生都有可能或多或少地会对公共利益造成损害。换言之，侵权行为在一定程度上均可以被涵盖进侵权公共利益的范畴。因此，对于"公共利益"的把握，一定要具体严格。反观实践，著作权行政保护的一贯强势以及法律规定得过于抽象，导致某些著作权行政管理机关不仅将没有直接侵害公共利益的版权侵权行为纳入行政处罚的范畴，甚至对某些已经涉嫌侵犯著作权罪和非法经营罪的著作权侵权刑事案件，也直接通过行政处罚程序结案。❶ 可见，对于"公共利益"的进一步明确，具备现实上的紧迫性。

第二，管辖权分配不均。《行政处罚法》中规定——"违法行为构成犯罪，应当依法追究刑事责任，不得以行政处罚代替刑事处罚"可视为行政机关移送案件的权力来源。该条强行性规则看似无选择余地，但"违法行为构成犯罪"这一假定条件，事实上赋予了执法机关对违法行为是否涉嫌犯罪的斟酌、判定之权力。❷但是如何去执行这一裁量权，并没有与之相应的具体规定，这使得行政执法机关在涉罪案件的把控上掌握着较大的自主权。加之《著作权法》与《刑法》对于案件行刑衔接标准上具有模糊性，一定程度上赋予了涉罪案件以"活性"。如此，行政执法机关可以根据自己部门的要求适时调整案件的处理结果，比如，对本该移送刑事司法机关的侵权案件进行降格处理。

---

❶ 王立新，王之晓. 版权行政保护的边界及其与司法保护的衔接论［J］. 出版广角，2019（19）：34–36.

❷ 周学文. 版权执法行刑衔接的实体要素分析：以行为定性与处罚权限为面向［J］. 河南机电高等专科学校学报，2019（1）：62–66.

第三，案件移送与接受主体对应混乱。根据《公安部刑事案件管辖分工规定》，对于行政执法部门移送的涉嫌知识产权犯罪案件，并不是完全由公安机关经侦部门接受。公安机关内部的经侦部门主管侵犯知识产权罪中的 5 个罪名，侵犯著作权案和销售侵权复制品案由公安机关内部的治安管理部门负责。❶ 而在《刑法》中，侵犯著作权罪被归纳至经济类犯罪当中。因此，该分工规定与《刑法》规定存在一定程度的冲突，如此的管辖分工极易导致公安机关内部的权责不清，容易造成案件在部门之间的相互推诿情况，这也是著作权涉罪案件在行刑衔接上的一大阻碍。

第四，案件移送材料缺乏配套标准。在对行刑对接进行规范的法律文件中，只有《行政处罚法》位处狭义的法律层级，但是《行政处罚法》中只有一个条文对是否应当移送作出了原则性的规定，而规定移送的审查内容、移送的文件、证据的收集、对不移送的监督、公安机关的立案程序、对不立案的监督等具体问题的规范性文件都是行政法规、司法解释和其他效力层级更低的部门规章、通知等。❷ 而规范性文件多是由各个部门分别进行制定，而各个部门的制定势必包含自己部门的利益考量，并且各部门制定的规范一般只规范于该部门内部活动，因此无论在价值理念上还是在具体材料的衔接上都存在较大阻碍。比如，《行政执法机关移送涉嫌犯罪案件的规定》在案件审查期限上与其他规定并不一致，因而有些涉嫌犯罪案件就会因为行政执法机关移送的不及时，导

---

❶ 张道许. 知识产权保护中"两法衔接"机制研究 [J]. 行政法学研究，2012 (2)：103 – 108.

❷ 周国君，程绍燕. 行政执法与刑事执法对接之正当性及建言：以疑似罪案材料移送为视阈 [J]. 山东警察学院学报，2010 (4)：41 – 47.

致错过侦查、取证时机，出现证据链条断裂。❶ 除此之外，其第 6
条关于移送材料的规定较为模糊，比如涉案物品清单，并没有进
一步的详细规定。其中，也并没有对"其他材料"进行解释说明。
因此，在材料的移送上，行政机关存在一定程度的自主性，不利
于涉罪案件的行刑衔接。

（三）原因二：证据转化标准不清

《刑事诉讼法》第 54 条对于刑事证据的范围并没有进行明确
列举，行政机关所收集到的证据是否应当进入刑事诉讼程序以及
行政执法证据在向刑事证据转化的过程中是否得到了相应的监
督、合理的质证，这些都是在证据转化过程中所存在的问题，行
政机关、司法机关的理解并不一致。具体在现实层面表现为两种
做法。其一，司法机关可能通过直接调取的方式将行政执法部门
取得的证据转换为"合法证据"，甚至是将行政机关以非法手段
收集的证据通过调取使其获得证据能力，并直接应用于刑事案件
当中，从而规避"非法证据排除规则"，严重侵害了案件当事人
的合法权益。❷ 其二，对于行政保护中认定的事实在相关案件移
交刑事司法机关之后，只能作为普通的证据而不能直接在司法保
护程序中予以认定，诉讼前行政保护程序已经获得的相关证据和
材料都必须在诉讼过程中作为全新的证据和材料重复举证和提
交，❸ 这在版权行刑衔接工作中尤为显著，极易造成极大的公共资
源浪费。

---

❶ 张兴武 . 行政执法机关移送涉嫌犯罪案件存在问题及对策 [J]. 辽宁公安司法管
理干部学院学报，2012（4）：34－35.
❷ 杨东 . 行政执法与刑事司法衔接之证据转化机制研究 [J]. 黑龙江省政法管理干
部学院学报，2013（6）：104－106.
❸ 王立新，王之晓 . 版权行政保护的边界及其与司法保护的衔接论 [J]. 出版广
角，2019（19）：34－36.

在对接"行刑衔接"工作当中，鉴定意见也是一大关注重点。鉴定意见是某一领域的专家依据一定的科学方法所作出的专业性结论，因此具备一定的专业性；其所要求的技术性较高，因此也必须由一些专门机构中的专业人士出具方能具有说服力。但是实践中出具鉴定意见的并不往往只是这些部门，在行政证据方面，工商、海关等部门会根据产品质量出具鉴定意见。但这些部门并非合格的司法鉴定主体，却又在证据这一块承担着不可或缺的角色，对于犯罪证据的提供起到了重要的支撑作用。因此，在行刑证据转化方面，鉴定意见相关问题的解决迫在眉睫。

（四）原因三：利益因素诱导

出现行政机关向刑事司法机关有案不移现象的原因除行政机关在执法过程中难以具体把握外，还有一重大因素，就是与行政机关息息相关的利益因素。我国的有效激励机制，对于行政执法机关的绩效考核一般都是以全年办案数量的多少来进行评价，一些地区更是将在办案过程中得到的罚款作为部门补贴来源。政府的财政部门通过上缴的罚没款进行返还，罚没款的多少和执法部门获得的财政拨款成正比的同时，执法部门也将部分返还的罚没款作为执法人员的补贴，并美其名为办案补贴。❶ 在这样的奖罚情形下，必然会导致行政机关在移送案件方面有所懈怠。行政机关在主观上失去了向刑事司法机关移送案件的动力，客观上也使得许多案件在移送刑事司法机关后错失最佳办案时机，浪费公共资源、得不偿失。

（五）原因四：信息共享机制不健全

从全国而言，尚未有统一规划建设的信息共享平台的工作意

---

❶ 李娟. 行政执法与刑事司法衔接机制研究 [D]. 太原：山西大学，2010.

见或者工作机制投入实质性的运作。❶ 我国目前的信息共享平台建设主要是各个地方为主体进行运作，从本质上来讲缺乏国家层面的推进。并且在已经建成的信息共享平台地区，也仅限于地区内部之间的交流沟通，可以解决一个地区内部之间的信息需求，但就全国范围来讲，还有待进一步完善。在信息共享机制的定位方面，有的地区是以打击经济犯罪为重点进行建设，而有的则是以职务犯罪为重点进行打击。对于信息共享平台的定位各异，也成为全面统一建设全国性范围的信息共享平台的较大阻碍。

（六）原因五：对案件的行刑衔接工作监督不足

第一，案件办理工作的监督方面——检察机关权力受限。《人民检察院办理行政执法机关移送涉嫌犯罪案件的规定》第 12 条规定了"检察机关发现行政执法机关应当移送的涉嫌犯罪案件而不移送的，可以提出检察意见"，但是法律所赋予的检察意见权本身是一种柔性的权力，检察意见的效力无法保证，实践中也很难顺利操作，从法律层面上也缺乏可以遵循的具体规定。❷ 因此，法律虽然赋予了检察机关对案件移送情况的监督权，但在权力的行使上存在较大障碍。其一，"检察意见"本身不具备强制力，难以形成威慑力。其二，即使检察机关进入了监督程序，但对行政机关案件办理情况并不了解，只是在事后参与到案件办理的监督流程中，因此难以把握案件办理全貌，造成监督机关工作人员始终游离于案件之外的情形。

---

❶ 宋跃，曹国华，陶伯进. 构建行政执法与刑事司法网上衔接信息共享机制的实证研究：以检察机关的法律监督为视角 [J]. 河南工业大学学报（社会科学版），2011（2）：82 – 88.

❷ 易玲. 对涉嫌知识产权犯罪案件移送机制的探讨 [J]. 湖南大学学报（社会科学版），2012（3）：152 – 156.

第二，信息共享平台的监督方面——缺乏完备监督体系。在对信息共享平台的监督方面，由于没有对检察机关的监督权作出实质性的规定，因此案件是否应当在网上进行共享这一决定权仍然取决于行政机关。在实际工作中，行政机关不可能将所有案件逐一录入，因此在案件的筛选方面，行政机关拥有较大的自主权。这种自我监督式的行政方式也必然会导致"有案不移""以罚代刑"等现象。行政机关与刑事司法机关在案件的移送、备案以及审查情况反馈等方面的衔接不到位❶，需要进一步出台相应的建设措施进行完善。

六、著作权侵权案件行刑衔接机制的完善思路与建议

（一）价值层面：构建"大保护"治理体系

在著作权的国际保护方面，TRIPS 对著作权犯罪进行了相应的规定，我国也基于此对侵犯著作权的行为加大了打击力度。随着科学技术的发展，互联网的侵权行为也愈加多样化，在新技术发展下的后 TRIPS 时期，美国专门针对数字技术和互联网发展立法进行了修订。❷ 国外许多国家，如日本、韩国等也进一步修订了相关的法律法规，同时也助推了国际上新一轮的著作权保护格局。同时，我国在著作权保护方面面临的压力也逐步变大，对于著作权的保护力度也应当顺应国际化的趋势进一步加大，同时也应当在此基础上衡量我国的现有国情，对著作权的保护进行本土化。我国对著作权的相关立法及保护起步晚但发展快，因此，在法律

---

❶ 刘红. 网络环境下知识产权案件行政执法与刑事司法衔接机制研究 [J]. 江西科技学院学报，2016（1）：73.

❷ 朱磊. 后 TRIPS 协定时代的著作权刑法保护国际化及中国立场 [J]. 求是学刊，2017（2）：91－99.

法规的不断更新完善下，应注重对著作权保护的执行情况，做到稳步、高效，切不可贸然移植国外对著作权的保护举措。

在著作权的国内保护方面，应当从立法、司法、执法、监督等方面对著作权进行全方位的保护，在逐渐适应国际化趋势的同时构建好我国特色的著作权保护价值体系（参见图10-1）。

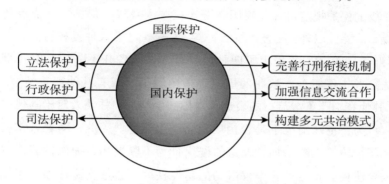

图 10 – 1 著作权全方位保护示意图

1. 健全立法保护制度

我国已经树立起对知识产权保护的大格局理念，但就目前的立法状况而言，离目标体系的建设尚存有较大差距。比如，《著作权法》《刑法》并未达成标准上的统一。《刑法》中虽然有侵犯知识产权罪章节，但对个罪的入罪标准较为模糊，操作性不强。❶ 由此所导致的"两法衔接"不畅问题会大大降低著作权保护成效。因此，应着眼于宏观体系对相关法律法规进行进一步的完善。

第一，扩充著作权人相应权利。知识产权对于市场发展而言，具有财产权属性。就主体而言，具备人身权属性，因此，对于著作权的法律保护，不应只倾向于财产属性而忽略人格权特质。因

❶ 张道许. 知识产权保护中"两法衔接"机制研究［J］. 行政法学研究，2012（2）：103 – 108.

此,《刑法》在对知识产权所固有的人身权保护方面,无论是立法还是司法,都需要加强和完善。

第二,明确著作权保护范围。《著作权法》第 10 条规定了所保护的著作权人权益,其中规定了 4 项人身权益,而《刑法》中关于著作权的人身权保护方面仅涉及美术作品。观乎国外关于著作权的保护规定可知,我国在著作权中人身权的保护方面尚有待提高。除此以外,《著作权法》第 53 条规定了八种侵权行为,而《刑法》第 217 条规定了四种侵权行为,两者并不一致。但《刑法》关于侵犯著作权罪的规定中却运用了"或有其他严重情节""其他特别严重情节"的表达,容易产生歧义,并使人对于其他侵权行为在特殊情况下是否构成犯罪产生疑惑。因此,随着著作权经济价值的不断增加,大量的侵权行为不断发生,为保护著作权人合法权益和维护著作权市场的良性秩序,通过立法加强对著作权的法律保护成为必然之选。❶

第三,统一证据认定规范。在行政保护方面,对行政执法机关的取证、保存证据、移送证据等方面都应当制定严格的规范标准,将较自由的行政执法裁量权约束在制度的牢笼中。在著作权的刑事司法保护方面,关于证据的核实、补充、认定都应有相应较为细致的规则标准,尤其在有关著作权侵权的行政证据向刑事证据转化的过程中,应当对证据的认定有严格、细致的审核流程,设置完善的证据指引规定,为行政执法与刑事司法的顺利衔接奠定良好基础。

第四,加大刑事惩戒力度,严格规范行政处罚行为。如前文所例证,我国对著作权刑事处罚在自由刑的适用方面普遍较轻,

---

❶ 罗曦. 论著作权刑事保护范围: 基于《著作权法》与《刑法》的比较分析 [J]. 知识产权, 2014 (10): 50 – 56.

对著作权侵权人所判处的罚金数额也相对极低。而知识产权犯罪案件多发，仅在 2012 年全国工商系统立案查处的商标案件数量达 3.19 万件，2019 年更是达到了约 12 万件。❶ 可见，知识产权犯罪社会影响极大。因此，在著作权的刑事司法保护方面，应当提高罚金刑标准，加大惩戒力度。依现实中的行政处罚结果来看，应当严格规范行政执法人员的自由裁量权，将行政罚款惩戒限定在一定范围内。

第五，完善诚信档案"黑名单"制度。对于故意多次实施侵犯著作权行为，屡教不改的单位或个人（尤其是已经取得了合法经营资质的市场主体），应当对该单位或个人有关情况予以公开，建立失信惩戒机制；对于市场中多次侵权造成严重不良影响的单位和个人，实行分类监管，严格对其产品进行把关。在著作权的行政保护和司法保护之外，在道德上对该种行为进一步形成约束，从而减少侵犯著作权事件的发生。

2. 严格行政执法保护

根据现行的《著作权法实施条例》和《著作权行政处罚实施办法》，著作权行政处罚的程序中行政机关仍然具有很大的裁量权。完全凭行政机关来判断公共利益，不可避免地扩大行政权的恣意。❷ 因此，制定严格的行政执法标准，将裁量权限缩在一定的框架之内，在对著作权进行行政保护的同时，防止行政权的恣意扩张。

第一，增加处罚种类。现实中行政执法机关对著作权侵权人多是采取罚款的方式进行追责，但罚款可能适用于一时，并非长期有效之举。在执法过程中，应对于不同情形的问题进行不同的

---

❶ 数据来源于 2012 年、2019 年《中国知识产权保护状况》白皮书。

❷ 徐铭勋. 论我国著作权的行政保护 [D]. 北京：北京工商大学，2010.

处置。比如，对于一般违法的中小企业和个人可以视情节处以罚款。因为中小企业或个人侵害著作权的行为规模较小，资金较为匮乏，因此进行经济上的制裁能够对其资金产业链产生较大影响，进一步影响其再犯能力。对于已经取得了相应资质的从业单位，如果发现有侵害著作权情况，行政执法机关应当视情况对其采取吊销其营业执照或责令停产停业等措施。原因在于，相比于行政罚款，吊销营业执照、责令停产停业的措施更能较为直接地制止现有危害，避免未来再犯可能。

第二，建议实行双罚制。在对单位进行罚款时，应当对单位直接责任人进行处罚。单位活动执行的是整体的意志，而整体的意志是由一部分决策成员所作出的。如果只对单位整体进行处罚而不对相关责任人员进行惩处，单位犯罪意志并未从根本上进行消灭。相对而言，对单位相关责任人进行并罚不仅能够使得相关人员受到惩处，而且能对单位内部其他人员起到警示作用。

第三，除了完善行政执法机关的处罚机制，还应当对行政机关作出的处罚行为予以监督。检察机关对行政执法办案情况的监督具有一定的滞后性，而时间的拖延于著作权人的权益无益。案件办理的正当性与否，当事人的感受最为直接。因此，应增加著作权人的权利，使其对行政机关的不作为、乱作为现象进行监督和申诉，在保障公正的前提下更好地提升解决问题的效率。

第四，注重对新兴产业的著作权保护。文化发展的种类越来越多，文创产品也逐渐占领高地。文创产品的保护对于产业经济的发展能够起到很好的推动作用。因此，行政执法机关应当注重新兴文化产业的版权保护，推动文化产业的公共服务价值并激励版权人的创新活力。

3. 完善刑事司法保护

第一，准确认定侵害著作权行为。实践中，侵害著作权的案件行为方式各异、情形相对较为复杂。刑事司法机关在对著作权案件进行审查认定时，必然会出现需要区分此罪与彼罪、罪与非罪的情形。关于此罪与彼罪，非法经营罪与侵犯著作权罪在构成要件上极为相似，因此在区分上需要加以把握。两罪在主体、主观方面一致，但在客观行为方面的行为方式不同，危害结果上侵犯著作权罪所要求的条件比非法经营罪的危害结果要大。除此之外，在司法实践工作中，还要注意销售侵权复制品罪与侵犯著作权罪的竞合。如果对自己制作的侵权盗版产品进行自行销售，可以认为制作和销售两个行为具有紧密的关联性，可以在整体上认定为一个行为，因此对其以一罪进行认定处置。将同时侵犯的两罪名进行竞合，择重进行处理。关于罪与非罪，刑事司法机关在对著作权进行保护的同时，要兼顾到著作权的"公益性"，对在合法的范围内进行使用的行为不应认定为侵权。法无明文规定不为罪，刑事司法机关应当严格按照法律的规定对著作权进行保护。

第二，明晰司法裁判规则。对行政执法机关发现的侵犯著作权案件，一般由行政机关进行处罚，但对于社会危害性严重的案件，应当由行政机关移交至刑事司法机关进行查处。因此，两机关对待同一案件的标准不一，由此产生了行刑衔接现实上的阻碍，同时也为刑事司法机关的进一步审查带来困难。就著作权而言，本身就含有公权、私权两种属性，因而著作权的刑事司法保护本身就是行政机关与刑事司法机关合作的结果。基于此，应当明确刑事司法裁判规则，以便引导行政执法机关对著作权犯罪案件进行准确把握，促成行政执法机关与刑事司法机关高效配合。

第三，加强网络著作权保护。随着科学技术的发展，对于著作权在网络保护方面出现了较大难题。对网络类著作权侵权行为的认定难度在于侵权事实的把握上，关于间接的侵害著作权行为，不应集中于客观行为特征的认定，还应从主观意志和行为效果方面进行把握。技术的发展不应认为是对著作权保护的阻碍，相反，更应利用发展良好的技术，利用大数据平台提高办理著作权案件的效率。

第四，做好新问题的应对举措。面对经济形势的迅猛发展以及侵害著作权的行为愈加隐蔽的特征情况，应当合理利用好著作权的强保护和弱保护手段，形成打击合力。在对侵犯著作权案件的救济方面，注重权利人的意志，合理采用公诉和自诉相结合的举措，扩大对著作权的救济方式。在我国现所提倡的对著作权加强保护的环境下，应进一步扩大打击范围，协调好行政机关和司法机关的配合工作。面对新局面，采取新举措，形成网状态势，对著作权加大保护力度。

4. 畅通行刑衔接机制

加强行政权对著作权的保护，可以发挥其高效率、低成本的优势。但司法保护是最后一道屏障，应是知识产权维权的保障、侵权的威慑，也是"主导作用"的真正要义所在。❶ 但主导并非要将有关著作权侵权案件的大部分或者全部移交给司法机关进行处理，而是在行政机关将涉著作权犯罪案件移送至刑事司法机关时由司法机关进行有效的引导。比如，不同的证据材料应当依照不同的刑事标准体系由司法部门进行审核并引导行政机关进行补充完善。顺畅著作权行刑衔接程序，是构建著作权大保护的关键，实现著作权的行政执法和刑事司法的无缝衔接，对于提高办事效率、更好保障《著作权法》的实施具有重要意义。❷

---

❶ 韩秀成，谢小勇，王淇. 构建知识产权大保护工作格局的若干思考 [J]. 知识产权，2017 (6)：83 - 86.

❷ 闫巧玲. 我国著作权的刑事司法保护研究 [D]. 郑州：中原工学院，2016.

第一，提高办案的及时性。为更好地收集、固定证据，使行刑衔接工作进展顺利，行政执法人员在收到举报信息后，应当快速组织成员初步核实后立即赶往案发现场进行调查。调查结束后应当将案件的相关证据立马固定下来，以备刑事司法机关的后续审查。同时，一旦明确案件侵权性质，应当立即采取措施，没收相关违法物品，并要求侵权人立即停止侵权行为。

第二，尊重"私权"属性。行政执法人员在对案件情况进行调查时，如果依法确认行政相对人确有侵权行为，但并不对公共利益构成威胁，应当注重公民的意思自治，双方同意调解的案件应当进行调解，切不可为了完成办案指标对此类案件作以行政处理。基于此，不仅可以提高办案效率，而且有利于节约行政资源。

第三，明确案件管辖界限。行政执法人员在对著作权侵权案件作出行政处罚时，应当严格按照相关法律及解释，依法进行调查，对不应由行政执法机关管辖的案件应当及时移送相应机关。刑事司法机关在对移送来的案件进行审查时，对于需要进行证据补足的案件应当要求行政机关进行证据补足，而不应直接进行否定。通过行政执法机关与刑事司法机关的衔接、配合推动著作权的进一步保护。

第四，加强执法人员培训。对行政执法人员定期进行培训，针对每一次《著作权法》的修改及相关条例的最新发布，行政机关都应当组织人员进行学习，《刑法》及其解释内容的学习也应当包括在内，同时对执法人员可进行定期考核。不仅要加强检察机关对刑事司法机关的监督，在行政机关内部也要"自我监督"，比如优化考评方式，以奖惩举措来对行政执法人员行为进行约束。

5. 加强信息交流合作

著作权的保护不仅涉及行政机关、公安机关，还有法院、检察机关等多个部门，因此，为相互之间对著作权案件处理情况的沟通交流，必须消除沟通障碍，所以有关信息共享平台的建立就显得尤为重要。各个机关部门必须派专人对信息共享平台内容录入工作进行负责。因为行政执法部门和刑事司法机关的实时对接，应该是双向衔接即双向运行的。❶ 因此，必须尽可能保证两机关在输送和读取信息上的对等性。对信息录入的具体时间、内容等作出细化规定，尤其是涉案金额、造成的损失等关键性信息，版权执法机关必须向司法机关通报。❷ 公安机关、检察机关、法院也应当将案件的后续处理情况公布在信息共享平台上，以便于行政机关对案件的后续情况进行了解和监督。同时，刑事司法机关对行政机关在案件移送前的情况也可以通过信息共享平台进行了解。如此，不仅可以实现检察机关对行政执法、刑事司法两机关的监督，还可以在行政执法机关和刑事司法机关之间形成制衡，促成两者相互配合、相互监督的局面。因此，信息共享平台的建设无形中既加强了相互之间的信息交流合作，还进一步扩大了监督主体的范围。

6. 构建多元共治模式

著作权的严加保护，除了加强行政机关与司法机关对著作权违法犯罪行为的打击查处外，还应进一步对其公权力进行监督。我国现有的检察机关拥有监督职能，可以与相应的公权力形成制衡。但司法资源毕竟有限，检察机关不可能做到案件挨个排查、实时排查，因此，在著作权的监督方面，全民共同监督才是最有

---

❶ 李施绘. 行政执法与刑事司法衔接实践存在问题与改进对策研究 ［D］. 昆明：云南大学，2017.

❷ 杨彩霞. 网络著作权"两法衔接"程序机制之完善研究 ［J］. 云南大学学报（法学版），2016（4）：78－84.

效的举措。而全民共同监督，除了当事人能切身感受到权力的运行是否公正外，其他人对案件处理情况并不了解，因此必须扩大监督范围，注重新闻传媒行业对公权力行使情况的监督作用。行政机关应当对外进行定期的执法报告工作，对于关切到广大人民利益的问题可以召开听证会，媒体也可以进行行政问责，对公权力机关扩大监督渠道，形成道德约束。

（二）实体层面：完善衔接制度，修正"两法"相关规则

1. 协调行政、刑事司法价值理念

行政权与刑事司法权所保护的范围均属于公共领域，但行政权更加强调效率价值。近几年的实践中所出现的行政执法机关与刑事司法机关联合打击著作权违法案件的现象，目的是对著作权违法犯罪行为进行更有力的打击，这也有利于行政机关"效率"价值理念的实现。但对于刑事司法权来讲，这样联合执法的方式会影响行政机关与刑事司法机关的独立性，一方面提高了"效率"价值，另一方面刑事司法机关提前介入案件，又在一定程度上影响了"公正"价值，因此这样联合打击的方式固然有其可取性，但同时也对司法机关依法独立行使审判权造成了一定的影响，与我国愈加重视司法权解决实际问题的趋势不相符。比如，自2013年始，《中国知识产权保护状况》白皮书里开始将知识产权的司法保护列于行政保护之前，这样的调整能更加突出司法保护的重要性。因此，为了更好协调行政、刑事司法价值理念，应当在保证行政执法效率的同时，尊重审判独立，对联合执法打击知识产权侵权方式提前进行严格审批并加大监督力度，避免刑事司法权成为行政机关打击违法案件的附属。实践中必须厘清行政权与刑事司法权价值理念，尊重审判独立性，在有效解决实际案件问题时必须坚守最基本理念不动摇。

2. 制定专门立法文件，提升"两法"衔接效力层级

鉴于有关著作权"行刑"衔接的文件效力层级不高的现状，行政执法机关与刑事司法机关在案件处理上很难取得统一。因此，从宏观范围而言，可借鉴国外的著作权保护经验，对著作权的"两法"衔接工作进行专门的立法，以此来提高有关著作权保护文件的法律位阶。由于我国的著作权保护工作还处于不断探索之中，不可避免地会出现新的问题。因此，从微观方面来看，可以借鉴司法解释的方式，出台相关的规范性文件，不断地对新出现的问题进行解释性的规范。除此以外，专门性的立法工作需要一定的时间。因此，在专门性的立法文件出台之前，可以先由国务院及最高人民检察院、最高人民法院针对现有衔接工作中的问题联合制定规范性文件，统一行政执法人员与刑事司法人员的工作。如此，既能统一"行刑"工作，又能避免设权过限。

3. 扩大客体及对象保护范围

扩大侵犯著作权罪中人身权的保护范围。我国《刑法》在对著作权的保护当中，多是强调财产性利益，对于人身权保护严重不足，仅可见于对美术作品中署名权的保护。我国台湾地区对著作人的各种著作财产权和著作人身权均实行"刑法"保护。我国台湾地区"著作权法"规定著作人身权有发表权、姓名权、保持著作完整权、修改作品权。❶ 与其他经济类犯罪不同，著作权更具私权属性，因此，应当将人身权纳入刑法保护范畴。综观国外，也有不少国家已经将人身权纳入了刑法的保护范围，如加拿大已经将人身权保护的行为进行了明确列举，更改标题、作者等均属于刑法保护的人身权范畴。相较而言，我国对于著作权的相关立

---

❶ 王春林. 海峡两岸侵犯著作权犯罪比较研究 [J]. 科技管理研究，2010（S1）：223－227.

法起步较晚，但发展较快，正处于快速迈进时期，如果能够将人身权的刑法保护范围适当扩大，则离著作权的系统性保护就会更进一步。

有关技术保护措施的探讨，前文提及现行《刑法修正案（十一）》增加了对权利人技术保护措施的规定，主要打击两种侵害行为，在此仅对"规避"进行探讨。有学者认为，规避技术保护措施应当包含两类行为，即"规避"行为与"准备行为"。❶ 对于《刑法修正案（十一）》中规定的"规避"行为是否应当包含"准备行为"，从文义解释进行理解，如果将"规避"行为解释为"规避、准备行为"无疑是对《刑法》条文内容的不当扩大。"规避"行为与"准备"行为有本质的区别，进一步讲在网络环境背景下，"准备"行为比"规避"行为危害性更为严重。"规避"行为并不直接侵犯"复制发行"，而"准备"行为制造、提供了各种相应的规避软件、设置等，是实施该种手段的关键。在国外的有关立法体例中，欧盟对"规避"行为并未进行进一步划分，处罚的对象为"规避"行为与"预备"行为，但澳大利亚的有关规定中将"预备"行为与"规避"行为进行了区分，仅处罚"预备"行为。我国《刑法》的规定较为独立，从条文内容可以直观看出，在此范围内单独对"规避"行为进行处罚。而数字时代，将此种预备行为正犯化是对具体直接而具有紧迫性危险的紧急应对。依照此理论，网络环境背景下似乎将所有预备行为正犯化都有其正当依据。其实不然，其一，与其他网络环境下的预备行为不同，将"预备"行为纳入我国的《刑法》规制范畴有并不会直接产生犯罪化扩大的情形，进而亦不会影响到现行刑法修正案的稳定性。我

---

❶ 李国权. 数字时代著作权刑法保护的机制向度：兼论从回应到预防的范式演变 [J]. 电子知识产权，2020（4）：96 – 103.

国可以出台对应的司法解释，将《刑法》中第217条的有关"规避"行为明确解释为"规避"行为与"预备"行为。这样解释也符合体系解释范畴，比如在欧盟的版权指令里对于规避技术保护措施的行为处罚对象为"预备"与"规避"两种，也并未超过合理解释范畴。其二，就紧迫性与危害性而言，我国对该种行为的惩治在《刑法》中也有相应规定。比如，在无限防卫中对行为人犯罪时间的要求较为宽松，甚至可以将行为人的行为时间在综合各种因素的情形下进行主观性的提前，从而避免行为人已经对受害人构成严重伤害后才允许防卫人进行防卫的刻板情形。这也说明刑法不是一成不变的，在一定程度上也强调对犯罪打击的及时性，这更加符合国民预测性。就预备行为犯罪化而言，我国《刑法》将危害性特别严重的行为进行了提前，比如恐怖犯罪、黑社会犯罪等，并不是对其实行行为开始打击，正是因为它们对社会的法益危害性较大，所以《刑法》将其预备行为就规定为犯罪，就开始进行刑事打击。同样，随着我国经济技术的发展，数字化时代已然来临，《刑法》目前对侵犯著作权罪的预备行为并没有将其规定为犯罪，没有对其进行提前性打击，这是极不符合社会发展的。进一步讲，"预备"行为是实施"规避"行为的核心，"预备"行为更具打击必要性。其三，将此种"预备"行为纳入刑法规制范畴是否是对刑法谦抑性的违反。从反向观之，如果该种行为不用刑法手段进行规制，那么其他规制手段是否就能够对该种行为进行合理打击，事实上无法证明。从正向观之，在论证某一行为是否应该被纳入刑事犯罪领域时，实际上已经是对是否违背刑法谦抑性的证明，而在一系列论证之后再次探讨是否有违刑法谦抑性问题时，就已经陷入了循环论证的僵局。就问题本身而探讨问题本身，结果充其量只是将刑法的"谦抑性"视作口号而已，并无实际意义。

　　针对数据库的保护，TRIPS 中并不要求数据库具有编排上的独创性。而我国不仅在《刑法》中未将数据库作为保护对象，并且在实际工作中将数据库视为汇编作品进行保护，而独创性并不符合数据库的主要特点。随着网络的不断发展，数据库应被视为一项新的作品予以保护，鉴于数据库的全面性、前沿性等特点，保护时不应对其排列方式作出独特要求。应当将数据库列为《刑法》的保护对象，以期与《著作权法》取得统一，便于"行刑"工作的展开，也利于知识产权的进一步保护。

　　关于我国《刑法》在规定侵犯著作权罪方面存在属种不清的弊病，应当在理解相关逻辑的基础上进行《刑法》文字方面的修改，使其与《著作权法》中的逻辑统一，便于行政执法机关与刑事司法机关进行理解与把握。例如，关于《刑法》中有关"其他作品"的表述与《著作权法》中的其他作品不统一、在理论上难以把握的问题，由于《刑法》中关于此概念的文字表述存在模糊性，但又不属于刑事立法上的错误，鉴于《刑法》的稳定性，不应当为此而对刑事立法进行修改。因此，建议修改相关的《刑法》条文表述，解决多年来为学者们所诟病的属种不清的问题。具体为，修改《刑法》第二百一十七条第（一）项的表述，❶ 改为"（一）未经著作权人许可，复制发行其文字作品、艺术作品、电影及类电影作品、计算机软件及其他作品的"。其中首先，艺术作品涵盖了《著作权法》当中的音乐、戏剧等同类作品，使得《著作权法》与《刑法》中的作品协调一致。其次，用"其他作品"进行兜底，以适应《著作权法》应对知识产权不断发展可能需要作出的必要变动。

───────────

❶ 《刑法》第 217 条第（一）项未经著作权人许可，复制发行其文字作品、音乐、电影、电视、录像作品、计算机软件及其他作品的。

4. 完善客观认定之不足

第一，改善数额计量标准。从传统领域来讲，学界主要就"违法所得"的计算是否应当扣除成本存在争议，笔者认可"违法所得"不应扣除成本。司法解释将"违法所得"解释为"非法获利"在一定程度上会使得部分应当被追究刑事责任的侵害行为逃脱刑事制裁。缘由在于部分情形下，犯罪人违法所得数额较少，但其所造成的社会危害却较大。比如，现实中摊贩销售盗版图书，由于价格很低廉，销售数量很大，但所获总利并不多。而对于正常的市场流通秩序、对于正版书籍的销售，都具有极大的威胁性。因而对于"违法所得"的计算，不应扣除犯罪成本，方能保证对侵害行为的评价做到罪责刑相适应。

从网络范畴而言，除了规定"非法经营数额""违法所得"外，还增加了"点击量""注册会员数"等衡量标准。但目前现有规定仍不能解决现实中存在的问题。比如，前文所提到的点击一次压缩包进行发送可以传播海量作品，这种情形应当如何认定。笔者建议不可将压缩包整体认定为一件作品，应当将压缩包文件打开后根据其内部的具体文件数量进行认定。比如，1 个压缩包中共有 200 个文件，应当认定其所传播的作品数量为 200 件，而不是认定为 200 次点击量或者是一件作品数量。因此，有关点击量与注册会员标准认定应当仅供参考。在网络领域中，主要认定标准应为"违法所得数额"与"被害人的损失"。理由在于，网络中的点击量及著作会员标准的认定不能够适应网络中复杂多变的犯罪方式。另外，"违法所得数额"能够直观反映侵权人的主观恶性及社会危害性。最后，与著作权益联系最为密切的是著作权人的利益，因此，"被害人的损失"不仅能够客观反映出危害结果，与"违法所得数额"一定程度上形成比照印证，并且也将知识产权的保护落到了实处，最终回归于著作权人。

第二，改进"复制发行"文字表达。其一，通过前文论述，《著作权法》中的有关"复制、发行"的表述更能够完整体现法律条文所要体现的具体含义。尽管司法解释已将《刑法》中的"复制发行"进行了扩大解释，但就常识、常理而言，该种解释都未免过于牵强，并且从字面含义进行理解，《著作权法》和《刑法》中的表达同为复制发行，但后者所包含的范围明显应窄于前者之中所要表达的含义。其二，美国等发达国家对于著作权的立法中采取的亦是将复制、发行独立分开的表达方式，有关国际公约的规定更是与此无异，这也符合一定的著作权保护发展趋势。其三，假如对我国《刑法》规定中有关的"复制发行"的表述不作更改，由于该司法解释明显超越了其文字的本来含义，则会造成通过司法解释创设法律的局面，这与我国的立法并不相符合。因此综合上述分析，应当对《刑法》中的"复制发行"作出更改，可以采用中间加顿号的方式以使得其表达与《著作权法》中的"复制、发行"相统一。

第三，增加侵害作者权利管理信息行为。针对作者权利管理信息保护，澳大利亚版权法中关于侵犯即时防范措施的罪名有三项，即"规避访问控制科技保护手段罪""生产规避科技保护手段设备罪"及"提供规避科技保护手段服务罪"；对于权利管理信息包括"移除、改变电子权利管理信息罪""发行、进口、传播被移除或改变电子权利管理信息复制罪"及"发行、进口电子权利管理信息罪"。❶ 我国《著作权法》第53条规定，在侵害作者权利管理信息危害结果严重的情形下，应当由《刑法》对其予以规制。

---

❶ 王世洲. 关于著作权刑法的世界报告 [M]. 北京：中国人民公安大学出版社，2008.

但目前《刑法》并未规定相关犯罪。因此，为了行刑衔接工作的顺畅以及对作者权利的进一步保护，《刑法》应当将侵害作者权利管理信息的行为予以明确保护，避免行刑衔接工作的断层。具体为，一是在《刑法》条文中规定侵犯电子权利管理信息罪，即"侵犯电子权利管理信息，有下列情形之一，造成损害后果严重或者有其他严重情节的，处 3 年以下有期徒刑，并处或单处罚金；造成损害后果特别严重或者有其他特别严重情节的，处 3 年以上 5 年以下有期徒刑，并处罚金：（一）未经权利人许可，故意删除或改变作品权利管理信息的；（二）未经权利人许可，帮助他人删除或改变作品电子权利管理信息的；（三）明知作品的电子权利管理信息未经许可被删除或改变，仍向公众提供的；（四）其他侵犯电子权利管理信息的行为。"二是通过发布司法解释对造成损害后果严重及造成损害后果特别严重进行释明。具体为，造成被害人损失 3 万元以上属于损害后果严重，造成被害人损失 5 万元以上属于损害后果特别严重。

第四，统一行刑"严重"标准。针对《刑法》与《著作权法实施条例》对涉案数额层级划分不一致的情形，应当予以规范。比如在违法所得的数额为 3 万元或者非法经营额在 5 万元以上时，涉及"行刑"责任竞合问题。建议引入被害人损失为参照。针对《信息网络传播权保护条例》缺失"点击量""注册会员"等标准，建议对《信息网络传播权保护条例》进行完善，在补充"点击量""注册会员"等标准基础上应当引入"文件大小"标准。原因在于，其一，将"点击量""注册会员"等内容纳入进去，有利于"行刑"的顺畅衔接。其二，加入"文件大小"是为了弥补网络环境下认定标准适用的不足，并且《信息网络传播权保护条例》关于网络侵权行为的规制范畴应当较传统的《刑法》更为完善，以便于以后《刑法》在《著作权法实施条例》的规制基础上进行综合考量，对著作权的刑事保护更加全面。

第五，规定客观标准逻辑顺序。如前文所述，对于侵犯著作权罪中的"其他严重情节"，我国规定了四种具体认定标准，但条文中却未对该四种标准进行逻辑上的排序，导致司法实践中适用该几项标准时，出现选择上的随意。针对此情况，建议在增加"被害人的损失"基础上对刑事规范中的几项情节认定标准进行合理的排序，以期解决标准适用无序的情形。具体认定标准为："非法经营数额""侵权作品数量""被害人的损失"。具体参考标准为"实际被点击量""注册会员量"，适用时具体认定标准可与参考标准同时适用。原因在于，其一，《刑法》不同于私法，其最终落脚点在于保护社会关系、维护国家秩序，作为量刑情节，应考虑到被害人的损失，但并不代表其具有决定性的作用。因此在具体认定标准上将"被害人的损失"置于最后。其二，之所以是如此顺序，其中不乏实践因素影响。根据实践操作难易不同，制定如此顺序准则，便于司法实践运用。因此，将"实际被点击量""注册会员量"作为辅助参考标准。

第六，统一新型侵权行为规定。对于新型网络著作权犯罪，传统的著作权法无法进行有效涵盖，迫于其所造成的社会危害，我国当前出台了相关司法解释来应对。但网络环境下侵害著作权的行为方式层出不穷，不可能一直通过发布司法解释的方式来将其纳入《刑法》的规制范畴，要从根源上解决问题，就必须对法律作出修改，而《刑法》具有稳定性，出现了新的犯罪情形，不可能动辄就对《刑法》作出修改。因此，可以结合司法解释和《著作权法》进行规制。我国《著作权法》对于犯罪的规定采取援引的方式，建议将不断出现的新型著作权犯罪行为归纳在《著作权法》当中，具体为将《著作权法》第 53 条中原第 8 项规定修改为第 9 项规定，❶ 在第 7 项规定下面增加新的第 8 项内容，列明新型的著作权侵害行为。在此基础上，司法解释可以进行进一步的完善，同时也避免了司法解释过多但效力位阶过低的情形。

5. 降低单位主体犯罪门槛

关于侵犯著作权罪的主体问题，单位与个人犯罪的定罪量刑标准相差较大，其中对单位的定罪要求一般是个人的五倍。对于如此悬殊的区别性规定，笔者认为应当适当降低单位主体的犯罪门槛，即规定单位犯罪的定罪数额标准应低于个人的犯罪数额标准。在这个问题上，虽然有学者也曾持有相似观点，但认为对单位或个人的犯罪数额要求不应当作区分，倡议适用同等标准、相同惩罚，但笔者对此并不认同。不同于个人，单位通常具有一定规模性，比自然人在犯罪数额相等的情形下更具社会危害性，对社会秩序的破坏力更大。因此，对单位与个人犯侵犯著作权罪的定罪数额标准一定要进行区分，并且应当将单位犯罪数额标准调整至适当低于个人的定罪量刑数额标准，如此才可体现出犯罪打击的针对性。

6. 以"营利性目的"为原则，以"非营利性目的"为例外

现行《刑法》对侵犯著作权犯罪规定了"以营利为目的"的主观入罪要件。如果说在传统的侵犯著作权犯罪中，由于犯罪成本较高，经过利弊权衡之后，行为人往往是为了获得较大的经济利益。❷ 但是随着网络技术的发展，行为人欲要实施犯罪行为，只需要鼠标简单操作即可，其所需成本极低，甚至不需要任何成本，

---

❶ 《著作权法》第 53 条第 8 项制作、出售假冒他人署名的作品的。

❷ 刘绍彬，张晓伟. 著作权犯罪若干问题探讨 [J]. 上海政法学院学报（法治论丛），2016（2）：34 – 41.

因此现在犯罪多发，而行为人通过实施侵害著作权的行为方式所要实现的目的也不仅仅牟取非法利益一种，比如，对他人名誉的损毁、报复泄愤等。基于此种情形，学界对于《刑法》第217条中有关"营利性目的"的要求进行了抨击，同时也提出了不同的建议。

观点一认为，"以营利性为目的"的主观性限制要求迎合了刑法自身的谦抑性，无论是在传统领域还是网络环境下都应当对该项主观性要求予以坚持。❶ 但这种观点过于固执保守，立足于刑法视角，维持了宏观上的稳定，但是却忽视了此种犯罪的特殊性，无疑是将愈加严重复杂的网络侵权行为进行了限缩，结果使得部分网络侵权行为难以为刑法所规制，无法从根本上解决实践中的各种问题。

观点二主张取消"以营利性为目的"❷，与观点一形成明显的对比。持此种观点主张的学者理由较为充分，其一，为了与TRIPS主张保持一致；其二，为了对网络环境下侵害著作权的行为进行严厉打击，将网络侵害著作权行为完全纳入刑事规制范畴。但是该种主张过于简单化，如果直接取消"以营利性为目的"的主观要件，则将该种侵害行为进行扩大化的处理，忽视了是否具有"营利目的"在同种犯罪中行为人社会危害性大小的区别，难以做到罪刑相适应。❸

观点三主张针对侵害著作权的行为，在传统领域，要求"以

---

❶　崔立红. 著作权犯罪与谦抑原则的适用：以《关于办理侵犯知识产权刑事案件具体应用法律若干问题的解释（二）》为视角 [J]. 知识产权，2007（5）：65 – 70.

❷　赵秉志. 刑法应取消侵犯著作权犯罪中"以营利为目的"的主观要素 [J]. 中国版权，2007（5）：13.

❸　刘科，朱鲁豫. 侵犯著作权犯罪中"以营利为目的"要素的规范阐释与完善方向 [J]. 中国刑事法杂志，2012（9）：54 – 58.

营利性为目的"，在网络领域，取消"以营利为目的"。这种观点的根据在于对网络与传统领域犯罪进行区分，能够针对网络犯罪的特性进行刑法上的变更，进一步规范了网络环境的道德体系，也顺应了著作权保护的国际趋势。❶ 但该观点有明显不足，侵犯著作权罪同时具有两种犯罪构成要素，这与《刑法》通篇的构罪要求并不一致。从现行《刑法》规定的侵犯著作权罪来看，"以营利为目的"是构成该罪的必要要件，所以该罪属于典型的目的犯，显然，折中论与现行《刑法》规定相冲突。按照此论，该罪既不属于典型的目的犯，也不属于非典型的目的犯。❷

除此以外，第四种观点认为应当将"以营利性为目的"作为侵犯著作权罪的从重或加重量刑情节进行规制。❸ 但 1997 年《刑法》已将加重量刑情节废除，因而此观点不具可行性。就"以营利为目的"作为从重量刑情节的观点而言，互联网环境下侵犯著作权行为危害后果要大于传统领域，并且互联网环境下存在侵犯著作权行为目的多元性特征，行为目的更为复杂，不以营利为目的的侵害行为要比传统领域不以营利为目的的侵害行为更为多见。因此，如果设置为加重情节，则导致侵犯著作权行为在互联网环境下要比传统环境下的处罚还要轻，这与将"以营利为目的"作为加重情节设置的初衷不符。

从国外有关著作权保护的发展趋势来看，起初多数国家均规定"以营利为目的"，而如今以美国、日本等为代表的发达国家逐渐取消营利性目的要件，可见，逐渐废除"以营利为目的"的限

---

❶ 邵培樟. 侵犯著作权犯罪之主观要件设置的反思与重构：数字网络环境下著作权刑法保护之有限扩张 [J]. 湖北社会科学，2014（4）：149 – 153.

❷ 杨加明. "以营利为目的"存废论下网络著作权的刑法保护 [J]. 海峡法学，2017（1）：54 – 62.

❸ 田宏杰. 论我国知识产权的刑事法律保护 [J]. 中国法学，2003（3）：141 – 152.

制是法律发展完善的趋势。但深入了解可发现，日本、美国虽未总体上对侵犯著作权行为规定"以营利性为目的"，但对特定的行为却规定了营利性的目的要求。可见，美国和日本对于侵犯著作权行为的刑事规制从系统上区分了原则和例外两种情形。最终对"以营利为目的"进行取消是著作权保护发展的必然，例外情形的规定是发展的偶然，将必然与偶然相结合的布局不失为现今著作权保护较为完善的典型。我国对侵害著作权行为在刑事规制方面可以对此进行借鉴。建议我国在保留目前侵犯著作权的主观营利性要求不变的情形下，以"营利性目的"为原则，不改变既定刑法条文的情形下对特定行为作出"不以营利为目的"的规定。这些特定行为具体为网络环境中主观上难以认定但客观上危害后果严重的行为，比如使用 BT 发布作品资源的行为。如此布局的原因如下：其一，美国和日本发达国家原则上不要求行为人具备营利性目的，这是在对于著作权的发展保护较为完善的背景下提出的要求。而我国对著作权的保护起步较晚，实践经验不足，目前仍处于学习、探索时期。因此，可以借鉴美国和日本的有关原则性规定模式，但并不可完全移植其规范内容。其二，对特定行为作出例外规定能够弥补法律规范的不足。美国和日本之所以对特定行为作出"以营利性为目的"的要求是因为此类行为相较于他种行为而言，发生的情况较少，所以只作为例外规定。而随着网络科技的发展，我国侵害著作权行为的目的逐渐多元化，但还是以营利性为主。加之，互联网环境下，侵害著作权的行为还在不断发展变化当中，因而不可能对原则性的规定作以反复变动。因此，将特定行为作为例外，日后也便于对其补充。其三，对著作权的刑事保护发展到中后期亦会经历以取消营利性为原则、以规定营利性目的为例外的一个发展阶段，但目前宏观上以"营利为目的"

的要求更符合我国现阶段对刑法谦抑性的要求，亦更适应我国著作权发展保护的现实国情。

7. 合理设置行刑处罚准则

第一，科学规范行政考核机制。2021 年新修订的《行政处罚法》第 74 条规定，罚款不得直接或变相与行政执法人员的考评挂钩，可见罚款问题在现实执法中的影响较大。但即使《行政处罚法》对该法条进行了新修订，长期积累而形成的行政工作习惯仍需较长的时间去改变。对比修订前的《行政处罚法》第 53 条关于罚款的规定可知，在该法新修订之前就已经明示罚款不可作为行政人员的可得利益，但现实中行政执法人员对侵犯著作权行为是否进行行政处罚拥有极大的自主权。虽有规定指引，但行政执法人员仍会处以巨额罚款。相比于自由刑的禁锢，罚款似乎是对侵权人较轻的处罚。但是未必，如果著作权侵权人被处以的巨额罚款远远超出侵权人可缴纳的能力范畴，在部分侵权人看来，可能宁愿失去几年的自由，也不愿意去耗尽精力缴纳罚款。一般而言，行政处罚相对于刑事处罚来讲，较为宽松。但是行政执法机关对著作权侵权人作出的巨额罚款处置又何尝不是变相的禁锢？因此，欲改善此局面，应尽快建立一套对执法人员考核的科学指标。首先，应对行政执法机关在涉罪案件的移送情况上建立科学评估体系，大力支持涉罪案件的移送工作。同时，为了防止行政执法机关在案件移送上重"量"不重"质"，应对涉罪案件在移送至刑事司法机关后的处理情况进行后续考察。案件移送后，将奖励政策与移送案件的数量及移送后的起诉率相关联。将奖励政策与移送案件数量相关联目的在于确保行政机关能够积极将案件进行移送，但为确保移送质量，可再将起诉率与工作绩效考评进行挂钩。同时，对于该移送案件而不移送的情况，一经发现，应进行问责，并在确立相关工作人员责任后，对其加大惩处。明确考核体系，奖惩并行，确保著作权涉罪案件顺利移送。

第二，细化自由刑处罚规定。对自由刑进行细化，改两档自由刑规定为三档。通过广东省 2015—2019 年对侵犯著作权案件的自由刑判决结果可知，在《刑法修正案（十一）》出台之前，适用第一档法定刑的案件占比为 85%，适用有关第二档法定刑（3 年以上 7 年以下）的仅为 3%。随着《刑法修正案（十一）》的颁布，第二档法定刑范围扩大，而司法理念不变，只能使得继续适用第二档法定刑的案件范围更加缩小。因此，为了使得法律的修订更加适用于司法实践的发展，建议将侵犯著作权罪案件的刑期设为三档，分别为：3 年以下有期徒刑，并处或单处罚金；3 年以上 5 年以下有期徒刑，并处或单处罚金；5 年以上 10 年以下有期徒刑，并处罚金。理由为，根据广东省 2015—2019 年对侵犯著作权案件所作的判决情况，被判处 3 年以下刑期的案件比重较大，被判处 3—5 年有期徒刑的占比较小。分析可知，著作权侵权行为人会适用到 5—10 年有期徒刑的案件数量占比会更小。但因适用 5—10 年有期徒刑的著作权犯罪案件的情节会更为严重，社会危害性巨大，因此 5—10 年有期徒刑可视为兜底性规定，而第一、二档法定刑在实践中的适用较为普遍，可视为常用规定。如此，对社会中的一般著作权犯罪行为有一、二档法定刑进行规制，对严重的侵犯著作权行为也有与之对应的第三档法定刑规制，不仅解决了司法自由裁量权过大的问题，而且在刑事法网的宽严和刑罚的轻重之间求得平衡，便于对著作权的充分、合理和高效保护。❶

第三，全面优化罚金刑设置。在有关著作权犯罪案件的刑罚

---

❶ 侯艳芳，何亚军. 侵犯著作权罪界限划定疑难问题探析［J］. 法学杂志，2008（6）：155－157.

设置中，学界对于其罚金刑的完善争议较大，与此同时亦形成了以下具有代表性的观点。观点一提出应当改目前的罚金刑为倍比罚金制并给出了相应理由。其一，倍比罚金刑已有相关适用的法规基础，比如上海市关于未缴税款的行政罚款处罚一般为未缴数额的 50% 至一倍之间，对于较为严重的情形，罚款数额为 50% 以上二倍以下。安徽省关于税务行政处罚的规定为首次罚款为不缴或少缴税款的 50%，具有严重情形的，其罚款数额为三倍以上五倍以下。采用该种倍比的处罚方式具有一定程度的实践基础。其二，目前所采取的倍比罚金制具有其灵活性，且在此基础上，倍比罚金刑能够对法官的自由裁量权进行限制。观点二认为应当规定限额罚金制，即分别对罚金数额的上限和下限作出规定，从而将法官的自由裁量权限定在固定的范围之中。该种刑罚的规定方式在《刑法》规定中并不少见，例如贷款诈骗罪对于诈骗数额较大的情形规定了 2 万元以上 20 万元以下罚金，对于犯罪情节严重的处以 5 万元以上 50 万元以下罚金。观点三更是提出将限额罚金制与倍比罚金制相结合，认为应当在罚金刑设置的上限与下限的区间内对罚金刑设置倍比制，该种方式具体而明确，能够将法官的自由裁量权很好地限制在法律制度框架内。

针对以上不同观点，笔者认为目前学界中的观点虽具有一定合理性，但同时也存在较为明显的缺陷。针对观点一，倍比罚金制进行倍比的衡量基础通常为著作权犯罪中的违法所得金额以及犯罪行为所造成的损失，这在网络环境中会存在较大障碍。网络环境中被害人的损失通常难以衡量，如果仅适用倍比罚金制而不进行一定程度的限制，很可能出现在网络环境下所作出的罚金数额远远超过犯罪人的违法所得及其所能够承受的范围，从而相对失去了刑罚的制裁与教育意义。针对观点二，其一，限额罚金制目前来看似乎具有一定程度的优越性，但仅对上限和下限作出了规定，跨度较大，在两者限度之间仍存在较为自由的法官裁量权。其二，限额罚金制一般起刑点较高且随着经济的发展无法解决货币贬值所带来的变动问题，因此可能会存在后续罚金刑的设置脱离具体实际的问题。针对观点三，通过上文论证可知，如果仅规定倍比罚金制或限额罚金制，相较于抽象罚金制来讲均具备一定程度的进步，但观点三中将两者方式进行集合，无疑是固步自封、设权过限，从而阻碍了法官办案的能动性，忽视了具体案件的实践办理，走上了形而上学的道路。

因此无论采取上述哪一种制度还是将三种制度进行结合都将具有明显的缺陷。而观乎国外目前所采取的罚金刑制度，多数国家采取的是罚金刑易科制度。如日本刑法典第 18 条第 1、2 款规定："不能缴清罚金的人，应在一日以上两年以下的期间内，扣留于劳役场。不能缴清科料的人，应在一日以上三十日以下的期间内，扣留于劳役场。"❶ 罚金刑易科制度能够很好地解决罚金刑执行难的问题，但与此同时其公平性饱受争议，易导致同罪不同罚现象的出现。除此以外，国外另一种罚金制度——日额罚金制似乎能够很好地解决犯罪者贫富差距过大所带来的同罪异罚问题。该制度在适用过程中通过对犯罪人具体违法情形以及经济实力的衡量来确定具体犯罪人每日应当缴纳的金额以及天数，一定程度上化解了贫富差距所带来的不公平后果，但对于个人具体经济状况的核实存在一定难度，这也成为众多学者对其诟病的地方。

通过以上评析，笔者认为：一是应当解决在罚金适用上法官裁量权过大的问题。因此应当以限额罚金制为基础，对罚金的数

---

❶ 张梦原. 评析国外罚金制度及对我国罚金制完善的建议 [J]. 今日中国论坛，2013（Z1）：206.

额作出具体上下限的规定（这里需要区别单位和个人），可将可供自由裁量的范围规定在一定的幅度内。二是在该幅度内采取科学方式进一步将可供衡量的标准进行细化，同时为保证案件公正又不能过度限制法官的自由裁量权，在这一维度可借鉴日额罚金制，由法官根据案件当事人的违法所得情况、被害人的损失情况以及当事人的经济状况进行衡量作出具体缴纳罚金的天数和日缴金额。这样也很好地解决了因犯罪人贫富差距不同所带来的犯罪后果上的差异。但由于日额罚金制所固有的缺陷，对于犯罪个人经济的衡量存在难度，因此可对犯罪人的财产在被判罚金额度范围内进行查封核实，同时在执行中若犯罪人可缴但未缴纳罚金，可以从所查清的财产范围内进行罚金的扣除，以此保证罚金的缴纳。三是如果犯罪人拒绝缴纳罚金或者恶意隐匿、转移相关财产的，应当有条件地适用罚金易科制度，通过将未缴纳的罚金转化为具体的徒刑来解决相应问题。但如果确因重大变故导致生活困难而无力缴纳相应的罚金，可以将具体的剩余未缴纳罚金转化为当事人的公益劳动，通过其劳动所获得的报酬来补缴罚金。这样的方式不仅对犯罪人的犯罪行为进行了惩处，而且在一定程度上实现了教育改造的意义。

第四，增加资格刑。资格刑是通过对犯罪人的法律资格进行一定程度的限制或剥夺，从而起到刑罚教育和防范的作用。相较于自由刑和罚金刑而言，资格刑更具备针对性，能更有效地对作者权利进行保护。对资格刑的设置而言，主要有以下几点。

其一，资格刑的适用对象应当为自然人及单位。国外许多国家在知识产权的保护过程中已将资格刑的适用范围进行扩大，比如法国相关法律条文规定了对侵害知识产权较为严重的单位处以不超过 5 年的停业处罚，对于侵权的自然人，禁止其在 1 年内接入通信服务。❶ 如此将资格刑的适用扩大至单位犯罪的做法值得我们借鉴。在侵犯著作权等经济类的犯罪案件中，单位因其所具备的组织性及规模性往往比自然人更加具有社会危害性，其犯罪行为所带来的影响更加恶劣，因此应当在特定情况下对其资格进行限制。其二，对单位所设置的资格刑年限应当规定在 3 年以内。之所以对犯罪单位的资格刑设定上限，主要有以下几点原因。第一，虽然单位相较于自然人犯罪而言危害后果更为严重，但这仅是将单位纳入资格刑范畴的初步理由，并非对犯罪单位不当苛责的充分依据。与自然人不同，对单位停业 1 日的处罚所带来的经济损失远大于自然人的损失。过长时间的停业，无疑是对单位变相的加重处罚，容易引起较大的争议。第二，目前经济发展迅速，经济发展形式多样，如果对单位处以 3 年以上的资格刑易导致其在恢复相应资格后无法与社会发展相融合，长期处于萧条状态，这并不利于社会经济的发展。其三，应当在上网实名制的基础上对资格刑的适用方式进行限制。在互联网环境下，如果完全借鉴法国关于对自然人的资格限定方式禁止其通信服务，将会对公民正常生活造成严重不利影响，进而导致矫枉过正。比如正常的检索资料行为不应当受到限制，只有对可能造成著作权侵权行为或者与其相关的行为进行限制，因此，在据此的限制方式中应作以相应区分才行。其四，资格刑的适用限定应该是在犯罪情节较为严重、犯罪情节特别严重的领域。理由在于资格刑的适用虽符合当前所提倡的宽缓刑事政策，但在当前互联网的环境下，由于其所具有的针对性更强，因此对犯罪人的影响较大，所以将其限定在重点领域，也体现出谨慎预防犯罪理念。

---

❶ 陈海彬. 网络环境下侵犯著作权罪刑事立法完善研究 [D]. 北京：中国人民公安大学，2019.

8. 易化移送案由审查标准

对于行政执法机关与刑事司法机关在实践中对相关著作权违法犯罪案件罪名认定精准度不一致的问题，笔者认为应当对以下具体问题作出明晰。

第一，罪名认定不一致时，公安机关是否应当将案件退回。我国有关法律规定，对于有犯罪事实发生的案件都应当接受，对于不属于其管辖范畴的，应当将案件移送至具备该案件管辖权的司法机关。❶ 因此，即使行政机关对于移送案件的罪名认定有误，但在可能有犯罪事实发生的情况下，刑事司法机关应当接受，不可以此为由将案件退回。

第二，刑事司法机关在决定是否接受移送案件时，是否应当对案件进行实质审查。刑事司法机关对相关犯罪案件进行实质审查属于其职责范畴，但不应以同样标准要求行政执法机关，不然会使得行政权干预刑事司法的独立性，也会大大降低行政办案效率。著作权犯罪人具备行政犯属性，因此在接受行政机关移送的相关案件时，刑事司法机关也应当对移送的案件进行初步的形式审查，形式审查通过就应当立案，不可以因具体数额认定模糊、行为方式界定错误等原因退回案件。在接受案件并立案后，应当由刑事司法机关再对其进行实质审查，以保证案件认定的准确性。

（三）程序层面：优化衔接机制，构建双向反馈互动模式

1. 完善案件移送标准

第一，要明确"公共利益"内涵。从价值层面而言，"公共利

---

❶ 《刑事诉讼法》第110条第3款规定：公安机关、人民检察院或者人民法院对于报案、控告、举报，都应当接受。对于不属于自己管辖的，应当移送主管机关处理，并且通知报案人、控告人、举报人；对于不属于自己管辖而又必须采取紧急措施的，应当先采取紧急措施，然后移送主管机关。

益"的认定应当秉持"社会群体论"。❶ 简言之,"公共利益"是与个人利益相对而言的,因此,"公共利益"应当指社会群体的利益,从社会群体的角度出发,如果单位或个人损害了整个社会群体的利益,那么自然认为其行为是对公共利益的损害。能够促进整个社会群体前进的动力即被认为是"公共利益",比如,公平良好的竞争秩序。维护公平竞争的市场秩序,有利于促进市场的良性运行。❷ 在著作权侵权案件中,如果行为人未经著作权人许可出版并以远低于市场的价格进行销售,则是对市场秩序的破坏,有损于市场特定群体的利益,应当认为是侵害了"公共利益"。其次是消费者权益,即消费者的知情权。将侵权盗版光碟、书籍等售卖给不知情的消费者,使消费者购买了低于正品品质的商品,这不仅损害了不特定主体的知情权,而且有损于市场的公平交易,因而此种行为应当为损害了"公共利益"。除此之外,整个社会群体想要获得发展,就必须获得良好的教育资源。因此对教育进行破坏、对价值观进行扭曲、不利于身心健康发展的出版物,应当认定侵害了"公共利益"。

从理论层面而言,损害"公共利益"的行为不仅仅是对社会所维护的价值体系的违反,更是在违反的基础上具备一定程度的"量",突破了社会容忍"度"的限制,对"公共利益"存在现实破坏的危害性、可能性。因此,一个行为是否实在性地侵害了"公共利益",还应考虑到侵权作品的数量、次数或持续时间以及违法所得等因素,❸ 具体如下。

---

❶ 公共利益应当是为群体服务的,之所以为群体必然具有共同的利益属性,即公共利益。社会群体利益的发展必然促进公共利益的发展,而公共利益一旦获得长远发展,也必然促进整个社会群体的进步。

❷ 王洪友. 论版权行政执法的公共利益要件:以制度异化为视角 [J]. 中国出版,2020(1):36-40.

❸ 陈绍玲. 著作权侵权行政执法"公共利益"研究 [J]. 中国版权,2011(5):46-49.

第一点，关于侵权作品数量的认定。《最高人民法院、最高人民检察院关于办理侵犯知识产权刑事案件具体应用法律若干问题的解释（二）》中第 1 条规定了复制、发行作品数量为 500 张（份）以上可构成侵犯著作权罪。因此，要想准确把握行刑界限标准，对于可进行行政处罚的侵权作品的数量应为 500 张（份）以下。

第二点，关于违法所得的认定。根据《最高人民法院、最高人民检察院关于办理侵犯知识产权刑事案件具体应用法律若干问题的解释（三）》第 10 条的规定，对于侵犯著作权犯罪的，还应考虑其违法所得数额和非法营利数额标准。根据 2004 年《最高人民法院、最高人民检察院关于办理侵犯知识产权刑事案件具体应用法律若干问题的解释》第 5 条的规定，违法所得数额在 3 万元以上或者非法经营数额在 5 万元以上的属于侵犯著作权罪。因此，行政执法机关对于侵害"公共利益"的认定不应超过应有的上限，即属于可用于行政处罚的案件，其违法所得数额应当在 3 万元以下、非法经营数额应当在 5 万元以下。

第三点，关于侵权作品次数的认定。依据《意见》第 13 条，❶对于侵权作品的点击次数在 5 万次以上的，应当认定为侵犯著作权罪。依据《意见》第 13 条第 1 款第 5 项的规定，数额或者数量虽

---

❶《最高人民法院　最高人民检察院　公安部关于办理侵犯知识产权刑事案件适用法律若干问题的意见》第 13 条第 1 款规定："以营利为目的，未经著作权人许可，通过信息网络向公众传播他人文字作品、音乐、电影、电视、美术、摄影、录像作品、录音录像制品、计算机软件及其他作品，具有下列情形之一的，属于刑法第二百一十七条规定的'其他严重情节'：（一）非法经营数额在五万元以上的；（二）传播他人作品的数量合计在五百件（部）以上的；（三）传播他人作品的实际被点击数达到五万次以上的；（四）以会员制方式传播他人作品，注册会员达到一千人以上的；（五）数额或者数量虽未达到第（一）项至第（四）项规定标准，但分别达到其中两项以上标准一半以上的；（六）其他严重情节的情形。"

未达到前 4 项规定标准，但分别达到其中两项以上标准一半以上的，也认定为侵犯著作权罪。因此，关于行政机关有权管理的损害"公共利益"案件，其作品点击次数应当不足 5 万次，并且也未出现分别满足《意见》第 13 条第 1 款前 4 项中任意两项以上标准一半以上的情况。

从实践层面而言，侵害"公共利益"可以进行行政处罚的行为除了以上的范畴之外，还应当包括其他行为。比如，实践中多次侵权的行为，虽然每次的侵权行为都不足以实施行政处罚，但主观上存在一定的恶性，行为上存在持续破坏市场秩序的顽固性，因此应当认定其行为损害了"公共利益。"根据《意见》第 14 条的规定，两年内未经行政处理的案件，多次侵权行为累计数额达到犯罪数额标准的，属于侵犯著作权罪。因而行政机关对于可实施行政处罚的侵害"公共利益"的行为应当限定在《刑法》的可处罚标准之下，对于两年内多次实施侵权行为，数额累计未构成犯罪标准的，属于侵害"公共利益"的范畴，行政执法机关可以对其进行行政处罚。

第二，要统筹案件衔接对应主体。对于行政执法机关移送的著作权涉罪案件，根据公安部的规定由公安机关内部的治安管理部门负责，而不属于公安机关内部的经侦部门主管。但在《刑法》中，侵犯著作权罪被归纳至经济类的犯罪当中，理应由经侦部门负责，况假冒注册商标罪与侵犯著作权罪均属知识产权类犯罪，具有一定程度的相似性，经侦部门相较而言更具相关犯罪案件侦查的专业性，而且治安管理部门管理的案件较多且杂。因此，无论在案件的数量上还是专业性上，都应将著作权犯罪案件分配至经侦部门进行管理。在此建议修改公安部有关刑事案件的管辖分工，将知识产权案件统一分配至经侦部门进行管理，避免机关内部权责不清、相互推诿现象的发生，畅通行刑衔接的连接通道。

　　第三，关于时间标准。关于行政强制措施的解除时间。如前文所述，实践中，关于行政执法机关何时解除强制措施，尚未有明确的规定。针对此种情形，提出以下建议：其一，在信息共享平台还未完全建立的情况下，行政执法机关在发现涉嫌犯罪的著作权侵权案件后，可以立即申请相应的公安机关、检察机关提前介入。由公安机关、行政执法机关联合对案件进行调查，以此避免案件已将移交给公安机关但行政强制措施还未解除的情况。如果涉嫌犯罪的著作权侵权案件并未申请公安机关联合调查，行政执法机关对案件已经作出行政处罚后才将涉罪案件材料进行移送，应当在公安机关进行立案后立即解除强制措施。原因在于如果该涉罪案件最终被判处刑罚，而行政机关在法院判决之前所实施的强制措施与刑罚并不相悖，不构成"针对同一行为进行两次处罚"的情形，因此强制措施仍然有效，因此不会因为行政强制措施的延长而对侵权人采取弥补措施，侵权人的相关权利无法获得保障。因此，建议行政执法机关在将案件移送后，及时解除强制措施。其二，待信息共享平台完全建立后，行政执法机关在处理著作权侵权案件时，一经发现有疑似犯罪的案件或者在调查中发现复杂疑难案件，应立即将案件信息发布至信息共享平台，公安机关、检察机关可以及时了解到相关信息，对行政执法工作进行引导或者经申请提前介入调查工作中。此种情况下，更有利于案件的办理。

　　关于行政执法机关的移送时间，《行政执法机关移送涉嫌犯罪案件的规定》第 5 条规定了行政执法机关的移送时间为作出批准决定后的 24 小时内。而在作出批准决定之前，行政执法机关已经将案件材料整理成了书面报告，已经获批表明了案件材料的齐备以及具备涉嫌犯罪的可能，已经达到了可直接移送刑事司法机关的状态。因此，对于获批后材料齐备，不需要补足的案件应当立即移送至司法机关，对于需要补足的案件材料应当在 24 小时内向司法机关进行移送。

关于复杂行为案件的移送时间，如果案件中一个行为涉嫌犯罪又涉嫌违反行政法规，应当秉承"先刑后行"的原则将全部材料进行移送。这里所提到的"先刑后行"不是指实体法上加强刑事处罚的力度，也并没有认为刑事应当优先于行政，而是程序上顺序排练，不仅对实质无任何影响，反而更加促进了案件的公正解决。其一，比较行政违法与刑事犯罪，二者对社会的危害孰轻孰重不言而喻。因此，刑事犯罪的解决更具紧迫性。其二，一个行为既涉及行政违法又涉及犯罪，如果只是将该行为中涉及行政违法的材料移送行政机关，将涉罪材料移送司法机关最为公平，但案件真相难以揭露。因此，进行全案移送是明智之举。其三，借鉴一般刑事案件的处理规则，对附带民事赔偿的刑事案件，在刑事案件进行判决后可依据刑事判决申请民事赔偿。因此，行政执法机关在面对同时触犯行政法与刑法的行为时，可以参照该种规则，将案件材料全部移送至刑事司法机关，待刑事司法机关进行判决后，对于需要行政机关进行处罚的行为，可以进行行政处罚。

关于案件移送后的审查时间。行政执法机关在将案件进行移送后，相应的司法机关需要对案件进行审查，审查往往需要一定的时间。根据 2006 年最高人民检察院等多部门颁布的《关于在行政执法中及时移送涉嫌犯罪案件的意见》，对于行政执法机关移送案件，应及时审查，一般情况应在 10 日内作出是否立案的决定，特殊情况应在 30 日内决定。而根据同年由公安部、海关总署颁布的《关于加强知识产权执法协作的暂行规定》，公安机关受理知识产权行政执法部门移送请求后的审查期限为 3 日内。显见公安部的文件属于特殊性质的，根据特别法优于一般法的原理，应理解为公安机关的审查期限为 3 日内。❶ 但知识产权犯罪不同于其他领域的犯罪，涉及的专业性领域强，证据的审查方面需要一定的时间。因此，对于行政机关所移送的著作权涉罪案件来讲，3 日的时间并不充裕。结合知识产权案件办理的特殊性以及司法处理所需的时效性，应当将公安机关进行审查的期限延长至 20 日。如此，方可保证案件的公平、公正。

第四，关于案件移送材料。关于案件移送材料包括以下两点。其一，移送的案件范畴。为了保证案件处罚的公正性以及衡平好行政权与司法权两者之间的关系，应当明确违法侵犯著作权的数额达到应予以追究刑事犯罪数额 80% 以上的案件依法移送至刑事司法机关。由刑事司法机关作为主导对案件展开侦查，必要时行政机关提供相应的辅助工作。比如，对于涉侵犯著作权的复制品数量超过 500 张的 80%（即 400 张）的，就应当将案件予以移送。对于非法经营数额超过 5 万元的 80%（即 4 万元）的案件移送至刑事司法机关。如此，才可在厘清两大机关权力范围的基础上确保涉著作权犯罪案件的顺利流转。其二，统一案件移送材料的具体内容。《刑事诉讼法》第 54 条第 2 款规定："行政机关在行政执法和查办案件过程中收集的物证、书证、视听资料、电子数据等证据材料，在刑事诉讼中可以作为证据使用。"该规定确立了行政执法中获取的证据材料在刑事诉讼中的法律地位，在行政执法和刑事司法间构筑起了新的证据移送机制，强化了行、刑衔接的紧密性和诉讼效率。❷ 但前文提到在案件移送材料相关方面所作出的规范性文件大都由相关部门制定，鉴于各种因素，内容大都无法

---

❶ 张道许. 知识产权保护中"两法衔接"机制研究 [J]. 行政法学研究，2012（2）：103 – 108.

❷ 董坤. 行、刑衔接中的证据问题研究：以《刑事诉讼法》第 52 条第 2 款为分析文本 [J]. 北方法学，2013（4）：118 – 124.

统一，因此这些规范性文件存有很大的局限性。比如司法解释、行政法规等，都只是对其内部相关各部门的要求，行政执法机关与刑事司法机关单依照此要求，配合性难以得到提升。建议一是应提高有关行政机关移送案件材料的规范等级，有必要上升至法律层级，加强相关方面的立法。提高案件移送材料有关规定的刚性，加强执行力。除此之外，可以专门制定有关行刑衔接程序的法律法规，摆脱行政执法机关与刑事司法机关衔接上的困境。二是对《行政执法机关移送涉嫌犯罪案件的规定》第 6 条进行完善，对案件移送书的内容、"其他有关涉罪材料"等进行进一步的明确。三是在《刑事诉讼法》中加强检察机关对行政执法机关的监督权，对行政执法机关移送材料活动进行监督。

2. 证据转化标准构建

国外有关处理行政与刑事证据衔接问题的手段主要有两种。一种为英美法系的证据一体式模式，即设立统一的证据法典，行政与刑事的违法犯罪证据的依据均来源于此。主要由行政机关对于其所收集的证据直接向法院起诉，由法院作出判决，行政机关一般不直接对案件作出行政处罚，因此亦基本不存在行政证据与刑事司法证据的转化问题。但该种模式无法实现案件的有效分流，将案件大量集结于法院，难以提高案件办理的效率并实现公正。第二种域外有效解决两法衔接的处理手段来源于大陆法系国家。比如日本将大量的刑事犯罪标准规定于行政法律中，依据此，对于行为人进行行政处罚后也相应明确了其在刑事上所应受到的处罚。而深究可发现，日本在有关经济犯罪侦查方面的设置，前期是由行政机关直接进行犯罪的侦查，一经证实确有犯罪，则将案件立即移交至司法机关。可以看出，在经济案件的处理前期，行政机关不仅肩负了其行政职责，还承担起了本应由司法机关享有的侦查职责，即使行使侦查权所查获的证据则可直接归属于刑事证据。与这种特例特办的情况相类似的是，英国对重大案件的调查会及时成立第三方独立机构，对于案件的相关证据进行专门的获取调查。这种针对某类案件成立专门组织机构亦或是在某一阶段对行政机关进行赋权的方式，均对证据的顺利流转起到了重要作用。

鉴于我国实践中案件繁多复杂、法院案件数量大、人手不足以及证据理论尚不完善等特点，还难以实现证据一体化模式。不过可以借鉴大陆法系的做法，行政机关在查处经济类型案件时，如果发现案件违法数额达到刑事追诉标准的 70% —80%，则可以临时赋予行政机关以刑事侦查权，其所查获的证据以及作出的认定后期也可以具有刑事证据效力。如果此时公安机关提前介入，则可以提供辅助侦查。如果违法所得数额达到刑事追诉标准的 80%，则由行政机关进行辅助侦查，其查获证据同样具有刑事效力。而对于行政机关向刑事司法机关移送的其他涉著作权犯罪案件材料应当作出以下具体认定。

除刑事侦查外，对行政机关运用行政权力所获得的证据，必须在有效分类的基础上确立不同层次的标准制度。因此，可将涉案证据分为三类，第一类为实物证据，第二类为言词证据，第三类为鉴定意见。就第一类证据（实物证据）而言，实物证据拥有比言词证据更显著的特点，相对来说更客观、更稳定，并且将其转化为刑事证据的过程更直接便捷。❶《刑事诉讼法》列明了四类可以作为刑事司法证据使用的行政证据，均属实物证据。有学者认为"等证据"并没有排除其他与物证、书证具有相同特质的证据种类，而且《公安机关办理刑事案件程序规定》和《人民检察

---

❶ 薛彦馨. 知识产权的行政保护与司法保护之比较［D］. 长春：长春理工大学，2012.

院刑事诉讼规则》有关行政证据的规定也突破了这四种证据种类。❶ 部分学者认为有关刑事证据的范围应当由《刑事诉讼法》明确列明，没有明确列明的有类推之嫌，不应包括在法律规定范围内。对此，最高人民法院作了专项解读，认为《刑事诉讼法》明确规定的可以作为刑事证据使用的仅包含书证、物证、电子数据、视听资料等此类实物证据，言词证据不在此列，由此防止了对"等证据"的扩大理解。可见，最高人民法院明确反对行政言词证据向刑事司法证据转化。因此，关于第二类言词证据的适用，受该解释影响，笔者认为言词证据不能直接转化为刑事证据使用。虽然言词证据具备一定的主观性特征，稳定性相对较差，但不可否认其与案件一定程度上存在着某种关联，并且一个案件的性质需要通过各种角度进行查证，不能因言词证据不能直接作为刑事司法证据就认为其在刑事司法程序中毫无用处。因此，鉴于言词证据与案件事实的关联性，建议将言词证据作为弹劾证据进行使用，目的在于印证其他刑事证据的关联性、真实性，发挥其应有的价值。关于第三类证据，也是目前争议性较大的鉴定意见。虽然鉴定意见作为证据使用有极强的说服力，但由于著作权涉罪案件的鉴定意见是由行政机关所委托出具的，而我国刑事司法程序中所认可的鉴定意见一般是由司法机关所出具的。因此，有很多学者建议刑事司法机关应当对行政鉴定意见不予认可，继而对其重新鉴定。此种观点存在一定合理性，但制作知识产权类鉴定意见所需的专业性较强、成本较高并且需要一定的时间，因此重新制作鉴定意见的做法并不符合实际。由于鉴定意见与言词证据具备一定的相似性，同时也不可完全否认行政鉴定意见的价值，因

---

❶ 吴彬彬. 行刑衔接程序中证据转移问题研究：以刑事侦查为中心的分析 [J]. 湖南师范大学社会科学学报，2017（1）：90–96.

此建议将行政鉴定意见也作为弹劾证据适用，参照第二类言词证据定位。由此，方可在保证证据合法性的前提下减少司法资源的浪费。

3. 健全信息共享机制

有观点认为，信息共享平台在行政执法与刑事司法衔接的工作机制框架下，利用政务网的现有网络、设施和有关数据，实现各行政执法机关与司法机关之间执法资源共享。❶ 虽然该观点也认可了信息共享平台具备交流、探讨的性质，可以方便对案件处理情况的实时信息获取，但不可否认的是，该观点仅仅认可信息共享平台建立的目的是实时发布执法办案信息，并没有提出刑事司法机关办案的实时情况。就信息通报、共享机制而言，首先应明确信息通报的主体既包括行政执法机关，也包括司法机关。❷ 因此，信息共享平台的录入工作，应当在行政机关、司法机关内部均安排相应的专人负责，方便刑事司法机关对案件移送前的行政办理情况进行了解，同时也方便行政机关对案件移送后的处理情况作一了解，具体如下。

参见表 10-8，对于行政执法机关来讲，应当将达到刑事追诉标准数额 70%—80% 的案件和达到刑事追诉数额标准 80% 的案件作以分类进行录入。如前文所言，违法数额在犯罪数额标准 70%—80% 之间的案件，证据主要由赋予临时刑事侦查权的行政机关收集，而达到 80% 的案件，证据主要由司法机关收集。需要注意的是，在案件录入时，应当将涉著作权犯罪的一般违法案件信息也进行录入，并对该类信息作以专项整合，以方便检察机关监督。更为

---

❶ 刘红. 网络环境下知识产权案件行政执法与刑事司法衔接机制研究 [J]. 江西科技学院学报，2016（1）：73.

❷ 杨彩霞. 网络著作权"两法衔接"程序机制之完善研究 [J]. 云南大学学报（法学版），2016（4）：78-84.

重要的是，对于行政执法机关，部分难以作出移送抉择的疑难案件信息必须进行录入，司法机关从信息共享平台中获取到此类案件信息，方便对相关案件提出意见。对移送至刑事司法机关的瑕疵证据材料，行政执法机关应当将补充说明信息也录入信息共享平台，以便检察机关对相应证据材料进行监督。

表 10 - 8　机关信息共享平台录入内容整合表

机关	信息共享平台录入内容
行政执法机关	达到刑事追诉标准数额的 70% —80% 的案件；达到刑事追诉数额标准 80% 的案件；著作权违法案件信息；移送的涉罪案件信息；疑难案件信息；证据补充说明；对刑事司法机关退回案件进行行政处理的信息
公安机关	对移送案件立案与否的决定与理由；对证据材料的补充说明；对公民举报的，已达刑事标准但未移送的案件信息
检察机关	对行政机关办理案件的监督结果；对移送案件的监督结果及说明；对公安机关立案正当性的监督结果；行政机关本应立案但未立案的案件信息及理由；对行政执法机关不服公安机关不予立案决定进行申诉的处理结果；对法院审判案件的监督；对行政机关关于办理被退回案件的处罚情况的监督意见
法院	移送案件的审理结果

就公安机关而言，需要在信息共享平台曝光的信息不仅包含对移送案件立案与否的决定理由，还应包括对个人或单位所举报的已达刑事追诉标准但并未予以移送的案件信息。不仅要发挥出检察机关的监督作用，更要借用信息共享平台这个介质实现权力在阳光下运行。监督具有滞后性，并不是万能的。因此，公安机关对于"有案不移"信息的曝光更是对行政权的制衡，也是另一种层面意义上的有效监督。

很多学者认为检察机关对于"行刑衔接"工作而言，起到的仅仅是辅助作用，行刑衔接的实质依然是行政执法机关和刑事司法机关之间的衔接、配合。实则不然，在"行刑衔接"工作中，检察机关应当实质性参与到行政执法工作中去，对于案件的办理情况提出相应的监督意见。在刑事司法机关办案过程中，检察机关的作用自不待言。因此，"行刑衔接"应当是行政执法机关、公安机关、检察机关之间的有机配合。基于此，在信息共享平台的录入工作中，检察机关也应当安排专人进行案件信息的录入。

首先，对于"行刑衔接"工作的始端，检察机关应当对行政机关在移送案件前的办理情况进行监督，并将监督意见录入信息共享平台中。对于"行刑衔接"工作的核心环节，检察机关应当将对移送案件的监督结果、公安机关立案合法与否的结果以及对行政执法机关不服公安机关不予立案决定进行申诉的处理结果等情况录入信息共享平台。除此之外，对于移送后案件在刑事司法程序中处理情况的监督结果也应当录入信息共享平台当中，以便行政执法机关对于案件移送后情况的了解。

其次，在进行信息录入时，应当对内容进行细化。比如，案件的查获时间、执行人、负责人、具体违法金额、数量、损失、处罚决定、处罚理由等这些细节性内容必须由专人进行录入。

最后，法院也应当将案件处理情况进行信息录入，尤其是在案件移送至刑事司法机关后，公安机关对案件进行了审核后，交由检察机关处理，检察院向法院提起公诉。但在这一司法流程中会出现中断的情形。有时案件会被退回至公安机关，由于公安机关对案件移交检察机关后的具体情况并不了解，也会出现案件已经被退回而公安机关却不明所以的情况。因此，信息共享平台的建立不仅是行政执法机关与刑事司法机关的桥梁，也是司法机关之间的良好对话平台。

4. 完善行刑衔接监督机制

第一，对案件办理工作的监督方面。在对涉著作权犯罪案件移送程序的监督方面，必须明确监督主体的监督职责。在案件移送前、案件移送中、案件移送后，行政执法机关的内部监督部门，检察机关以及监察机关要对案件移送程序合法性、合理性等程序性问题进行监督审查以及备案。❶ 因此，检察机关对案件的监督可以提前介入，也即在行政执法机关办案之时，检察机关可以要求对案件进行调查。检察机关的监督可分为两个阶段。第一阶段为涉著作权犯罪案件移送前，一是，应确立检察机关可以对相关案件的办理适时实施调查活动，这一点可以在《行政处罚法》中进行规定，以确保行政执法机关在移送案件前的执法公正。二是，由于法律赋予了检察机关以监督权，但因"检察意见"实质上只是一种柔性的权力，在实际操作上难以实现理想效果。因此，建议对检察机关的监督权力适当扩大，可以在第一次发现行政执法机关违法行为时提出检察意见，要求其对违法行为进行纠正。在行政执法机关第二次发生违法行为后，检察机关应当向监察机关提出请求，请求其给予行政处分。三是，对依法由各级人民代表大会及其常务委员会任免的人员出现上述行为的，检察机关可以向同级人民代表大会及其常务委员会进行弹劾。❷ 第二阶段为行政执法机关将案件移送至刑事司法机关后的处理阶段。一方面，建议检察机关对公安机关接受案件后的处理情况可以提前介入；另

---

❶ 李耀清. 行刑衔接中涉嫌犯罪案件移送程序问题研究：以两高指导性案例为出发点［D］. 哈尔滨商业大学，2017.

❷ 廖剑聪，邬炼. 检察监督视野下行政执法与刑事司法衔接中的问题及其完善［J］. 湖南警察学院学报，2011（5）：30–32.

一方面，对于公安机关继而移送至检察机关的案件，应当将行政机关的处理情况以及涉案证据一并移送，防止出现公安机关在对案件进行审查后对某些不可作为刑事证据使用的案件证据不进行移送的情况。因此，刑事司法机关内部的案件后续处理情况说明的内容应当详致，便于监督工作的进一步开展。

第二，对信息共享平台的监督方面。信息、数据对于案件的办理尤为重要，而目前信息共享平台是由行政机关进行把控，主要工作是录入行政执法信息。因此，这种自我记录的方式也使得行政机关在此方面拥有极大的自主权。对此，应出台相关规定对行政机关的信息录入内容作详细要求，并且信息共享平台的建立完善是社会发展的趋势，因而应当在检察机关内部设立专门的监督部门，不仅对行政执法机关录入的案件信息进行监督，对接受移送案件后实时进行信息反馈的刑事司法机关录入的内容也要进行监督。随着科技的发展与法治的逐渐完善，信息共享机制必将更加健全，信息内容也会逐步增多，因此，在检察机关内部设立专门的信息共享平台监督部门不仅不会造成司法资源的浪费，反而对于公正、高效地处理案件会起到极大的促进作用。

主要参考文献

（一）图书类

［1］北京市高级人民法院知识产权庭．著作权法原理解读与审判实务［M］．北京：法律出版社，2021.

［2］博翰楠，霍温坎普．创造无羁限：促进创新中的自由与竞争［M］．兰磊，译．北京：法律出版社，2016.

［3］陈锦川．著作权审判：原理解读与实务指导［M］．北京：法律出版社，2014.

［4］丛立先．网络版权问题研究［M］．武汉：武汉大学出版社，2007.

［5］段晓梅．商标权与在先著作权的权利冲突［M］．北京：知识产权出版社，2012.

［6］冯晓青．知识产权法利益平衡理论［M］．北京：中国政法大学出版社，2006.

［7］冯晓青．知识产权法哲学［M］．北京：中国人民公安大学出版社，2003.

［8］冯晓青．著作权法［M］．北京：法律出版社，2010.

［9］韩永进．新的文化发展观［M］．北京：文化艺术出版社，2006．

［10］胡开忠，陈娜，相靖．广播组织权保护研究［M］．武汉：华中科技大学出版社，2011．

［11］孔祥俊．司法哲学［M］．北京：中国法制出版社，2017．

［12］李琛．论知识产权法的体系化［M］．北京：北京大学出版社，2005．

［13］李佐军．供给侧改革：改什么，怎么改？［M］．北京：机械工业出版社，2016．

［14］林毅夫，等．供给侧结构性改革［M］．北京：民主与建设出版社，2016．

［15］刘洁．我国著作权集体管理制度研究［M］．北京：中国政法大学出版社，2014．

［16］刘志迎，徐毅，庞建刚．供给侧改革：宏观经济管理创新［M］．北京：清华大学出版社，2016．

［17］罗荣渠．现代化新论：世界与中国的现代化进程［M］．北京：商务印书馆，2004．

［18］帕特森，林德伯格．版权的本质：使用者权利之法［M］．郑重，译．北京：法律出版社，2015．

［19］曲三强．现代知识产权法［M］．北京：北京大学出版社，2009．

［20］申长雨．迈向知识产权强国之路：知识产权强国建设实施问题［M］．北京：知识产权出版社，2017．

［21］王迁．版权法对技术措施的保护与规制研究［M］．北京：中国人民大学出版社，2018．

［22］王迁．著作权法［M］．北京：中国人民大学出版社，2015．

［23］王岳川，胡淼森．文化战略［M］．上海：复旦大学出版社，2010．

［24］韦之．知识产权论［M］．北京：知识产权出版社，2014．

［25］吴汉东，等．知识产权制度变革与发展研究［M］．北京：经济科学出版社，2013．

［26］吴汉东．著作权合理使用制度研究［M］．北京：中国人民大学出版社，2013．

［27］肖林．新供给经济学：供给侧结构性改革与持续增长［M］．上海：格致出版社，2016．

［28］詹启智．著作权论［M］．北京：中国政法大学出版社，2014．

［29］张文显．法理学［M］．北京：高等教育出版社，2003．

［30］赵玉林．创新经济学［M］．北京：中国经济出版社，2006．

［31］中国法学会．法治中国建设问答［M］．北京：法律出版社，2015．

［32］卓泽渊．法的价值论［M］．北京：法律出版社，2006．

（二）期刊类

［1］卞晓丹，钟廷勇．空间集聚与文化产业供给侧改革：基于要素错配的视角［J］．江海学刊，2016（4）．

［2］蔡斐，王啸洋．新《著作权法》对短视频作品版权的保护［J］．青年记者，2021（11）．

［3］蔡尚伟，钟勤．论文化产业发展中的版权评估问题［J］．西南民族大学学报（人文社会科学版），2012（1）．

［4］曹新明．知识产权与民法典连接模式之选择：以《知识产权法典》的编纂为视角［J］．法商研究，2005（1）．

［5］陈波，马治国．著作权法定许可中"教科书"的概念辨

析［J］．南京社会科学，2012（12）．

　　［6］陈虎．论视听作品著作权归属制度：以新修《著作权法》第 17 条为中心［J］．苏州大学学报（哲学社会科学版），2021（3）．

　　［7］陈坤．逻辑在法律推理中没有作用吗？——对一些常见质疑的澄清与回应［J］．比较法研究，2020（2）．

　　［8］陈奇佳，肖远．论"IP＋"产业的集群化：文化产业的供给侧结构性改革［J］．江苏行政学院学报，2017（4）．

　　［9］陈绍玲．论广播组织信息网络传播权的适用空间［J］．苏州大学学报（哲学社会科学版），2021（3）．

　　［10］陈绍玲．论网络游戏整体画面独创性判定方法［J］．中国出版，2020（9）．

　　［11］陈绍玲．论我国二次获酬权制度的构建［J］．中国版权，2016（1）．

　　［12］丛立先，杨天娲．中国共产党的百年版权法治实践［J］．出版发行研究，2021（7）．

　　［13］丛立先．国家版权局机构改革与职能调整的法治保障［J］．中国出版，2018（7）．

　　［14］丛立先．论短视频作品的权属与利用［J］．出版发行研究，2019（4）．

　　［15］丛立先．网络游戏直播画面的可版权性与版权归属［J］．法学杂志，2020（6）．

　　［16］丛立先．我国著作权法总体趋向与优化进路［J］．中国出版，2020（21）．

　　［17］段海风．权利与义务的平衡配置：我国著作权集体管理制度的完善方向［J］．科技与出版，2018（11）．

　　［18］樊宇．我国著作权法对雇佣作品原则的移植［J］．电子

知识产权，2018（2）.

[19] 范海潮，顾理平．自媒体平台"洗稿"行为的法律困境与版权保护［J］．出版发行研究，2018（11）.

[20] 范玉刚．文化消费对健全文化产业发展体系的促进作用［J］．艺术百家，2016（3）.

[21] 范周，周洁．正确理解文化领域供给侧结构性改革［J］．东岳论丛，2016（10）.

[22] 范周．推动"十四五"文化产业新发展［J］．红旗文稿，2020（21）.

[23] 冯晓青，刁佳星．从价值取向到涵摄目的："思想/表达二分法"的概念澄清［J］．上海交通大学学报（哲学社会科学版），2021（2）.

[24] 冯晓青，付继存．实用艺术作品在著作权法上之独立性［J］．法学研究，2018（2）.

[25] 冯晓青，许耀乘．破解短视频版权治理困境：社会治理模式的引入与构建［J］．新闻与传播研究，2020（10）.

[26] 冯晓青．公共领域保留视域下作品著作权保护研究：以作品中不受保护事实、题材为考察对象［J］．湖南大学学报（社会科学版），2021（1）.

[27] 冯晓青．网络游戏直播画面的作品属性及其相关著作权问题研究［J］．知识产权，2017（1）.

[28] 冯晓青．中国 70 年知识产权制度回顾及理论思考［J］．社会科学战线，2019（6）.

[29] 谷永超．著作权涉罪案件行刑衔接程序机制的审视与完善［J］．中国出版，2020（5）.

[30] 官正艳．论司法实践中洗稿侵犯著作权的认定标准

［J］．电子知识产权，2018（11）．

　　［31］管华．党内法规制定技术规范论纲［J］．中国法学，2019（6）．

　　［32］管荣齐，李明德．中国知识产权司法保护体系改革研究［J］．学术论坛，2017（1）．

　　［33］管荣齐．新时代中国知识产权保护国际化对策［J］．学术论坛，2019（4）．

　　［34］管育鹰．我国著作权法中广播组织权内容的综合解读［J］．知识产权，2021（9）．

　　［35］郭壬癸，乔永忠．版权保护强度影响文化产业发展绩效实证研究［J］．科学学研究，2019（7）．

　　［36］韩秀成，谢小勇，王淇．构建知识产权大保护工作格局的若干思考［J］．知识产权，2017（6）．

　　［37］何荣华．双边自由贸易协定中的版权条款对我国文化产业的影响［J］．政法论丛，2016（5）．

　　［38］胡开忠．构建我国著作权延伸性集体管理制度的思考［J］．法商研究，2013（6）．

　　［39］胡开忠．知识产权法典化的现实与我国未来的立法选择［J］．法学，2003（2）．

　　［40］华劼．网络游戏及游戏直播节目著作权问题研究［J］．编辑之友，2018（6）．

　　［41］黄保勇，施一正．区块链技术在版权登记中的创新应用［J］．重庆大学学报（社会科学版），2020（6）．

　　［42］黄汇．计算机字体单字的可著作权问题研究：兼评中国《著作权法》的第三次修改［J］．现代法学，2013（3）．

　　［43］黄善煐．韩国教科书法定许可制度考察［J］．知识产

权，2014（6）．

［44］黄武双，邱思宇．论区块链技术在知识产权保护中的作用［J］．南昌大学学报（人文社会科学版），2020（2）．

［45］黄先蓉，冯婷．我国文化产业竞争机制创新研究［J］．出版广角，2017（7）．

［46］黄玉烨，司马航．孳息视角下人工智能生成作品的权利归属［J］．河南师范大学学报（哲学社会科学版），2018（4）．

［47］季境．互联网新型财产利益形态的法律建构：以流量确权规则的提出为视角［J］．法律科学（西北政法大学学报），2016（3）．

［48］蒋舸．雇佣关系与法人作品构成要件［J］．法律科学（西北政法大学学报），2014（5）．

［49］蒋一可．数字音乐著作权许可模式探究：兼议法定许可的必要性及其制度构建［J］．东方法学，2019（1）．

［50］蒋一可．网络游戏直播著作权问题研究：以主播法律身份与直播行为之合理性为对象［J］．法学杂志，2019（7）．

［51］焦和平．类型化视角下网络游戏直播画面的著作权归属［J］．法学评论，2019（5）．

［52］焦和平．三网融合下广播权与信息网络传播权的重构：兼析《著作权法（修改草案）》前两稿的相关规定［J］．法律科学（西北政法大学学报），2013（1）．

［53］焦和平．网络游戏在线直播的著作权合理使用研究［J］．法律科学（西北政法大学学报），2019（5）．

［54］焦和平．网络游戏在线直播画面的作品属性再研究［J］．当代法学，2018（5）．

［55］康建辉，郭雅明．我国版权产业发展中的版权保护问题

研究 [J]. 科技管理研究, 2012 (4).

[56] 孔祥俊. 著作权立法与司法的产业利益之维 [J]. 社会科学辑刊, 2021 (6).

[57] 李超. 论网络传播中舞蹈作品著作权的保护 [J]. 北京舞蹈学院学报, 2016 (6).

[58] 李琛. 从知识产权司法需求论我国民法典的编纂 [J]. 法律适用, 2016 (12).

[59] 李富民. 民法典背景下虚拟财产的规制路径 [J]. 中州学刊, 2021 (10).

[60] 李国权. 数字时代著作权刑法保护的机制向度: 兼论从回应到预防的范式演变 [J]. 电子知识产权, 2020 (4).

[61] 李佳妮. 论著作权合理使用中的 "适当引用": 以谷阿莫二次创作短视频为例 [J]. 东南大学学报 (哲学社会科学版), 2019 (S1).

[62] 李康化. 文化产业供给侧结构性改革的战略选择 [J]. 福建论坛 (人文社会科学版), 2017 (8).

[63] 李培峰. 新时代文化产业高质量发展: 内涵、动力、效用和路径研究 [J]. 重庆社会科学, 2019 (12).

[64] 李陶. 论著作权集体管理组织的反垄断规制 [J]. 知识产权, 2015 (2).

[65] 李伟民. 人工智能智力成果在著作权法的正确定性: 与王迁教授商榷 [J]. 东方法学, 2018 (3).

[66] 李伟民. 视听作品著作权主体与归属制度研究 [J]. 中国政法大学学报, 2017 (6).

[67] 李向民. 文化产业供给侧结构性改革问题初探 [J]. 福建论坛 (人文社会科学版), 2017 (2).

［68］李燕.《著作权法》修改背景下合理使用制度的完善路径［J］. 出版发行研究, 2019（4）.

［69］李扬, 李晓宇. 康德哲学视点下人工智能生成物的著作权问题探讨［J］. 法学杂志, 2018（9）.

［70］李扬. 网络游戏直播中的著作权问题［J］. 知识产权, 2017（1）.

［71］李雨峰, 马玄. 互联网领域知识产权治理的构造与路径［J］. 知识产权, 2021（11）.

［72］李雨峰. 知识产权法典化论证质评［J］. 现代法学, 2005（6）.

［73］李雨峰. 知识产权制度设计的省思：以保护对象的属性和利用方式为逻辑起点［J］. 当代法学, 2020（5）.

［74］李玉香. 延伸性著作权集体管理研究：写在我国《著作权法》第三次修订之际［J］. 法学杂志, 2013（8）.

［75］李宗辉. 论"互联网＋"教育中的版权限制制度［J］. 科技与出版, 2015（12）.

［76］梁志文. 版权法上实质性相似的判断［J］. 法学家, 2015（6）.

［77］梁志文. 摄影作品的独创性及其版权保护［J］. 法学, 2014（6）.

［78］梁志文. 作品类型法定缓和化的理据与路径［J］. 中外法学, 2021（3）.

［79］林秀芹, 黄钱欣. 陕西传统文化产业发展中的版权保护研究［J］. 西北大学学报（哲学社会科学版）, 2017（1）.

［80］刘昂. 供给侧改革与文化产业创新［J］. 齐鲁学刊, 2017（6）.

［81］刘承韪．论著作权法的重要修改与积极影响［J］．电子知识产权，2021（1）．

［82］刘春田．《民法典》与著作权法的修改［J］．知识产权，2020（8）．

［83］刘春田．我国《民法典》设立知识产权编的合理性［J］．知识产权，2018（9）．

［84］刘春田．知识产权司法的大国重器［J］．法律适用，2019（3）．

［85］刘春田．中国著作权法三十年（1990—2020）［J］．知识产权，2021（3）．

［86］刘华，张祥志．政府在文化产业链创意端的角色与职能研究［J］．出版发行研究，2014（2）．

［87］刘佳．网络短视频的著作权保护问题初探［J］．出版广角，2019（3）．

［88］刘水美．扩张合理使用目的法律适用新规则［J］．知识产权，2019（8）．

［89］刘铁光．著作权主体的二元结构及其权利配置：兼评2020年《著作权法》修正的主体制度［J］．知识产权，2021（8）．

［90］刘文献．美术作品独创性理论重构：从形式主义到历史主义［J］．政治与法律，2019（9）．

［91］刘影．人工智能生成物的著作权法保护初探［J］．知识产权，2017（9）．

［92］卢纯昕．法定作品类型外新型创作物的著作权认定研究［J］．政治与法律，2021（5）．

［93］卢海君，邢文静．文化产品的版权保护、竞争规制与文化产业的发展："《人在囧途》诉《人再囧途之泰囧》案"引发的

思考 [J]. 中国出版，2013 (15).

[94] 卢海君. 短视频的《著作权法》地位 [J]. 中国出版，2019 (5).

[95] 卢海君. 论体育赛事节目的著作权法地位 [J]. 社会科学，2015 (2).

[96] 卢海君. 论作品实质性相似和版权侵权判定的路径选择：约减主义与整体概念和感觉原则 [J]. 政法论丛，2015 (1).

[97] 吕炳斌. 实用艺术作品交叉保护的证成与潜在风险之化解 [J]. 法律科学（西北政法大学学报），2016 (2).

[98] 吕炳斌. 著作权法的理论前提：从"经济人假设"到"社会人假设" [J]. 当代法学，2020 (6).

[99] 罗爱静，张莉. 文化产业发展中版权保护的检视与建言：湖南为例 [J]. 求索，2010 (11).

[100] 马一德. 完善中国特色知识产权学科体系、学术体系、话语体系 [J]. 知识产权，2020 (12).

[101] 马一德. 再现型摄影作品之著作权认定 [J]. 法学研究，2016 (4).

[102] 马一德. 中国知识产权治理四十年 [J]. 法学评论，2019 (6).

[103] 马治国，刘桢. 现代化、国际化、本土化：我国著作权法治发展的回顾与展望 [J]. 西北大学学报（哲学社会科学版），2020 (5).

[104] 梅傲，郑宇豪. 人工智能作品的困境及求解：以人工智能写作领域第一案为考察中心 [J]. 出版发行研究，2020 (12).

[105] 彭桂兵，陈煜帆. 新闻作品"洗稿"行为的审视与规范：以"《甘柴劣火》事件"为例 [J]. 新闻记者，2019 (8).

［106］彭桂兵．表达权视角下版权许可制度的完善：以新闻聚合为例［J］．西南政法大学学报，2018（4）．

［107］彭辉，姚颉靖．基于文献计量的我国文化产业版权保护研究进展分析［J］．理论月刊，2015（11）．

［108］彭中礼．司法人工智能中的价值判断［J］．四川大学学报（哲学社会科学版），2021（1）．

［109］齐骥．供给侧与需求侧协同视角下的文化产业发展研究［J］．深圳大学学报（人文社会科学版），2016（6）．

［110］秦健，李青文．理论与实践：论体育赛事节目的独创性：兼评新浪诉凤凰网、央视诉暴风影音赛事转播案终审判决［J］．中国出版，2020（20）．

［111］秦宗财，方影．我国文化产业供给侧动力要素与结构性改革路径［J］．江西社会科学，2017（9）．

［112］石丹．论区块链技术对于数字版权治理的价值与风险［J］．科技与出版，2019（6）．

［113］石丹．文化产业创新发展中的版权制度和政府资助研究［J］．科技管理研究，2019（3）．

［114］石宏．《著作权法》第三次修改的重要内容及价值考量［J］．知识产权，2021（2）．

［115］舒晓庆．区块链技术在著作权集体管理制度中的应用［J］．知识产权，2020（8）．

［116］宋朝丽．供给侧改革视角下文化产业发展内生动力机制探究［J］．东岳论丛，2016（10）．

［117］宋戈．著作权范围的模型建构与学理界定［J］．广西民族大学学报（哲学社会科学版），2017（3）．

［118］孙昊亮．媒体融合下新闻作品的著作权保护［J］．法

学评论，2018（5）.

［119］孙山．短视频的独创性与著作权法保护的路径［J］.
知识产权，2019（4）.

［120］孙山．体育赛事节目的作品属性及其类型［J］．法学
杂志，2020（6）.

［121］孙山．《著作权法》中作品类型兜底条款的适用机理
［J］．知识产权，2020（12）.

［122］孙益武．论文化产品的著作权保护与文化软实力［J］.
中国出版，2011（22）.

［123］田晓玲．著作权集体管理的适用范围和相关问题研究：
以著作权法第三次修改为视角［J］．知识产权，2015（10）.

［124］汪琼，陈伟．区块链在图书馆著作权保护中的效用研
究［J］．数字图书馆论坛，2019（3）.

［125］王国柱，李建华．著作权法定许可与默示许可的功能
比较与立法选择［J］．法学杂志，2012（10）.

［126］王洪友．论版权行政执法的公共利益要件：以制度异
化为视角［J］．中国出版，2020（1）.

［127］王丽．版权贸易与文化产业发展之间的关系研究：基
于中美两国的经验数据考察［J］．价格月刊，2019（9）.

［128］王利明．论互联网立法的重点问题［J］．法律科学
（西北政法大学学报），2016（5）.

［129］王明明，孟程程．科技创新与文化消费的互动机制及
对文化产业转型升级的影响：基于供给侧改革视域的分析［J］.
税务与经济，2019（2）.

［130］王迁．传播录音制品获酬权条款研究［J］．苏州大学
学报（哲学社会科学版），2021（3）.

[131] 王迁. 对《著作权法修正案（草案）（二次审议稿)》的四点意见 [J]. 知识产权, 2020 (9).

[132] 王迁. 论视听作品的范围及权利归属 [J]. 中外法学, 2021 (3).

[133] 王迁. 论现场直播的"固定" [J]. 华东政法大学学报, 2019 (3).

[134] 王迁. 体育赛事现场直播画面著作权保护若干问题: 评"凤凰网赛事转播案"再审判决 [J]. 知识产权, 2020 (11).

[135] 王迁.《著作权法》修改: 关键条款的解读与分析（上）[J]. 知识产权, 2021 (1).

[136] 王迁.《著作权法》修改与国际条约和协定 [J]. 电子知识产权, 2020 (11).

[137] 王迁. 著作权法中传播权的体系 [J]. 法学研究, 2021 (2).

[138] 王骞. 多元维度下版权适当保护之思考: 基于我国版权行政执法的考察 [J]. 电子知识产权, 2020 (3).

[139] 王清, 陈潇婷. 区块链技术在数字著作权保护中的运用与法律规制 [J]. 湖北大学学报（哲学社会科学版）, 2019 (3).

[140] 王清. 读法笔记: 新修正《著作权法》的两个思考、一个建议 [J]. 出版科学, 2021 (1).

[141] 王雅芬, 韦俞村. 自媒体"洗稿"的著作权法规制 [J]. 出版广角, 2019 (18).

[142] 王悦彤. 新时期著作权登记存在的问题与思考 [J]. 出版发行研究, 2018 (8).

[143] 吴彬彬. 行刑衔接程序中证据转移问题研究: 以刑事侦查为中心的分析 [J]. 湖南师范大学社会科学学报, 2017 (1).

［144］吴汉东，刘鑫．我国《著作权法》第三次修订之评析［J］．东岳论丛，2020（1）．

［145］吴汉东．《民法典》知识产权制度的学理阐释与规范适用［J］．法律科学（西北政法大学学报），2022（1）．

［146］吴汉东．民法法典化运动中的知识产权法［J］．中国法学，2016（4）．

［147］吴汉东．试论"民法典时代"的中国知识产权基本法［J］．知识产权，2021（4）．

［148］吴汉东．试论"实质性相似＋接触"的侵权认定规则［J］．法学，2015（8）．

［149］吴汉东．试论知识产权制度建设的法治观和发展观［J］．知识产权，2019（6）．

［150］吴汉东．新时代中国知识产权制度建设的思想纲领和行动指南：试论习近平关于知识产权的重要论述［J］．法律科学（西北政法大学学报），2019（4）．

［151］吴伟光．中文字体的著作权保护问题研究：国际公约、产业政策与公共利益之间的影响与选择［J］．清华法学，2011（5）．

［152］吴真文，杜牧真．网络游戏直播平台相关行为的合法性分析［J］．电子知识产权，2019（3）．

［153］夏扬．法律移植、法律工具主义与制度异化：以近代著作权立法为背景［J］．政法论坛，2013（4）．

［154］夏雨．我国文化产业消费经济效益及改善策略［J］．商业经济研究，2020（7）．

［155］谢巧生，周克放．版权司法保护对文化产业发展影响研究［J］．中国出版，2021（14）．

［156］谢琴，段维．网络版权作品法定许可制度分析［J］．

出版发行研究，2013（4）.

［157］谢晴川. 论独创性判断标准"空洞化"问题的破解：以科技类图形作品为切入点［J］. 学术论坛，2019（5）.

［158］熊琦，朱若含. 论著作权法中的"行政介入"条款［J］. 山东大学学报（哲学社会科学版），2020（1）.

［159］熊琦. 美国音乐版权制度转型经验的梳解与借鉴［J］. 环球法律评论，2014（3）.

［160］熊琦. 移动互联网时代的著作权问题［J］. 法治研究，2020（1）.

［161］熊琦. 知识产权法与民法的体系定位［J］. 武汉大学学报（哲学社会科学版），2019（2）.

［162］熊琦. 中国著作权法立法论与解释论［J］. 知识产权，2019（4）.

［163］熊琦. 中国著作权立法中的制度创新［J］. 中国社会科学，2018（7）.

［164］熊琦. 著作权集体管理制度本土价值重塑［J］. 法制与社会发展，2016（3）.

［165］熊琦. 著作权集体管理中的集中许可强制规则［J］. 比较法研究，2016（4）.

［166］徐实. 企业数据保护的知识产权路径及其突破［J］. 东方法学，2018（5）.

［167］徐小奔. 论版权战略的私权属性与公共政策目标：以文化产业与文化事业二元管理模式为视角［J］. 国家行政学院学报，2014（2）.

［168］徐哲旻. 网络游戏直播画面作品属性相关问题研究［J］. 东南大学学报（哲学社会科学版），2019（S2）.

［169］阎晓宏．我国著作权法第三次修订需关注的几个问题
［J］．现代出版，2020（4）．

［170］杨彩霞．网络著作权"两法衔接"程序机制之完善研
究［J］．云南大学学报（法学版），2016（4）．

［171］杨帆．司法裁判说理援引法律学说的功能主义反思
［J］．法制与社会发展，2021（2）．

［172］杨利华．公共领域视野下著作权法价值构造研究［J］．
法学评论，2021（4）．

［173］杨利华．我国著作权制度的最新进展及其司法适用与
完善［J］．中州学刊，2021（7）．

［174］杨幸芳，李伟民．视听作品的定义与分类研究：兼评
我国《著作权法》第三次修订中"视听作品"的修改［J］．中国
政法大学学报，2020（3）．

［175］姚颉靖，彭辉．版权保护与文化产业创新能力的灰色
关联分析［J］．首都经济贸易大学学报，2011（2）．

［176］姚林青，池建宇．版权制度与文化产业关系的辩证分
析［J］．现代出版，2011（4）．

［177］姚叶．数字技术背景下合理使用制度立法失范问题探究：
兼评我国《著作权法》第二十四条［J］．科技与出版，2021（3）．

［178］易继明．人工智能创作物是作品吗？［J］．法律科学
（西北政法大学学报），2017（5）．

［179］易继明．新时代中国特色知识产权发展之路［J］．政
法论丛，2022（1）．

［180］殷贵山，邱立民．文学作品实质性相似的司法判定方
法评析［J］．出版发行研究，2017（10）．

［181］余为青，桂林．自媒体洗稿行为的司法认定规则及其

治理［J］. 科技与出版, 2019（3）.

［182］袁锋. 论《著作权法》修改对新闻出版从业者的影响［J］. 中国出版, 2021（7）.

［183］臧志彭, 崔煜. 嵌入社会网络的技术: 区块链在著作权交易中的应用再检讨［J］. 同济大学学报（社会科学版）, 2019（1）.

［184］詹启智. 论著作权法之授权［J］. 科技与出版, 2017（12）.

［185］张道许. 知识产权保护中"两法衔接"机制研究［J］. 行政法学研究, 2012（2）.

［186］张洪波. 我国著作权集体管理制度的建立与发展［J］. 中国出版, 2020（21）.

［187］张杰. 我国《著作权法》中"教科书法定许可制度"的现状及立法完善［J］. 中国编辑, 2014（3）.

［188］张今, 田小军. 欧盟著作权法改革与中国借鉴［J］. 中国出版, 2019（6）.

［189］张曼. 论著作权法定许可的正当性基础［J］. 知识产权, 2013（1）.

［190］张乾. 互联网时代"洗稿"现象的可责性及保护路径［J］. 出版广角, 2020（5）.

［191］张维胜. 推进著作权集体管理应当发挥"两个积极性"［J］. 编辑之友, 2019（12）.

［192］张伟君. 论邻接权与著作权的关系: 兼谈《著作权法》第 47 条（广播组织权）的解释论问题［J］. 苏州大学学报（法学版）, 2021（3）.

［193］张伟君. 论著作权法第三次修改后"转播权"内涵的变化［J］. 知识产权, 2021（3）.

［194］张文德，叶娜芬．网络信息资源著作权侵权风险分析：以微信公众平台自媒体"洗稿"事件为例［J］．数字图书馆论坛，2017（2）．

［195］张雯，朱阁．侵害短视频著作权案件的审理思路和主要问题：以"抖音短视频"诉"伙拍小视频"侵害作品信息网络传播权纠纷一案为例［J］．法律适用，2019（6）．

［196］张祥志，宋婷．知识产权制度体系保障文化产业发展的理论证成［J］．出版发行研究，2017（6）．

［197］张祥志，徐以恒．著作权法第三次修改中的版权行政保护及其正当性论证［J］．中国出版，2021（12）．

［198］张祥志．破解信任困局：我国著作权集体管理"信任机制"的法治关注［J］．新闻与传播研究，2019（3）．

［199］张新雯，陈丹．微版权概念生成的语境分析及其商业模式探究［J］．出版发行研究，2016（3）．

［200］张颖露，刘华．中国典型动漫企业专利分析及启示［J］．情报杂志，2017（3）．

［201］张颖．区块链技术驱动下的著作权登记制度变革［J］．图书馆论坛，2019（12）．

［202］张志伟．论网络游戏直播的法律属性及其利益平衡［J］．甘肃政法学院学报，2019（2）．

［203］赵泓，陈因．自媒体洗稿的成因、界定及防范［J］．现代传播（中国传媒大学学报），2019（2）．

［204］赵双阁，艾岚．体育赛事网络实时转播法律保护困境及其对策研究［J］．法律科学（西北政法大学学报），2018（4）．

［205］郑海江，陈建祥．从供给侧发力推动文化产业创新发展［J］．中国出版，2017（1）．

［206］郑继汤．习近平关于构建法治化营商环境重要论述的逻辑理路［J］．中共福建省委党校学报，2019（6）．

［207］郑家红．论新媒体时代体育赛事直播画面的可版权性［J］．江西社会科学，2020（7）．

［208］郑时根．对建立和完善行政执法与刑事司法衔接机制的实践与思考［J］．中国工商管理研究，2011（9）．

［209］郑万青，丁媛．作品"实质性相似"的判断与认定：从"琼瑶诉于正"谈起［J］．中国出版，2017（21）．

［210］周晓宏．文化产业供给侧结构性改革：失衡与再平衡［J］．出版发行研究，2017（12）．

［211］周怡．信任模式与市场经济秩序：制度主义的解释路径［J］．社会科学，2013（6）．

［212］朱梦云．人工智能生成物的著作权归属制度设计［J］．山东大学学报（哲学社会科学版），2019（1）．

［213］朱明，吴锋．浅谈中国科技期刊的供给侧改革：以江南大学所属科技期刊改革为例［J］．科技与出版，2016（12）．

［214］AREWA O B. Creativity, Improvisation, and Risk：Copyright and Musical Innovation［J］. Notre Dame Law Review，2011（86）.

［215］BACHNER B. Facing the Music：Traditional Knowledge and Copyright［J］. Human Rights Brief，2005（3）.

［216］KHANNA D. Guarding Against Abuse：The Costs of Excessively Long Copyright Terms［J］. CommLaw Conspectus，2014（23）.

［217］LIANG Z. Between Freedom of Commerce and Protection of Moral Rights：The Chinese Experience and a Comparative Analysis［J］. Journal of the Copyright Society of the USA，2009（57）.

[218] LIU J. Copyright for Blockheads: An Empirical Study of Market Incentive and Intrinsic Motivation [J]. The Columbia Journal of Law & the Arts, 2015 (38).

[219] PAGER S A. The Role of Copyright in Creative Industry Development [J]. Law and Development Review, 2017 (2).

[220] PESSACH G. Copyright Law as a Silencing Restriction on Noninfringing Materials: Unveiling the Scope of Copyright's Diversity Externalities [J]. Southern California Law Review, 2003 (76).

[221] PESSACH G. Deconstructing Disintermediation: A Skeptical Copyright Perspective [J]. Cardozo Arts & Entertainment Law Journal, 2013 (31).

[222] PRIEST, ERIC. Meet the New Media, Same as the Old Media: Real Lessons from China's Digital Copyright Industries [J]. The George Mason Law Review, 2015 (23).

[223] PRIEST E. Copyright and Free Expression in China's Film Industry [J]. Fordham Intellectual Property, Media and Entertainment Law Journal, 2015 (1).

[224] PRIEST E. Copyright Extremophiles: Do Creative Industries Thrive or Just Survive in China's High – Piracy Environment [J]. Harvard Journal of Law & Technology, 2013 (27).

[225] SAMPATH R. From Goods to a Good Life: Intellectual Property and Global Justice [J]. Law & Society Review, 2013 (2).

[226] SCHRADIE J. The Digital Production Gap: The Digital Divide and Web 2.0 Collide [J]. Poetics, 2011 (2).

[227] VOON T S. Cultural Products and the World Trade Organization [J]. Journal of Cultural Economics, 2009 (2).

后　记

从完稿到后记，中间搁置了数月有余，迟迟不敢动笔的缘由是不知从何谈起，更不知谈些什么，毕竟在"后记"这么重要的版块不说出个"一二三"似乎有点对不住读者。最近偷闲读了几天《资治通鉴》，曰"根之于历史者深，胎之于风俗者固，因之于地理者远"，那就遵循古人的教诲，借由此书的出版，总结一下不太长的"过往"，也展探一下必将至的"未来"。

8年前27岁博士应届身份入职，8年后35岁成为学生嘴里的"老张"，从"志哥"到"老张"，不得不感叹时光荏苒如白驹过隙。我时常跟学生们开玩笑，说是华东交通大学把一个翩翩少年逼成了胡茬大叔，但实话讲是自己把自己逼成了现在这副"少年老成"的模样，即学生们说的"太卷了"。不知是自己的成长经历还是性格使然，抑或是"时常被梦想叫醒"，在华东交通大学的8年时间总结起来，虽然离内心的目标相差甚远，也未取得什么值得称道的成果，但无愧于"初心不改、奋斗不止"。

育人方面，算是基本上对得住"老师"这个称谓吧。博士毕业时，刘华老师的一句临别赠言铭记于心：祥志，你有很多工作选择，既然你选择了教师这个职业，就应该有爱心。虽不能至老师那个高度，也未能全部达到老师的要求，但也做到了"心向往之"，从来不敢忘却"学高为师，身正为范"的师德警示。8 年时间，站稳了讲台，撸起了袖子，扯坏了嗓子，还非常幸运地在众多前辈师长的帮助下带领一帮小朋友拿到了"挑战杯"的全国特等奖和一等奖（连续两次打破学校最佳历史成绩），见证了学生们的成长、团结、谦让、友爱。在此过程中，"教学相长"和"学生教老师成长"的感触深入骨髓，不得不提。

　　科研方面，始终坚持纵向和横向课题"两条腿走路"，有幸做完了一个国家社科基金青年项目，并在努力追求和幸运眷顾下获得了第二项立项，另还完工了 10 多个省部级课题；近五年也因几位前辈和朋友赏识获得了 10 多个横向课题，结果还算满意。之所以想要并坚持做到纵横向的"统筹兼顾"，把自己忙得"不亦乐乎"，除了因为职称考核的"迫不得已"以及男生成熟必备的"碎银几两"，更多是不想让自己陷入"理论的盲目"和"实践的盲区"。纵横之间的融会贯通，理论与实务之间的相辅相成，做到学以致用、见多识广，其实是一件特别畅快的事情。

　　其他方面，包括行政工作、公益服务、社会服务等，也都过得去。我想，人的价值和贡献应该是多元的，在完成本职的教学科研任务之外，还能够为大家做一些服务工作，给学科专业留下一点点贡献，其实挺好的。至于公益和社会服务方面，参加了抗疫、抗洪、法治宣讲普及等工作，也得到了一些人和一些部门的认可，算是没有辜负自己的那些理想主义和家国情怀。

　　关于"未来"，主要想谈谈研究方向的问题，对于每个有志于从事学术研究的人来说，学术上的"标签"是一个学者从懵懂迈入成熟的标志。硕博 6 年加上工作 8 年，毫无疑问我还没有建立起自己在学术上的"标签"。近两年也一直在反思,该在哪个方向、哪项制度规则、哪个分支领域去"钻井深挖",树立属于自己的学术标志。如刘华老师的"知识产权文化"、刘艳红老师的"实质刑法"、汪志刚老师的"生命法学"……回想起来,硕博初期主要跟着导师做"知识产权文化",博士后期阶段加上博士论文主要做"文化产业 + 知识产权",入职这几年则主要做"文化产业 + 著作权",这些主题之间有一定的关联性和延续性,但还不够聚焦。提炼这些主题的关键词,其实不外乎"文化""IP""产业"三个对象。结合这几年跟文化口接触较多,对文化创新的实务工作和发展动态有了更深的认识,那就在此立个小 flag,未来以"文化 IP 法"来逐步构建属于自己的学术标签。当然,也期待这样局限的认知能够在更加成熟的研究后有所阐发和革新。

还是要说说这本书,撰写过程中有本单位同事魏建萍老师和张广弘老师的实质性参与(两位对本书的实质贡献均超过 5 万字,实质性参与第一章、第五章、第六章、第九章的内容撰写,并对整体文稿进行实质性修订),得到了他们的大力帮助,同时自己带的研究生徐以恒、杨珍、白惠文、梁杜娟、兰金榜、徐金辉等同学都作出了较大贡献,在此一并表示感谢。这本专著算起来应该是自己的第二本专著了,但还是不敢请老师和前辈来作序,因为打心底觉得"拿不出手",所以,如有机会成功出版,还请各位读者多包涵。最后,也借此机会衷心感谢在成长路上一直给予我无私帮助的老师、前辈和朋友,以及支撑起我事业和学术、在背后给予我无限力量的家人,你们的帮助和关爱我一直藏在心底。

豫章·华交文远楼

2022 年 12 月 4 日